作者简介 Author's brief introduction

胡云峰，毕业于清华大学，MBA（工商管理硕士），国际认证项目管理专家，卓越绩效管理模式及政府质量奖评审专家，武大、华科等高校社会导师，曾任烽火通信运营管理副总经理，流程总监，拥有二十多年企业运营管理、流程与项目管理、变革管理咨询和实践经验。曾供职深圳华为公司，受聘五级流程管理专家，领导并参与华为公司包括IFS-OTC项目在内的大量流程改进与业务变革项目；2009年加入武汉烽火，直接领导或推动该公司以流程型组织建设为目标的流程管理业务变革与企业运营管理体系建设，建立了系统、完整的业务流程管理体系，梳理形成集团统一的运营管理体系架构并组织开展该体系的持续改进工作，推动了公司流程规划和架构建设，核心业务领域流程与体系建设及多个重点跨部门流程项目建设，使烽火通信成为业界流程管理以及集团运营管控的标杆性企业，显著提升了公司运营绩效。

著有《流程管理与变革实践》、《企业运营管理体系建设》、《大型信息系统建设项目风险管理》等书，得到业内广泛好评。

老胡有话说 Said hu

流程的目的是运营效率，流程的本质是团队协作，流程的灵魂是客户服务，流程的管理是持续改进，为了避免流程和制度野蛮生长，要让流程和制度长在架构上。

老胡个人微信

老胡公众微信号

流程管理
与变革实践
（第二版）

编著◎胡云峰

THE PRACTICE OF PROCESS MANAGEMENT AND BUSINESS
TRANSFORMATION

华中科技大学出版社
http://press.hust.edu.cn
中国·武汉

内 容 提 要

本书是对武汉烽火通信科技股份有限公司自2009年以来开展流程管理与变革实践的梳理和总结,在流程管理与变革的系统性实践上作了充分阐述。在变革管理方面,本书以业界著名的变革管理框架模型为指导,对企业开展流程管理变革的实施过程、实施重点作了路线图式的介绍,以期让读者在了解相关活动和细节的同时,深入了解各个环节之间的相互关系。在流程管理方面,本书重点介绍了以流程管理的流程体系、组织体系、IT平台,以及流程建设绩效管理为要素的流程管理体系架构。此外,作为管理支撑和业务支撑,本书对流程建设项目管理方法及企业流程规划也作了重点介绍;最后,对流程管理与体系管理的融合、流程管理与其他管理主题的关系作了概述性介绍。本书适合于大中型企业的管理者以及从事流程建设与流程管理相关人员的关注与参考。

图书在版编目(CIP)数据

流程管理与变革实践/胡云峰编著.—2版.—武汉:华中科技大学出版社,2014.10(2025.2重印)
ISBN 978-7-5680-0479-4

Ⅰ.①流…　Ⅱ.①胡…　Ⅲ.①通信设备-高技术企业-企业管理-业务流程-武汉市　Ⅳ.①F426.63

中国版本图书馆 CIP 数据核字(2014)第 244362 号

流程管理与变革实践(第二版)　　　　　　　　　　　　　　　　　　　胡云峰　编著

策划编辑:余伯仲
责任编辑:姚　幸
封面设计:璞茜设计—李婷婷
责任校对:刘　竣
责任监印:周治超
出版发行:华中科技大学出版社(中国•武汉)　　电话:(027)81321913
　　　　　武汉市东湖新技术开发区华工科技园　　邮编:430223
录　　排:武汉市洪山区佳年华文印部
印　　刷:武汉市洪林印务有限公司
开　　本:787mm×1092mm　1/16
印　　张:22.25　　插页:2
字　　数:529千字
版　　次:2025年2月第2版第8次印刷
定　　价:79.80元

本书若有印装质量问题,请向出版社营销中心调换
全国免费服务热线:400-6679-118　竭诚为您服务
版权所有　侵权必究

序 "再造"烽火

随着公司业务的快速发展,一个日益迫切的问题摆在武汉烽火通信科技股份有限公司(以下简称烽火通信)的面前,那就是如何引入流程管理来支撑和推进烽火通信业务规模的跨越式增长。在2010年初的烽火通信年度经营工作报告中,何书平总裁用相当的篇幅阐述了当前在烽火通信推进流程化管理的必要性,并将之与国际化并列为提升公司发展质量的两大支柱之一。随着运营管理部的成立和系列工作的开展,一场大规模的流程化变革已经在烽火通信悄然展开。从某种意义来说,这将是从业务运营层面对烽火通信的"再造"。

一、流程管理并不神秘

谈到流程管理,很多人会觉得神秘高深,难以理解和把握。其实流程的本质概念并不复杂。流程再造理论的创始人迈克尔·哈默对流程的概念有一个非常简单又很经典的定义:所谓流程就是有组织的活动,相互联系,为客户创造能够带来价值的效用。这个定义准确地说明了业务流程的关键内容。

首先,业务流程是一组活动,而非一个单独的活动,因为没有一个单独的业务活动能够创造预期的效用。其次,这组活动各有特点,不是随意安排的,它们相互联系,结构严密。再次,业务流程中的活动必须在一起进行,向着同一个目标。完成不同阶段工作的人必须围绕着一个目标把所有活动联系起来,而非独立完成,只关注自己的任务,不管目标的完成情况。最后,业务流程本身不是最终目标,它是将相关活动整合成一个有机整体,超越单个活动实现的目标,达成流程的最终目标,为客户创造有价值的效用。

哈默提出的流程再造理论,主要基于对企业传统业务运作模式和相应组织设置的分析。传统的组织多是职能型组织,基于一种非常简单的假设:将工作分解到非常小的小块可以做得更有效。这是从工业革命来的思想。所谓泰勒制就是这种思想的典型体现,它的核心思想是将一项工作分解成一系列的任务,各任务相对简单,然后交给一系列相应的人完成各自分配的任务。围绕着分工,由不同的人重复做着相对简单的工作而建立起来的职能型组织,有着等级控制层看管着他们。在大工业生产时代,基于提高生产效率的这种管理模式无疑是有效的。但当产业环境发生变化后,就体现了这种模式的严重弊端。因为这种运作与组织模式将流程导入了支离破碎的状况,流程被分割成一段一段的,没有人能够看到整个流程,也没有人会对全流程负责。正是这种流程被淹没、被隐藏、被忽视的现象,造成了当代组织的绩效问题。哈默对此有一个形象的比喻,职能型组织运作可以看成是一个个中世纪的城堡,有着高高的城墙,在最上面有一门弩炮,你在你的城堡内做你的工作,然后把它放到弩炮里,砰的一声发射到其他城堡那些不知情的人那里,当工作一旦离开你的城堡,你根本就不再管它会发生什么,你只关心你的部门。哈默的比喻说明一个道理,从一个组织部门到另外一个组织部门,其间的隔墙就是错误的滋生地:我所说的不是你听到的,我传给你的不是你收到的,我所暗示的不是你推断的。无论什么地方,只要存在这些隔墙,系统就会滋生错误,造成组织整体的绩效问题,但是从各部门来看,都没有错误,都尽力了。哈默认为问题不是出在人那里,而是出在流程那里。只有从流程的角度来进行设计,打通"部门墙",组织的绩效才会得到有效改善。事实也的确如此,在现实生活中,常常可以看到有些部门经常忙得团团转,但可能是在瞎忙,没有头绪,最终没有结果,更谈不上效率。

那么当前的产业环境发生了一个什么样的变化呢?总体来看,有三大鲜明的特点。第一,物质产品从匮乏到极端丰富,使客户对于需求的可获得性大增;那种我生产什么、卖什么,你买什么的时代一去不复返了。其次,供需信息从有限到极端充分,特别是随着因特网的发展,信息交互更加充分,使客户的判断力和选择性大增,谁能提供需要的产品和服务,哪里有更适合个性需要的产品和服务,甚至一些不曾想到或模糊的需求也在比较中明晰了。第三,供需态势从卖方市场转变到买方市场后,客户更主动,更强势,有提出要求的话语权与能力,其需求层次越来越高,变化越来越快。

企业要在这种环境中生存,必须要遵守三大基本法则:首先,要适应变化并满足需求,否则将被淘汰;其次,要研究变化,变被动应变为主动预变,企业要加强架构与规划,强调各种预研和预测能力;其三,要提升响应能力,并要求企业响应的"加速度"能力高,因为市场需求变化日益加快,企业机会窗日益狭窄。这三大法则落实到企业运作层面,就体现在相应的流程变革上,只有将传统模式下的流程状态进行"再造",企业才能适应新的竞争环境,才能生存和发展。

二、引入流程管理的契机

企业从比较松散的管理跨入到流程管理,一个最主要的原因是业务的规模迅速扩大。应该说,小企业在高速发展过程中根本没有时间来顾及规范化的流程,更多的是依赖个人的经验,背后隐含的零散流程也不显现。在这个阶段,部门内有人做得不规范,从企业的角度也很容易发现和纠正。当企业规模不断扩大,业务越来越复杂,涉及跨部门的沟通和交流时,就会出现很多"征兆",需要进行规范化、标准化管理。

具体来说,有以下八种征兆时,企业必须要引入流程化管理。

(1) 当企业的核心员工流失,关键技术也随之流失时。

(2) 当企业规模扩大,很多事情需要跨部门决策时。

(3) 当企业管理从直线管理进入矩阵管理时。

(4) 当企业的局部效率与整体效率有偏差时。

(5) 当企业从"人治到法治"阶段转化时。

(6) 当客户满意度下降时。

(7) 当各业务部门忙得一团糟,但公司整体效率却不尽如人意时。

(8) 当企业风险问题不断暴露时。

从上述分析来看,目前的烽火通信很多方面都出现了类似"征兆",业务规模的迅速扩大,以及行业竞争的日益白热化,都促使烽火通信必须引入流程管理,来实现从"人治到法治"的转变,通过规范化、标准化管理来保证效率,支撑业务规模扩张和良好持续经营的效果。

三、流程的核心关注点是客户

引入流程管理后,很多人会有一种误解:认为所谓流程管理,就是现有做法的简单文档化,还是铁路警察各管一段,做好流程分段内的事情就OK了,如果说要谈负责,那么只需要对本流程段负责,对下一道工序负责。这种想法本身是没错的,按照标准和规范做好流程段内的事情本身就是流程管理的一个基础。但我们的眼睛决不能仅仅盯着自己的"一亩三分地",要树立全流程意识,必须贯穿流程的始终,盯住客户需求的实现。客户需求是流程的出发点,也是流程管理的核心关注点。流程之间会有分段,分段内具体活动的完成方式可以借鉴好的经验做法,但各活动的相互关联关系、业务流程的架构和设计逻辑则需要被重新审视或调整,最终流程效用的实现只能取决于客户需求是否能得到有效满足。因此,流程的责任人必须学会用"两只眼"看世界:一只眼时刻盯着本流程和下道工序,另一只眼时刻盯着客户需求。这才是一种科学的全流程意识。

引入流程管理需要组织和文化的配合,尤其需要在企业内部营造三种意识:客户意识,组织与协同意识,创新与改善意识。其中,强烈的客户意识是流程文化的核心和最为基础的价值观。只有强烈的客户意识,才会磨合部门间的矛盾,不断增强合作力;只有强烈的客户意识,才会带来部门持续创新与改善的动力。

树立客户意识,首先是要对客户需求有一个深入的理解。客户需求可用四个字表达:快、对、省、简,即快速、正确、节省、简易。这四个字就是站在客户的角度审视和指导我们进行流程优化的四项基本原则,也是处理好任何事情的四项基本原则,使客户在与我们做生意时,能够同时感到简便容易、低成本、高效、高质量地获取他们需要的产品和服务。但在实际工作中,往往不能同时把握这四个方面。有时为了把事情做快,忽略了"对、省、简",结果往往是不得不重新做或成本太高;有时为了把事情做对,又不惜牺牲"快、省、简",结果往往是事情做对了,但时间赶不上了;或事情做对了,但复杂得要命,成本不划算等。

还有一点,一般企业仅仅强调满足外部客户的要求,往往忽视满足内部客户的要求,甚至有些企业根本没有内部客户的意识,这样就造成了部门之间相互扯皮的现象。利用流程优化的方法,以流程为主导,可以识别出部门的内部客户,加强部门间的合作,打破各自为政或以行政职务高低来决定谁服务谁的框架。

四、流程优化是一场艰难的"持久战"

引入流程管理,势必要对组织的部门或架构进行必要的调整,势必要对传统利益和习惯进行改变。可以想象其中的推进难度之大。而且由于客户需求在快速变化,基于这一出发点的流程优化也必将贯穿企业生存发展的始终。因此,引进流程管理将是一场艰难的"持久战",特别考验管理层的恒心、毅力及执行力。

但流程管理也并不是什么复杂、难以理解的事物。管理重在理,所谓流程管理与优化就是帮助人们转变观念,理清思路。认识到位了,思路清晰了,写下来就是流程。就这种意义而言,流程优化就是对企业经验的不断归纳、总结,并随外部要求变化而相应调整和提高。所以,将过去的经验文档化,只是引入流程管理的一项基础工作,流程优化决不能仅仅满足和停留于此。

引入流程管理,需要做好以下几项关键工作:强化组织内部的流程意识,流程体系规划,跨部门流程设计与优化,流程模板化建设,流程型组织文化的营造,建立以市场和客户为导向的组织激励机制等。只有这些关键性的工作做好了,流程管理才能真正在企业生根发芽,成为组织取得高绩效的"推进器"。

流程建设是企业的一个长期工程,是一个渐进的过程,但也要考虑企业的短期效率。所以流程一定是公司短期效率与长期效率相结合的产物。同时流程必须和企业战略目标相结合,如果离开公司的战略发展目标,即使流程执行得很好,也没有实质意义。

此外,流程建设并非是刚性的产物,它是一个刚柔相济的过程。具体来说,新业务的流程需要弹性,成熟业务的流程需要刚性;流程的制定是弹性的,但流程的执行是刚性的。当流程固化后,在一定的时期内应该稳定运作,流程执行者应该对流程保持尊重感。如果执行过程中发现流程有不完善的地方,可以由流程负责人改进优化流程,但在流程改变之前,还得严格按照原流程执行。

当前,烽火通信引入流程管理的变革已经全面启动,伴随变革必然带来变革的阵痛。可以想象在短期内,因为此项变革带来的各种麻烦事将会不时出现。对此,各级管理者必须有清醒的认识,客观的分析:是流程设计的问题,还是对改变暂不适应、执行不到位的问题,甚至是心态不好而放大负面影响的问题。多一点耐心和包容心,多一点信心和恒心,短期的混乱是为了以后长期的秩序。当前的流程变革已经是箭在弦上,不得不发。也只有通过流程变革"再造"烽火通信,我们才能涅槃,并从一个辉煌走向另一个辉煌。烽火通信流程化建设,任重而道远!

烽火通信副总裁 杨壮
2013年农历春节

序　流程变革是一场持久战

流程变革是一个组织从"人治走向法治"、实现职业化管理转型的必经之路，也是预防和消除大企业病、持续提升对客户服务能力的重要手段。但是，为什么这么多企业实施流程变革时取得了初始的成效，却没有持续的成效呢？这是因为企业的流程是需要动态变化的，造成这种变化的影响变量来自外部和内部。外部的影响变量包括竞争环境的变化、客户需求的变化等，内部的影响变量包括战略和商业模式的变化、组织结构的变化、组织规模的变化、产品结构的变化。所以即便今天很有竞争力的流程，到了明年或后年可能就没有竞争力了，因为企业里没有人对这些流程的变化进行有效管理。所以流程的持续改进对于一个企业来说是很重要的，这需要一种变革能力去支撑。如果缺失了变革能力，企业就无法对流程的生命周期进行动态管理。

来自西方管理文化的 ISO 9000 等管理体系是西方先进管理实践的总结，关注客户、全员参与和持续改进等管理理念是企业管理的核心价值所在，但是这些管理体系在我国很多企业的实践过程中却出现了很多异化的情况，以获得证书为目的，淡化甚至无视这些管理体系核心思想与真正意图的现象普遍存在。出现这种现象的原因可能是多方面的，但企业的变革准备度不够及变革能力的缺失一定是主要原因。

企业的流程管理与变革既是项目化的工作，也是例行化的工作，我们可以称其为流程管理职能，就如人力资源管理职能一样，需要组织保障，需要配套的管理制度和流程来实现流程的例行化管理。具体工作包括流程导向型组织文化的构建、流程体系的架构设计与维护、流程的拟定与发布、流程的宣贯实施、流程监控审计、流程的持续优化、流程建设的考核与激励等。

本书作者胡云峰和他的同事们在企业内部进行了流程管理与变革实践，杰成咨询也有幸为他们提供了理念和工具上的一些支持。我看了他们的一些工作成果，非常务实有成效，包括定期推出的流程管理宣传文章、案例集、流程管理的责任人制度、流程管理的流程、流程管理的考核与激励措施。公司流程变革的大事记中记录了走过的每一个重要步骤和里程碑，让我很受鼓舞。目前国内真正能持续坚持开展流程管理与变革的企业并不多，只有对流程管理有信念的人和组织才能持续下去，因为流程建设的过程是痛苦的，涉及组织中的这么多人，要影响这些人的观念和行为，涉及这么多的本位利益，还有不少制约条件。要克服这么多的困难是多么不容易的一件事啊。另外，要做好这项工作，变革的环境也很重要，没有高层的支持，也就无法实施真正意义上的流程管理与变革。有理想的企业再加上关注企业中长期发展的高层领导团队，才能为变革提供土壤。烽火通信已经走出了坚实的一步，相信未来在企业的内部管理与变革能力构建上会更厚实。

　　本书是作者对公司流程管理与变革实践的系统性总结，提供了有价值的指导思想及实施方法，这里面的经验可以为众多企业所分享。希望有更多的企业可以行动起来，修炼内功，打造客户导向的流程型组织。

流程与变革管理专家、杰成企业管理咨询有限公司董事长　陈志强

2013年4月

前言三
FOREWORD

《流程管理与变革实践》第二版于2014年出版发行之后,烽火通信公司内部和外部环境发生了很多深刻的变化,在这些年深入的流程管理与变革实践的过程中,我们不断吸收国内外各行业流程管理的优秀成果,探索流程管理变革的新思路和新方法,希望使烽火通信的流程管理工作真正融入到企业整体的运营管理体系中,以下是《流程管理与变革实践》第三版希望体现的新思路和新方法。

(1) 流程管理的直接目的不是为了提升业务的效率;而是为了维护企业的内部流程对企业业务的适用性,不断提升企业流程的成熟度等级。流程管理就是对流程全寿命周期的管理,以保证流程架构与流程"生"与"养"的高度统一。企业的内部效率是靠运营管理体系来保证的,而不是靠流程和流程管理来保证的。

(2) 流程管理工作必须纳入企业运营管理体系的大框架中。在平衡记分卡理论的管理逻辑中,流程管理属于"学习与成长"维度的能力建设工作,属于最基础的企业管理平台建设工作内容,是为了给"内部运营"赋能,需要长期投入,短期内很难见效。这也是一些急功近利的企业不愿意投入流程建设和流程管理变革难的真正原因。

(3) 流程管理的组织体系建设是企业流程管理与变革最核心的内容,企业应该通过建立流程责任制度来明确流程管理部门与其他部门的关系,要基于企业价值链和流程架构实施按域统筹的流程责任管理逻辑,不同的业务域的流程建设工作应该由相应领域的责任部门和管理者主导,要通过"主干统一、末端灵活"的架构方法来构建企业的流程架构和维持整个体系的随动性。

(4) 在企业发展过程中,制度文件、体系文件、流程文件、IT系统,以及"人治"并存的现象一定是企业管理中的常态,企业各级管理者要正确认识这种现象并且懂得如何应对,否则针对单一业务的"多张皮"现象一定会造成"执行力"和客户满意度的缺失,企业需要持续开展制度与流程建设规划工作,"让制度和流程生长在架构上",避免野蛮生长。

胡云峰

2019年3月15日

前言二
FOREWORD

本书在业界引起这么多的关注,这是当初我根本没有想到的,这同时也成了需要再版这本书的主要原因。我希望将这本书所表达的思想、理念和方法分享给更多的流程管理从业者和企业经营管理者。

有人把流程当做一种管理工具对业务进行管理的现象理解为"流程管理",这种理解是不全面的。流程管理应该是对描述各种业务的流程的全寿命周期管理,包括流程的规划、拟制、发布、宣贯、执行、优化、废止的全过程。

流程管理的主要目的是提升企业流程的成熟度水平。流程成熟度是本书再版时特别提出的一个概念,目的是使企业流程管理水平可度量,让管理者充分了解自己所管理业务的成熟状况。流程管理的目的其实还包括流程的执行,这是一个经常被忽视的区域,流程执行不到位,管理者负有不可推卸的责任。

流程管理部门和业务部门之间的关系是"管理"和"服务"的关系。"管理"是指职能部门代表公司向所有管理者提出流程建设的要求,并检查落实这些要求的完成情况;"服务"是指作为流程管理标准制定者的职能部门对其他部门的流程建设工作提供支持的过程。这是一个互为客户的过程。

流程管理是企业运营管理的核心要素。企业运营管理包括流程管理、组织管理、绩效管理及信息化建设管理,这也是企业管理平台能力建设的四个方面。这四个方面存在着密切的互动关系,而流程管理是这种互动关系最基础的要素和核心,但流程管理离开其他三个要素的配合也很难发挥应有的作用。

对于烽火通信而言,在公司内部形成流程管理长效机制的过程就是一场管理文化的变革,这场变革已经进入到第六个年头。2013 年,烽火通信获得了首届中国质量奖的提名奖,成为湖北省唯一的获奖企业,也是通信行业与华为公司并列的获奖企业,评奖委员会在评语中对烽火通信独具特色的流程管理经验给予了高度的肯定,这种肯定将成为我们继续走下去的巨大动力。

我们愿意与奋斗在企业管理一线的业界同仁一道,致力于提升企业精细化运营与管理水平,共同打造中国管理质量的品牌。

胡云峰
2014 年 9 月 15 日

前言一
FOREWORD

是做生意还是做事业,这是大中型企业高管们需要面对的一个选择。

不久前,在烽火科技集团(武汉邮电科学研究院)召开的 2012 年全面风险管理总结会上,一位集团高管的"我不相信"这句话让人感到震撼。他的意思是这样的:如果一个部门领导不靠健全的制度和流程管理就可以高效完成部门的经营目标,那么这样的领导表面上看起来似乎很值得夸耀,但事实上他很可能给组织带来巨大的经营风险。首先,他这种表面的成功只是一种偶然现象,换一个领导不一定能实现同样的业绩目标;其次,为了实现目标他很可能会不择手段,这样可能会给企业价值链上的其他环节带来麻烦;另外更重要的是,他是靠"人治"的手段而不是"法治"的手段达到目的的,这是做生意的个人行为,是"一锤子买卖",而不是做事业的组织行为,是一个希望做大做强和可持续发展的企业所不能容忍的,这样的"牛人"再多,企业不需要,也不应该要。所以这位高管说,他"不相信"这样的人能做好一个部门的领导,如果这样的人还在管理岗位上,要么转换思维,要么赶紧下台。

这位高管所强调的"健全的制度和流程管理",对于追求规模化发展的企业来说到底意味着什么,到底有多么重要?我还是觉得管理大师迈克尔·哈默(Michael Hammer)的那句话最值得推荐:对于 21 世纪的企业来说,流程将非常关键。优秀的流程将使成功的企业与其他竞争者区分开来。迈克尔·哈默为什么要把企业的流程放在这么重要的位置,他说这句话后面的背景是什么,恐怕没有多少人知道,但这句话成为管理学界和企业界经常引用的名句,说明大家都同意这个说法。本人作为一个流程管理的实践者,更是把这句话当成了自己的工作"信条"和"法宝",希望让更多的中国企业和中国企业的各级管理者都了解这句话的意义,并且付诸到各自企业的日常运营与管理行动中。这也是触发本人萌生写《流程管理与变革实践》这本书的最初动机。

企业实施流程和流程管理是一种实践性很强的管理行为,更是一种企业管理文化的变革行为,除了需要投入大量的企业资源之外,管理技术层面的要素也很复杂,绝对不是所谓的"一把手工程"就能解决的问题。尤其是在中国企业,基于制度的传统管理方式及来自西方的 ISO 9000 等体系管理方式并存,在这样的环境中实施流程管理,企业管理者需要具备职业经理人的思维方式、思维能力和组织变革能力。而现实的情况是,企业的管理者绝大多数都是业务人员背景出身,结果导向的思维胜于过程导向的思维,另外,他们很少经过系统化职业管理技能的训练,这就给企业实施流程管理带来了巨大的挑战。

《流程管理与变革实践》这本书是对烽火通信几年来开展流程管理与变革实践的梳理

和总结。本人虽然不是职业经理人背景出身,但是多年来一直从事流程管理和项目管理技术的研究和实践工作,对如何在中国企业实施流程管理形成了一套比较系统化的认识。通过在烽火通信的实践,取得了一定的经验和效果。把这些东西梳理和总结出来:一方面,希望在本企业层面逐步完善,并最终形成一种大家一致认可的体系化的管理语言和标准;另一方面,可以拿来与业界的同行分享和交流,探索和发现适合中国特色的流程管理与变革的方式和方法,共同促进中国企业运营管理水平的提升。

  本书的编写过程其实非常简单,主要的挑战来自框架的设计与搭建,而不是内容的细节,因为里面的大量资料和数据直接来自我们日常工作中使用或产生的文件、图片或报表,有些案例直接出自一线流程工程师、流程专员或其他员工之手。本书第3章、第5章和第6章中介绍的相关流程,其实就是烽火通信运营管理部门日常工作使用的流程(由于不同企业的内部组织和环境不同,不建议其他企业照搬照套烽火通信的做法);对于一些不容易解释清楚或难以理解的地方,本书甚至直接引用本人平时积累的博客文章及其他专家学者的文章或博客进行注解。

  本书在强调企业流程管理与变革的实践性特征的同时,在变革管理以及流程管理的系统性上也作了相当篇幅的阐述。在变革管理方面,本书以业界著名的变革管理框架为指导,对在企业开展流程管理变革的实施过程、实施重点作了路线图式的系统性介绍,以期让读者在了解相关活动和细节的同时,更加了解各个环节之间的相互关系。在流程管理方面,本书重点介绍了以流程管理的流程体系、组织体系、IT平台,以及流程建设的绩效管理为主要要素的流程管理体系架构。此外,作为管理支撑和业务支撑,本书对流程建设项目管理方法以及企业流程规划也作了重点介绍。第8章介绍了流程管理工作给企业带来的收效或改进,最后对流程管理与体系管理的融合以及流程管理与其他管理主题的关系作了概述性介绍,其中关于流程与体系的融合工作目前还处在探索过程中,需要进一步实践和完善。

  本书的编写得到烽火通信的领导、同事及作者亲朋好友的帮助。首先要感谢烽火通信何书平总裁和熊向峰、杨壮副总裁给予本人的鼓励和支持;其次要对烽火通信各部门参与流程建设与管理工作的流程责任人、主题领域专家、流程建设项目经理、流程监护人、流程专员、流程工程师等同事表示衷心的感谢,是大家积极投身变革的热情与努力成就了本书的面世;还要感谢我的网球朋友、华中科技大学出版社的姚幸老师,在他的积极推动下,本人才最终下定决心启动本书的编写;我不得不感谢的,还有我的业界朋友、著名流程管理实战派专家陈志强博士,他对本书的编写提出了重要的指导意见,并在百忙中抽出时间为本书写序;我还要把感谢与问候送给长期以来默默支持我工作并无微不至关心我的妻子邹燕;最后要感谢的是我团队中的几位得力助手,是他(她)们的积极分担和投入,才使本书的完成如此顺利,其中许光负责了第3章和第6章的编写,安立全负责第9章和第10章部分内容的编写,第 7 章由曾璇负责完成,再次向他(她)们表示感谢。

  由于水平有限,时间仓促,再加上流程管理与变革工作本身还处在不断实践、总结和完善的过程中,本书展现的内容在完整性、准确性、系统性方面的缺失在所难免,某些观点和描述甚至可能是错误或不恰当的。我们的目的是与大家交流和分享,共同提升,对于本书中存在的不足之处,欢迎广大读者和业内同行批评指正。

胡云峰
2013 年 2 月 2 日

目录 CONTENTS

第一章 企业运营问题与流程管理变革的必要性/1

1.1 企业内部业务痛点问题/3
1.2 企业制度管理问题/8
1.3 企业体系管理问题/11
1.4 企业战略不能有效执行落地的问题/14
1.5 客户价值主张与内部运营流程绩效之间存在着密切的逻辑联系 /15
1.6 流程建设与管理是"学习与成长"维度的组织赋能/16
1.7 开展流程管理变革的必要性/17
1.7 问题思考/22

第二章 流程管理变革与变革管理/23

2.1 变革之难/25
2.2 变革需要管理和方法/32
    2.2.1 变革管理八步法/32
    2.2.2 IBM组织变革管理框架/36
2.3 烽火通信流程变革管理实践/38
    2.3.1 现状调查/38
    2.3.2 变革松土与宣传/42
    2.3.3 建立流程建设与管理变革团队/52
    2.3.4 建立明晰的变革愿景与沟通宣贯/53
    2.3.5 构建企业流程管理体系/54
    2.3.6 取得短期成效/55
    2.3.7 企业流程文化的成熟与巩固/60
    2.3.8 烽火通信流程管理变革大事记/60
2.4 问题思考/71

第三章 流程管理的流程体系与流程/73

3.1 流程管理的概述/75
    3.1.1 流程管理及其目的/75

  3.1.2 流程全生命周期管理/75
  3.1.3 流程管理的流程架构/78
3.2 流程拟制、审批和发布流程/80
  3.2.1 流程拟制、审批和发布流程的概况/80
  3.2.2 流程拟制、审批和发布流程的详细说明/82
  3.2.3 实施要点/91
3.3 流程宣贯与执行引导流程/99
  3.3.1 流程宣贯与执行引导流程的概况/99
  3.3.2 流程宣贯与执行引导流程的详细说明/99
  3.3.3 实施要点/103
3.4 流程审视与优化流程/106
  3.4.1 流程审视与优化流程的概况/106
  3.4.2 流程审视与优化流程的详细说明/107
  3.4.3 实施要点/113
3.5 流程与体系专项审计立项及实施流程/117
  3.5.1 流程与体系专项审计立项及实施流程的概况/117
  3.5.2 流程与体系专项审计立项及实施流程的详细说明/118
  3.5.3 实施要点/123
3.6 流程与体系专项审计报告及跟踪流程/127
  3.6.1 流程与体系专项审计报告及跟踪流程的概况/127
  3.6.2 流程与体系专项审计报告及跟踪流程的详细说明/128
  3.6.3 实施要点/133
3.7 流程管理月报编制与发布流程/134
  3.7.1 流程管理月报编制与发布流程的概况/134
  3.7.2 流程管理月报编制与发布流程的详细说明/134
  3.7.3 [案例] 烽火通信2019年1月流程管理月报/139
  3.7.4 实施要点/139
3.8 问题思考/142

第四章 流程管理中的组织建设与绩效管理/143

4.1 建立并推行流程责任人制度/145
4.2 建立流程建设与管理的组织体系/149
  4.2.1 流程管理组织顶层设计/150
  4.2.2 建立流程管理部/150
  4.2.3 流程管理部的职责/152
  4.2.4 各部门流程建设相关角色与职责/155
4.3 流程建设绩效管理/157

    4.3.1 形成绩效指标设计总体思路/157

    4.3.2 流程建设绩效指标设计/158

    4.3.3 绩效指标年度目标制订与考核/162

    4.3.4 开展部门流程建设质量季度评估/163

  4.4 加强流程建设专业队伍能力建设/164

  4.5 问题思考/166

第五章 企业流程规划/167

  5.1 流程架构及其作用/169

  5.2 流程架构开发/174

    5.2.1 流程架构方法/174

    5.2.2 流程架构开发的几个基本原则/177

    5.2.3 流程架构开发流程/183

    5.2.4 流程架构变更申请与实施流程/190

  5.3 流程规划的成果/195

    5.3.1 流程架构和流程清单/195

    5.3.2 跨部门流程及其与流程架构的关系/196

  5.4 烽火通信跨部门流程开发与管理实践/197

    5.4.1 跨部门流程需求的产生与受理/197

    5.4.2 跨部门流程建设项目的立项/198

    5.4.3 跨部门流程项目的执行与监控/200

    5.4.4 跨部门流程项目的验收/200

    5.4.5 跨部门流程的维护/200

  5.5 问题思考/201

第六章 企业流程建设项目运作与管理/203

  6.1 以项目方式开展企业流程建设工作的必要性/205

    6.1.1 应对流程管理变革挑战性的要求/205

    6.1.2 流程建设工作协作性的要求/205

    6.1.3 流程建设绩效目标的监控与评价的要求/205

    6.1.4 流程建设工作持续性开展的要求/206

    6.1.5 平台能力建设项目管理流程架构/206

  6.2 流程与体系建设项目立项流程/207

    6.2.1 流程与体系建设项目立项流程的概况/207

    6.2.2 流程与体系建设项目立项流程的详细说明/208

    6.2.3 实施要点/212

  6.3 流程建设项目例会管理流程/214

6.3.1 流程建设项目例会管理流程的概况/214
6.3.2 流程建设项目例会管理流程的详细说明/215
6.3.3 实施要点/219

6.4 流程与体系建设项目监控流程/219
6.4.1 流程与体系建设项目监控流程的概况/219
6.4.2 流程与体系建设项目监控流程的详细说明/220
6.4.3 实施要点/223

6.5 流程建设项目变更管理流程/223
6.5.1 流程与体系建设项目变更管理流程的概况/223
6.5.2 流程与体系建设项目变更管理流程的详细说明/224
6.5.3 实施要点/227

6.6 流程与体系建设项目收尾流程/228
6.6.1 流程与体系建设项目收尾流程的概况/228
6.6.2 流程与体系建设项目收尾流程的详细说明/228
6.6.3 实施要点/231

6.7 流程建设项目关键角色/231
6.7.1 流程与体系管理工程师实践要点/231
6.7.2 流程与体系建设项目经理人选/232

6.8 问题思考/232

第七章 流程管理 IT 平台的建立与实施/233

7.1 流程管理 IT 平台的价值/235
7.1.1 企业对流程管理 IT 平台的需求/235
7.1.2 流程管理 IT 平台的价值/235

7.2 企业对流程管理 IT 平台的定位和选择/236

7.3 烽火通信 EPROS 流程管理 IT 平台应用实例/236
7.3.1 EPROS 流程管理平台的选择/236
7.3.2 EPROS 流程管理平台推广/237
7.3.3 EPROS 流程管理平台功能集锦/239
7.3.4 内部用户体验感受/246

第八章 流程管理改善企业整体运营/249

8.1 管理者和员工在思想观念上的改变/251
8.2 管理者职业管理技能得到显著提升/256
8.3 推进公司整体业务的有效融合/260
8.4 推进并完善了企业过程资产的管理/261
8.5 促进 ISO 9001 等管理体系与企业业务融合/263

8.6 为企业信息化建设提供有效支撑/264

8.7 有效识别并解决各种业务痛点问题/265

8.8 流程KPI设计与跟踪提升业务运作效率/267

8.9 促进企业管理文化和企业形象提升/275

8.10 问题思考/278

第九章 流程管理与ISO 9001等管理体系融合/279

9.1 质量管理体系的内容/281
    9.1.1 质量管理体系八项原则/281
    9.1.2 质量管理体系特性/282

9.2 流程管理与质量管理体系的关系/283
    9.2.1 流程架构和质量管理体系文件架构要素之间的多对多关系/283
    9.2.2 质量管理可以为流程管理提供标准/284
    9.2.3 流程管理可以将质量管理做得更加精细化/284

9.3 流程管理与ISO 9001等体系融合成为企业运营管理体系/285
    9.3.1 企业可能需要导入的其他管理体系/285
    9.3.2 流程架构与ISO 9001等体系文件架构要素的融合/285
    9.3.3 企业运营管理体系的形成/288
    9.3.4 流程管理与ISO 9001等体系融合的意义/288
    9.3.5 流程管理与ISO 9001等体系融合的常见问题/290
    9.3.6 流程管理与ISO 9001等体系融合的要点/291

9.4 问题思考/296

第十章 流程管理与其他管理主题的关系/297

10.1 流程管理与运营管理的关系/299
    10.1.1 运营管理的定义、对象和目标/299
    10.1.2 运营管理的发展/299
    10.1.3 流程管理与运营管理关系/300

10.2 流程管理与项目管理的关系/302
    10.2.1 项目管理概述/302
    10.2.2 流程和流程管理对项目管理的支持作用/305
    10.2.3 项目管理对流程管理的支撑作用/307

10.3 流程管理与风险管理的关系/311
    10.3.1 风险管理的主要内容/311
    10.3.2 流程管理与风险管理的关系/313
    10.3.3 风险管理与流程管理的融合实践/319

10.4 流程管理与知识管理的关系/324

10.4.1 知识管理的主要内容/324
10.4.2 流程管理与知识管理的关系/326
10.5 流程管理与卓越绩效管理模式的关系/330
10.5.1 卓越绩效管理模式及其由来/330
10.5.2 卓越绩效模式核心价值观/331
10.5.3 卓越绩效评价准则的框架/333
10.5.4 流程管理是卓越绩效模式6大类目的主要支撑手段/334

参考文献/338

第 1 章 企业运营问题与流程管理变革的必要性

【本章核心要点】

流程赋能在战略地图上属于"学习与成长"范畴的能力指标,企业通过流程提升"内部运营"效率,进而满足客户的价值主张,实现企业的财务指标,然而很多企业的流程能力等级还不到2.0水平,流程、制度、体系程序文件及人治等"多张皮"并存的现象,成为制约企业执行力和效率的关键瓶颈;提升流程成熟度水平是规模化企业的迫切需求。

中医有一句针对人体健康状况的名言:痛则不通、通则不痛。说的是当人的身体出现某种疼痛或症状的时候,通常是体内某个器官存在血管拥堵或经络不通的现象(见图1-1)。

图 1-1　痛则不通,通则不痛

对企业的"健康状况"来说,"痛则不通,通则不痛"这句话同样适用。一个企业就像一个庞大的生命有机体,组成这个有机体的元素包括企业文化、企业制度、人、技术、设备、办公环境等。就像人体内部可能出现各种各样的疼痛症状一样,企业内部也可能发生各种企业病征,比如企业战略定位不准确、内部流程不通畅、组织机构不健全、绩效考核不合理、员工能力不匹配、IT系统不到位等,一旦发生其中的一种或几种病症,企业机体就会出现"疼痛"的现象,轻则影响运营的效率和效果,重则危及企业的生存。这些构成企业机体的各种要素之间存在着非常密切和复杂的关系,有时候一个问题解决不好,可能出现连带发生很多其他问题的多米诺骨牌效应。所以当企业发生"疾病"的时候,找准导致"疾病"发生的根本原因才是关键,只有号准脉,用对药,才能治好病。

1.1　企业内部业务痛点问题

烽火通信作为一家由传统国企改制而成上市的企业,企业运营管理同样会出现这样或那样的问题,其中内部业务流程缺失、流程不通畅、流程不规范、业务责任主体不明确、部门和岗位职责不清晰、业务活动缺少详细、明确的工作标准等,这些都是企业运营层面可能存在的问题。这些问题在实际业务中的表现形式是怎样的呢,现在来看一些比较典型的案例。

案例 1-1

■ 产品参展或测试业务痛点问题 ■

(1)在测试、参展等发货需求提出阶段　生产备货是否以正常订单形式下达,没有明确的业务界定,导致后期退回、销账等无法跟踪。

（2）在合同分解阶段 手工录入,在SAP系统中带不出BOM的相关附件,影响生产过程。

（3）在生产发货阶段 发货出口多,对应接口人不统一。

（4）在设备收货和现场使用阶段 没有明确的责任人、缺乏对应的责任机制,导致后期设备退回责任无法落实。

（5）在设备退回阶段 设备退回的责任人不明确,实物和信息不对应,缺乏允许损耗的原则和退回接收的确认,实物接收无对应责任人。

（6）在设备不退回的情况下,无具体的审批权限、原则的支撑。

（7）信息传递不顺畅(包括公司内部信息传递)。

（8）测试参展类合同无人管理,发生变更之后合同不取消,影响生产计划;测试合同需求在SAP系统中不计入预留。

案例1-2

■ 企业产品召回业务痛点问题 ■

（1）产品召回标准不清晰 在什么情况下触发产品召回?产品召回与工程改造、工程返修、退换货等其他逆向流程之间的关系模糊。

（2）产品召回管理责任主体不明确 谁发起召回申请,谁受理召回申请,谁批准并决定召回,谁来组织制定召回方案,谁具体执行召回等。

（3）产品召回全过程监控管理不清晰 产品召回可能涉及缺陷产品的鉴定,缺陷产品的逆向物流,替换货的备货、包发,以及召回产品的处置等。

（4）产品召回的费用预算不清晰 整个产品召回过程中涉及的费用在各部门如何分担没有明确规定,所以也没有明确的责任承担机制,造成类似问题重复发生。

（5）召回产品的处置方式不清晰 召回产品的处置责任主体是谁?召回产品中若涉及外购件的缺陷,如何向供应商索赔?

案例1-3

■ 出厂产品返修业务痛点问题 ■

（1）返修周期长,接近30天,客户要求15天。

（2）二次返修率高,相同问题在同一产品返修后重复出现。

（3）保修期不明确,不同阶段应有不同做法。

（4）厂商提供的服务与客户对我公司要求有差距,如厂商和我公司的保修期有差异,维修周期有差异。

（5）客户误判率高。合格产品被客户误判后进入返修通道,浪费资源。

案例 1-4

产品非常规生产业务痛点问题

（1）"非常规生产"和"早期销售"两个概念是否需要整合，将非常规生产活动纳入到FPD的早期销售范畴？或者依然维持两个活动的并存？

（2）决策活动缺失　如果整合"非常规生产"与"早期销售"两个活动，需要明确启动时点是在中试释放前，还是在中试释放后。如果定义在中试释放后，则受制于项目进度，无法满足客户需求；如果定义在中试释放前，则产品成熟度低，需要加强风险管控；如果维持两个活动并存，现有多数非常规生产需求，无早期销售决策评审材料支撑。

（3）流程范围模糊　非常规生产原定义是仅针对外部客户需求发起的生产活动；而产品线需求（测试、中试、大规模组网）是否纳入此流程范畴？

（4）流程范围矛盾　PLM规定已经启动中试流程的产品，不能再启动非常规的生产流程，而非常规产品的定义是中试释放前的产品。

（5）变更流程缺失　非常规生产的目的是以客户需求为导向，当出现需求调减时，任务的更改、取消流程缺失，未形成闭环。

（6）责任主体不明　以客户需求为导向，在产品预计释放时点前，需结合物料采购周期，对预计释放时点后的需求进行提前备料活动，此时段备料责任主体不明确，是产品线或制造部？最终会影响对客户需求的及时响应。

案例 1-5

产品研发阶段结构件加工业务痛点问题

（1）结构件加工的交付时间不能保证，50%以上的申请存在拖延情况，有时加工申请提交的时间甚至晚于期望的交付时间。

（2）反复协调工作量大，交接次数多，外购件业务管理待规范。

（3）缺少工艺反馈或反馈不及时，造成质量问题重复发生。

（4）加工或装配的质量难以保证，质检环节管理薄弱。

案例 1-6

客户投诉或客户问题处理业务痛点问题

（1）产品品质判断不精准　同一产品出现的不同问题的信息可能分散在不同部门，使得该产品出现的所有问题较难全面统计分析,进而使公司对产品品质的判断不够准确。

(2) 资源浪费　由于数据分散,信息不共享,同样的问题反复提。可能多个部门收到同样的问题,多个部门同时对问题进行解决,或者一个部门接到同一个问题的反复上报。造成资源的浪费。

(3) 问题解决的及时性差　问题跟踪的职责明确,但问题的解决过程没有明确的记录。

案例 1-7

■ 参展与展会管理业务痛点问题 ■

(1) 责任主体不明确　谁作为展会的组织策划者?谁负责接待客户?谁负责展览方案?谁负责展会落到实处等?

(2) 全流程不清晰　展会过程分为几个阶段?每个阶段的接口部门和相应职能是什么?这些部门之间如何进行有效的协调衔接?

(3) 费用预核算不清晰　整个展会过程中涉及的费用如何分担?

案例 1-8

■ 供应商产品变更通知管理业务痛点问题 ■

(1) 供应商 PCN 的分级处理规则不明确　不同物料对于不同级别 PCN 存在的技术、工艺、品质、采购的风险不同,目前对供应商缺乏明确的规范。

(2) 对供应商 PCN 认可主体不明确　由于来自供应商的 PCN 种类繁多,不同种类的 PCN 认可主体不同,而我公司产品设计的物料种类较多,因此认可主体涉及研发设计者、工艺、品质、采购等多个部门。

(3) 对供应商 PCN 的分类管理尚不完善　对 PCN 的种类管理尚不完善,导致 PCN 信息在传递、确认、存档等多个环节操作不规范,由此带来的品质风险、采购风险较高。

(4) 对供应商 PCN 的管理要求尚不完善　目前部分重点物料已经对供应商提出 PCN 的管理要求,但是其他类别的管理约定还没有完善,缺乏系统全面的管理约定。

案例 1-9

■ 出口产品海外测试与认证业务痛点问题 ■

(1) 没有完整的测试预测和计划　多数测试需求由办事处临时提出,缺乏前端的市场引导和周密的计划。

(2) 由于缺乏计划,造成资源协调困难。

(3) 各产品测试机会不均衡　目前在PON、家庭网关、WDM、少数光缆有测试需求,尤其以PON产品的测试诉求较多,而高峰时期人力、物力及费用的保障出现不平衡,因此有必要对各产品的测试机会进行评审或排序。

(4) 测试项目的责任主体及跨部门人员协调问题　由于部门间没有明确的流程指引,经常出现资源供应紧张、人员不到位等现象。

(5) 缺乏测试后期的反馈及改进。

案例 1-10

■ 物料暂停使用和物料重新启用业务痛点问题 ■

(1) 对物料暂停使用和物料重新启用的决策还没有一个规范的流程来明确相关角色和职责。

(2) 未明确谁可以提出物料的暂停使用和重新启用的申请,哪些部门和角色来对物料进行暂停使用或重新启用的确定、验证、发布和执行工作。

(3) 对于出现过重大质量问题的物料可能会重新启用的决策缺乏详细的工作指导,从而增加产品不良率的风险,降低产品质量的可靠性,影响合同交付进度。

"问题多、响应慢、重复犯",这是烽火通信首席运营官(COO)在描述公司运营问题时所做的简单归纳(见图1-2),虽然只有九个字,但是道出了中国很多企业在内部运营上普遍存在的管理难题。上述10个案例所描述的业务痛点问题是企业内部大量业务问题中很小的一部分,只是冰山一角而已。可以想象,既然各个业务部门有这么多问题存在,那么企业价值创造链条上各个环节的业务效率和效果也不会好到哪里去,就会在很多中间或末端环节

图1-2　"问题多、响应慢、重复犯"

产生"响应慢"的问题。"响应慢"就是做事效率低下,不关注或对下游客户的需求响应速度缓慢,比如研发周期太长、采购到货周期太长、订单备货周期太长、设备返修周期太长等,最终造成对终端客户的交付进度拖延,导致客户抱怨和客户满意度降低,于是企业财务回款或产品再销售成为问题。"重复犯"说明企业的很多内部业务问题只是就事论事进行了处理,问题没有得到根本解决,失败的教训没有得到及时的总结和提炼,没有在企业内部形成沟通和分享的良好氛围。

1.2 企业制度管理问题

制度管理对于任何一家中国企业来说都有其存在的现实性与合理性,但是制度管理这种管理方式存在以下几个明显弊端:

(1) 一个个(没有规划的)制度的随机发布可能造成制度的系统性缺失,各个制度之间出现管理重复或相互矛盾的现象,规章制度野蛮生长;

(2) 传统的规章制度模糊了流程管理、组织管理、绩效管理、信息化管理及文化与变革管理等管理职能之间的界限,一个制度的管理范围可能包括多个上述职能,这会造成企业管理部门之间和管理职能之间的混乱;

(3) 缺乏规章制度的规范化(格式、版本及文控)管理和全寿命周期管理,这些问题必然造成执行力方面的问题。

制度的管理方式虽然存在诸多弊端,但是对于中小企业管理及新兴业务的管理,它还是具有很高的应用价值。

现在来看一份调查报告,这是由世界五大会计师事务所之一的安永公司咨询项目团队所做的一个现场调查。他们对一家中国大型国有企业所发布的制度汇编中的463份文件进行了解读和分析,调查内容包括制度发布时间、制度适用范围、制度时效性、流程图、控制活动描述、职责说明、相关文档说明、相关时间要求、发布部门等方面,分析结果显示如下。

- 51%的制度存在职责说明不明确的情况。
- 27%的制度缺乏对操作流程的具体描述。
- 38%的制度没有对制度的适用范围做明确的界定。
- 16%的制度没有时效性说明,与现在的实际操作不符。
- 78%的制度没有进行更新或维护(见图1-3)。
- 32%的制度发布部门现在已经不存在或已经改名。
- 35%的制度存在与其他制度发生管理重叠的情况。
- 43%的制度没有明确对制度执行情况进行监督和考核的时间要求。

除此之外,很多企业内部对什么是制度、什么是流程以及流程和制度是什么关系,通常没有清晰的概念界定,所以普遍存在"有制度没有流程,有流程没有制度,一个流程跨越多部门,一个流程对应多制度,一项制度对应多流程"的混乱现象,这都是管理体系需要规范的问题。

针对上面的问题,安永公司的咨询项目团队也做了一些现场了解,下面是一些员工给出的回答。

图 1-3　企业大量的制度性文档管理不善

- 我们平时做事是不看制度的，大家都是老员工了，对工作很熟悉，没必要再看制度了，制度只是给新来的人看的。
- 以前办公室组织对制度进行过修订，不过是在好几年前了，这几年也想再修订一次，不过大家平时都挺忙的，顾不上。
- 我是刚加入公司不久的新员工，我想很快能够熟悉工作，于是找了一些部门的制度来看，可是我发现制度有时候说得不是很清楚，看了之后还是不知道到底是什么情况，问其他同事也都说以前不是他负责的，不了解。
- 有些制度是咨询公司帮忙设计的，执行起来发现和实际情况还是有些脱节，后来就慢慢不执行了，也没人去更新。
- 我们是销售部门，需要快速反应市场需求的，经常要处理突发事件，有时候不能完全按照制度执行，要知道我们的事情都是很紧急的。
- 我们听领导的，领导说什么就是什么，领导说的准没错的，制度不重要。

【案例】　某公司 2018 年年底开展了管理评审工作，对各部门规章制度的适宜性情况进行了调查，表 1-1 和图 1-4 所示为该公司历年发布规章制度的适宜性情况分布。

表 1-1　某公司历年发布规章制度的适宜性情况分布

部门或子公司	发布总数	适宜	不适宜
综合管理部	10	9	1
财务部	9	7	2
工程采购部	38	7	31
认证管理部	4	3	1
平台集成产品线	23	7	16
销售部	10	1	9
行业集成产品线	10	3	7
合计	104	37	67

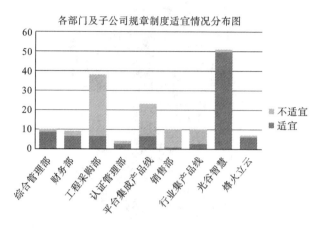

图1-4 某公司历年发布规章制度的适宜性情况分布

另外,该公司所发布的规章制度从业务与职能领域的分布来看,也存在分布不均匀、重点部突出等问题(见图1-5),比如从合理性角度分析,对公司经营影响重大的业务应有更多的制度,但是该公司的研发管理制度仅占4%,这是不合理的。

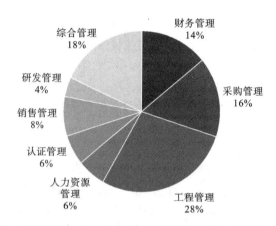

图1-5 某公司历年发布规章制度按业务与职能领域的分布情况

在传统的"中国式管理"方式中,大家习惯于领导说了算,而不是制度说了算,即所谓的"人治大于法治"。这种习惯势力如此根深蒂固,以至于那些敢于按制度办事的人经常被人嘲笑,甚至可能因不适应这样的企业文化而遭到排挤或选择离开。所以即使企业内部在形式上出台了很多制度、条例、规定等文件,但在很多人的内心深处,他们并不会严肃对待这些文件,因为即使违反某些制度或规定,因为制度本身并不严密,他们一般都可以找到开脱的理由或解决问题的通道,一般不会带来严重的惩罚,或者因违反制度所付出的代价很低。有时候,一项制度在颁布多年以后都没有人想到去更新或维护一下,以至于这个制度根本就不再适用新形势下的情况,如果是这样,大家谁还会把这样的制度真正当回事呢?在传统的"中国式管理"方式下,企业的持续改进从何谈起。

1.3 企业体系管理问题

在我国的很多企业,开展 ISO 9001、ISO 14001、OHSAS 18001、SA 8000、TL 9000 及全面风险管理等体系的认证工作并不是企业自发的管理要求,而是迫于外界的压力,这些压力可能来自客户、行业甚至政府:如果不能获得相关的证书或认证不能通过,企业参与市场上的竞争就会受到影响,严重的甚至不能入围参与投标的供应商名单。因此,很多企业(包括国内一些很知名的民营企业)多年前就开始了 ISO 9001 等体系的认证和管理工作。2009 年开始,国家五部委对国企性质的上市公司提出了必须建立内控管理体系的要求,公司每年都要投入大量资源开展体系建设、内审和外审工作。

问题的关键是企业开展体系认证工作的目的及开展的深度与方式。很多企业的管理者想把建立管理体系并持续认证当做改善企业管理的机会,任命公司高管作为管理者代表主抓这项工作。但是实际运作起来发现,做好这项工作除了需要变革方法论指导并具备超强的变革执行能力之外,还需要公司上下各部门投入相当多的资源和时间,一些部门从领导到员工并没有从思想上深刻认识到体系建设和认证管理工作的意义,大家只是把它当成是强加在自己身上的额外工作,所以在很多企业,这项工作做着做着就走偏了,经常发生的问题如下。

- 体系文件不系统、不完整,很多企业的体系文件和内部管理制度(包括流程)是两张甚至多张皮,存在大量重复管理或管理真空现象。
- 体系文件没有得到及时有效的更新和维护,持续改进也大多停留在表面上。
- 程序文件和操作指导书要么缺少可操作性,要么根本没人执行,是一堆永远被放在抽屉里的文档。
- 管理评审不能真正抓住体系文件的核心问题进行评估和改进。
- 符合要求的内审员数量不足,也不能保证独立、公正地开展审计工作。
- 内审和外审大多是走过场,最多开出几个"轻微不符合项"或"观察项",只要搞定认证机构,企业的体系认证证书会持续有效。

图 1-6 我们做体系认证的目的就是为了拿到这张证书

不夸张地说,很多企业的体系管理工作基本上就是几个体系专员、内审员和外部认证机构的事情,离所谓的"全员参与"相距甚远。一些公司的管理者甚至直截了当地说,我们搞体系认证的目的就是为了拿到这张证书(见图 1-6)。换句话说,只要能拿到证书,企业可以采取一切手段,只要足够方便、足够低成本就行。

博文注解　ISO 9000 证书怎么就成了挂在墙上的奖状

近年来,关于流程化管理的观念受到了广大房地产开发企业的普遍接受,而针对流程管理的管理咨询活动也开展得如火如荼。从我们接触的多数房地产开发企业来看,他们中很多企业的发展,从很大程度上来说是因为老板的眼光独到和敢闯敢干的精神而成就了企业的短暂辉煌。然而一方面伴随着企业的成长,企业管理中的问题——成长的烦恼暴露得越来越多,而另一方面,随着市场竞争的加剧和消费者对产品越来越苛刻的要求,使得企业的利润已经不再像创业之初那样不用精打细算也能赚得盆满钵满了。

为了实现企业向更高的目标发展,企业家们也就自然而然地想利用先进的管理技术来提高企业的管理水平了,如精细化管理等。当 ISO 9000 系列质量管理体系被广泛推广的时候,这些企业也顺应潮流想通过 ISO 9000 系列质量管理体系认证的契机来提升自身的管理能力,结果是证书如愿拿到手了,然而现实却令人尴尬,企业的面貌并没有因为证书的获得而有实质性的改观,ISO 9000 文件体系上写着一套,而实际工作中又是另外一套。于是乎他们就把这一切归咎于质量体系本身,认为它没有作用。就这样,ISO 9000 证书也就自然而然成了企业挂在墙上的众多没什么实际价值的奖状中的一幅了。

既然一种管理工具解决不了问题,企业家们就想找到其他更有效的管理工具。随着流程概念的普及,同时众多管理专家们也对这个方法大肆宣讲,使得这个概念越来越受到房地产开发企业家的青睐,似乎终于找到了治疗企业顽疾的良方。于是乎,一夜之间,流程成了人们谈论管理必谈的论题。

那么 ISO 9000 系列质量管理体系认证真的就不好用,而流程管理就确定是解决企业管理中出现的问题的灵丹妙药吗?

首先,我们来初步了解一下 ISO 9000 系列质量管理体系。ISO 9000 系列质量管理体系是指国际标准化组织质量管理和质量保证技术委员会颁布的系列标准。它所倡导的"说到、做到、有效"的思想被国际上的众多企业所推崇,它所阐述的管理原理、原则及管理哲学是企业管理的基础。因而其质量认证原理被世界贸易组织的成员普遍接受。

在国际贸易中,通常签订合同的一个条件之一是提供通过 ISO 9000 系列质量管理体系认证的证书。因为客户在签订合同前,要对供方的质量管理体系水平做出评价。作者曾就职于某大型外资企业,负责对供应方的评价工作,在对供应方进行评价时,一方面要测试样品的符合性,到现场做考察,另一方面,ISO 9000 系列质量体系认证证书是评价其质量管理水平的重要因素之一。因为只有良好的质量保证体系和企业管理水平,才能保证产品质量的连续性。

正是由于 ISO 9000 系列质量管理体系证书在国际贸易中的特殊地位,曾几何时,不管是外贸企业还是非外贸企业,都把这个证书看成一个神圣的招牌。通过认证就一度代表了企业的"良好的质量管理水平"。从另外的意义上来说,ISO 9000 证书也代表了一个企业扎实的基础管理水平。

ISO 9000 系列质量管理体系的精髓在于:① 它强调以客户为中心,组织只有以客户为中心才有了生存的基础;② 它强调企业领导在管理中的作用,要求领导要以身则,在执行企业管理体系中起表率作用;③ 它强调组织全员参与,只有这样,企业才能有强的执行力；④它强调做事的过程和方法，用流程的观点来说，就是要讲究流程；⑤它强调持续改进，就是相当于我们在流程中说的流程优化或流程重组，只有这样企业才有自我免疫力，才能不断通过自己的努力来提高管理水平；⑥它强调决策方法要基于事实，体系要求采用统计技术作为企业管理的工具，从而为持续改进提供决策依据；⑦它强调与供应方的互利关系，而不是一味地对供应方的控制，从而保证在采购时就能满足产品质量的要求。

从中我们知道，ISO 9000 系列质量管理体系教给了组织一套方法，一个有效控制、管理组织的途径。

然而在我国，ISO 9000 系列质量管理体系认证的作用被扭曲了，ISO 9000 证书被滥用，这诚然有企业自身的责任——缺乏执行力，而其中形形色色的认证机构和个体认证户对这种滥用现象起到了推波助澜的作用。他们把 ISO 9000 系列质量管理体系认证简单化，表面化。一个通用质量手册经过简单增减就成了各个不同行业的质量管理指南，只要给钱就保证能通过认证，获得证书，一切都停留在文字上。试想这样的认证怎么能提高企业的管理水平呢。ISO 9000 系列质量管理体系证书成为挂在这些企业墙上的奖状也就不足为奇了！

我们再来简单介绍一下流程管理。流程管理的核心是流程，流程是任何企业运作最基本的要素，通俗地说，流程就是做事的先后次序、做事的步骤。企业所有的业务都是需要流程来驱动的。流程把相关的信息数据根据一定的条件从一个人（部门）输送到其他人（部门），得到相应的结果以后再返回到相关的人（或部门）。如果这种过程流转不畅，就会导致整个企业运作不畅。

同样，在 ISO 9000 系列质量管理体系中就非常强调做事的方法、顺序。从这种意义上来说，流程是 ISO 9000 系列质量管理体系的第三层文件。也就是说，流程管理实际上是和 ISO 9000 系列质量体系认证紧密相关的，流程管理主要是体现在操作层面，而 ISO 9000 系列质量管理体系则讲全面、系统的从设计到服务的全方位管理。实践中我们可以采用流程管理的方法来满足 ISO 9000 系列质量管理标准对建立、保持和改进质量管理体系的要求，也可以利用 ISO 9000 系列质量管理体系定期审核，尤其是第三方审核的维护过程来巩固和保持流程管理的有效性。

至此，我们来看看作为房地产企业标杆的万科是怎样来对待 ISO 9000 系列质量管理体系认证的。《感受万科》一文的作者曾经给万科做 ISO 9000 认证咨询工作，文中所写的一点一滴都从各个方面反映了万科对待质量管理体系认证的严肃认真态度。从中不难看出，万科之所以有今天的局面，是与它认真彻底地发挥 ISO 9000 系列质量管理体系的作用分不开的，为万科奠定了坚实的企业管理基础。而我们今天正在学习的万科的流程文件，多数也只是它的质量管理体系文件的一部分而已。

所以说，如果你的企业曾经实施过 ISO 9000 系列质量管理体系认证，就不应该将其束之高阁，尽管弃其不顾而重新搞流程管理也会起到短期之功，但这并不能从根本上提高企业自身的基础管理能力和水平。

攀成德　(http://blog.vsharing.com/psdchina/A1621220.html)

1.4 企业战略不能有效执行落地的问题

企业战略不能有效执行落地的原因有很多,包括战略制定的过程和结果本身存在问题,造成战略错位或战略不当,但更多的原因是流程能力、组织能力、绩效管理能力及信息化能力的组合不能匹配战略落地的要求,或者说企业的内部运营管理水平不能与之匹配,如图1-7所示,其中流程能力包括流程的成熟度等级。根据笔者所掌握的情况,由于历史和现实的原因,目前为止绝大部分中国企业(包括许多大型国有企业)的流程成熟度等级还处在第二级的等级,即"职能级"等级,如图1-8所示,而且还只是部分业务达到了这个等级,很多业务的流程管控可能还处于"经验级",能达到"规范级"的很少,更不要提"度量级"或"标杆级"了。2014年3月截止,在烽火通信已规划的853个流程中,有613个流程发布,基本达到了"规范级"等级,其中有110个流程已经设计了流程KPI指标,并且定期开展数据收集和监控,这些流程基本上达到了"度量级",相关情况可参见8.8节。

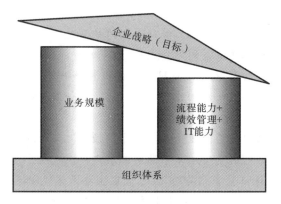

图 1-7 企业的流程能力和企业发展规模不匹配

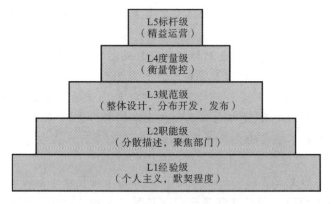

图 1-8 流程成熟度等级是企业运营管理水平的关键指标

企业战略不能有效执行落地的另外一个原因很可能是绩效管理能力的不足,其中绩效指标体系的设计能力是一个关键的因素。很多公司学习并借鉴了卡普兰的平衡计分卡原理来分解企业的年度目标,但是对于平衡计分卡中"财务指标""客户指标""内部运营"及"学习与成长"四个维度指标的真实意图并没有在企业内部达成共识,甚至错误地理解了平衡计分卡的基本思想,尤其在"内部运营"及"学习与成长"这两个指标的设计方面,没有起到真正有效的绩效牵引作用。如果一个企业没有开发出经过科学分析和规划形成的流程架构,要完成"内部运营"层面的指标体系设计是很难想象的。只有准确识别并适当描述了流程架构中不同的业务模块、业务层级及业务模块之间的相互关系,才能找到绩效指标设计的源头。图1-9所示为某公司供应链管理业务模块下具体的业务流程及对应的流程KPI指标,这些指标完全可以成为基层部门经理的年度或季度绩效目标。针对流程架构更高层级的业务,也可以相应设计出指标体系的高级指标,进而形成支撑公司战略执行落地的"内部运营"指标体系。

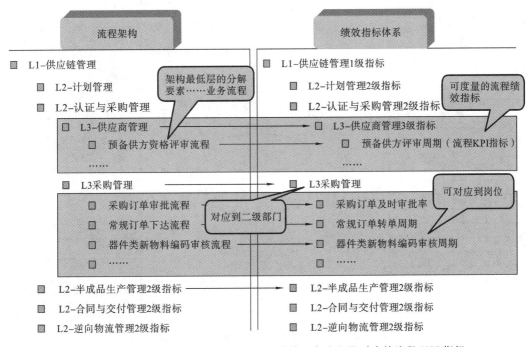

图1-9 某公司供应链管理业务模块下具体的业务流程及对应的流程KPI指标

1.5 客户价值主张与内部运营流程绩效之间存在着密切的逻辑联系

在绘制企业战略地图和战略解码过程中,需要应用平衡计分卡这一管理工具识别客户维度和作为内部运营维度的绩效度量指标。图1-10所示为某公司识别出的客户价值主张及支撑客户价值主张的内部运营流程指标。

客户的价值主张涉及7个方面,包括售前服务、供货保障、工程交付、产品质量、网管系统、售后服务以及返修服务。针对这7个方面的每一个维度,企业都可以找到一个以上反映客户价值主张的绩效度量指标,比如供货保障方面可以采用合同及时交付率、"产品质量验收合格率"作为绩效度量指标,工程交付方面可以采用工程验收合格率、工程交付及时率作为绩效度量指标；而在内部运营方面，企业需要找到支撑上述7个客户价值主张、度量指标的具体业务流程及流程绩效指标，该公司基于自身的具体业务识别出了43个支撑客户价值主张的内部运营流程绩效指标。本案例没有对支撑这些内部运营流程指标的流程进行识别，只是希望揭示出一个道理，那就是企业必须建立起基于内部流程管理的运营管理体系，该体系包括业务管理体系和职能管理体系（详见本系列丛书之《企业运营管理体系建设》），来支撑内部运营流程绩效管理体系的高效运作，从而确保客户价值主张的实现。

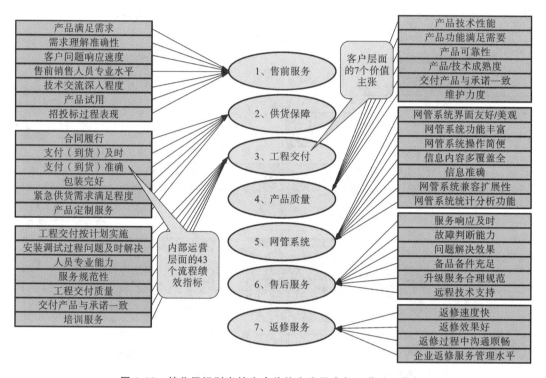

图1-10 某公司识别出的客户价值主张及内部运营流程指标

1.6 流程建设与管理是"学习与成长"维度的组织赋能

从1.4节可以看出，企业战略地图与战略解码对"内部运营"层面提出的要求通过内部流程的运营产生客户价值主张各个方面的运营效率，而企业内部运营需要使用的手段就是企业运营管理体系的各种要素（详见本系列丛书之《企业运营管理体系建设》第一章），包括流程、组织、绩效、IT、文化等管理手段。在企业"战略地图"上，虽然这些手段的应用是在"内部运营"层面进行的，但是它们的建立和维护工作并不是在"内部运营"这个部分开展的，而是在"学习与成长"的维度开展的。"学习与成长"维度的工作本质上是为支撑企业的"内部运营"搭建管理平台，为企业的各类业务和管理工作赋能。以企业供应链业务举例来说，供应链的"内部运营"需要借助流程、组织、绩效、IT、文化等运营管理的手段来产生客户需要的及时交付率、库存周转率、产品合格率及成本降价率等指标要求，但是计划管理、订单履行、物流管理、采购管理等流程、组织、绩效、IT、文化建设工作并不属于"内部运营"层面的工作要求,而属于"学习与成长"层面的工作要求,通过供应链领域在"学习与成长"层面开展的流程、组织、绩效、IT、文化建设工作,为供应链业务管理赋能,形成供应链管理的平台能力。

1.7 开展流程管理变革的必要性

从企业面临的宏观环境来看,受全球竞争环境的影响,现代企业面临的市场环境发生了巨大的变化,近几年,作为"世界工厂"的中国,靠超低的劳动力价格成为制造大国,虽然GDP的迅速上涨使中国成为经济总量仅次于美国的第二大国,但我们为此付出了沉重的代价。中国用相当于美、日将近1/25的微薄加工费用换来的仅仅是非常微弱的劳动成本优势,而这个优势随时可能被其他因素所抵消。在烽火通信所在的电子信息行业,面对全球化市场和日益激烈的竞争,面对快速变化的市场、快速更新的技术及快速变化的客户需求,企业需要具有快速的市场响应能力;同时面对议价能力不断提升的客户、供应商和不断上升的劳动力成本,企业只有通过集约化管理方式不断地提高管理效能,持续不断地有效降低企业运作与管理成本,持续不断地提高市场和客户响应速度,才能维持企业的竞争力,才能在市场上立于不败之地。

从微观层面来看,前面已经从企业内部的业务问题、企业制度管理问题和企业体系管理问题三个方面介绍了企业运营管理上遇到的问题,现在我们分别分析一下这些问题,然后再看应该采取怎样的解决办法。

对于企业内部业务痛点问题,我们抽取其中的两类业务进行分析,如表1-2所示。可以发现,绝大部分业务问题都是业务流程的问题,包括工作标准(因为各种工作标准都是业务流程中对活动的具体要求)、工作职责和工作关系不清等问题。

既然绝大多数业务问题都是业务流程的问题,我们就要用流程的方法加以解决。

表1-2 绝大部分业务痛点问题都是流程设计或执行的问题

业务	业务痛点名称	问题分析	是否流程管理问题?
产品研发阶段结构件加工业务	50%以上的结构件加工申请存在拖延情况,有时加工申请提交的时间甚至晚于期望的交付时间	没有及时提交申请,可能是资源投入不足,也可能是流程执行不到位	不确定
	反复协调工作量大,交接次数多,外购件业务管理待规范	需要减少交接次数,规范外购件业务的管理	是
	缺少工艺反馈或反馈不及时,造成加工申请或加工质量不断重复发生	缺少流程环节或执行不到位	是
	加工或装配的质量难以保证,质检管理薄弱	加工或装配的质量受多方面因素,包括设计质量和人、机、材等的质量	不确定

续表

业务	业务痛点名称	问题分析	是否流程管理问题？
企业产品召回业务	产品召回标准不清晰。什么情况下才触发产品召回？产品召回与工程改造、工程返修、退换货等其他逆向流程之间的关系模糊	标准不清，触发条件不清，流程衔接不畅，典型的流程设计问题	是
	产品召回管理责任主体不明确。谁发起召回申请，谁受理召回申请，谁批准并决定召回，谁来组织制定召回方案，谁具体执行召回等	职责不清属于典型的流程问题	是
	产品召回全过程监控管理不清晰。产品召回可能涉及缺陷产品的鉴定、缺陷产品的逆向物流、替换货的备货、包发，以及召回产品的处置等	全过程在流程设计上没有打通	是
	产品召回的费用预核算不清晰，整个产品召回过程中涉及的费用在各部门如何分担没有明确规定，所以也没有明确的责任承担机制，造成类似问题重复发生	如何分担是工作标准问题，没有明确责任是职责问题，都是典型的流程设计问题	是
	召回产品的处置方式不清晰。召回产品的处置责任主体是谁？涉及外购件的缺陷的话，如何向供应商索赔？	涉及 Who 和 How 的问题，属于典型的流程设计问题	是

流程的方法就是指流程管理的方法，更具体地说，就是建立在企业流程规划基础上的流程全寿命周期管理方法，包括以流程管理的相关标准作为支撑的流程架构的开发与维护、流程的设计与发布、流程的执行与宣贯、流程的执行与跟踪、流程的审视与优化和流程的废止等流程管理活动。有人会问："我国传统的制度管理方法不是也在描述流程吗？ISO 9001 等管理体系不是也讲究程序文件和持续改进吗？"，这是一个很好的问题，也是下面需要详细说明的问题。

来看企业制度管理问题。我们首先要对"制度"这两个字从我国传统管理实践基础上进行解读和界定，这个制度其实就是企业管理者用来进行实际业务管理的一些不成体系的要求和做法，总体上看，这些制度通常具备以下几个特点。

(1) 缺乏系统性　很多制度经常是管理者发现企业存在某种问题后才想起来制定的，很多管理制度、管理规定的出台带有很大的偶然性或随机性，有些公司虽然能够经常编辑成册一些所谓的《公司管理制度汇编》，那只不过是一些管理性文档资料的简单堆积而已，简单分析就能发现大量重叠和遗漏的问题。

(2) 缺乏规范性　这些制度的名称甚至发布方式各种各样，典型的名称包括：制度、(暂行)规定、管理条例、管理办法、管理要求、通知甚至会议纪要等，这些名称因企业不同、领导不同、部门不同、时间不同、地点不同而呈现出千姿百态的组合特点。

(3) 缺乏可操作性　很多制度普遍存在制度适用范围、适用时间、适用条件等基本内容的缺失；在内容上相对粗放，不能对应到岗位和角色，更没有具体的操作指导，造成员工无所适从。

　　企业制度管理以上三个特点决定了这种管理方式是一种落后的管理方式，它只是我国传统企业在发展历程中暂时使用的一种落后的管理方式。随着时代的进步、市场竞争环境的恶化，企业必须不断提升自己的管理能力，而传统的管理方式已经根本无法满足现代企业的管理要求，需要加以改良甚至淘汰（特别说明一下，在一些世界级标杆企业，企业管理顶层设计文件中还有一个称谓"政策架构"的文件，这是一个反应企业经营价值观和管理哲学的文件，流程架构是在这个文件的基础上开发出来的，相关说明详见第 5 章），代之以业界标杆企业基于架构思维的流程管理方式。

　　下面来谈谈很多企业开展的体系认证与管理的问题。我们首先必须承认，类似 ISO 9001、ISO 14001、OHSAS 18001、SA 8000、TL 9000 等（包括全面风险管理等体系），这些都是来自西方的管理思想和管理方法，其科学性、先进性、系统规范性是不用质疑的，在经济全球化和中国加入世界贸易组织（WTO）的大背景下，我国企业要参与全球竞争，必须服从并且采用全球公认的管理语言、管理逻辑和管理方法，否则，我们根本没有进入全球市场的机会。

　　但是这么好的东西到了中国怎么就走样呢？是水土不服吗？怎么会出现上面说的那些问题呢？这就是变革的问题，是管理变革的问题，很多中国企业在根本就没有做好实施体系管理的准备，或者说根本没有做任何变革准备度调查和分析的情况下，就匆忙上马实施这些体系。在很多企业，要么老板不愿意投入足够的资源来从事这项工作，要么所投入资源的能力不足。更重要的是，企业上下对实施体系管理并没有在思想和观念上达到应有的高度并达成共识，在一些人的心中，认为实施一套管理体系就像去 4S 店购买一辆汽车或去商厦购买一台电视那么简单。另外，企业的执行力和企业文化也不足以支持体系管理工作。可想而知，最后实施的结果就是为认证而认证，以获得认证证书并维护证书的有效性为最终目的，而这些体系本身包含的管理思想、管理逻辑则被抛到了九霄云外。

　　既然做好体系管理是中国企业绕不过去的一堵墙，我们就必须思考并结合中国的国情找到开展这项工作的有效方法，充分吃透并发挥体系管理对于企业管理的价值，而不是仅仅让这项工作停留在证书层面。到底有没有一种既能维持体系管理的需要，又能兼顾企业系统化、规范化管理的有效途径呢？答案是肯定的，那就是流程管理。

　　流程管理就是能够融合体系管理需求的一套非常有效的企业运营管理的方法和体系。我们知道，所有的体系认证都是以企业对体系条款的符合性和有效性审查为前提的，而所有的体系条款都是以企业的具体业务对象为管理目标的，只要我们在开发流程架构和业务流程的过程中充分考虑了体系管理的要求，将 ISO 9001、ISO 14001、OHSAS 18001、SA 8000、TL 9000 以及全面风险管理等体系的条款要求落实到具体的流程细节中，我们就能做到流程与体系的"一张皮"管理，无论是哪个层面的员工，只要他按照流程的相关要求开展工作，他就自然地遵守了体系条款的要求，而不需要专门学习 ISO 9001、内控体系等这些晦涩难懂的专业知识，通过这样的融合，企业就能真正做到管理的简单化（这方面的内容详见第 10 章）。

　　综上所述，不管是企业的内部业务痛点问题，还是企业传统制度管理的弊端，或是西方体系管理到中国后的水土不服问题，都是当今中国规模化企业（尤其是国有企业）日常运营过程中必须首先面对的问题,通过对这些问题的分析,我们可以得出一个这样的结论:中国企业需要开展流程管理。

■ 博文注解　浅谈过程与结果的关系 ■

过程和结果是什么关系?这个似乎根本不需要过多解释,完美的过程产生完美的结果,错误的过程产生错误的结果,不良的过程产生不良的结果,没有过程就没有结果。总之,结果是怎样的,完全取决于过程。道理虽然可以这样讲,但很多时候我们未必能够做到知行合一。

下面是几个过程和结果关系的实际例子。

(1) 一个肺癌患者得病的过程和最终确诊为肺癌这个结果。

如果没有长期吸烟、或者长期吸入粉尘等因素累积的过程,产生肺癌的结果的概率就很低。

(2) 城市交通中的车流量大现象和产生堵车这个结果的过程。

如果市政道路资源充分、交通控制机制到位,车主遵守交通规则,不会出现堵车现象(见图1-11);仔细分析多种城市交通拥堵的现象可知,无交通控制信号,很多不良司机违反交通规则(包括逆行、越双黄线等)是导致交通堵塞的部分原因(见图1-12)。

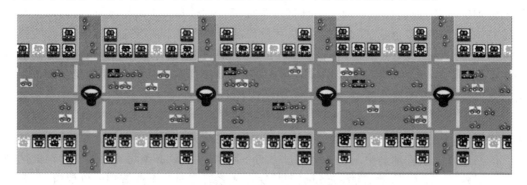

图1-11　有交通信号控制,司机遵守交规的情况

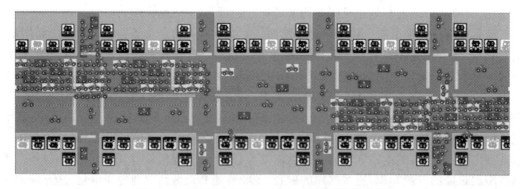

图1-12　无交通信号控制,司机不遵守交规的情况

(3) 深圳一家企业怎样从几万元起家发展到年销售额达300亿美元的大公司。

老板的眼光加上长期不懈的奋斗,与国际标杆企业结盟,不断实施企业变革,不断完善管理方式,从国内市场拓展到国际市场,没有这个过程,哪来的300亿美元?

(4) 刘翔从北京奥运会上发生伤病到重新上场需要近两年多时间。

中国有句俗话叫"伤筋动骨一百天",人体生理机能的成长是有规律的,不可能突变,要重新上场参加比赛,刘翔必须等待两年时间,并且这两年必须完全按照医生的要求做,否则刘翔根本去不了伦敦。

(5) 为什么客户经理张三能拿到100万的大单,李四连1万元的单子都拿不到?

张三并不是从一开始就能拿到100万大单的,他走到今天,一定经过挫折、失败、焦虑、痛苦、模仿、学习、总结、成长,一直到成熟的过程,没有这个过程,天上不会掉馅饼给他。

(6) 某企业的新产品上市周期为什么只有三个月,而它的对手通常需要两年多?

去分析、了解这个企业追求卓越的过程,看看他们是怎么管理产品研发周期的,看看他们是怎么激励员工的,看看他们是如何梳理和优化业务流程的,看看他们是如何关注客户的,答案就在这个过程中。

生活、工作、社会上类似的例子不胜枚举,其实结论只有一个:任何结果都是过程的产物,不存在任何例外。有人会说现实中歪打正着的事情也不少啊,我们仔细分析那个"歪打正着"的过程,你会发现,这其中一定也隐含了上述过程和结果的逻辑关系,即使某人中了六合彩,他也要通过首先产生买彩票的想法、实际购买彩票、关注开奖结果、领奖这样的过程,不是吗?

目前国内很流行的"卓越绩效管理模式",其实是美国国家质量奖(也叫马尔科姆·波多里奇国家质量奖)的核心价值体系内容,这个模式的核心就是强调过程管理,其管理框架中八个管理要素都要求通过过程管理和实施来完成和进行评价。湖北省开展的长江质量奖也是基于这种模式,评奖工作已经开展了三年。基于这种思想的中国国家质量奖也正在酝酿中,估计明年即将全面展开。

让我们期待中国国家质量奖尽早出台,让过程管理文化在中国企业中逐渐形成、成长并最终走向成熟。

引自《胡云峰个人专栏》(http://blog.vsharing.com/frank_hu/)

▪ 博文注解　触目惊心的沉浮:世博会中国民营企业馆观感 ▪

世博会那么多场馆,那么多演出,但给我印象最深刻的却是中国民企馆里那些飞舞的气球。

每个气球代表一个现实中的企业,那成千上万飞舞着的气球,描绘着中国民营企业的生存状态:面对险恶的市场环境,它们就像漂浮在汪洋大海中的一叶扁舟,无时无刻不在奋力挣扎,寻找着哪怕是片刻的安宁,演绎着一个又一个动人心魄的生死故事。

大环境好的时候,天空中晴空万里,所有的企业都有好日子过;金融风暴的严冬来临之际,身板瘦弱的企业就会冻死。

这些企业结伴而行,躲过了旅途中的一个个暗礁险滩;那些企业互不信任,恶性竞争,相互倾轧,朝不保夕。

有的企业掌握了规避风险的技能,任世间潮起潮落,总能使自己长期保持稳健的经营;有的企业发展势头看似蒸蒸日上,好像可以高枕无忧了,但瞬间的风云变幻很快使之陷身漩涡与风浪之中。

有的企业做大做强了,无数的小企业众星捧月般围绕在它的周围,希望成为大企业供应链环节中的重要一环;有的企业却像夜空中的闪电转瞬即逝,还有更多的企业由于经营不善长期徘徊在死亡边缘。

无数的气球铺天盖地压下来,又气势如虹地升上去,沉沉浮浮,波澜壮阔,时而哀鸿遍野,时而歌舞升平,就像贝多芬的命运交响乐,给人刻骨铭心的震撼与遐思。

引自《胡云峰个人专栏》(http://blog.vsharing.com/frank_hu/)

1.7　问题思考

(1) 企业战略落地困难的原因何在?

(2) 如何看待企业运营中存在的痛点问题,解决这些问题的最佳途径是什么?

(3) 传统的制度管理存在哪些问题?

(4) 在中国,为什么ISO9000等体系管理总是走偏?

第 2 章 流程管理变革与变革管理

【本章核心要点】

老板急功近利,不愿意在流程建设上投资;短期内看不到效果,很快裁掉流程管理部门;管理者嫌流程束缚手脚,在流程建设上"阳奉阴违"……这些都是企业实施流程变革的痛点,要成功实施流程变革,企业必须掌握变革的规律,采用正确的变革方法,包括评估变革准备度、变革松土宣传、规划变革愿景、组建项目团队、实施变革计划、巩固变革成果等。

2.1 变革之难

"变革"这个词在中文的语境中包含很多意思,比如转变、改变、改革、革新、创新等,最基本的意思就是从目前的某种状态(as-is)经过一个过渡状态达到未来的某种状态(to-be)的变化过程(见图 2-1)。这样讲起来似乎很简单,但做起来却充满挑战。

图 2-1　变革是一个过程

中国在过去 30 多年的改革就是一场巨大的社会变革,中国人民现在切实感受到这场变革带来的好处,但是当初在中国发起这场变革曾经是多么艰难,实施变革的过程更是难上加难。首先是"实践是检验真理的唯一标准"等思想领域的大讨论、大辩论,然后是搞经济特区,进行试点性社会改革,后面还有宏观和微观层面的企业厂长负责制改革、农村联产承包责任制改革等,因为没有经验或先例可循,走了很多弯路,犯了很多错误,就像邓小平所说的,中国的改革是摸着石头过河。

最近看到武汉姑娘、世界级网球运动员李娜谈起新教练卡洛斯给她带来的改变,尤其是在发球和正拍方面所作的改变,李娜深有感触,她说:"我的动作结构整个全部改变了,刚开始改头几天特别特别难受,有很多记忆都是你原来的记忆,你还要强迫自己忘掉一些习惯,改掉一些东西,刚开始会非常难受。当时改之前我跟他聊我明年的希望是什么、目标是什么,还是很庆幸自己在关键时候没有后退。"李娜所作的改变是否会取得成功现在还无法定论,但是面对世界女子网坛如狼似虎的 BIG4 以及新老更替的快速变化,唯有改变才是唯一的出路,这是李娜和教练卡洛斯所达成的共识,虽然改变之路会异常艰难。

▌博文注解　转变角色是一件很难的事情▐

我们每个人都扮演着很多角色,在工作中,你可能同时担任总经理、主任、会长、专员等角色;在家里,你可能同时承担着父亲、丈夫、儿子和女婿等角色;在社会上,你还充当着很多其他的角色。在不同的场合,我们需要以不同的角色出现,要学会很快转换角色,不能混淆了自己应该扮演的角色,否则会造成尴尬、郁闷、挫折乃至失败的结果。

但是转换角色有时候又是一件非常困难的事情,因为转换角色除了需要从不同的角度思考问题之外,还需要在语言、行为甚至人的外部形象等方面进行相应的改变。

电影演员是一种需要经常转变角色的职业,好的电影演员能非常准确地把握好所扮演角色的内心世界和外部形象,在语言、行为等方面惟妙惟肖地将人物形象展现在观众面前。但就我们一般的人来说,在转换角色方面经常会存在各种各样的障碍和问题,造成人际交往中的不顺或挫折。

比如很多家庭的矛盾都是由于人们不善于转换自己的角色造成的。有的人将工作中的角色带回家里,自己在单位是个不小的官儿,受到周围人的尊敬和追捧,这种情况下,你的行为和语言是一个做官的模样。但是回到家里就完全不一样了,家里不是一个完全讲原则的地方,老婆、岳母和孩子对你有完全不同于单位同事或下级对你的期待,这个时候如果不在语言和行为上进行调整,发生家庭矛盾和纠纷就在所难免了。

在工作中,人们也经常需要以不同的角色出现,都需要意识到自己当下的角色。经常会听到某某人讲话时说"今天我是以×××的身份来参加的",但是很多时候,我们会发现人们经常会忘记自己的角色,干出一些张冠李戴的事情。

对于转换角色,中国语言文字里有很多描述方法,贬义的有"见风使舵""两面三刀"等,褒义的有"对症下药""因人而异""因地制宜"等。有些不善于转换自己角色的人,还会用"直爽""直性子"等来粉饰自己,但在人际交往中,那些不善于转换角色的人通常会到处碰壁,因为人的需求是不一样的,而沟通成功的关键是了解需求和满足需求。

让我们每个人都做工作和生活中的好演员。

引自《胡云峰个人专栏》(http://blog.vsharing.com/frank_hu/)

一个企业所面临的变革与一个国家的社会改革或网球运动员李娜所作的改变虽然不能相提并论,但相同点确是显而易见的,那就是不变革只有死路一条。

变革是很多世界级企业长盛不衰的秘诀,IBM 就是一家典型的以变革求生存的公司。有人说"电脑的历史,就是 IBM 的历史",也有很多人对 IBM 的印象还停留在 ThinkPad 阶段,这些都是对 IBM 片面的了解。从 1911 年到现在,IBM 已经走过了一百多年的历程,从一个打孔机制造公司变成今天世界上最大的服务与解决方案供应商,这中间的启承转合并非三言两语可以概括的,但每一次市场的定位和业务的转变,无不经历了选择的痛苦与转变的艰难(见图 2-2)。当 IBM 将 PC 业务出售给中国的联想公司时,这个蓝色巨人就在向世人宣布这家公司已经开始从制造业向服务业转型。

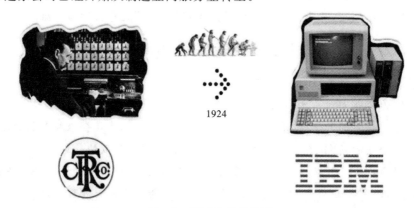

图 2-2　IBM 的业务转型

企业的变革种类很多,大类上包括战略到运营两大层面,运营上包括组织变革、流程与 IT 变革以及人力资源与绩效管理变革等。谈到企业流程变革,首先要从流程再造开始。

20世纪90年代,以迈克尔·哈默为代表的管理学家在一些西方企业率先发起了流程再造(BPR,business process reengineering)运动,这是一种对企业业务进行"根本性再思考,彻底性再设计,从而获得在成本、质量、服务和速度等方面业绩的极大改善",有的企业提出的重组目标包括"产品研发周期缩短70%,生产成本降低40%,市场份额增加25%,客户满意度和企业营收增加40%",实际的结果是,只有20%左右的企业获得了成功,而大部分流程重组项目没有达到预期目的,有的甚至可以说是彻底失败了,更有甚者,有些企业BPR项目的失败直接造成企业破产。迈克尔·哈默后来在对此进行总结时,重点强调没有充分考虑组织中人的因素。经过这场企业实践的洗礼,无论是企业界还是学术界逐渐开始转变对流程再造的认识和思考,在行动上逐渐由流程重组、流程再造向流程优化和流程管理方式的转变,完成了某种程度的理性回归。

流程管理(BPM,business process management)是新千年以来国外企业界逐步流行起来的一种渐进式的企业管理方式,虽然是渐进性变革,但这种变革从启动到实施也同样充满挑战,下面是一个来自国内的著名案例。

案例2-1

大连实德实施流程变革面临的挑战

国际咨询巨头麦肯锡公司为大连实德新的组织体系共设计了七个流程,包括"新产品开发流程""产品定价流程""广告促销流程""品牌管理流程""关键客户管理流程""渠道战略管理流程"和"业务计划制定流程"。从某种意义上说,麦肯锡给出了学术上的理想模式。然而并不是有了流程就万事大吉了,关键要看这些流程是否适合大连实德这样的中国企业,要充分考虑这个组织的优势、弱势和能力。麦肯锡曾提醒实德高层,流程要成功运作必须具备几个关键因素:集团高层领导的坚定决心,在"监督"的保证下进行"放权",总裁以及高层领导的抽查,以确保流程得到严格执行;集团逐步形成制度化、流程化的管理文化,树立"人人尊重流程"的观念;容忍过程中的一些"失败",不因这些"失败"而放弃实践,并将成功的实践迅速推广;在实践过程中修正流程,使其不断更新,促进市场和销售运作,"流程是动态的而不是静态的"。

麦肯锡当时提出可以分三步走,渐进的,从局部整合开始,再在子公司内部实行,成功后再向集团推广。但是大连实德选择了一步到位,直接在集团内部进行全局性大调整。虽然麦肯锡也提到一步到位的难度,但没有说难在哪里。其实对于大连实德这样的企业来说,改革的难度在于不再以权力为中心,而是要形成按流程、规则来相互配合的这种全新的工作方式和管理理念,难度还在于企业需要频繁地展开跨部门、跨体系的合作和协调,信息交流、沟通与及时反馈的重要性更加突出了,建立有效的信息传递渠道成为迫切的要求。对变化非常快的PC产品来说,跨部门进行协调,环节增多了,尽管有产品经理做工作,还是可能存在反应速度减慢、效率降低的问题。

新体系对大连实德来说是一个严峻的挑战。首先,它是对实德过去成功做法的改善,甚至是对成功的否定,员工必须有足够的心理承受力来正视改变。其次,新体系来自西方,与国内的大环境和历史文化有较大的差距,存在如何中国化、实德化的问题,这需要一个相当长的变革过程。

国内流程管理学者张国祥对一些企业流程管理失败的原因进行归纳,并作了以下分析。

(1)习惯思维作祟,权力意识作梗　流程管理失败的最大元凶就是权力大棒。流程化以服务企业发展四大价值增值为目标,以充分调动全员积极性为前提,以责任明确为标准,以责任考核到人为手段,以全新的管理理念作支撑。流程化运作是对个人权力的最大挑战。贪婪权力者,实施之前,一定拥护,改革谁敢不支持? 实施之后,一定反对。员工自觉性起来了,玩权力者受到了冷落:岂有此理,这事没有经过我签字画押,他们就办了? 先不管办得好与坏,首先不尊重我就不行! 权威、权威,没有权,哪来的威?

(2)懒汉思维呼应,浑水摸鱼心理　管理学有句名言:人在可以懒时,不会不懒。这虽然不具完全意义,但对大多数人而言还是对的。流程管理是一个多么巨大的工程! 可以说,企业管理的任何项目都比不上流程管理费工费力。一个稍具规模的企业没有全体管理人员全身心的投入,没有三个月至半年时间的分析、梳理、设计、优化、审核、审议、讨论批准、宣传、贯彻,流程管理是无法启动的。没有吃苦耐劳的准备,甚至打算长期混日子的人一多,这样的企业实施流程管理只能是胎死腹中。流程设计还没有结束,就会被习惯势力打回原形。

(3)急功近利误导,不识流程为何物　企业急功近利,愿望过于美好,但脱离企业实际。一种做法就是拿别的企业现存的流程图复制。真正有用的流程是抄不来的。流程是对该企业做事方式的重新设计和提升,怎么能抄袭别人的呢? 你的企业和别的企业人员素质、先天基础、后天努力都一样吗? 如果抄袭可以成功,那还不如干脆去抄袭世界第一好了! 第二种做法就是找咨询公司越俎代庖,钱倒是花得不少,除了鼓了咨询人员的腰包,企业注定一无所获。不论采用何种方式,企业人员最终都不明白流程为何物,怎么运用,怎么实施。

(4)变革势力微薄,企业文化不容　如果一个企业变革流程的发起者在企业处于少数派,哪怕他是老板,没有企业成员上上下下的参与和支持,这样的企业流程管理也必然失败。这可以从企业文化方面找原因。有人说企业文化就是老板文化,我不赞同。如果一个企业的文化已经形成,并且其文化主张随遇而安,拒绝变革甚至害怕变革,这样的企业只能随风飘荡,变革是无法进行的。

(5)得利阶层顽固,广大员工受苦　企业内部成员从利益角度划分,大致分为五种人,其中有一种人是食利者,专门在企业钻空子、捞一把的人,这种人不多,一多企业就死定了。但得利阶层不一定是五种人中的哪一种人,他只是现行制度的得利者,打破现有做法,能不能给他带来好处,这是他首先考虑的要素。如果不能给他带来更大的利益,他是绝对不会支持的。如果给所有人都带来好处而不能给他个人带来超过众人的好处,他也不会赞成,还会变着法儿反对。个人利益最大化是这种人追求的目标,而流程管理追求的是企业利益最大化。

▪ 博文注解　有些经理人为什么不重视流程？▪

在中等规模以上的企业,实施流程管理与变革的价值已经越来越明显,流程型组织建设已经成为企业管理的发展趋势,越来越多的中大型企业开始设立流程管理部门。但是我们发现,在一些企业,来自中层的阻力非常明显,他们认为业绩比流程更重要,在流程建设工作方面,他们可能采取直接抗拒或阳奉阴违的态度。发生这种情况的原因可能包括以下几点。

(1) 觉得自己很忙,没有时间梳理流程。如果领导要搞流程管理的话,装装样子、走走过场即可,按照他们以往的经验,这不过是一阵风而已,不会当回事。

(2) 认为公司没有流程管理的土壤,其他经理都不按流程办事,自己想这么做也是徒劳。

(3) 自己没有经过职业经理人的教育或培训,一般是从上级或同事那里学习了一些如何做经理的技能,他们认为经验更重要。

(4) 希望自己掌握业务的解释权和主动权,而不是让流程去说明怎么去处理业务。

(5) 缺乏提升管理水平的意识和愿望,维持现状就行了,别搞得吃不了兜着走。

作为流程变革的推动者,流程管理部门需要针对这些原因来做企业中层管理者的工作,如果得不到来自中层的支持,流程型组织建设就是一句空话。

引自《胡云峰个人专栏》(http://blog.vsharing.com/frank_hu/)

意大利政治思想家和历史学家尼科罗·马基雅维里在他1532年出版的惊世之作《君主论》中曾经有过如图2-3所示论述。

> "没有什么比建立一种新秩序更加难以实施、更没有成功的把握而且行动起来更加危险的事情;因为改革者面对的敌人是所有旧秩序下的既得利益者,而那些可能从新秩序中获益的人也不过是一些冷漠的支持者,这种冷漠来自于人类的怀疑本性,在真实的体验之前,他们不会真正地相信任何新的事物。"

图2-3　尼科罗·马基雅维里关于变革的著名论述

的确,在很多变革思想开始萌芽的时候,只有极少数先知先觉者能够积极主动地站出来支持变革,绝大多数人是被动的,他们要么不想了解,要么不愿意了解,在得知这种变革需要自己作出一些改变,甚至可能造成一些个人利益损失的时候,他们很可能站出来反对。根据某项研究发现,人们在对待新事物的态度上,存在一种所谓"20—60—20"的定律,即20%的人是变革先锋或改革派,60%的人是观望者或中间派,还有20%的人是反对派或保守派,如图2-4所示。

图 2-4 变革"20—60—20"定律

■ 博文注解 牛顿第一定律和企业变革的关系 ■

牛顿第一定律即惯性定律,该定律揭示物体具有保持静止和匀速直线运动状态的属性。也就是说,惯性是一切物体的固有属性,一切物体在没有受到外力作用时,总保持匀速直线运动状态或静止状态,除非作用在它上面的外力迫使它改变这种状态。

"变革"这个词在中文语境中包含很多意思,比如转变、改变、改革、革新、创新等,最基本的意思就是从目前的某种状态(as-is)经过一个过渡状态达到未来的某种状态(to-be)的变化过程。企业变革就是企业改变某些现有业务运作或管理方式的行为,比如流程变革、组织变革、战略转型等。

牛顿的惯性定律与企业变革有什么关系呢?

从大量历史和当今各种企业的发展规律来看,企业行为其实也符合惯性定律的核心思想,也就是说,企业也具有保持当前状态(静止或匀速直线运动状态)的属性,除非受到外力的作用。这个外力包括各种自然或非自然的力量,当企业处于稳定的运行状态的时候,如果没有来自客户、竞争对手、政府等外力影响时,一般的企业是不愿意去做任何变革的。换句话说,企业要变革,一般都是受到了外力的影响。

IBM 在 20 世纪 80 年代大型机流行的时候,他们的日子那是过得相当舒服的,那真是阳光灿烂的日子,不需要费多大劲,钞票大把大把飞向 IBM 的银行账户,那个时候在 IBM 内部谁想过要变革吗?大概没有。直到 90 年代初计算机网络开始大规模发展,大型机逐渐没了市场,IBM 出现资金链断裂甚至到了申请企业破产和国家保护的时候,改变才逐渐开始发生,IBM 的老板请来了郭士纳,郭士纳领导 IBM 向服务业转型,蓝色巨人才开始起死回生。类似 IBM 这样的案例在业界数不胜数,柯达、摩托罗拉、诺基亚……

企业有这样的属性,人和动物其实也不例外。人的惯性思维模式和惯性行为模式是非常明显的,比如在寒冷冬季的早晨,人们习惯于在温暖被窝里多待哪怕是几分钟而不愿意起床,因为从当前状态(温暖)到起床状态(寒冷)的改变是令人痛苦的;另外,长期吃惯了川菜的人很难适应上海菜,长期习惯使用 Office 2003 的人是不愿意升级到 Office 2007;等等。动物方面,温水煮青蛙的故事就包含了这方面的道理,青蛙在盛满凉水的锅中被慢慢加热之初,由于它感觉不到变化,也感觉不到威胁所在,所以它不愿意费力气从锅里跳出去(改变现状),等到它发现需要改变的时候,它的生理机能已经丧失了。

既然"保持静止和匀速直线运动"的当前状态是企业和人的固有属性,我们应该知道如何应对这种固有属性可能给企业和我们自身带来的各种灾难或痛苦,因为整个人类社会和自然界每分每秒都在发生这样或那样的变化,这些变化很可能就是造成我们最终丧失生理机能的那一锅"正在升温的水"。

所以,积极变化,主动变化,拥抱变革,才是企业维持长盛不衰的最佳选择。

引自《胡云峰个人专栏》(http://blog.vsharing.com/frank_hu/)

■ 博文注解　冰山的特征与企业变革 ■

冰山有以下四个特征。

(1) 海平面上露出来的是极少的一部分,大部分的冰体潜伏在海平面以下。
(2) 海平面以下的那部分决定了整个冰山的存在状态。
(3) 露出海平面的这个部分是看得见的、容易对付的,潜伏在海水下面没有露出来的那个部分才是真正可怕的、不容易处理的。
(4) 冰山漂浮在海上,一年四季都在不断变化。

对于组织变革来说,变革者所遭遇的问题犹如一座冰山(见图2-5),企业需要制定的战略、所设立的组织和岗位职责及流程和IT系统等,这些东西是外部可以看到的东西,是冰山露出的那部分,也是相对容易处理的问题,而组织文化和员工的内心问题才是企业深层次的问题,是冰山在海平面以下未露出的那部分巨大冰体,也是变革者面临的真正棘手的问题,需要不断发现、分析和诊断才能得出准确的结论,在此基础上制订正确的解决办法。员工个人问题包括员工的欲望、观念、心态、精神、士气,企业文化问题包括企业价值观和企业哲学、制度执行力、领导魅力等,这两种问题相互交叉、相互影响,这个部分才是最难管理的。同时,企业的内外部环境和条件在不断变化,组织和员工的问题也会像冰山一样不断变化,通过采取一些局部的改进措施也许可以提升企业的短期表现,但是要使之成为一个

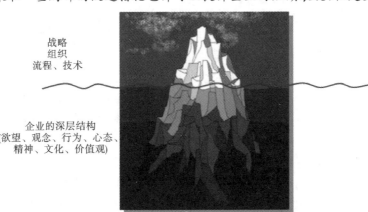

图2-5　冰山的特征

成熟的企业，必须从企业文化和价值观这些深层次的东西着手。

引自《胡云峰个人专栏》(http://blog.vsharing.com/frank_hu/)

2.2 变革需要管理和方法

企业内部的任何变革都是系统工程，除技术性因素外，人的因素、环境因素、文化因素等都是决定变革成功的因素。因此，要达到变革的目的，需要对变革进行系统有效的管理。业界变革的管理方法多种多样，各类变革管理的框架繁多，企业不同，变革内容不同，甚至时间或区域不同，变革管理的方法都会存在差异。下面介绍两种典型的变革管理方法。

2.2.1 变革管理八步法

美国著名的变革管理大师、哈佛商学院领导学教授约翰·科特在对一百家企业变革案例进行详细研究之后，发现大多数企业都没有对自己企业的变革实施有效管理，犯了很多本来可以避免的错误。在当今这个充满不确定性变动的万千世界里，有些错误所造成的后果可能是非常严重的。于是约翰·科特教授以这一个个鲜活生动的案例为背景，完成了他的经典变革著作《变革之心》。这本书的主要目的是帮助组织变革的管理者更多地了解那些成功的组织变革是怎样进行的，那些赢家们到底是通过什么方式完成了看似不可思议的、系统性的组织变革的。这里的"变革"包括企业进行的新技术采用、重大战略转型、流程重组、兼并收购、业务重组、企业为增强创新能力而进行的尝试，以及文化变革等活动。在这本书中，科特教授将那些在变革中取得成功的企业所采取的变革管理方法归纳为八个步骤（见图2-6），这八个步骤就是一个实现企业变革的路线图(roadmap)或流程图(process chart)，指导人们如何一步一步推进变革，直到变革成功。

步骤1 建立紧迫感。无论是大型私有企业的高层主管，还是身处非营利组织的基层领导，那些在组织变革中取得成功的人士，都会在发动变革之前，在相关人员心里创造一种紧迫感。那些不大成功的变革领导，只会关注组织中的一小部分人，却对一些弥漫于整个组织的情绪——自满、恐惧或愤怒——不闻不问，但这三种情绪却会在很大程度上破坏企业当前正在进行的变革。紧迫感，有时是通过一些富有创造性的方法形成的，可以使人们立即意识到，进行变革的重要性，并准备随时为此而采取行动。

步骤2 建立指导团队。有了紧迫感之后，成功的变革领导者会马上召集那些有着一定的可信度、技能、关系、声誉和权威的人员，组成一支指导团队来担任变革过程中的领导工作。这支团队应该有着很强的责任感，并且能够得到大家的信任。在那些不大成功的组织中，却会把所有工作重心都放在一个人的身上，没有重视团队的力量和团队的能力建设，忽视了全员参与的重要性，整个变革工作也就变得难以继续开展。

步骤3 明晰变革愿景。有句话叫做"谋定而后动"，变革团队是企业变革的领导核心和神经中枢，它需要为企业变革确立合理、明确、简单而振奋人心的变革愿景和策略，这个愿景和策略越能在变革团队中达成共识，越能激励大家积极投身到变革中去，所以它是变革的关键成功要素(KSF, key successful factor)之一。在那些不大成功的组织当中，领导

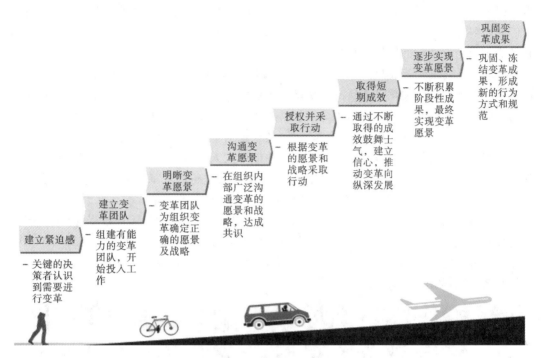

图 2-6　约翰·科特变革管理八个步骤

者们列出的只是详细的计划和预算,这虽然是进行变革的必要条件,但还远远不够,因为这很难在思想上引起大家共鸣。

步骤 4　沟通变革愿景。所确立的愿景需要众所周知,所以接下来的工作就是将愿景和战略清晰、准确地传达给所有的相关人员,也就是说,领导者们需要把简明扼要的信息通过畅通的渠道传达下去。这一步骤的目标就是在所有相关人员内部形成一种共识,建立一种责任感和团队归属感,并因此更多地释放组织当中大多数人的能量。在这个过程当中,实际行动的力量通常要大于侃侃而谈。人们会更加注重领导者的行为,而且这些行为应当是不断重复的。

步骤 5　授权并采取行动。要想在组织变革中取得成功,领导者必须充分授权。通过授权,可以清除那些影响人们根据组织既定的愿景采取行动的障碍。变革领导者常常把重点集中在那些不肯放权的老板、不充分的信息和信息处理系统,以及人们心中的盲目自信。这里的问题是清除障碍,而非"给予权力"。权力不是可以装在袋子里交给别人的东西。执行者们通常没有得到必要的权力,他们束手束脚,却不得不为自己的"工作不力"而辩解,这当然就会在整个组织内部导致一种挫折情绪,造成团队士气低落,最终使变革无法进行下去。

步骤 6　取得短期成效(quick win)。在授权之后,那些在组织变革中取得成功的领导者就会设法帮助组织取得一些短期成效,也就是要取得一些局部的、明显的变革收益,让大家看见变革是可行的、有效的。这个非常关键,因为它们可以为整个组织变革提供强有力的证明,并为随后的变革工作提供持续必要的资源和动力。

步骤 7　逐步实现变革愿景。取得一些短期成效后,成功的变革领导者绝不会放松努力。因为在这种情况下，整个组织的信心都被调动起来，早期的一些变革措施也开始得到人们的理解和认可，这时，人们就会精明地选择以后的行动，并不断地将变革推向前进，直到彻底实现组织变革的愿景和目标。

步骤 8 巩固变革成果。最后，在那些取得成功的组织当中，整个组织的领导者会通过培育一种新的企业文化来把所有的变革成果固定下来。一种新的企业文化（包括组织当中的群体行为规范和人们的价值观念）的建立需要相对较长的一段时间，而且在这段时间里，整个组织还需要不断取得新的成功，以证实变革措施的有效性。在这个过程当中，适当的人事变动、精心设计的新员工培训，以及那些能引发人们某种情感反应的活动，都可能起到重要的作用。而在那些不大成功的案例当中，组织所进行的变革往往流于表面。在非常短的时间内，变革过程中的很多努力都会被传统势力之风一吹而散。

在科特教授的这个变革管理流程中，每个步骤之间的顺序不能随意改变，每个步骤的实施技巧和内容都有特殊的要求，每个步骤都有确定的输出成果，更重要的是每一个步骤都是必不可少的选项，缺少任何一个步骤都会造成变革的障碍，最终可能导致变革的停滞、低效甚至失败，如图 2-7 所示。

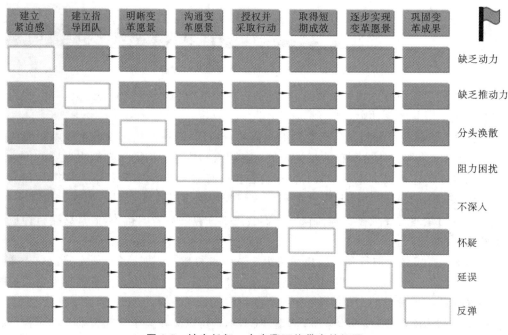

图 2-7 缺少任何一个步骤可能带来的问题

- 缺少步骤 1"建立紧迫感"，就会造成变革缺乏精神动力。
- 缺少步骤 2"建立指导团队"，就会造成变革没有领导核心，缺乏推动力。
- 缺少步骤 3"明晰变革愿景"，就会造成变革目标缺失，力量分头涣散。
- 缺少步骤 4"沟通变革愿景"，就会造成变革信息不通，变革过程受阻。
- 缺少步骤 5"授权并采取行动"，就会造成变革流于形式，变革不深入人心。
- 缺少步骤 6"取得短期成效"，就会造成大家怀疑变革的有效性，产生消极情绪。
- 缺少步骤 7"逐步实现变革愿景"，就会造成变革不能实现预期目标，半途而废或延误。

- 缺少步骤 8 "巩固变革成果",就会造成变革不彻底,传统势力反弹。

▪ 博文注解 流程变革绝不是"一把手工程"那么简单 ▪

很多人认为,流程变革就是"一把手工程",只要领导重视了,什么问题都可以解决。这样说固然有一定的道理,但是如果不明白流程管理变革的真正难点所在,这项工作就可能走偏。事实反复证明,很多领导都知道流程管理的重要性,但是如何推进流程变革,他们往往并没有清晰的思路。换句话说,他们知道要重视,但是不知道如何重视。

流程是什么?最通俗的定义就是"做事的套路"。把做事的套路写下来就是流程。流程管理就是对"做事的套路"的管理。一个企业没有把"做事的套路"管好却取得了成功,那只是暂时的、侥幸的成功,这样的成功是不能保证企业长远可持续发展的。流程是 ISO9000 和风险管理落地的载体,也是各种最佳实践在公司推行的基础。如 IPD、SRM、CRM、ITIL 等最佳实践在公司推行,首先需要的是流程表达,其次才是信息化落地;流程是战略落地桥梁,战略决定"去哪里",流程回答"如何去"。基于战略组织绩效驱动的流程管理是提升组织绩效的重要手段。

但是要实现这些价值,必须克服很多困难。

第一,流程识别要有架构观和大局观。架构观针对企业业务的完整性、系统性和层次性,大局观针对跨部门业务以及宏观微观环境之间的关联性。流程天生就是用来打破"部门墙"的工具。我们现阶段大多数流程都跨出了部门边界,只有通过结构化的思维,进行全局考虑,识别出的流程才是合适的。这种能力并不是天生养成的,而是需要经过不断学习和领悟才能不断提升,更重要的是愿意这样去思考和实践,因为全局的利益并非自己的利益。

第二,流程开发有技术难度。每一个好流程开发必须经过三个阶段:思路研讨,流程图开发,流程文件及作业指导书开发。每一个阶段又有明确的要求,思路研讨时,必须回答流程客户、目的、范围、驱动规则等 8 个方面的问题;流程图设计时,要满足过程设计的 13 条原则;流程文件的开发也有相关的标准和要求。即便做到了这些,也仅仅是满足了好流程的基本要求,流程所要呈现的管理思维更是关键。

第三,持续创新不是一句空话。公司核心价值观"持续创新"明确指出,公司鼓励立足实际,从小处着手,通过持续不断、一点一滴地改进,努力提升工作成效的行为。这绝不是一句空话,很多人都在践行这种价值观,持续创新发生在我们每个人身边,如何有效地管理这种持续创新。让一个人的持续创新变成组织的持续创新是难点,而流程管理变革就是要努力实现这一目标。

第四,流程管理需要组织和资源上的保证。如果各位管理者都以这样和那样的原因不能参与到流程变革中去,这样的变革是注定要流产的,这就是公司决定实施流程责任人制度的原因,通过这样的制度设计,保证部门总经理落实参与流程变革的资源到位,过去几年来的实践证明,如果不是各部门分管流程建设的领导、SME、流程监护人、项目经理、流程专员的积极参与,我们的流程管理工作是根本无法推动的。

变革的实质是改变,改变思想,改变行为,最终体现出来的还是行为的改变,也就是"做事套路"的改变。组织变革只要方向是对的就应该启动,不可能把所有的细节都想清楚了再动,而流程管理正是组织变革要求的细化、推进落地的重要方法,把变革后的组织、岗位、角色以及相关的职责和标准落实到位,这样组织变革的思想落地就有了保障。在此过程中,极有可能涉及局部范围的利益再分配以及资源的重新配置。

总之,企业的流程变革对组织文化、管理技术、资源投入、利益分配以及员工行为方式等方面都提出了严苛的要求,而绝不是"一把手工程"那么简单!

2.2.2 IBM组织变革管理框架

前面已经对IBM的百年发展史有过简单回顾,IBM在企业变革管理方面的成就更是举世闻名。可以毫不夸张地说,IBM的发展史就是一部活生生的企业变革史,其变革的成功不仅体现在其企业架构技术、流程再造、IT架构等业务运营创新方面,更体现在其组织战略转型、企业出售和兼并重组等企业发展的重大方向性选择和把握上。IBM的这种独特的变革管理能力,大概也是我国著名电信设备产品和服务提供商——华为公司选择与其建立长期合作伙伴关系的原因。我们知道,华为公司的很多关键业务变革,从业务模式的选择到流程架构体系的构建都是在 IBM 的帮助下完成的,包括 IPD、ISC,以及后来的 IFS 等。

IBM 的组织变革管理框架包括八个活动要素(见图 2-8),分别是:发展赞助人/领导层的支持能力,项目组建设,利益关系人分析及变革准备度分析,组织体系调整,组织与职位重新设计,绩效管理及奖励,沟通,教育与培训。

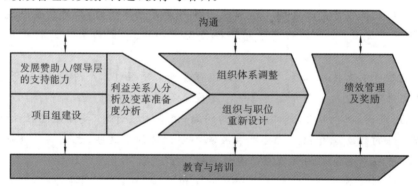

图 2-8　IBM 组织变革管理框架

(1)发展赞助人/领导层的支持能力　是指变革项目启动早期设计的、针对变革赞助人/领导层的流程及活动。

(2)项目组建设　是指以有效的工作团队及小群组动态工作为基础、为项目组提供准备和教育的流程。

(3)利益关系人分析及变革准备度分析　是指用于评估组织对变革的准备程度的流程及为具备变革准备度所需做的工作。

(4)组织体系调整　是指为了与变革需求保持协调一致,对现有的组织特征及能力进行分析及相应调整。

(5)组织与职位重新设计　是指基于重新设计的流程给出的员工角色的详细描述和

组织的未来设计。

（6）绩效管理及奖励　是指支持重新设计的工作系统所需要的管理、反馈、目标设定及认同的流程和内容。

（7）沟通　是指伴随和支撑变革过程的各种正式及非正式的信息、讲座和公告处理流程。

（8）教育与培训　是指针对受新技术及工作系统影响的最终用户和其他员工的流程及相应培训的课程材料。

与约翰·科特教授的变革管理八步法一样，IBM组织变革管理管理框架的每个步骤对实施内容都有特殊的要求，每个步骤都有确定的输出成果。同样，每一个步骤都是必不可少的选项，缺少任何一个环节都会造成变革的障碍，最终可能导致变革的停滞、低效甚至失败（见图2-9）。

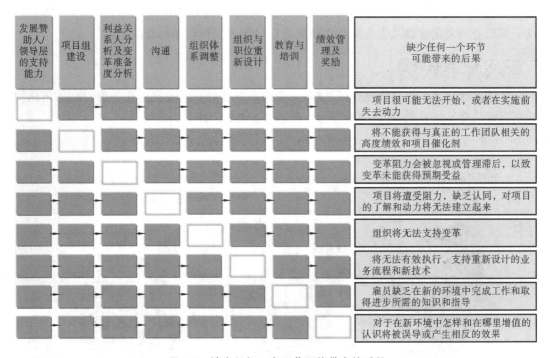

图2-9　缺少任何一个环节可能带来的后果

- 缺少"发展赞助人/领导层的支持能力"活动要素，就会造成变革缺乏精神动力。
- 缺少"项目组建设"活动要素，将不能获得与真正的工作团队相关的高度绩效和项目催化剂。
- 缺少"利益关系人分析及变革准备度分析"活动要素，变革阻力会被忽视或管理滞后，以致变革未能获得预期收益。
- 缺少"沟通"活动要素，项目将遭受阻力，缺乏认同，对项目的了解和动力将无法建立起来。
- 缺少"组织体系调整"活动要素，组织将无法支持变革。
- 缺少"组织与职位重新设计"活动要素，无法有效执行、支持重新设计的业务流程和新技术。

● 缺少"教育与培训"活动要素,雇员缺乏在新的环境中完成工作和取得进步所需的知识和指导。

● 缺少"绩效管理及奖励"活动要素,对于在新环境中怎样和在哪里增值的认识将被误导或产生相反的效果。

2.3 烽火通信流程变革管理实践

烽火通信的前身是一家国有老企业,虽然这家企业有勇于变革的传统,但在这样的企业开展流程管理工作同样需要因地制宜地研究对策,引入一套适合企业特点的变革管理的理念和方法。下面沿着几年来烽火通信流程管理变革的路线,从现状调查、变革松土与宣传、建立变革指导团队、明晰与沟通变革愿景、变革试点与短期成效、建立流程管理体系以及变革推进与文化建设几个方面介绍烽火通信开展的流程管理与变革实践。

2.3.1 现状调查

在烽火通信开展流程管理变革之初,企业内部员工对开展流程存在怀疑、担心、不认同甚至反对的意见或看法,如图2-10所示,典型的态度如下所列。

图2-10 企业内部对反对开展流程管理的阻力

(1)我们一直都是靠制度和规定进行管理的,干嘛搞流程管理?

(2)我们公司不缺少流程,我们只是缺少流程的执行。

(3) 我们大家都不懂流程管理,这搞得起来吗?
(4) 我们有 ISO 9000 等管理体系,还搞流程管理干什么?
(5) 搞流程管理没有用,建更多的信息系统就行了。
(6) 能不能请咨询公司帮我们搞,我们工作太忙了。
(7) 我这个部门的业务很简单,我们大家只要配合默契就行了,不需要流程这种东西。

当然,认为流程管理值得尝试的声音也有很多,但就像前面提到的意大利人尼可罗·马基亚维利所说的:"……那些可能从新秩序中获益的人也不过是一些冷漠的支持者,这种冷漠来自于人类的怀疑本性,在真实的体验之前,他们不会真正地相信任何新的事物。"

为了让员工充分了解流程管理是什么,以及流程管理对于烽火通信这种规模化企业的必要性与重要意义,同时也为了制定有效的流程管理变革方案和目标,烽火通信流程管理部在 2009 年秋季开展了一次烽火通信流程管理现状调查,共 22 个问题,即 21 个选择题及 1 个问答题,涉及流程识别、流程设计、流程执行、流程优化及流程管理建设五个方面。调查问卷具体内容如下。

烽火通信流程管理现状调查问卷

为深层次了解公司流程管理现状,做好公司未来 3 至 5 年的流程管理发展规划,特制订本调查问卷。您作为公司的重要一员,望能公正、客观地对待本次调查,以便公司能准确掌握大家的思想认识和业务现状,为我公司运营管理绩效的提升尽一份力量。感谢您的大力支持与配合。

填写要求:
1. 非匿名填写。
2. 选择题目请在您认为合适的选择项上打"√"。

填写人员基本信息
姓名:＿＿＿＿＿＿＿＿＿＿＿＿
部门(二级):＿＿＿＿＿＿＿＿＿＿＿＿
工龄:□少于 2 年 　□2 至 5 年 　□5 至 10 年 　□10 年以上

第一部分:流程识别

1. 您所在的部门(或业务领域)是否有清晰、明确的流程架构概念(描述业务范围和结构以便及时发现业务中的风险、方便了解组织与流程匹配度的一个快速沟通工具)?
　A. 有　　　　　B. 没有　　　　C. 不了解　　　　D. 其他

2. 您所在部门(或业务领域)的业务活动是否经常在发生变化(新的业务出现,老的业务活动停止)?
　A. 是　　　　　B. 不是　　　　C. 不了解　　　　D. 其他

3. 您所在的部门是否有特定的方式进行新流程设计需求的识别?
　A. 有　　　　　B. 没有　　　　C. 不了解　　　　D. 其他

第二部分:流程设计

4. 您所在的部门有没有负责流程设计的人员?
　A. 有　　　　　B. 没有　　　　C. 不了解　　　　D. 其他

5. 您所在的部门是否有统一的流程设计语言和规范？
   A. 有　　　　　B. 没有　　　　C. 不了解　　　D. 其他
6. 您所在的部门是否有明确的流程设计目标、方法去保证流程设计的质量？
   A. 有　　　　　B. 没有　　　　C. 不了解　　　D. 其他
7. 你所在的部门是否有统一的流程评审、批准、发布和文件管理？
   A. 有　　　　　B. 没有　　　　C. 不了解　　　D. 其他

第三部分：流程执行

8. 您所在的部门在从事业务运作时，是否实时关注按照流程来执行？
   A. 有　　　　　B. 没有　　　　C. 不了解　　　D. 其他
9. 您所在的部门是否有明确的机制保证流程参与者掌握了执行流程所需的知识和技能？
   A. 有　　　　　B. 没有　　　　C. 不了解　　　D. 其他
10. 您所在的部门是否有明确的流程监控办法（如被监控的重点流程、流程关键控制点跟踪、流程数据分析和挖掘等）？
    A. 有　　　　　B. 没有　　　　C. 不了解　　　D. 其他
11. 您所在的部门是否有明确的流程绩效评价方法（流程的绩效不同于部门的绩效，流程绩效更多关注过程，部门绩效关注结果）？
    A. 有　　　　　B. 没有　　　　C. 不了解　　　D. 其他

第四部分：流程优化

12. 您所在的部门是否有负责流程优化的人员？
    A. 有　　　　　B. 没有　　　　C. 不了解　　　D. 其他
13. 您所在的部门的流程参与者是否有主动寻求流程优化的意识？
    A. 有　　　　　B. 没有　　　　C. 不了解　　　D. 其他
14. 您所在的部门是否有明确的渠道来识别、甄别评审流程优化的需求？
    A. 有　　　　　B. 没有　　　　C. 不了解　　　D. 其他
15. 您所在的部门或在你印象中公司是否有明确的流程改进或优化的方法？
    A. 有　　　　　B. 没有　　　　C. 不了解　　　D. 其他
16. 您所在的部门流程是否有信息化需求并实施信息化（流程固化到 IT 系统，支撑流程运作）？
    A. 有　　　　　B. 没有　　　　C. 不了解　　　D. 其他

第五部分：流程管理建设

17. 您所在的部门或在你印象中公司是否有明确的、统一的流程管理规范？
    A. 有　　　　　B. 没有　　　　C. 不了解　　　D. 其他
18. 您对公司的流程架构体系或端到端流程是否有清晰的认识或了解？
    A. 有　　　　　B. 没有　　　　C. 不了解　　　D. 其他
19. 您所在的部门或在你印象中公司的组织结构与职能设计是否有与流程相适应（组织岗位和职责应该是由流程的决定的）？
    A. 有　　　　　B. 没有　　　　C. 不了解　　　D. 其他

20. 您所在部门是否有流程责任人的概念(流程的责任人负责组织流程规划和制定,对流程合理性和执行效率及流程的全生命周期负责)?

　　A. 有　　　　B. 没有　　　　C. 不了解　　　　D. 其他

21. 您觉得公司是否有必要建立流程管理平台,促进流程可视化来支撑企业业务流程管理?

　　A. 有　　　　B. 没有　　　　C. 不了解　　　　D. 其他

第六部分:对公司的流程管理,您的建议与意见?

本次调查问卷总共发放200份,发放对象是公司各二级部门的总经理、副总经理和三级部门的经理和副经理,最终回收问卷为132份,回收率为66%。下面是两个典型问题的统计结果。

针对"您所在的部门(或业务领域)是否有清晰、明确的流程架构概念(描述业务范围和结构以便及时发现业务中的风险、方便了解组织与流程匹配度的一个快速沟通工具)?"的统计结果如图2-11所示。

针对"您所在的部门是否有统一的流程设计语言和规范?"的统计结果如图2-12所示。

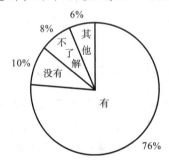

图2-11　对"您所在的部门(或业务领域)是否有清晰、明确的流程架构概念(描述业务范围和结构以便及时发现业务中的风险、方便了解组织与流程匹配度的一个快速沟通工具)?"的统计结果

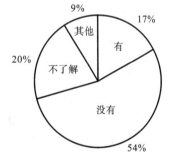

图2-12　对"您所在的部门是否有统一的流程设计语言和规范?"的统计结果

调查的部分结果和部分分析如下。

1. 流程识别部分

(1) 结果　大多数人认为其所在部门有明确的流程架构的概念,对于是否有特定方式去识别流程以及部门内流程发生变化的频率问题,大家的回答不尽相同。

(2) 分析　很多经理人其实并没有流程架构的概念,很多人误把组织架构当成流程架构。各部门流程变化的频率及新流程识别的能力存在着明显的差别。

2. 流程执行部分

(1) 结果　大多数人认为其所在部门实时关注按照流程执行,对于是否有机制保证流程执行者掌握相关技能,是否有明确的流程监控机制以及流程绩效评价方法的问题,大家的回答不尽相同。

(2) 分析　由于各部门流程存在的形式不同,大家所说的关注流程执行实际是按照一些规定、会议纪要、办法等文件的要求执行。对于流程的监控更多的是来自部门外的监控,如体系内、外审,财务的内部审计等,也包括公司重大问题专题项目组,部门内部监控力度相对低一些。

3. 流程优化部分

(1) 结果　大多数人认为其所在部门有主动优化流程的意识,对于是否有专人对流程进行优化,以及是否有流程优化的方法等相关问题,大家的回答不尽相同。

(2) 分析　我们结合其他途径了解发现,此部分调查基本反映了公司的相关现状,需要有相关的知识与技能的培训,以及有必要让大家认识学习公司统一的流程管理框架。

4. 流程管理部分

(1) 结果　大多数人认为有必要建立公司级的流程管理的平台,对公司流程进行统一的管理,同时也感觉公司现阶段有一套流程管理的规范,对于流程是否在指导公司组织的设计,以及端到端的流程管理的概念相关问题,大家的回答不尽相同。

(2) 分析　大家对此部分题目设计的真实意图并未完全了解,所以部分答案存在矛盾。在此种情况下,从此部分回答的结果看,我公司的流程管理体系有待进一步提高。

总体来看,本次问卷调查基本达到预期目标,但存在瑕疵,部分问题中使用的专有名词可能不易理解,造成调查结果与实际情况存在偏差。同时也从另一侧面反应,大家对流程管理的认识有待提升,公司级流程管理理念宣传有待加强,流程管理的文化尚待建设。

■ **博文注解**　**会议文化经常是造成流程被边缘化的罪魁祸首之一**　■

在一些企业,会议是中层经理们每天要上演的大戏。这种会议文化根深蒂固,源远流长。在这样的企业搞流程管理通常不是一件容易的事情。下面这几种情形可以说明个中缘由。

会议解决的问题本来是可以通过流程来解决的,但是大家不习惯去看流程,更愿意参加各种形式的会议。

在一些跨部门的会议上,经常是领导说了算,领导的立场决定了解决的方式和结果,人治大于法治,流程成了摆设。

当会议的决定与流程发生冲突,很少有人能想到去及时更新流程,大家对流程的关注度降低,对流程也没有了信心,结果是流程被弃用。

会议纪要本来只是一种临时性的文件,但是,在很长时间之后,还会有人翻出当初的会议纪要来说事,会议纪要成了一种例行的"管理工具"。

引自《胡云峰个人专栏》(http://blog.vsharing.com/frank_hu/)

2.3.2　变革松土与宣传

流程管理绝不是一个人、几个积极分子、一个或几个部门就能开展起来的,流程管理变革需要动员全公司上下的力量。只有所有管理者和广大员工广泛参与进来,和全面质量管理(TQM)所要求之全员参与一样,才能让变革产生效果,尤其是流程规划、流程开发、宣贯和执行、流程审视与优化等工作,这其中的每一种工作本身都需要广泛协作,都要有流程支持,每一个流程的执行也都是团队工作,都需要各级管理者和员工的广泛参与,如图 2-13 所示。如果大家不认同流程管理的作用,要在企业推行流程管理变革是根本不可能的事情。

图 2-13　流程管理与变革需要企业全员参与

在确定开展流程管理变革之后,为了营造变革的环境和推进变革落地,烽火通信将 2010 年确定为烽火通信流程管理变革年,在当年年初颁布并开始试行《烽火通信流程责任人制度》,同时在各部门年度绩效考核指标中专门设立流程建设绩效指标,并给予较高的权重;公司高管在各种场合不断高调宣传流程管理对于公司可持续发展的重要性,如烽火通信何书平总裁对各级经理人提出要求时指出:

公司的科学发展离不开流程的支持。各级经理人在日常工作除了应急"救火"以外,必须要有流程意识,要善于从个案中总结经验,建立流程,做到这样,才能治标又治本。

建立流程的目的是要科学快捷地实现目标。流程应该为目标的实现起到牵引和导向的作用,而不应该成为工作中的牵掣和桎梏;流程应该是约束和规范日常行为的规则,而不应该成为没有完成工作任务的借口。

流程不是一成不变的。我们需要流程意识强、听从指挥、按规矩办的经理人,更需要根据一线实际主动地、适时地对流程进行优化和更新的"创新者"。

■ 博文注解　变革的土壤 ■

有的企业存在一种"谁提出,谁处理"的处事惯例,虽然很多部门之间明显存在很多问题,例如部门边界职责模糊、交付件定义不清或跨部门的信息流不畅等,但是出于"多一事不如少一事"的考虑,员工甚至一些部门领导都不愿意主动面对,更不愿意通过适当途径提出来。这种现象其实绝不单纯是问题处理的事情,而是组织文化问题。如果大家都回避矛盾，逃避责任，实际上就是一个组织抵制变革的表现，说明这个组织缺失变革所需的土壤。

根据有关经济组织的报告，企业丧失竞争力的一个主要原因就是对外界的刺激反应迟钝。如果各个部门不能对来自业务周边的问题及时做出反应，那么这个公司的应变能力、客户和市场响应能力便可想而知。

企业的业务流程变革很少是自下而上进行的，企业领导者的价值观、个人风格决定了公司文化和员工行为，习惯于在公司依靠人治方式进行管理的领导很难在自己的企业建立起流程变革所需的企业环境。所以对于那些希望流程更加通畅的企业，高层需要在拥抱和鼓励变革上发出更强、更坚定的、更一致的声音，并且要以身作则，在流程变革过程中投入更多的资源和精力。

引自《胡云峰个人专栏》(http://blog.vsharing.com/frank_hu/)

除了公司和高层层面的推动外，烽火通信流程管理部门也做了大量变革松土和宣传方面的工作，简单归纳梳理如下。

1. 每周一期《流程学习之窗》学习资料的选择、编辑与发布

为了宣传流程管理与变革知识，流程管理部门从 2009 年下半年开始每周编辑发布一期《流程学习之窗》文章，发布对象为公司高管及二级和三级部门经理人。这种做法一直坚持到 2012 年底，总共有三年多时间。为了获取高质量的学习资料，公司与流程管理专业咨询机构——上海 AMT——连续两年签订购买企业管理知识库使用权，前两年的学习资料主要来自这个知识库和因特网。2012 年开始，学习资料主要来自公司内部员工自己编写的案例、学习心得、业务流程改进分析方法与成果等。公司很多经理人表示他们很喜欢《流程学习之窗》这种知识分享方式，不少经理人表示他们几乎每期必读，并发来热情洋溢的感谢信。这些互动极大增加了流程管理部门做好《流程学习之窗》的信心和责任感。

《流程学习之窗》部分内容如图 2-14 所示。

图 2-14 《流程学习之窗》部分内容展示

2. 建立"烽火通信流程管理案例库",分享流程管理与变革知识与经验

针对业务一线发生的实际问题和解决的过程,鼓励员工积极编写和分享案例,对于流程管理变革来说也是非常重要的宣传和松土工作。烽火通信流程管理部门在企业内网上建立"烽火通信流程管理案例库",鼓励流程管理工程师和流程专员积极思考和主动分享流程建设与管理的知识与经验,甚至在员工季度绩效目标中,将案例的编写计划与完成情况作为考核指标对待,通过适当的案例审核程序,评出优秀案例在《流程学习之窗》上发表并在部门学习例会上分享交流,通过这些方式增强大家的责任心和成就感。图 2-15 所示为企业内网上建立的"烽火通信流程管理案例库"的部分内容展示。

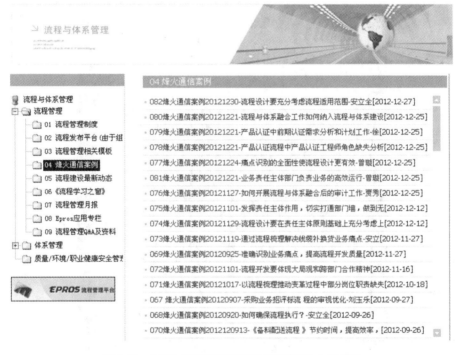

图 2-15 "烽火通信流程管理案例库"部分内容展示

3. 面向管理者和基层员工开展流程管理与变革基础知识与操作技能培训

为提升专业队伍的流程管理知识与技能,针对公司基层经理较多、培训内容丰富的情况,流程管理部门先后组织三期,每期三个知识板块共 9 个的流程管理主题培训。此外,还邀请业内知名的流程管理讲师来公司讲课,学员包括公司各部门主题领域专家(SME,subject matter expert)、流程建设项目经理、流程专员和流程管理员等;针对流程拟制人和流程评审团队,流程管理部门还组织开展了大量流程标准化、流程架构、流程设计方法以及流程项目管理技能等方面的培训活动和头脑风暴活动,通过这样的互动和交流,整个流程建设队伍从最初的懵懂、怀疑、内耗、低效、抱怨的状态逐步转变成为有信心、有士气、有方法、高效率和高产出的状态。

4. 对优秀流程建设团队和优秀个人进行书面表扬

为了激励参与流程建设的各种角色,我们在烽火通信开展"表扬信"的激励方式,对

"优秀流程建设项目团队""优秀流程专员""优秀流程建设项目经理""优秀基层流程责任人"进行公开表彰。图 2-16 所示为给优秀线缆产出线流程专员陈琪的表扬信,图 2-17 所示为烽火通信 2012 年年度流程变革获奖团队。通过这种方式,表明公司在流程建设与管理上的价值主张,对相关受表扬者是极大的鼓励,对全公司的流程管理与建设工作起到了极大的推动作用。

图 2-16　给优秀流程专员的表扬信

5. 开展其他多种形式的流程管理与变革宣传

流程管理部门还动员各种资源在公司管理期刊《烽火人》杂志上开辟"流程管理变革专栏",在企业内网开辟"流程体系建设与管理专栏",撰文宣传流程变革及各种理论与实践文章。图 2-18 所示为"流程体系建设与管理专栏";编辑出版烽火通信内部出版物《烽火通信流程管理变革宣传资料》,如图 2-19 所示;制作流程管理与变革相关的宣传标语,并在公司各种重要工作区域(会议室)悬挂,并在有条件的部门开辟业务流程宣贯墙,如图 2-20 所示。

针对部分经理人流程管理意识不足、尤其是流程执行和持续改进意识不足的问题,公司除了加强经理人能力培训和实践锻炼之外,还在一些公共场合张贴旨在强化责任意识的

图 2-17　烽火通信 2012 年年度流程变革获奖团队

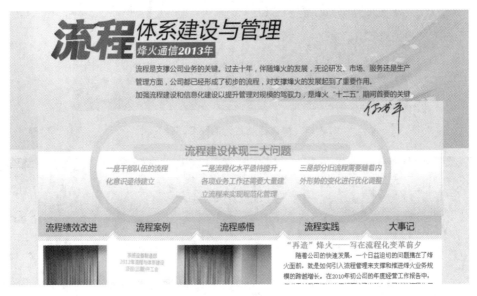

图 2-18　在公司内网开辟的"流程体系建设与管理"专栏

流程管理宣传广告牌及持续改进宣传板报,如图 2-21、图 2-22 所示。

对于流程不执行的情况,公司专门拟订并发布了"流程执行问题投诉和处理流程",鼓励员工对因为上游流程没有效执行而造成下游业务发生问题的行为进行投诉和曝光,同时在部门年度绩效评价中作为"扣分项"进行考核管理。另外,公司还通过鼓励员工编写案例和进行文化宣传等方式强调流程执行的重要性,图 2-23 至图 2-26 所示为烽火通信公司企业文化漫画故事第 8 期的内容。

图 2-19　烽火通信宣传流程变革的资料

图 2-20　流程管理宣传牌和流程墙

第 2 章 流程管理变革与变革管理

图 2-21 流程管理宣传广告牌

图 2-22 持续改进宣传板报

流程不执行是谁的责任?

1. 2014年1月,流程与体系管理部接到网络产出线市场部门的投诉电话,投诉部分角色对"网络产出线常规销售预测流程"执行不力,经常对销售机会点数据审批超时或未审批,严重影响销售预测数据的准确性,从而影响到市场部的部门绩效。

图 2-23 企业文化漫画故事第 8 期第 1 页

2. 流程与体系管理部通过调查发现,2013年共有448个销售机会点,超过一半以上231个是正常审批,217个是延迟/没有审批的情况,其中由办事处主任造成的79个,网络主管造成的138个;106个延迟审批的销售机会点中,由办事处主任造成的55个,网络主管造成的51个;111个没有审批的销售机会点中,由办事处主任造成的24个,网络主管造成的87个。

图 2-24 企业文化漫画故事第 8 期第 2 页

3.流程与体系管理部向流程监护人反馈调查情况,根据调查结果,确定国内销售部办事处主任及网络主管均存在对销售机会点审批较慢或未审批的情况,违反了"网络产出线常规销售预测流程"的要求,属于流程执行不力的情况。

图 2-25　企业文化漫画故事第 8 期第 3 页

4.流程监护人是流程执行的监督者,有责任及时暴露流程执行问题并推动问题解决。

图 2-26　企业文化漫画故事第 8 期第 4 页

在系统性开展流程建设项目的部门和子公司,要求编发《流程建设项目双周简报》,该简报的发布对象是本部门的所有员工,让他们知道本部门最近开展了哪些流程建设工作,发布了哪些流程,优化了哪些流程,哪些业务发生了怎样的改变等,图2-27所示各部门内部为所有员工发布的《流程建设项目双周简报》模板。通过这些多种形式的互动、宣传与沟通,强化了公司对流程管理变革管理工作的推进力度,收到了较好的效果。

_____部流程建设项目双周简报

第__期(2012/×/×—2012/×/×)

项目名称			
项目赞助人		项目经理	
项目目标			
近期主要工作内容			
近期主要输出成果(包括发布的流程、优化的流程等)			
业务流程变化关注点			
下一阶段工作计划			

图2-27 《流程建设项目双周简报》模板

2.3.3 建立流程建设与管理变革团队

以团队和项目方式开展变革工作是组织变革管理的最佳实践。烽火通信的流程管理变革团队是建立在推行公司流程责任人制度基础上的,这种制度规定了部门最高管理者对流程全寿命周期的管理责任。变革团队的终极目标是将烽火通信建设成一个没有部门边界的流程型组织。在流程管理方面,公司建立了以运营管理部为流程管理业务归口的团队,运营管理部门总经理是流程管理体系建设的流程责任人,履行公司层面流程管理的专业化归口管理与服务职能。流程管理团队成员包括流程总监、流程工程师、流程管理员、审计工程师,这些岗位行政上向运营管理部门流程责任人汇报,在业务上对各职能和业务部门提供流程建设专业服务和行使管理职能;在流程建设方面,各业务和职能部门总经理是各个业务领域的流程责任人,各部门的流程建设团队成员包括项目经理、主题领域专家、流程监护人、流程专员、流程拟制人等,他们在从事流程建设工作时,行政上向本部门流程责任人汇报工作,在专业上接受公司流程管理团队的业务指导和管理,如图2-28所示。流程管理团队和流程建设团队在日常工作中密切协作,相互融合,有效推进了烽火通信流程管理与变革的进程。

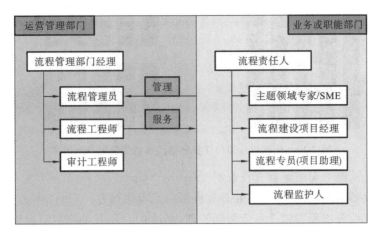

图 2-28 烽火通信流程管理变革团队组织体系

2.3.4 建立明晰的变革愿景与沟通宣贯

烽火通信开始开展流程管理变革的时间点正好处于国家"十一五"的末期,整个公司刚好开始制订企业"十二五"发展规划,这个"十二五"规划报告对于烽火通信来说就是企业意义上未来五年的企业发展战略。公司流程管理与变革团队与公司战略规划团队一道制订基于公司未来五年发展战略的流程管理与变革发展规划。结合企业面临的行业发展形势和竞争格局,变革团队在进行基于业界标杆比较和差距分析的基础上,制订了如下公司"十二五"期间流程管理与变革规划目标。

- 建立并维护能够支撑公司战略实施的统一的流程架构体系。
- 建立公司可持续发展的流程管理体系(包括流程管理的标准、流程、组织和绩效体系),使企业流程管理成熟度达到国内领先水平。
- 包括 ISO 9001、ISO 14001、OHSA 18001、TL 9000、SA 8000 及全面风险管理体系在内的管理体系实现有机融合,做到"一张皮"管理。
- 深入持久开展以客户为导向的端到端业务流程建设,重点关注公司价值链上的核心业务,包括研发流程、客户关系管理流程、工程服务管理流程和供应链管理流程。
- 建立公司高度集成统一的流程管理信息化平台,确保流程的系统性、完整性、可视性和可得性,密切流程与 IT 的关系,为建立企业架构打好基础。

上述目标在公司流程管理和建设团队得到了广泛宣传和贯彻,在之后的每年年初,这个目标都会成为各部门制订年度计划的重要输入,并以部门年度流程与体系建设项目的形式具体实施和监控,确保公司变革目标的整体实现。

烽火通信流程管理与变革的终极目标是将烽火通信建设成为一个没有部门边界的流程型组织。流程型组织的典型特征之一就是要让企业的业务流程从部门墙和部门保护的丛林中凸显出来(见图 2-29),让管理者和广大员工自觉以客户需求和利益为导向,充分认识并积极发挥流程责任的主体作用,理解并认可跨部门协作的价值并勇于实践。

流程型组织具有以下特点。

(1) 建立了公司层面的清晰完整的业务流程架构。

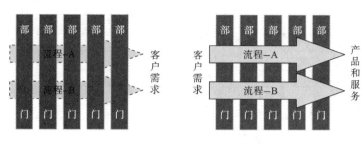

图 2-29　让流程从部门保护和部门利益的背后凸显出来

(2) 建立并实施明确的流程责任人制度(ownership)。

(3) 全员具备深厚的流程意识,并具有极强的流程执行力。

(4) 对全部业务流程实施全寿命周期管理,并建立了 E2E 的流程绩效指标体系与跟踪评价体系。

(5) 公司形成一种完全以客户为中心的、业务高度融合、部门间"无边界"协作的企业文化氛围。

■ **博文注解　从联想的沟通顺序看流程文化** ■

最近在读一本书——《联想密码》,其中谈到联想集团(简称联想)的制度和管理规范化建设问题,书中强调,规范建立和执行是联想成功的"密码"之一,不管是什么事情,只要是经常重复性发生,就必须建立规范。

关于跨部门的沟通,联想对沟通的顺序有以下规定:找该部门的责任岗位直接沟通;找该责任岗位的直接上级沟通;报告自己的上级;协调双方的上级去沟通。有的基层员工起初害怕与其他部门的高层领导沟通,所以通常先找其秘书和下属预约,但是经常过了很长时间也没有结果。有了这个规定后,如果某事情的责任岗位是部门总经理,就可以直接与该总经理约时间了。

联想的这种制度体现了流程型组织的一些基本原则。流程为导向的组织通常是对事不对人的,流程中的上下游关系决定了信息的流向,而不是取决于对方行政级别的高低。在那些以部门为导向的企业,垂直的沟通是很常见的现象,员工只习惯于从自己的上级那里接受工作任务。

联想的规范化建设还体现在很多方面。有个关于奖金发放的案例,当手下首次将奖金发放表交给老板杨元庆审批时,杨元庆告诉他先弄个奖金发放规范出来,这样,以后这种事情就不一定总是找杨元庆批了。这个所谓的规范,实际上就是一些工作流程和工作的标准和规定等。类似这样的规范,联想有 230 多个。正是这些规范和制度,提升了企业的执行力。

引自《胡云峰个人专栏》(http://blog.vsharing.com/frank_hu/)

2.3.5　构建企业流程管理体系

要实现流程管理变革的愿景,必须在企业建立流程管理的长效机制,使流程管理成为企业日常运营管理的一种例行的管理行为,并成为企业管理文化的重要组成部分,这套长效机制可称为企业流程管理体系。烽火通信借鉴企业运营管理的思路,经过大家的共同努力,摸索并逐步建立和完善一套独具特色的管理体系,该体系包括流程管理的流程体系、流程建设的绩效管理体系、流程管理的组织体系及流程管理的信息化管理体系,如图 2-30 所示。

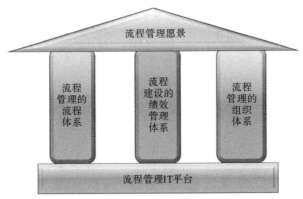

图 2-30　烽火通信流程管理体系

流程管理的流程体系从流程全寿命周期管理的角度,对企业内部的流程管理活动建立起一套流程规范,包括流程架构开发流程、流程架构变更与维护流程、流程拟制审批与发布流程、流程宣贯与执行引导流程、流程定期审视与优化流程等,详见第 3 章。

流程管理的组织体系包括流程管理部门的设立、流程责任人制度的建立与实施、各部门流程管理相关岗位和角色的职责定位与资源配置等;流程建设的绩效管理体系包括流程建设和管理绩效指标的设计、绩效目标的制定、监控与评价等,详见第 4 章。

流程管理的信息化管理体系是一套以流程设计、流程建设管理和流程展示为基本定位的信息化平台,这套平台通过需求调研和系统选型后,直接从市场上购买成熟的商品化软件,经过适当定制化后在企业应用实施,详见第 7 章。

目前,这套流程管理的体系的架构已基本成形,局部内容的优化及完善还将持续进行。

2.3.6　取得短期成效

在变革管理大师约翰·科特的变革管理八步法中,步骤 6 强调要"取得短期成效",对中国企业来说,这一条同样也是非常适用的。大家希望见证变革带来的效果,从而提升变革信心,消除企业内部对变革的怀疑心态。构造卓越流程也好,流程卓越运营也好,目的只有一个:提升企业绩效。流程管理的逻辑是通过企业经营管理体系中每个业务流程的制定、运作、受控,以达到维持业务持续稳定运行并持续改进的目的。烽火通信在开展大规模流程建设工作之前,从 2009 年 9 月开始,流程管理部门选择公司内部与外部客户有密切关系的包装发运部开展了 9 个月的流程管理试点,其中流程开发到流程发布 3 个月,流程执行与跟踪监控 6 个月,以下是《包装发运部流程管理实施效果评估报告》的部分内容。

1. 背景

包装发运部自 2009 年启动了所属包装发运业务流程的梳理工作,大部分流程在 2009 年 12 月底之前完成发布,截至本报告时间为止,流程执行已经有半年时间。为了检验流程管理理念与手段在烽火通信的适用性,流程管理部门和包装发运部共同组织并开展了本次包装发运部流程管理实施效果的评估工作。

2．目的

通过对目前正在执行的包装发运部流程管理的实施效果评估，了解流程执行后的实际绩效改进情况和问题点，促进业务流程的持续优化、改进。同时，通过本次评估检验流程管理理念与手段在烽火通信的适用性。

3．范围

包装发运部所属包装发运业务。

4．评估方法

参考传统绩效管理的相关理论，应用平衡积分卡原理设计评估指标，并通过调查问卷、访谈等方式获取数据，对比分析梳理流程实施之前、之后的实际绩效情况，以此评估包装发运部流程管理的实施效果。

5．评估实施

1）选定评估指标

结合烽火通信包装发运业务的实际，参考传统绩效管理相关理论，基于平衡积分原理，从财务、客户、业务运作及学习与成长等方面总结出流程绩效七大评估指标，再分解出若干指标子类，并赋予相应的权重，如表2-1所示。

表2-1 基于平衡积分原理的指标评估

方面	指标大类	指标子类	权重
财务	收益	投入产出比（产量/人数）	50%
		签收单及时回单率	50%
客户	外部客户满意度	客户投诉量降低率（月计）	60%
		好评率（签收单回单体现，考察承运商）	40%
	内部员工满意度	每月加班时间	50%
		活动等待时间	50%
业务运作	职责分工	组内检出包装错误减少率	30%
		质检员检出包装错误减少率	20%
		日平均包装量	10%
		活动分工	20%
		职责说明	20%
	任务理解	流程考试合格率	20%
		活动操作指导	60%
		活动输入、输出	20%
学习与成长	能力提升	单位时间工作效率	20%
		流程角色岗位流动率（辞职除外）	20%
		员工流程意识提升	30%
		员工专业化工作能力提升	30%

2）获取、统计指标评估数据

由于指标属性的不同，其评分数据获取方式也有不同，大致可以分为以下两类。

（1）定量类指标　有实际数据支撑的指标，如"签收单及时回单率"等，该类指标数据可以直接从数据库中提取，得到客观的评分数据。

（2）定性类指标　没有实际数据支撑的指标，如"内部客户满意度"等，该类指标数据无法直接从数据库中提取，但可以通过问卷调查、访谈等方式得到相对主观的评分数据。

在对包装发运业务流程指标进行定量、定性统计之后，得到的评估数据如表 2-2 所示。

表 2-2　包装发运业务流程指标评估数据

指标大类	指标子类	权重	梳理流程之前	梳理流程之后	梳理流程之前	梳理流程之后
收益	投入产出比（产量/人数）	50%	2	3	2	3
	签收单及时回单率	50%	2	3		
外部客户满意度	客户投诉量降低率（月计）	60%	2	3	2	2.6
	好评率（签收单回单体现，考察承运商）	40%	2	2		
内部员工满意度	每月加班时间	50%	1.68	2.4	1.7	2.5
	活动等待时间	50%	1.72	2.6		
职责分工	组内检出包装错误减少率	30%	1	3	2.18	3.59
	质检员检出包装错误减少率	20%	2	4		
	日平均包装量	10%	2	3		
	活动分工	20%	2.88	3.64		
	职责说明	20%	3.52	4.32		
任务理解	流程考试合格率	20%	1	3	2.49	4.05
	活动操作指导	60%	2.88	4.28		
	活动输入、输出	20%	2.8	4.4		
能力提升	单位时间工作效率	20%	2	3	2.42	3.51
	流程角色岗位流动率（辞职除外）	20%	1	2		
	员工流程意识提升	30%	2.88	4		
	员工专业化工作能力提升	30%	3.2	4.36		

注：每项评估指标分值为 0～5，由低到高。

3）指标结果分析

指标结果分析如表 2-3 所示。

表 2-3　包装发运业务流程指标结果分析

指　　标	梳理流程之前	梳理流程之后	相对改进率
收益	2	3	50.0%
外部客户满意度	2	2.6	30.0%
内部员工满意度	1.7	2.5	47.1%
职责分工	2.18	3.59	64.7%
任务理解	2.49	4.05	62.7%
能力提升	2.42	3.51	45.0%

将包装发运部流程梳理试点前后的相关指标用雷达图描述，如图 2-31 所示。

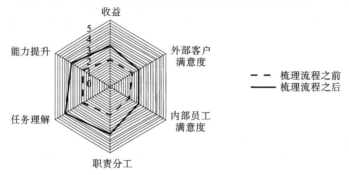

图 2-31　包装发运部流程梳理试点前后的相关指标雷达图

将包装发运部流程梳理试点前后的相关指标的相对改进率用柱状图描述，如图 2-32 所示。

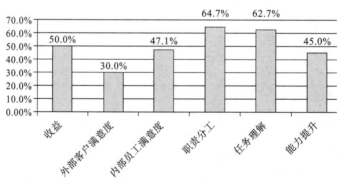

图 2-32　包装发运部流程梳理试点前后相对改进率柱状图

4）改进效果分析

总体来看，相对于梳理流程之前，梳理流程后的各项评估指标均有不同幅度的明显改进，最低相对改进率为 30%，最高相对改进率达 64.7%。

绩效改进最突出的两类指标分别为"职责分工"和"任务理解"。由此可以推断，在梳理流程之后，基于流程的各项工作分工更加明确，员工对工作的理解也更加清晰，职业化工作能力显著提升，总结原因如下。

(1) 员工积极参与　部门经理的重视和员工的积极参与保证了流程设计的规范、合理,输入、输出模板与实际工作密切相关,拟制的活动操作指导书图文并茂,生动、实用,较好地指导着员工的工作。

(2) 流程宣贯到位　流程图张贴上墙、流程培训持续开展、流程知识考试的开展等都使流程意识深入人心。

(3) 流程角色任命　流程角色的任命使角色和岗位相关联,责任到人,增强了员工对流程执行的角色认知。

绩效改进另外一个突出的指标是"收益"。包装发运部与去年同期相比,人数由62人减少到55人(减少了11.3%),而任务量由去年上半年113 341件增长至今年上半年180 213件(增加了59%)。在劳动强度增加、人员减少的情况下,"收益"指标上的增长,充分体现包装发运部员工在规范化生产流程实施后产生的效率提升。

5) 问题分析

绩效改进相对较小的指标为"外部客户满意度"。在经过访谈调研和细致分析后发现,影响这类指标的原因主要在以下几方面。

(1) 上游部门与包装发运部的工作衔接问题　这并不属于包装发运部内部流程问题,这是部门之间的业务协同或跨部门流程顺畅度的问题。但是,上游流程的顺畅度将直接影响包装发运部内部流程运作的顺畅度和客户满意度,这些问题需要与其他相关部门协同解决,如表2-4所示。

表2-4　需要与其他相关部门协同解决的问题

序号	问题	原因	影响	涉及其他相关部门	是否包装发运部的流程问题?
1	物料不齐套	1. 配套物料采购周期; 2. 配套物料检验入库; 3. 配套物料的备料	客户不满意,包装发运部员工大量等待时间,场地占用,现场混乱	采购中心、生产管理部、品质部	否
2	错发或漏发	1. 包装发运部自检、抽检并不能保证100%排错,员工责任心等; 2. 上游环节在订单下达、合同分解、合同录入等操作不规范导致错误信息传至包装发运部,造成实际发货与客户需求不一致; 3. 客户需求变更信息未能及时传达至我公司	客户不满意	包装发运部、市场部、计划部、生产管理部	否
3	发货批次太多	生产管理部排程计划不均衡,发货批次过多	客户不满意,运费成本增加,内部员工满意度	生产管理部、计划部	否

(2) 前期流程工作主要是对以往业务模式的梳理　前期包装发运部流程建设的重点还是基于以往的经验习惯,对以往业务模式的梳理,以往业务模式下影响客户满意度

的问题仍然可能存在。在后续的流程优化过程中,包装发运部需要进一步考虑基于流程效率的优化。

6. 评估总结

通过本次对包装发运部流程管理实施后的效果评估,真实反映了包装发运部在实行流程管理后的绩效改进情况,同时,随着流程的深入实施,也逐步暴露了一些长期困扰包装发运部的问题,尤其是与其他相关部门流程衔接不畅引起的问题,为后续流程优化工作提供了重要参考。

总体来看,包装发运部的流程梳理与实施达到了绩效改进目的,通过本次评估也进一步验证了流程管理理念与手段在烽火通信的适用性。

2.3.7 企业流程文化的成熟与巩固

经过三年多的流程管理与变革实践,烽火通信已经培育出流程管理的肥沃土壤,各主要业务部门流程建设工作年初启动、年末收尾已经成为一种工作习惯,很多部门或事业部流程对业务的覆盖程度已经达到 70% 以上,已发布流程的定期审视优化完成率达到 95% 以上,流程层面基本上实现了真正意义上的持续改进,沿着这样的实践深入进行下去,企业的流程文化将会日益成熟和巩固。

2.3.8 烽火通信流程管理变革大事记

2009 年 7 月 流程管理部成立。烽火通信成立流程管理部,隶属于当时的科技与运营管理部,从组织资源层面确保流程建设工作的推行。之前的流程建设类似工作多是由各业务部门自行开展,系统性和协同度不高。

2009 年 7 月 流程管理部工作思路确定。依据业界最佳实践确定部门工作目的和目标,进行 SWOT 分析后确定烽火通信近期和远期的工作方向,得到公司高层认同。

2009 年 8 月 烽火通信流程现状调研项目启动。为了更好地了解烽火通信流程管理的现状,完成 3 至 5 年流程管理的规划,流程管理部启动了针对所有经理人关于流程管理现状的调研。

2009 年 8 月 公司首个流程变革项目启动。货物发出后签收单的回收是收款的前提条件,为解决相关问题,运营管理部选择并启动"包装发运部管理改进和流程标准化项目",该项目为公司首个流程变革项目。

2009 年 8 月 微电子部管理改进项目启动。芯片研发能力是公司最重要核心竞争力之一,也是提升企业利润空间的重要途径。后 FPD 时代,流程的细化、模板化、IT 化、智能化是需要持续开展的重要工作。运营管理部选择"微电子部管理改进项目"作为流程管理变革 2009 年重要试点项目,并于 8 月正式启动。

2009年9月 引进KNET管理知识库。为了满足烽火通信业务发展对管理提升的需要,高效地获取流程管理的业界动态、理论知识、最佳实践等信息,公司引入了KNET管理知识库,含组织、流程与变革,通信运营,通信设备制造等三大模块。

2009年9月至11月 经理人流程管理培训开展。开展了三期三轮(共9次)的流程管理培训,经理人自愿参加,达到近300人/次。

2009年10月 公司内网开辟"流程优化与管理专栏"。"流程优化与管理专栏"开栏,含流程管理制度、流程发布平台、流程管理相关模板、烽火通信案例、流程优化专题项目、流程建设最新动态、流程管理学习材料等八个子栏目。

2009年10月29日 首个流程管理系列流程发布。"流程拟制、审批与发布流程"是流程全生命周期管理的重要一环,于10月29日正式发布,是流程管理系列流程之一。另外还有角色任命与宣贯、定期审视与优化、流程变革项目管理、流程审计等流程。

2009年12月18日 正式《流程学习之窗》开启。《流程学习之窗》是集流程管理知识、专家观点、业界动态和案例等为一体的综合性的流程知识专栏,有利于公司经理人全方位了解流程概念、理解流程价值、熟悉流程管理的方法与工具,是烽火通信流程变革推进过程中重要一环。《流程学习之窗》每周例行发出,发送对象为公司所有经理人和流程建设相关员工。

2010年2月 《流程责任人制度》试行。《流程责任人制度》明确提出了流程责任人、主题领域专家、流程专员角色及相关角色职责,为流程管理工作的顺利开展建立了制度保障。

2010年2月 明确2010年公司七大部门流程建设目标。确定了国内市场总部、烽火国际、系统设备制造部、金工部、客服中心、财务管理部、采购中心作为2010年《流程责任人制度》试点的重点部门,并明确了相关绩效指标。

2010年2月 首个跨部门流程变革项目启动。科研结构件加工项目开工会圆满召开,跨部门端到端业务梳理机制已初步建立,未来将通过这种工作方式解决一个个跨部门业务问题,打通部门墙,提升跨部门运营效率。

2010年3月 流程管理QQ群建立。为构建高效的沟通渠道,烽火通信流程管理QQ群建立,邀请了公司流程管理工程师、流程审计工程师、各部门流程专员及希望了解流程管理相关知识与动态的同事加入。

2010年3月12日 首个系统性流程建设项目启动。系统设备制造部系统性流程建设项目开工会圆满召开,标志着烽火通信系统性流程建设的大幕已经拉开。

2010 年 3 月　组织流程管理外部培训。邀请流程管理业界知名专家陈志强博士来公司讲授行业标杆的流程管理最佳实践,参与人员包括:流程建设项目经理、SME、流程专员等。

2010 年 3 月　国内市场部系统性流程建设项目启动。该项目需要全面梳理市场业务板块流程,形成市场板块业务架构,完成其中部分重要流程的开发。

2010 年 3 月　客服中心系统性流程建设项目启动。该项目需要全面梳理客户服务业务板块流程,形成客户服务板块业务架构,完成其中部分重要流程的开发。

2010 年 4 月　采购中心系统性流程建设项目启动。该项目需要全面梳理采购业务板块流程,形成采购板块业务架构,完成其中部分重要流程的开发。

2010 年 4 月　财务管理部系统性流程建设项目启动。该项目需要全面梳理财务管理板块流程,形成财务管理业务架构,完成其中部分重要流程的开发。

2010 年 4 月　烽火国际系统性流程建设项目启动。该项目需要全面梳理烽火国际各业务板块流程,形成烽火国际业务架构,完成其中部分重要流程的开发。

2010 年 5 月　首个 B 层部门级的流程架构发布。系统设备制造部流程架构是公司首个发布的 B 层部门级流程架构。B 层部门级流程架构的是公司流程架构的基础。流程架构的建立可以快速地识别业务的范围和结构,分析组织与业务的匹配,了解业务运作对目标的支撑,易于发现和定位问题,带来众多的管理优势。

2010 年 5 月　首个跨部门流程变革项目顺利完成验收。科研结构件加工项目竣工会圆满召开,在获得部门经理重视和业务骨干充分参与下,本流程解决了技术开发部科研结构件加工流程的通畅和效率问题,同时缩短产品研发周期,提高量产阶段的制造交付能力。完成了科研结构件加工流程架构图和 6 个子流程,对原有业务流程进行 10 处业务改进。整个项目过程为跨部门流程建设积累了经验和完善的方法。

2010 年 5 月　EPROS 流程管理平台引入及试点项目启动。流程管理平台是流程管理工作高效开展的基石和关键 IT 支撑。烽火通信 EPROS 是烽火通信与外部咨询公司共同开发的专业流程管理平台。基于烽火通信 EPROS 流程管理平台,可以达到:进行流程规划、设计和发布,构建分层、分级、可视化流程体系;统一流程语言,促进公司流程建设的规范化、标准化;强化流程角色与组织岗位的关联性,在人岗匹配的前提下,流程角色责任到人;实现流程文档的集成化、可视化和规范化管理;合理设置权限,实现流程知识的权限可控、可管理。

2010 年 6 月 "流程宣贯与角色任命流程"发布。流程价值在于执行的效果,好的流程不能没有好的执行。"流程宣贯与角色任命流程"明确了流程参与者通过培训和交流了解流程的要求,通过角色与员工对应使得流程的每一个活动能够确保有人执行。该流程还要求各 B 级部门流程专员对标准流程角色库进行维护,确保角色的唯一和准确。

2010 年 6 月 包装发运部流程管理实施效果评估项目启动。通过对包装发运部流程管理的实施效果的评估,了解了流程执行后的实际绩效改进情况和问题点,促进业务流程的持续优化、改进。同时,通过本次评估也检验了流程管理理念与手段在烽火通信的适用性。

2010 年 6 月 物料停用启用流程梳理项目启动。为了提高公司生产效率和产品质量,减少物料问题对及时交付的影响,该项目需要端到端的梳理物料停用和重新启用业务过程,完成物料停用流程和物料启用流程的开发。确定了项目目标和范围后,获得了流程涉及的六个业务部门赞助人的立项签批。6 月 1 日顺利召开开工会,项目正式启动。

2010 年 6 月 接入类终端产品 ODM 流程梳理项目启动。该项目需要端到端地梳理现阶段公司终端产品 ODM 业务过程,为公司拓展非核心技术产品系列提供必要的规则保障,ODM 业务模式将成为未来企业开放与融合的必经之路。

2010 年 7 月 开始实施"流程建设项目双周简报制度"。为了让所有的同事了解流程变革项目的进展,为今后的流程执行做好铺垫,使流程管理深入人心,我们启动了"流程建设项目双周简报制度",由流程专员/项目助理等定期发送简报给所有的同事,让变革的火种不断蔓延。

2010 年 7 月 EPROS 流程管理平台上线。在经过一系列测试、论证和客户化功能优化后,烽火通信 EPROS 于 2010 年 7 月正式上线。根据相关领导要求和试点部门意愿,首批 EPROS 试点选择在采购中心、烽火国际、金工部(光谷机电)和包装发运部进行。

2010 年 8 月 金工部系统性流程建设项目启动。该项目需要全面梳理公司金工业务板块流程,形成金工业务架构,完成其中部分重要流程的开发。

2010 年 9 月 包装发运部流程审视和优化项目启动。根据流程审视和优化流程,流程发布后 6 个月应进行流程审视和优化。通过对本次包装发运部的流程审视和优化,实现业务持续改进,并为烽火通信流程审视和优化工作积累经验。

2010 年 9 月 烽火通信流程架构规划研讨会召开。流程架构规划是流程建设的基础,结合烽火通信的实际,参考业界最佳实践,建立烽火通信自己的流程架构体系,这是烽火通信流程变革的关键一环。本次研讨会的召开宣告了烽火通信流程架构开发工作的正式启动。

2010 年 10 月　流程建设宣传牌。不断地宣传与沟通是一个好的企业变革既取得效果又降低风险的重要手段。只有在共同的价值理念下,流程建设的效果才能不断展现。在公司所有公共会议室挂起"流程建设宣传牌",直接地冲击着每个同事的眼球,在统一流程建设的认识过程中起到很好的作用。

2010 年 11 月　国际测试流程梳理项目启动。该项目需要从端到端地梳理烽火国际海外测试业务,形成国际测试项目运作模式,完成其中部分重要流程的开发。

2010 年 11 月　公司中高层流程管理宣讲成功举行。邀请国内知名流程管理专家陈志强博士到公司给 A、B 层领导宣讲流程管理的价值,取得很好的效果。

2010 年 12 月　项目管理培训研讨。"项目管理无处不在",学习和掌握项目管理知识和技能非常重要。邀请项目管理专家给科技管理部和运营管理部员工讲授了行业标杆的项目管理最佳实践,得到两个部门的领导和员工的一致好评。

2010 年 12 月　向公司高管汇报流程变革总体思路。流程管理部向公司所有高管汇报流程变革总体思路,初步勾勒出未来流程变革的方向,得到公司高管层的一致认可,并初步确定了公司流程架构第一层的九大业务模块。

2011 年 1 月　2010 年度烽火通信流程建设总结大会召开。七大部门流程建设项目、四个流程变革项目达成既定目标,同时确定 2011 年的工作基调是"消化、吸收、执行、提高"。

2011 年 2 月　烽火通信《流程变革宣传资料》专刊发行。宣传是变革推进的重要手段。2011 年 2 月烽火通信《流程变革宣传资料》专刊成功发行。其内容包括:领导寄语、流程管理知识、业界最佳实践、专家视点、管理哲学、烽火通信流程变革专栏、烽火通信流程案例节选及烽火通信流程变革大事记。

2011 年 3 月　公司七大部门(子公司)2011 年度系统性流程建设项目陆续开工。基于 2010 年以项目方式推动公司流程建设取得不错效果,2011 年初,公司决定继续以项目方式推动公司流程建设工作。经过流程管理部门同业务部门多轮的沟通,七大业务块流程建设项目相继开工,包括系统设备制造业务、采购业务、线缆相关业务、客户服务、财务管理、国际公司相关业务、国内市场相关业务。

2011 年 3 月 3 日 FPD 流程体系优化项目开工会暨第一次例会召开。公司 FPD 流程优化了烽火通信特有的产品、技术开发体系,提升了产品质量、缩短了产品开发周期,为确保产品开发的市场成功和财务成功提供了流程保障。FPD 流程体系的细化、宣贯和持续优化是公司研发业务能力提升的重要保障。FPD 流程体系优化项目组成立不仅为公司 FPD 流程的持续改进提供了资源保障,而且带来了新的思路。

2011 年 3 月 8 日 跨项目(各大业务块之间)上下游流程沟通会议召开。"单独的任务是不能为客户创造价值的,只有把业务串联起来,才能够为客户产生价值。"(哈默)沟通会关注已发布流程之间的关联关系及断点,影响 2011 年流程开发计划的制订,让业务流程能够与上下游连接起来产生更大的价值。

2011 年 3 月 14 日 烽火通信办公用品流程梳理及信息化实施项目开工。流程梳理是信息化实施的前提,信息化是流程执行落地的重要手段。本项目的开工标志着烽火通信在流程梳理方法及信息化实施方法融合上迈出了极具意义的一步。

2011 年 6 月 7 日 烽火通信流程建设工作交流会召开。烽火通信流程变革实践已经逐步进入深水区,流程建设的各项工作(包括公司架构开发与维护、流程开发、流程执行、流程优化、流程审计等)已经全面展开,流程建设交流会的召开对持续高效有序地推进公司流程变革有着重要意义。

2011 年 6 月 23 日 烽火通信客服培训电子化平台流程梳理暨 IT 开发项目立项。流程梳理与信息化实施融合试验的第二个项目,在第一个项目"办公用品管理"的基础上,流程与信息化融合又向前迈出坚实一步。

2011 年 7 月 烽火通信国内市场部流程建设项目流程宣贯进办事处。流程的宣贯与学习是流程管理工作中的重要一环,好的流程设计配合正确的理解与执行才能实现流程建设的价值。国内市场部领导、公司流程管理部经理、流程建设项目经理及流程专员一行来到合肥办事处、上海办事处与一线同事进行了深入交流,也就关键业务流程进行了宣贯,收得了较好的效果。

2011 年 9 月 ODM 终端设备返修业务梳理项目启动。随着 ODM 产品业务量的增长,ODM 返修业务的问题日渐突出。如何协调产品部门、制造部、客服省办、分拣平台之间的关系,明确各自职责成为关键。ODM 终端返修业务梳理项目旨在解决上述问题,为 ODM 业务量增长提供扎实的维护支撑。

2012 年 2 月 1 日 流程与体系管理部成立。流程与体系管理部是将流程管理、流程审计、质量体系管理分散在不同部门的管理业务整合在一起的部门,实现了公司管理思想、管理体系统一融合的理念,使工作内容的思考更完整,工作的开展更高效。

2012年3月 SA 8000、TL 9000、ISO 9001、ISO 14000、OHSAS 18000 外部审核顺利通过。TL 9000 和 ISO 9001 关注质量，ISO 14000 关注环境影响、OHSAS 18000 关注员工的健康和安全，SA 8000 社会责任管理体系关注员工人权。外部审核顺利通过标志着烽火通信在企业可持续发展的道路上更加完善。

2012年4月 流程管理与风险管理融合试点工作启动。以认证与采购中心为试点，探索流程管理与风险管理融合方法的工作正式启动，并取得了一定的成果；流程管理与风险管理的融合将使两者的作用发挥更明显，同时也能减少业务部门的管理投入与成本。

2012年6月 流程与体系专项审计流程正式发布。"流程与体系专项审计立项与实施流程""流程与体系专项审计报告与跟踪流程"在 EPROS 通过审批并发布，该流程融合了之前流程专项审计、流程月度执行审计、体系内审程序的所有内容与方法，该流程的运行将大大减少审计工作对业务部门的影响，对流程与体系融合工作具有重要意义。

2012年6月18日 公司确定产品认证责任划分。确定科技与运营部需要保留产品认证方面的相关职责，设置产品认证服务工程师的岗位。对各产出线提供产品认证测试环节中认证资源配置、测试过程管理、商务评审和付款等服务，集中合理利用公司资源，更好的实施产品认证工作。

2012年7月1日 流程与体系专项审计正式启动。流程与体系专项审计融合以前的流程审计和质量体系内审的内容，是流程与体系融合的体现。实现了一个平台实现统一管理，降低了管理成本，简化了工作程序。

2012年7月1日 启动流程 KPI 的试点统计。流程 KPI 的试点统计正式启动。经过一个月对流程的筛选、流程 KPI 的设置、流程目标值的分析确定等细节的探讨。有七个部门开始每月定期收集并监控这些流程 KPI 的执行情况，能够从一个侧面了解流程管理的效果。

2012年7月 科技与运营部组织通信产品认证相关知识培训。本次培训提升了公司相关各部对产品认证目的、流程及认证管理体系的理解，提高了员工在需求整合、产品研发设计、生产、测试、检验以及销售等方面引入认证因素的意识，为公司产品认证提供了知识累积，也为公司规范产品认证、建立产品认证流程体系等打下了坚实基础。

2012年9月 首个流程与体系专项审计项目末次会议召开。召开系统设备制造部流程与体系专项审计末次会议，审计结论是"基本符合"，为后续的流程与体系建设改进提供了持续改进的思路，并逐步实现这种改进的机制化操作。

2012年12月 流程 KPI 指标跟踪监控结果发布。在所有监控的 23 个流程中，12 个流程的 KPI 指标取得了持续改进的效果，尤其是系统设备制造部的 ODM 返修流程等 KPI 指标看到了明显的绩效提升。

2013 年 1 月 14 日　公司流程与体系管理与审计职能分离。 根据职责分离原则，也为了提升公司流程与体系建设与管理的有效性和员工队伍能力建设，公司在 2013 年年初决定将"流程与体系的建设与管理职能"与"流程与体系审计职能"分离，公司流程与体系管理部负责流程与体系管理、各业务和职能部门负责流程与体系建设，公司审监办负责流程与体系的审计。

2013 年 7 月　关键流程 KPI 改进项目立项工作启动。 包括设备返修周期、采购及时到货率、合同交付计划及时完成率、产品测试的一次性通过率等流程 KPI 指标被识别和设计出来，通过定期的数据收集、监测过程，发现这些指标与目标值之间的差距，进而来决定是否启动流程 KPI 改进项目。2013 年，最终有 6 个项目得到顺利实施并成功实现项目的改进目标。

2013 年 12 月 16 日　烽火通信获得首届中国质量奖提名奖。 中国质量奖是经中国政府批准正式设立的，是我国在企业经营与质量领域的最高荣誉。首届中国质量奖颁奖大会在北京举行，国务委员王勇出席并为中国质量奖获奖组织和个人颁奖。烽火通信不但与华为公司占据了通信领域仅有的两席，同时也是湖北省唯一获此殊荣的企业，获奖证书如图 2-33 所示。

图 2-33　烽火通信获得首届中国国家质量奖提名奖

2014 年 2 月 流程与体系分管领导职责定位说明会。为了全面落实贯彻流程责任人制度,从 2014 年起,公司要求各部门(子公司)指派专门的部门班子成员担任流程与体系建设的分管领导,同时指定部门流程与体系专员。通过在年初召开分管领导职责定位说明会,向大家说明需要承担的职责,并明确绩效考核(扣分项)标准,确保流程与体系管理的责任全面落实和执行到位。

2014 年 3 月 烽火通信各职能和业务部门流程与体系建设项目的立项工作启动。其中,系统设备制造部(见图 2-34)、认证与采购中心、技术服务中心等部门的项目立项已经是第五期,项目范围包括流程架构维护、流程开发、流程优化、TL9000 等体系管理、全面风险与内控体系建设与管理等工作。五年可以算是一个里程碑的年份,这标志着烽火通信流程与体系管理的长效机制已基本形成。

图 2-34 系统设备制造部 2014 年流程与体系建设项目(五期)开工会

2015 年 4 月 流程管理部门拟制并发布了烽火通信流程架构第一层 1.0 版本的内容。但由于相关责任人和责任部门在自顶向下的流程变革意识、变革能力以及资源投入等方面变革准备度欠缺的原因,这个版本的流程架构只能流于形式,企业的流程架构建设依然停留在自中向下的部门层面。

2017 年 9 月 拟制发布《烽火通信规章制度管理办法》1.0。该管理办法明确了规章制度和公文的区别,明确了规章制度必须长在流程架构上的要求,规范了规章制度的命名规则及各种规章制度与流程架构之间的对应关系,对规章制度的全寿命周期管理也做了明确规定。

2018 年 8 月 正式发布烽火通信基于价值链的流程架构第一层内容(2.0 版)。它将企业流程分为运营流程、使能流程和支撑流程 3 大类,包括 13 个业务领域,通过新成立的公司变革管理委员会来开展自上而下的流程架构建设与管理工作,明确了按域统筹的责任主体原则,这标志着烽火通信流程管理迈上了新台阶。

■ 博文注解　想到做到才是管理变革之道 ■

组织变革要取得成功,必须借助于卓越的领导力和优异的执行力。

先看一个戴尔公司总裁迈克尔·戴尔发起的因特网应用变革案例。

在实施因特网应用变革方面,戴尔的领导力主要表现为对信息技术发展趋势的准确把握和坚定不移的方向感。在人们还不知因特网为何物的时候,戴尔凭借其远见卓识的眼光准确意识到,因特网将彻底改变人们的生活形态与工作习惯,必将成为推行计算机直销的有效手段,必须在戴尔公司大力推进。在认准这个方向后,戴尔在全公司内部发起了因特网学习和应用的变革。

变革要想成功,仅有领导力是不够的,接下来就是如何实现变革的愿景,这就是执行力的问题。为了做好这项工作,戴尔要求在公司内部到处张贴一种大海报。在这张海报上,戴尔本人一脸酷相,半侧着身子,一手直指向画外,海报上印了一行大字:Michael wants you to know the net!(迈克尔希望你了解网络!)戴尔通过这种特殊方式表达他对变革的重视和决心,他在各种场合不断重申对因特网的看法,并拿出大量的经费,组建专门的班子,以项目的方式推动变革。此番努力的结果是,戴尔计算机产品有70%的营业额可以通过网络下单成交,公司的多数管理制度及工具可以在网络上实行,公司提前进入因特网时代,促成了组织变革的成功。

从这个案例我们不难看出,企业变革管理的本质,实际上就是要做两件事情:第一,变革什么及变革的愿景;第二,实现这个变革愿景。前者是领导力的问题,后者是执行力的问题。

1. 组织变革中的领导力:变革发动

每个企业都希望找到能够永久生存和发展的灵丹妙药,而一个企业要想保持长期的生存和发展,必须具备以下四个方面的条件,即企业生存法则:

(1) 产品质量符合用户的要求;

(2) 高生产率水准;

(3) 稳定的客户需求;

(4) 稳定的竞争压力。

通常情况下,一个企业要想在这四个方面长期保持不变是不可能的,随着环境或其他因素的变化,企业必须准确地识别出由于某些变化给企业带来的问题,从而启动正确的变革项目,找到明确的企业定位和发展方向,这就是领导力问题。

作为组织变革的发动者,其领导力表现在高度的创新意识、风险意识和环境敏感性。一个厌恶风险、循规蹈矩、对环境变化反应迟钝的人不可能成为成功的变革领导者。领导力还表现为变革发动者非凡的自信和远见,能够清楚表达变革的目标,以及实现这个目标的坚定信念,将这种信心和信念准确传达给企业变革的参与者,对他们施加影响。这种领导力不是要去控制别人,而是积极地影响他人,通过理性分析和准确判断去说服主要的利益相关者,使他们能够主动地站到自己的变革主张一边。

在变革方向的把握上,他需要发现是否产品质量方面存在问题,以便发起有关质量改进或创新变革,或像 GE 的维尔奇一样推行六西格玛的管理变革;如果是生产率方面的问题,比如成本和市场响应速度问题,则需要发起企业或部门的绩效改进变革;如果发现客户的需求发生了变化,他必须能够快速而准确地做出新产品开发或开展增值服务之类的决策;如果企业过去一直以来非常成功的某种产品已经不能满足客户的需求,必须果断喊停,不能继续做错误的事情。

以上这些都是关于企业发展方向选择的领导力问题。只有方向正确的变革才是有意义的变革,才是企业需要的变革,才能保证企业在做正确的事情。

2. 变革管理中的执行力:变革实现

中国古代思想家荀子有这样一句话:"口能言之,身能行之,国宝也。"变革发动者指出变革的方向固然重要,但能否将这个想法变成具体的行动,并且使想法和行动高度统一,这是组织变革中更大的困惑。现实中的许多企业,正是由于不能成功达成变革目标,结果企业发展停滞不前,甚至最终走向衰败。以中国市场上曾经红遍大江南北的旭日升集团为例,在企业发展出现瓶颈后发现是管理上存在问题(想到了!),希望通过引入"空降兵"等方式来加强内部和市场管理,但由于变革执行力欠缺,该企业没多久就从中国市场消失了。

想到和做到是完全不同的两件事情,需要使用不同的知识、技能、方法和工具。有一种关于个人能力的说法其实也非常适合于描述企业管理变革的能力,那就是 KASH 能力体系,即知识(knowledge)、态度(attitude)、技能(skill)和习惯(habit),这四个要素中缺少任何一个都会削弱个人的实际工作能力。对于一个正在进行变革的企业来说,要成功地执行变革,这四个方面同样具有决定性的影响。

拥有如何进行企业变革的知识是具有变革执行力的前提条件,比如供应链管理知识、ERP 应用实施知识、企业兼并重组知识等,但仅有知识没有实际操作技能,也只能是望洋兴叹,就像饱读兵书的人不一定能带兵打仗一样。所以,变革者必须学会诸如沟通、计划、激励、控制等操作技能。

但是对于企业变革来说,变革的真正阻力往往并不是来自技能或知识的不足,而是来自企业的"态度和习惯"。态度和习惯是一种企业血液或文化性的东西,是企业中人们对待变革的态度和长期以来形成的习惯和价值观。这种隐藏在人们内心深处根深蒂固的观念或惯性,是企业变革中难以攻克的"冰山",成为变革能否取得成功的关键和核心所在,解决这些问题的能力就是企业变革的执行力。比如,有的企业觉得流程问题是企业面临的首要问题,员工们参加了大量的培训和学习,了解了流程管理的原理和方法,但是企业管理流程的梳理、优化和实施需要企业全体员工思想高度统一,行动协调一致,克服部门主义和短期利益等心理束缚和局限。在企业实施流程变革的过程中,我们发现了许多类似队伍建设、部门保护、项目追踪跟进、沟通协调等方面的问题,最终很难达到预期的变革目标和效果,这些都是企业变革的执行力问题。

综上所述,企业的成功来自持续的创新与变革,需要变革什么,朝什么方向变,最终变成什么样子,这是一个组织的战略问题,更是一个变革者的领导力问题,这解决的是"企业做正确的事情"的问题。如何使企业变革成功,达成最初的变革目标和愿景,需要变革者具有优异的执行力,这解决的是"企业把事情做正确"的问题。

一句话,想到并能够做到,这才是企业长期生存和发展之道。

引自《胡云峰个人专栏》(http://blog.vsharing.com/frank_hu/)

2.4 问题思考

(1) 大连实德的流程变革出现了哪些问题?为什么会发生这些问题?

(2) 企业变革的难点在哪里?为什么说流程变革绝不是"一把手工程"那么简单?

(3) 企业变革是否有规律可循?如何管理公司内部发起的流程变革?业界有哪些著名的变革管理方法论?

(4) 某大型国有企业准备动员公司管理者和员工自己在内部做流程梳理,领导要求6个月内完成所有的流程梳理工作。按照你的经验,你觉得他们能成功吗?风险在哪里?

第 3 章

流程管理的流程体系与流程

LICHENG GUANLI DE LIUCHANG TIXI YU LIUCHANG

【本章核心要点】

刚刚发布的流程就像一个初生的"婴儿",是很不成熟的。流程管理是对流程的全寿命周期的管理,确保企业的流程不断适用并走向成熟;企业上下必须对流程架构、流程管理及流程建设的过程形成共同"语言"并达成高度广泛的共识,这就需要建立统一的流程管理的流程和标准,包括流程图、流程文件、流程发布及流程审视优化的工作标准。

3.1 流程管理的概述

对于流程,我们不能认为它是理所当然的东西。人饿了就要吃饭,病了就要吃药,这是人们经验中理所当然的东西,但是饿了吃什么,病了吃什么,这就要费一些脑筋了,因为吃什么东西、吃的方法及东西的来源不同,会产生不同的后果,这个过程中经验(过去的成功或失败实践)会起到很好的作用,流程就是人们在过去工作或生活中经验与教训的总结和沉淀。

很多时候,流程存在的不是有没有的问题,而是好不好的问题、是否显性化的问题、是否持续改进的问题,这些问题会带来人际沟通和协同的效率问题。沟通效果和执行效果是否理想,往往就取决于该流程是否显性化、是否适合于变化了的新情况(流程的适宜性)。当然,对很多企业来说,流程有没有的问题也很突出,比如战略管理、市场管理、供应商管理及预算管理这些复杂的管理职能,不要说建流程,恐怕连从事这种工作的组织(资源)都没有。

对于流程管理,先要解决流程是否应该有(why)的问题,再来解决如何有以及流程显性化的问题,然后解决流程好不好的问题,最后解决是否IT化的问题。

3.1.1 流程管理及其目的

对于流程管理这个概念,很多业界人心中存在模糊的认识,如果不弄清楚这个概念,就会造成很多误区,包括变革方向的走偏,甚至直接导致变革的失败。

流程本身是一种管理工具,管理者用它来制定针对业务走向和工作标准的规范。流程管理就是对这个工具的管理,或者说是对这个工具的全寿命周期的管理,包括它的产生、发展及其死亡过程的管理。很多人不能区分流程管理和流程设计这两个概念,他们把流程设计当做流程管理来对待,好像流程设计好了,流程管理就做好了,这是非常错误的,流程设计只是流程全寿命周期管理当中的一个环节,甚至是一个非常小的环节。曾经非常流行的"流程再造"的说法,就是强调对流程的重新设计,还谈不上流程管理的思想;现在很多人所说的 BPI(业务流程改进),也只是在谈流程优化这个环节。

流程管理的直接目的是提升组织的流程成熟度水平,如第一章的图1-8所示,流程管理就是要使企业的流程从 L1 的经验级,向 L2 的职能级、L3 的规范级、L4 的度量级转变,最后达到 L5 的标杆级。流程管理的间接目的很多,包括为企业内部的绩效管理、组织与人力资源管理、信息化建设管理及文化建设等提供有力支持。流程管理的最终目的当然是使企业各种业务工作与职能工作的效率和效果达到最佳。

流程管理是运营管理体系建设的重要内容,企业需要建立流程管理的长效机制,要把这个工作当作企业文化的变革来对待,否则企业是很难成功的。

3.1.2 流程全生命周期管理

1. 生命周期管理循环

生命周期管理循环是指从事务的产生开始到成长,再到成熟,直至衰退、终止的全过程。生命周期管理的理论在政治、经济、技术等很多领域里有着广泛的应用,是对事务从摇篮到坟墓的全过程管理。在企业管理中涉及很多对象的生命周期。

(1)产品生命周期是指产品从进入市场开始,直到最终退出市场为止所经历的市场生命循环过程。产品进入市场标志着产品生命周期的开始,退出市场标志着生命周期的结束,如图3-1所示。

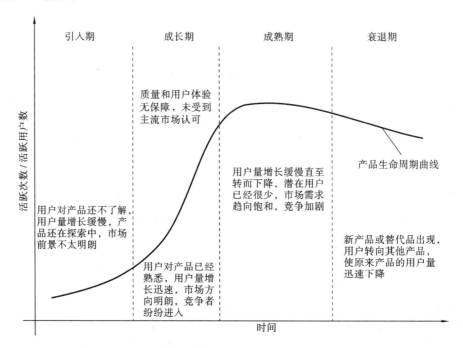

图3-1 产品生命周期曲线示例

(2)项目生命周期一般是指项目的立项(识别需求)、计划制订、计划执行和项目收尾的四大阶段,如图3-2所示。

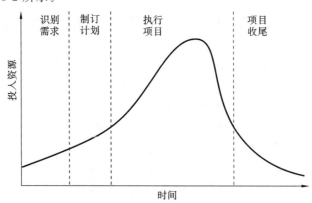

图3-2 项目生命周期曲线示例

2. 流程全生命周期管理的必要性

在企业推行流程管理工作,必须从流程的生命周期的角度考虑,对流程规划、流程开发、流程宣贯、流程审视优化、流程审计、流程的废止进行全方位的管理。

开展流程全生命周期管理有利于在企业开展流程管理工作,同时提升流程管理相关工作的执行力。执行力一直是企业管理的核心课题,提升执行力要解决以下两个方面的问题。

- 执行的要求需要明确、合理、规范和有效。
- 员工有意愿去执行并执行到位。

流程管理主要关注前者。流程规划强调对业务的结构化思考,强调对比标杆业务实践,规划出合适颗粒度大小的业务流程。流程开发强调全员参与,强调思路研讨,拟制并发布满足各方利益的协作操作要求。流程宣贯强调对流程的培训和学习,通过各种手段让执行者明白流程的要求。

从业务层面上说,流程全生命周期管理有利于提升企业的应变能力。现代企业面临的竞争环境日趋激烈,产品的生命周期越来越短,有时可以明显感觉到行业的生命周期越来越短,最根本的原因就是技术的发展越来越快,客户的需求及竞争环境变化很快,因此企业的应变能力显得极其重要。企业应变能力也体现在以下两个方面。

- 战略方向层面。
- 战略具体化层面。

流程管理主要关注后者。流程审视优化关注业务流程的持续改进,识别业务操作层面的变化和存在的问题,识别新业务和新要求,并把对应措施更新到下一版发布的流程当中。流程审计关注流程设计的系统性、有效性、合规、风险及流程的执行等,识别需要改进的问题,推动业务部门提升业务能力。

流程的全生命周期管理有利于提升组织的学习能力。学习型组织使企业具有自我成长完善的优良基因,是企业能够长久发展的根本。流程本身就是企业各种知识和经验的载体,通过整个流程管理的循环,能够将企业的各种知识经验进行更新优化和沉淀,同时也为新入职者快速学习和掌握必备技能提供方便。

对流程进行全生命周期管理能够克服传统制度式管理中存在的很多缺点,是企业推行流程管理工作的最佳途径。

3. 流程全生命周期管理的关键环节

在流程全生命周期管理过程中,不同的阶段应关注不同的方面。

在流程的产生阶段,应制定统一流程文件标准,包括流程图的绘制标准、流程文件格式标准。如建立流程图标库,明确流程事件、流程活动、决策活动、IT活动、IT决策、跳转、文档模板的标准提醒。如建立流程文件模板,明确概述、目的、范围、角色职责、活动详细说明、表单模板控制、补充说明的标准写法。使得公司所有的流程能够采用统一的语言进行描述,从而降低沟通成本,提高员工对流程理解的一致性。

在流程的成长阶段,应强调培训和学习。流程发布只是流程管理的开始,流程效果的产生有赖于员工的执行。流程发布后应采用各种方式或手段开展流程宣贯,使员工能够知晓并掌握流程要求,如开发流程标准题库并考试、召开流程宣贯会、员工自学等。

在流程的成熟阶段,应强调持续标杆对比。业务的持续改进需要有好的输入,除了针对问题的优化、按照流程优化基本原则对业务的改良以外，更需要优秀企业的最佳实践。对最佳实践的学习、理解、消化并应用到自身业务改进上，这将取得事半功倍的效果。

在流程的退出阶段，应关注及时通告。传统的制度式管理中，对一个业务进行规范有各种各样的形式，如政策、制度、规定、措施、办法，有的还采用会议纪要的形式。由于这些文件缺少整体规划及信息化平台集中管理，可以说用这些文件进行管理很难做到有效。当某一业务产生了新的管理要求时，甚至连以前的文件存放地点都不清楚，就会出现"如有冲突以此为准"的字眼出现在新版制度中。通过流程全生命周期管理，在流程寿命周期结束时，通过统一平台管理，以及时发布废止通告的方式，克服上述问题，实现管理的闭环。

3.1.3 流程管理的流程架构

1. 产生的背景及演进过程

伴随烽火通信流程管理部门的成立和公司流程管理职责的明确，建立流程管理的流程架构的需求就产生了，但这套架构不可能是一步到位的，随着流程管理工作推行的不断深入，流程管理的流程架构在不断完善。流程管理的架构设计主要考虑流程管理的业务范围，考虑以往类似管理工作的痛点应对，考虑流程管理业务与周边业务单元的关联关系，考虑管理工作的颗粒度分解以及对流程管理部门目标的支撑。

在流程管理推行的初始期，烽火通信内部对流程的认识各不相同，有的人认为制度就是流程，有的人认为跨部门业务才需要流程，有的人认为流程就是完整的端到端的业务。可以说每个人心中的流程都不一样，那么，统一流程语言环境就显得特别重要。此时"流程架构开发""流程拟制、审批和发布"就是流程管理的流程架构中最重要的部分，需要通过上述业务来规范流程规划、流程颗粒度划分、统一流程语言及流程拟制标准化的过程。

在流程管理推行的发展期，企业对流程有了基本一致的认识，统一了架构、流程、作业指导等概念，而且大量的流程发布出来，流程管理的重心就会转移到流程执行上来，流程发布后，如何让相关角色了解流程的细节，要求能够得到执行，以及如何进行流程的状态管理就成了问题。此时"流程宣贯与执行跟踪""流程管理月报编制与发布"就是流程管理的流程架构中最重要的部分，通过上述业务来促进员工学习流程，从而提高执行力。对规模化的流程文件进行集中管理，确保流程文件体系的清晰可控。

流程管理推行的发展期也是公司领导希望看到流程管理效果的时候，流程最直接的效果就是对业务痛点的解决，因此需要在流程架构中体现流程管理对业务痛点的关注，落地到相应"流程拟制、审批和发布""流程宣贯与执行跟踪""流程审视与优化"等各个环节当中，特别是在拟制流程时的思路研讨阶段。

在流程管理推行的稳定期，企业流程管理工作进入常态化，流程管理的各项工作稳步进行。由于业务的变化或对业务的理解的深入，大家开始越来越关注业务架构，架构也需要不断调整以保持其鲜活度。因此架构维护的工作也需要有统一的规则，此时"流程架构变更与维护"开始成为流程管理架构中的重要部分。同时，流程审计工作也开始成为常态，流程管理的流程架构开始纳入并完善流程审计方面的业务。另外，由于流程管理推行带来了更加精细化的管理,因此流程执行监控成为了新的主题,我们可以识别流程的关键过程指标,并加以跟踪统计分析,流程的 KPI 管理也成了流程管理的重要组成部分。

2. 架构图与业务模块说明

1）流程管理的流程架构图

流程管理的流程架构示意图如图 3-3 所示。

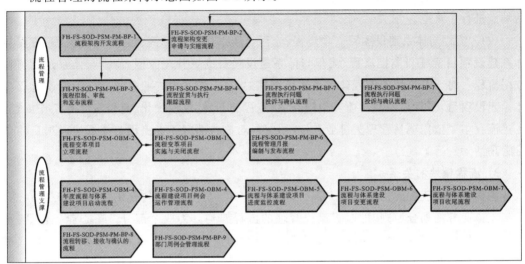

图 3-3　流程管理的流程架构示意图

2）流程管理的流程架构模块

（1）流程架构开发流程　明确流程架构开发的过程,提升架构开发的规范性和质量。

（2）流程架构变更与维护流程　明确流程架构维护的过程,使得架构维护更加有序,同时也提升架构完善的过程质量。

（3）流程拟制、审批和发布流程　明确流程建立过程中从资料收集、思路研讨到流程拟制、审核、批准和发布的具体要求,提升流程开发的质量。

（4）流程宣贯与执行跟踪流程　明确流程发布后宣贯、执行、跟踪的要求和方法,提高员工对流程的认知度,提升流程执行力度和效果。

（5）流程审视与优化流程　明确流程审视时间间隔的原则要求,规定了审视会前的准备、审视会议及审视后的流程优化过程,提升流程与业务的匹配度,使得业务的持续改进常态化。

（6）流程管理月报编制与发布流程　明确流程管理月报数据收集汇总、整理沟通及发布的过程,整合各业务领域的流程管理数据,支撑公司流程管理工作的有序开展。

（7）年度专项审计计划制订与发布流程　明确融合质量、环境、职业健康安全等体系内审和流程审计的专项审计计划制订过程,提高了流程与体系管理工作的融合性,为以流程为基础的探索多管理主题融合应用的简单化管理提供了操作保障。

（8）流程与体系专项审计立项及实施流程　明确流程与体系专项审计项目从项目策划到立项再到具体实施的过程,为公司开展流程与体系融合性审计提供理论与方法依据。

(9) 流程与体系专项审计报告及跟踪流程　明确流程与体系专项审计报告拟制、报告沟通、总结通报以及针对问题进行整改跟踪直至问题关闭的全过程，将审计工作形成闭环，切实发现并解决问题，促进业务持续改进。

(10) 流程变革项目立项流程、流程变革项目实施与关闭流程　对于责任主体不明确的业务痛点问题，需要成立跨部门流程变革项目进行梳理改进，该流程对该类项目的主要活动点进行了规范。

(11) 流程与体系建设项目立项流程、流程与体系建设项目例会运作管理流程、流程与体系建设项目实施与监控流程、流程与体系建设项目变更管理流程、流程与体系建设项目收尾流程　对于系统性的流程建设及体系管理的工作，按照大的业务领域立项启动流程与体系建设项目，项目范围涉及业务架构开发、流程的开发、审视优化、流程审计等工作内容。上述流程主要依据项目管理关键业务过程划分，对该各部门年度流程与体系建设项目的项目管理活动进行了规范。

3) 流程模块的关系

流程管理的流程架构经不断完善后，需要对该架构有更加结构化的展现。按照核心业务与支撑业务的划分原则，可以将流程管理的流程架构分为两个部分。核心业务包括：流程架构开发、流程架构变更与维护归于架构管理块，流程拟制、审批和发布流程、流程宣贯与执行跟踪流程、流程审视与优化流程归于流程管理块，年度专项审计计划制定与发布流程、流程与体系专项审计立项与实施流程、流程与体系专项审计报告与跟踪流程归于审计板块，其他辅助流程归于支撑业务板块。

根据流程管理的流程架构，可以看到如下关系。

(1) 所有的流程开发一定是在架构建立或维护的基础上开展的，没有流程是独立于流程架构单独存在的，这是因为需要确保流程开发的系统性。

(2) 新的流程发布以及流程审视优化后都需要进行流程宣贯与执行跟踪，这是因为流程的要求和变化一定要通过各种形式的宣贯方法让执行者知晓。

(3) 在通常情况下，驱动架构维护更新的驱动因素来自流程审视和优化时发现的问题，因此在每一个流程最初的一到两次审视优化特别关键。

(4) 大多数的专项审计工作是由年度工作计划触发的，这是因为专项审计工作需要融合质量、环境、职业健康安全、社会责任等体系以及全面风险管理要求，需要整体考虑。当然，也存在由于突发问题促发的专项审计。

3.2　流程拟制、审批和发布流程

3.2.1　流程拟制、审批和发布流程的概况

1. 业务概述及流程目的

流程拟制、审批和发布流程明确了公司流程建立过程中的资料收集、思路研讨和流程

拟制、审核、批准和发布的具体要求。

一方面，流程拟制、审批和发布流程对公司流程产生的过程、具体活动要求及参与角色给予了标准模板，从而提升流程开发质量与效率。另一方面，"流程拟制、审批和发布流程"发布后，公司对于细部业务管理活动的描述有了统一流程语言，增强了管理发文的规范性及有效性。

2. 适用范围及驱动规则

流程拟制、审批和发布流程适用于公司开展流程建设的所有部门、子公司的流程拟制与发布。

事件驱动：架构规划完成后，业务负责人按照业务的优先级确定需要拟制的流程，确定流程拟制人和拟制计划。

3. 业务痛点与设计思路

痛点1 以往采用政策、制度、规定、措施、办法甚至会议纪要的形式来管理业务活动，头痛医头，脚痛医脚，管理发文打补丁，没有统一方法，发文形式多样而且文件细度不一。此流程发布后，所有业务活动规范都将以流程的形式提出要求，流程基于整体架构规划进行适当的业务颗粒度划分。

痛点2 以往制度的发布遵循谁提出问题谁解决的原则，即哪个环节感觉痛则由那个环节牵头拟制制度，实际上责任主体不明确。此流程发布后，谁是业务的责任主体，谁就有责任组织上下游一起完成流程梳理，发布流程。

痛点3 以往制度的发布没有明确的审批规则，往往是根据拟制人自己的判断来确定审批人，没有明确的规则要求，实际上这样做会使得风险控制力度不够。此流程对流程的审核、审批和发布管理建立了统一的规范。

4. 流程客户与角色及其职责

流程客户为流程责任人。

角色如下。

流程与体系工程师：来自公司流程管理部门。

流程拟制人：来自流程中关键业务环节的执行者。

流程专员（一级部门）：来自业务部门，是部门级负责流程建设工作的人员，是公司流程管理部门在业务和职能部门的关键接口人。

相关流程监护人：来自业务部门，是流程所描述业务的直接负责人。

流程涉及角色：流程文件中出现的所有角色。

流程责任人：来自业务部门，是该业务所在一级部门的最高管理者。

项目经理/SME（主题领域专家）：以项目的方式开展流程建设工作时有项目经理角色，SME则是该业务的专家。

角色及其职责如表3-1所示。

表 3-1　流程拟制、审批和发布流程中的角色及其职责

角色名称	角色职责
流程与体系工程师	参与部门内流程图、部门间流程图和文件评审,协助部门流程专员完成标准化工作,发布流程,对流程拟制的方法、流程表述的合理性负责
流程拟制人	负责绘制流程图、拟制流程文件和作业指导书、组织部门内部流程图评审,对流程相关资料收集的完整性负责,及时高质量地完成文件拟制
流程专员（一级部门）	组织部门间流程图评审、部门间流程文件评审,对流程文件标准化负责
相关流程监护人	参与部门内部流程图评审,参与部门间流程图和文件评审,审批作业指导书,对流程描述的业务合理性负责
流程监护人	参与部门内部流程图评审,参与部门间流程图和文件评审,审批作业指导书,对流程描述的业务合理性负责
流程涉及角色	参与流程评审,协助流程拟制人完成作业指导书拟制,对流程描述的各角色相关活动合理性负责
流程责任人	签批流程,使流程生效
项目经理/SME	参与部门间流程图和文件评审,明确评审结果,对流程的整体定位、业务的科学与合理性以及前后衔接负责

3.2.2　流程拟制、审批和发布流程的详细说明

1. 流程图、流程阶段划分

流程拟制、审批和发布流程图如图 3-4 所示。

下面就流程拟制、审批和发布流程中说明的各个阶段介绍如下。

（1）思路研讨阶段　通过小范围的思路讨论,确定流程的目的、起点、终点、范围、驱动规则、关键角色等,形成第一版流程图。

（2）流程图拟制评审阶段　分为部门内评审和部门间评审两个环节,最终形成流程图终稿。

（3）流程说明文件拟制评审阶段　分为流程文件评审和作业指导书评审两个部分,前者在部门间评审后定稿,后者由流程监护人评审后定稿。从而形成完整的可发布的流程文件。

（4）流程审批发布阶段　包括考试试卷的拟制和流程标准化发布两个方面,最终完成流程文件的发布及流程题库的更新。

2. 流程活动详细说明

流程活动详细说明见表 3-2。

第 3 章 流程管理的流程体系与流程

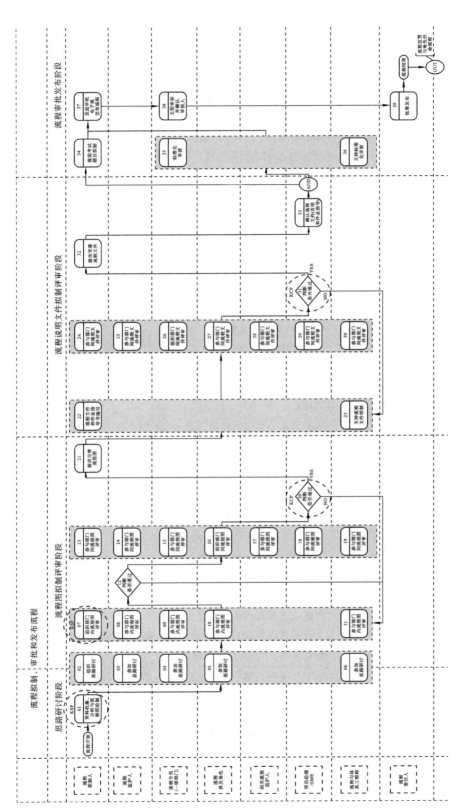

图3-4 流程拟制、审批和发布流程图

表 3-2　流程拟制、审批和发布流程中的详细活动说明

活动编号	执行角色	活动名称	活动说明	输入	输出
01	流程拟制人	资料收集、分析与流程图绘制	收集相关资料,对相关资料进行分析后的结果和访谈了解到的业务情况,参照"公司流程图标库""ERPOS流程拟制标准说明""VISO流程文件(图)标准化评审要素表"的要求绘制流程图初稿。在流程图绘制过程中遇到困难时要及时求助公司流程与体系工程师		
02	流程拟制人	组织思路研讨	组织流程思路研讨,将前期收集的相关材料进行解读;关注流程客户的识别; 思路研讨要点如下: 确认范围,如流程的起点、终点,从组织、业务、产品等维度对范围进行界定,对特殊不适用情况进行识别; 识别流程启动的条件,时间或事件; 识别业务痛点,确认业务概况; 识别流程客户(见附1); 思考本流程拟制的价值(目的),从流程功能价值和业务价值两个纬度; 确认流程的上下游关系是否明确,上下游的要求是否明确; 识别该业务对应的体系要求与内控要求; 识别流程IT要求(见附2); 附1　流程客户的来源 下游流程输入的接受者(下游客户,包括内外部客户); 该流程中的角色; 业务的直接管理者(流程责任人); 附2　考虑流程IT化的要求 考虑业务端到端形成闭环; 考虑相类似业务的归纳; 考虑标杆业务; 考虑业务促发的信息与资金流动; 关注表格内容,确认各字段的输入要求及合理性; 模拟业务运行,检查各个业务环节		思路研讨结论
03	流程监护人	参加思路研讨	从基层经理人角度参与思路研讨,贡献知识和经验		
04	流程专员（一级部门）	参加思路研讨	参与思路研讨,贡献知识和经验		
05	流程涉及角色	参加思路研讨	从日常业务运作与合理性参与思路研讨,贡献知识和经验		
06	流程与体系工程师	参加思路研讨	从体系管理角度参与思路研讨,贡献知识和经验,必要时引导思路研讨的过程		

续表

活动编号	执行角色	活动名称	活动说明	输入	输出
07	流程拟制人	组织部门内流程图评审	组织会议,邀请部门内流程相关角色、部门经理对流程图进行评审,主要关注流程图体现的业务思路是否合理,形成会议纪要		流程评审会议纪要
08	流程监护人	参与部门内流程图评审	参与评审,考虑上下游业务衔接问题、本业务域内业务合理性		
09	流程专员(一级部门)	参与部门内流程图评审	参与评审,考虑本业务领域架构完整性,关注流程范围与整体架构间的匹配性		
10	流程涉及角色	参与部门内流程图评审	参与评审,确认自己参与的活动及活动上下游衔接的合理性		
11	流程与体系工程师	参与部门内流程图评审	参与评审,考虑图形表达、活动名称的表达的合理性(符合标准要求),同时尽可能从业务改进角度提出一些好的建议		
12	流程监护人	判断是否通过	依据评审会结果判断是否进入部门间流程图的评审。主要考虑: 业务合理性是否得到流程相关角色认可; 流程上下游接口问题是否考虑完全、合理; 是否满足"资料收集、分析与流程图绘制作业指导书"中的流程图绘制的基本原则; 是否按照"公司流程图标库""ERPOS流程拟制标准说明""VISO流程文件(图)标准化评审要素表"进行流程图绘制		
13	流程拟制人	参与部门间流程图评审	参与评审,向与会成员讲解流程图,记录评审意见		
14	流程监护人	参与部门间流程图评审	参与评审,考虑上下游业务衔接问题、本业务域内业务合理性,明确需要写作业指导书的活动		
15	流程专员(一级部门)	组织部门间流程图评审	组织会议,邀请流程相关角色、相关部门经理对流程图进行评审,主要关注流程图体现的业务思路是否合理,形成会议纪要		流程评审会议纪要
16	流程涉及角色	参与部门间流程图评审	参与评审,确认自己参与的活动及活动上下游衔接的合理性		
17	相关流程监护人	参与部门间流程图评审	参与评审,考虑上下游业务衔接问题、本业务域内业务合理性		
18	项目经理/SME	参与部门间流程图评审	参与评审,从业务域整体的角度审视此流程		
19	流程与体系工程师	参与部门间流程图评审	参与评审,关注流程架构完整性,关注流程拟制方法和流程图表述方式的正确性		

续表

活动编号	执行角色	活动名称	活动说明	输入	输出
20	项目经理/SME	判断是否通过	根据业务描述合理性，依据"流程文件(图)标准化评审要素表"要求，结合评审情况判断流程图是否能通过评审		
21	流程拟制人	修改完善流程图	依据评审结果完善流程图		
22	流程拟制人	流程文件和作业指导书编写	拟制流程文件在EPROS里完成，参考"EPROS流程拟制标准说明"，并完成作业指导书，遇到问题及时求助公司流程与体系工程师 流程文件第一项(概述)应该描写的内容：① 简要介绍本流程大致的业务走向；② 本业务流程存在的痛点(交代编写本流程的背景)。 注意将"概述"的内容与"目的"区分开		流程作业指导书模板
23	流程与体系工程师	支持流程文件拟制	支持流程文件拟制工作，确保其按照"流程文件(图)标准化评审要素表"或"EPROS流程拟制标准说明"的要求完成流程文件的拟制。对于流程拟制人提出的问题要及时给予回复与帮助		
24	流程拟制人	参与部门间流程文件评审	参与评审，向与会成员讲解流程文件，记录评审意见		
25	流程监护人	参与部门间流程文件评审	参与评审，考虑上下游业务衔接问题、本业务域内业务合理性		
26	流程专员（一级部门）	组织部门间流程文件评审	组织会议，邀请流程相关角色、相关部门经理对流程文件进行评审，主要关注流程体现的业务思路是否合理，形成会议纪要		流程评审会议纪要
27	流程涉及角色	参与部门间流程文件评审	参与评审，确认自己参与的活动及活动上下游衔接的合理性		
28	相关流程监护人	参与部门间流程文件评审	参与评审，考虑上下游业务衔接问题、本业务域内业务合理性		
29	项目经理/SME	参与部门间流程文件评审	参与评审，从业务域整体考虑出发评审此流程，确定流程相关的作业指导书名称及拟制人		
30	流程与体系工程师	参与部门间流程文件评审	参与评审，从流程架构、流程拟制方法角度进行评审，确保流程按照规范的要求进行拟制		
31	项目经理/SME	判断是否通过	判断流程文件评审是否通过，明确需要拟制作业指导书活动及拟制人		
32	流程拟制人	修改完善流程文件	依据评审结论，对流程文件进行完善		
33	项目经理/SME	确认流程文件(含图和作业指导)	对流程文件(文件、图、作业指导书)进行发布前的整体确认		

续表

活动编号	执行角色	活动名称	活动说明	输入	输出
34	流程拟制人	流程考试题目拟制	将本流程要点提炼成考试题目,一般为选择题或判断题	流程宣贯考试试卷	
35	流程专员（一级部门）	标准化审核	对流程文件(含图、作业指导书)进行标准化,有问题及时求助流程与体系工程师		
36	流程与体系工程师	支持标准化审核	支持流程专员对流程文件(含图、作业指导书)进行标准化,对流程专员提出的问题要及时反馈		
37	流程拟制人	发起审批电子流发布流程	在EPROS里发起电子流,提交给流程专员;同时,存档流程考试题目		
38	流程专员（一级部门）	文控审核并确认审批人	对流程进行文控审核,根据流程业务不同提交给不同审核人、审批人审核批准		
39	流程责任人	批准发布	批准使流程生效		

3. 关键活动及控制要求

流程拟制、审批和发布流程中的关键活动及控制要求如表3-3所示。

表3-3　流程拟制、审批和发布流程中的关键活动

关键活动	活动编号	活动名称	活动说明	关键说明
关键成功因素	01	资料收集、分析与流程图绘制	收集相关资料,对相关资料进行分析后的结果和访谈了解到的业务情况,参照"公司流程图标准库""ERPOS流程拟制标准说明""VISO流程文件（图）标准化评审要素表"的要求绘制流程图初稿。在流程图绘制过程中遇到困难时要及时求助公司流程与体系工程师（详见"资料收集、分析与流程图绘制作业指导书"）	收集、分析流程所描述业务的相关制度 流程描述的业务有时会以制度的形式加以规范,或是以制度的方式促进执行等。流程拟制人拟制流程前要收集相关的制度、会议纪要等文件,分析这些文件对流程的影响,考虑是否要将这些文件思想移植到流程文件中; 收集、分析流程上下游接口对此业务的要求或问题 流程设计要考虑上下游接口对流程的要求;流程拟制人在拟制流程前要收集上下游接口的要求,分析这些要求平衡各方的需求,考虑是否要将这些要求体现在流程文件中; 收集分析绩效目标牵引对流程所描述业务的要求 流程拟制人拟制流程前要分析绩效目标对流程的要求,流程设计时要考虑流程对绩效目标的支撑; 收集、分析质量、环境政策、职业健康安全政策、法律法规、内控体系的要求 流程拟制人拟制流程时要充分考虑上述政策规定的要求,使得流程承载上述各种管理思想; 收集、分析IT平台的影响和领导关注点等要求 流程拟制人拟制流程时要充分考虑IT平台的能力,考虑领导对业务的关注点等,使其在流程中得到体现

续表

关键活动	活动编号	活动名称	活动说明	关键说明
关键成功因素	07	组织部门内流程图评审	组织会议，邀请部门内流程相关角色、部门经理对流程图进行评审，主要关注流程图体现的业务思路是否合理，形成会议纪要	业务中的主要活动发生在部门内部，部门经理和部门内相关角色的认可是流程业务合理性的重要保证。首先，流程评审要从细节层面展开，要推敲每个活动的描述，不能泛泛而谈，只有深入细节，才能发现问题；其次，参与评审的人一定是带着思考而来，很多评审会达不到效果，主要的原因是会前没有思考，参与者来到会议上一边听别人讲解，一边思考，一边提意见，难有价值；第三，让对业务非常了解的人来组织和引导评审，评审时会有很多问题暴露出来，对业务非常了解的人才能正确识别问题细节所在，将问题进行整理和提炼，最后在流程中体现解决这些问题的逻辑和方法；最后，为保证评审会的效率，需要进行很多小范围的单独沟通，针对流程不同侧面的不同问题找不同的人进行会前探讨，以减少会上的争论和协调工作量
关键控制点	20	判断是否通过	根据业务描述合理性，依据《流程文件（图）标准化评审要素表》要求，结合评审情况判断流程图是否通过评审	要明确给出部门间流程图评审的结果，通过则进入流程文件拟制，不通过则需重新组织部门间流程图评审
	31	判断是否通过	判断流程文件评审是否通过，明确需要拟制作业指导书活动及拟制人	要明确给出部门间流程文件评审的结果，通过进入作业指导书拟制或发布环节，不通过需重新组织部门间流程文件评审

4. 流程表单及作业指导书

（1）思路研讨模板　该模板见表3-4。

表3-4　流程拟制、审批和发布流程中的思路研讨模板

××××流程——思路研讨		
范围	起点/终点	
	维度范围（组织、业务、地域、产品）	
	范围排除	
驱动规则	事件驱动	
	时间驱动	
概述	背景、大致过程	
	问题	
客户		
目的		
上下游业务		
体系和内部控制要求		

（2）流程标准　流程图所用部分图标如图 3-5 所示，流程文件格式标准如图 3-6 所示。

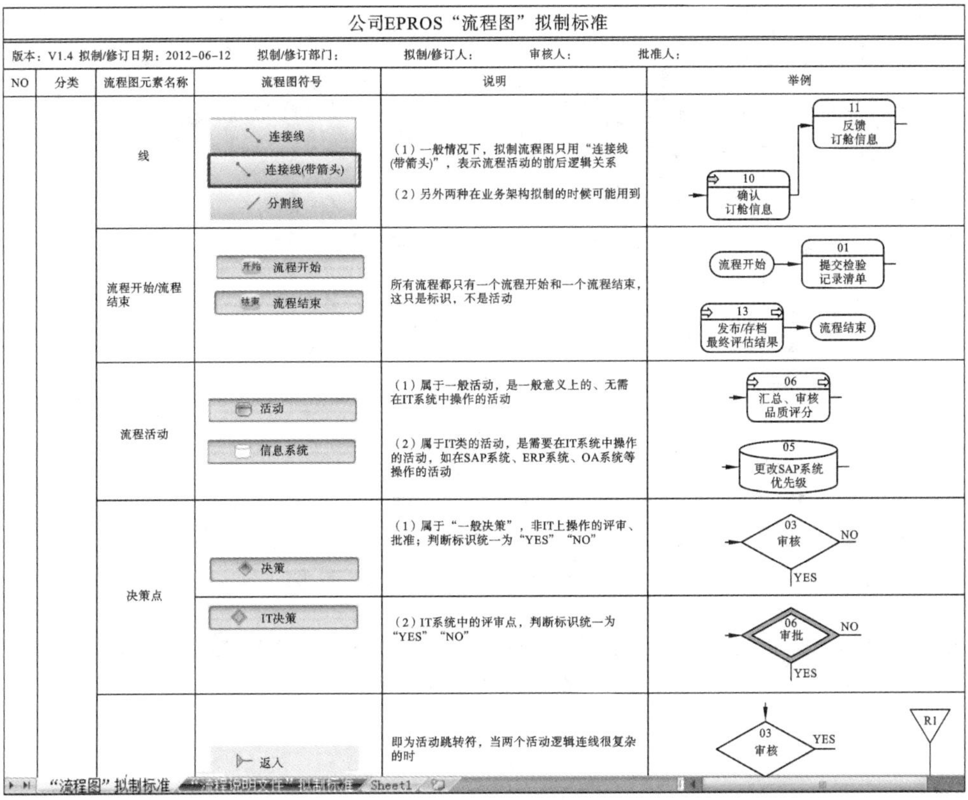

公司EPROS"流程图"拟制标准

版本：V1.4 拟制/修订日期：2012-06-12　拟制/修订部门：　拟制/修订人：　审核人：　批准人：

NO	分类	流程图元素名称	流程图符号	说明	举例
		线	连接线 连接线(带箭头) 分割线	（1）一般情况下，拟制流程图只用"连接线(带箭头)"，表示流程活动的前后逻辑关系 （2）另外两种在业务架构拟制的时候可能用到	11 反馈订舱信息 10 确认订舱信息
		流程开始/流程结束	开始 流程开始 结束 流程结束	所有流程都只有一个流程开始和一个流程结束，这只是标识，不是活动	流程开始 01 提交检验记录清单 13 发布/存档最终评估结果 流程结束
		流程活动	活动 信息系统	（1）属于一般活动，是一般意义上的、无需在IT系统中操作的活动 （2）属于IT类的活动，是需要在IT系统中操作的活动，如在SAP系统、ERP系统、OA系统等操作的活动	06 汇总、审核品质评分 05 更改SAP系统优先级
		决策点	决策	（1）属于"一般决策"，非IT上操作的评审、批准；判断标识统一为"YES""NO"	03 审核 NO YES
			IT决策	（2）IT系统中的评审点，判断标识统一为"YES""NO"	06 审批 NO YES
			返入	即为活动跳转符，当两个活动逻辑连线很复杂的时	03 审核 YES R1

图 3-5　流程图图标库中部分图标示例

（3）流程宣贯考试试卷模板　该模板如下所示。

××××流程考试试题

单项选择题（5 分×5）

1. 在系统设备制造部发运部制单（二类包装）与（附件包装）流程中，生产管理部调度员发布的（　）是制单员获得任务的最主要信息来源。

A. 三日滚动计划　　B. 每日发货安排　　C. 合同设备清单

⋮

填空题（2 分×10）

1. 在系统设备制造部包装发运部发货与签收单信息发布流程中签收单管理员接收包装发运部发货与跟踪流程产出的____这一单据来进行处理、发布。

⋮

判断题（5 分×5）

1. 制单员（附件包装）只用将制作好的装箱清单传至内部网，不需要纸质单据。（　）

⋮

问答题（10 分×3）

1. 系统设备制造部包装发运部发货与签收单信息发布流程主要由哪几个阶段构成并简

图 3-6　流程文件标准示例

述之。

……

（4）资料收集、分析与流程图绘制作业指导书　作业指导书是流程拟制人进行流程拟制的重要基础，主要从流程设计的 13 个基本实用原则和流程拟制的关键控制点提出明确要求。

13 个基本实用原则如下。

● **从工作目标而非工作过程出发来设计流程**　工作目标是可衡量的，只有达到预期的工作目标，工作过程才是有意义的；如果只考虑工作过程中的活动，最多只能简化现有的过程。

● **业务决策和问题的解决应在直接参与作业的层面进行，使决策点尽可能靠近需进行决策的地点**　凡事汇报给部门领导，由部门的领导进行沟通和解决问题的方式导致时间浪费和企业成本增加；部门领导应该利用其经验给出适当的建议，而不是替基层人员做出决定。

● **在工作的过程当中设置质量检查机制**　质量控制是工作过程的一部分，只有工作的成果符合质量标准，工作才告完成；对于任何工作，在工作过程中发现质量问题比在工作完成后的返工成本低得多；高质量的产品是做出来的，而不是检验出来的。

● **尽可能使同一个人完成一项完整的工作**　完整的工作增加员工的工作积极性和成就感；完整的工作使得对员工的绩效评价有可衡量的依据；由一个人完成一项完整的工作减少了交接和重复工作。

● **在工作过程中尽量减少交接的次数**　工作过程中的交接对工作的结果不增加价值；大多数的工作过程中的问题是由交接引起的；大多数的工作交接若出现扯皮的现象，将导致时间延迟。

- **通过角色整合，缩短流程周期，降低成本** 去掉重复角色，根据同类工作对分散岗位进行合并。
- **在工作过程中建立绩效考核机制，尽可能将组织的目标分解到基层岗位** 将工作结果尽可能量化，以增强员工的时间和成本观念；对基层员工授权，以增强员工的责任感。
- **识别不增值的工作过程，减少过程的非工作时间** 不增值的工作并非不重要的工作，对不增值的工作进行判断；设计有效的手段，尽可能将企业的资源从不增值的工作中解放出来（找出非生产性活动，尽可能去掉）。
- **串行流程并行化** 分析活动间的逻辑关系，重新排序，找出关键路径，部分活动前移。
- **差异化设计** 根据业务的复杂度、重要性、弹性，对流程进行差异化设计，提高流程效率。
- **整合客户接触点，优化客户界面** 统一接口，简化接触点，减少客户活动，整合客户接触活动。
- **通过授权减少流程周期** 根据流程成熟度进行授权，责任下移、前移，简化流程，匹配管控流程。
- **强化关键性活动** 即关键成功因素、关键控制点、关键问题区域。

关键控制点如下。

- 收集、分析流程所描述业务的相关制度。
- 流程描述的业务有时会以制度的形式加以规范，或是以制度的方式促进执行等。流程拟制人拟制流程前要收集相关的制度、会议纪要等文件，分析这些文件对流程的影响，考虑是否要将这些文件思想移植到流程文件中。
- 收集、分析流程上下游接口对此业务的要求或问题。
- 流程设计要考虑上下游接口对流程的要求。流程拟制人拟制流程前要收集上下游接口的要求，分析这些要求平衡各方的需求，考虑是否要将这些要求体现在流程文件中。
- 收集、分析绩效目标牵引对流程所描述业务的要求。
- 流程拟制人在拟制流程前要分析绩效目标对流程的要求，流程设计时要考虑流程对绩效目标的支撑。
- 收集、分析质量、环境政策、职业健康安全政策、法律法规、内控体系的要求。
- 流程拟制人拟制流程时要充分考虑上述政策规定的要求，使得流程承载上述各种管理思想。
- 收集分析IT平台的影响、领导关注点等要求。流程拟制人拟制流程时要充分考虑IT平台的能力，考虑领导对业务的关注点等，使其在流程中得到体现。

3.2.3 实施要点

1. 关键活动实践

1）思路研讨

思路研讨实际上是流程拟制时，流程拟制人组织流程关键角色及该流程的监护人参加的首次会议，是整个流程开发的最关键活动。流程图的初始版本就是通过此次会议形成的。思路研讨的质量可以说直接影响该流程开发的质量。

如何组织好思路研讨于是就成为了一个最关键的问题。首先，拟制人要对整个流程有自己的思考，思路研讨时大家的讨论会比较发散，如果组织者没有自己的思路，则会议容易失控，效率低且抓不住要害。其次，流程监护人要积极参与，流程监护人一般是该业务的责任人，该业务的好坏对他有直接的影响，而且流程监护人也是最熟悉该业务的人，流程需要沉淀这些人的经验。第三，思路研讨要按照模板进行，确保研讨内容不要有遗漏，特别要强调业务痛点分析与流程设计应对，不能为写流程而写流程，而是为了解决业务问题才需要流程，因此，只有对应业务痛点，在流程中进行有针对的设计才能给流程带来价值。

2）评审

评审分为部门内流程图评审、部门间流程图评审和部门间流程文件评审。依据流程架构的规划，流程被切分为很多细小颗粒的单元，基本上每个单元的核心部分都会在一个小的组织单元内，该组织单元内部对流程达成一致非常重要，因此需要进行部门内的评审。同时该流程上下游所处的组织单元对流程达成一致也非常重要，没有上下游的共同配合，就无法完成最终结果的输出，也就无法产生价值，因此需要进行部门间的评审。

评审是提高流程开发质量的重要方法无可置疑。要开展高质量的评审活动，首先需要高质量的会前准备，会前将评审材料发给与会者阅读，务必保证与会者能够带着思考来参加评审，最好能做到会前已经就问题进行了沟通，部分问题在会下解决，不能解决的问题才带到评审会上。其次，合适的人参加评审非常重要，很多时候与会者不能到场，临时指派一个不熟悉情况的人参会，这种情况对流程质量影响非常大，对于关键角色如上下游部门经理、本部门经理务必保证参会，并发表意见。第三，也是最重要的，流程监护人即本部门经理在部门间的评审会上不能充当评审者，应该充当汇报者，因为他的意见应该在部门内评审会上发表，而在部门间评审会上更多的是向相关角色解读流程内涵，同上下游角色沟通，达成一致意见。流程监护人应该是部门间流程评审的汇报责任者，是评审会的主角，切不可让部门间的评审成了流程拟制人的"批斗会"。

3）流程活动的描述需详细

流程是知识和经验的载体，而流程活动说明就是知识和经验，流程的价值基本上是通过流程活动描述体现的。因此在流程拟制时，流程活动描述的质量就显得尤为重要。提高流程活动描述的质量应该关注以下几点。

（1）对于一般活动，要明确做事的详细步骤，输入和输出模板。

（2）对于审批活动，要明确审批控制的标准，说明判断结果为"YES"或"NO"时需要满足的条件。

（3）对于 IT 活动，要尽可能完成作业指导书，细化说明 IT 活动的每一步的操作方法。

充分应用 5W2H 的工具，详尽说明活动要求。目的只有一个，就是让具有一般业务常识的人能够通过阅读流程就能掌握流程执行的要领。

4）流程角色命名规则

角色是业务流程中工作职责的承担者，是流程文件的重要组成部分。

角色通常是由流程拟制人根据流程活动内容进行提炼来命名的。由于拟制人的思维方式、经验和能力等主客观因素的差异，现实中对流程角色的命名会出现各种各样的问题，比如角色命名的规范性、合理性、易读性、重用性等，尤其是在跨部门业务活动中，每个部门需要准确了解其他部门在与自己部门相关业务中的角色,否则容易造成部门之间业务界面上的衔接问题。所以,对流程中的角色命名建立规范,合并建立部门标准角色库具有十分重要的意义。

以下是作者基于经验就流程的角色定义总结的几点经验。

(1) 尽量选用标准角色库中的角色名称,新的角色名根据其在流程中的主要活动来提炼,必要时可以与承担具体角色的岗位人员商定。

(2) 对于一些通用的角色需要带上部门的名称,如"调度员",应该写成"包发部调度员""生管部调度员"等;或者可用"角色名+(部门)"方式来加以区分,如调度员(生产管理部)、调度员(机盘调测车间)。

(3) 各部门经理、总经理等行政管理职位可以在流程中作为角色名称直接使用,如"工艺工程部经理""技术开发部总经理"等。

(4) 用"动词+员""动词+人"等人性化的表达方式来命名角色,如"收货员""扫描员""申请人",而不是用"收货""扫描""申请"等直接用动词的表达方式。

(5) 流程中的角色可以是虚拟团队,如"器件审核委员会""供应商管理委员会""投资决策委员会"等。

(6) 角色名可以与岗位名相同,如"结构工程师""包发部经理""资料管理员"等,但是要记住,一个岗位会承担多个角色。

(7) 流程中需要有来自其他部门的角色参与时,要与相应部门的经理或流程专员进行沟通后确定相应的角色名称,而不能主观臆造。

(8) 流程中涉及外部单位或机构的时候,可用"供应商""客户"等机构名称来描述角色,能准确定位机构的角色则更好,如"客户收货员""供应商商务代表"等。

(9) 对于某些部门的岗位划分比较粗的情况,需要视工作的性质进行适度的细分,如研发部门的"系统工程师""开发工程师""测试工程师""软件工程师""结构工程师""手册工程师""硬件工程师"等,而不是笼统地称为"研发工程师"。

(10) 要尽量避免直接用部门名称或人的名字作为流程中的角色名称来使用的情况。

2. 实践误区解读

突出的问题是让新员工写流程。

很多部门中有经验的老员工通常非常忙,很多业务问题等待他去处理,于是写流程的任务就交给了新员工。既然流程是知识和经验的载体,就应该让老员工写流程。

一般情况下,新员工是没有能力承担流程编写工作的,由于他们对公司相关业务还缺少整体的理解和把控能力,也缺少流程执行相关的经验和教训,所以写出来的流程很难得到流程执行者的信任。所以让新员工写流程,基本上意味着应付和交差。

老员工有业务经验和业务理解力,但是让老员工写流程也会遇到很多问题:首先,他是否有分享的精神,没有这种精神的人是写不出好的流程的;其次,老员工工作通常都很忙,写流程的时间有限;第三,如果将那些实用的知识和经验写出来,可能会削弱自己的竞争力,有些员工会有顾虑。

所以,企业要想让流程发挥作用,让有分享精神的老员工写流程,需要从机制和企业文化上采取一些措施。

案例 3-1

■ 充分的思路研讨是流程设计的关键 ■

A 部门在评审"室外光缆生产流程"时,由于前期思路研讨不充分,发现该流程范围不清晰,痛点不明确,导致流程设计存在着一定的问题。

评审前的流程为

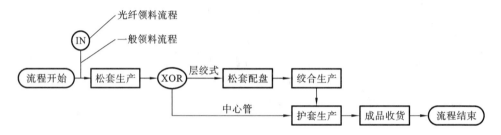

仔细分析以上流程发现问题如下。

(1) 该流程范围不清晰,流程起点存在问题 由于光纤领料是一个相对比较简单的动作,不同于其他生产领料,所以光纤领料不应作为一个流程输入,而应成为该流程的第一个活动。

(2) 该流程痛点不明确,生产过程没有得到有效控制 该流程评审前列举的痛点:前端业务职责没履行好,造成本段业务存在问题;后端业务自身的痛点,却企图在前端业务中予以解决;人的能力、设备突发故障的问题。经讨论,这些都不是该流程能解决的。深入分析发现,"生产过程没有有效控制"这个流程自身存在的问题,却被忽视了。

评审后,修改的流程为

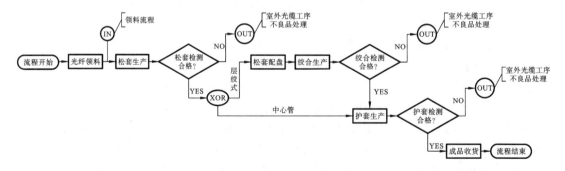

评审后的流程明晰了流程范围,加入了过程控制点,能有效保证生产过程合理、产品质量合格,较好地解决了该业务存在的痛点。

思路研讨不充分,在流程设计时,流程拟制人会比较困惑,导致设计出来的流程:流程设计质量不高,没有真正打击到业务的痛点,缺乏指导性等;流程设计多次返工,重复评审,浪费时间,降低效率,影响大家进行流程建设的士气。

案例 3-2

▪ 好的流程拟制需要流程客户的参与 ▪

在对某一流程进行审计时,流程客户对某一交付抱怨连连,上游交付的文件上获取不到流程客户关心的内容,并且交付的文档中的很多信息是流程客户看不懂和不关心的内容。循此线索,流程审计人员追查下去才发现,拟制流程交付模板时,流程客户并未对交付模板发表任何意见,流程执行时流程客户才发现他们关心的信息未在交付中体现,由此产生对流程的不满,流程实施效果也大打折扣。而上游流程执行者却是一直很认真地在按照流程交付模板向流程客户交付,对流程客户的抱怨他们也觉得很冤枉。

流程拟制是一个协作的过程,流程一个重要的目的是为下游客户创造价值。经过此次审计后,烽火通信明确了在流程开始时,特别是评审阶段,必须要求下游客户参与,在思路研讨解决识别痛点时,除了考虑本流程痛点外,还要重点考虑下游客户的痛点,确保流程输出满足下游客户要求。此举为流程开发的质量提升起到了重要作用。

案例 3-3

▪ 流程设计要充分考虑流程的适用范围 ▪

烽火通信在流程建设初期,对流程适用范围的认识存在偏差。公司流程拟制过程中,流程适用范围往往容易被忽视或考虑不够周全,导致后续流程执行时存在问题。如在工程部开通服务系列流程时,在流程适用范围中并没有明确哪些项目适用于该流程,而在实际执行过程中需要根据项目的复杂程度(如交钥匙工程、骨干网工程、本地网工程)对一些流程进行裁剪,造成一线的项目经理和客服工程师不知道在什么情况下走什么流程。另外,如将来料检验不合格品与生产过程中发现的不良品两个不同阶段的工作融合在一个流程中,导致流程不清晰或业务颗粒度太大。部分流程没有考虑国内与国际业务的差异,导致适合国内业务的一些流程并不适用于国际业务。

公司发现此类问题后,在各业务块流程建设时特别强调了流程适用范围的重要性,对流程开发与执行起到了重要作用。如在后续开发的退换货系列流程中,区分了系统设备制造部和光配线系统和 ODM/OEM 产品,明确了后者退换货同前两类产品的不同,大大提升了流程的可执行性。

案例 3-4

▪ 流程设计要体现大局观和跨部门合作精神 ▪

存货利用率是烽火通信非常关注的事情。研发环节的存货利用率也在其中,该环节主要涉及研发项目物料和测试物料的再利用,利用好这些物料可以为公司带来不小的收益。因此,公司决定出台研发及测试物料管理办法,首先是建立研发及测试物料转维护备件的通道,使得物料能够有条件地进入维护备件库,发挥剩余价值。

经过了多轮讨论,各方对于研发及测试物料转维护备件原则标准达成一致,即对市场上有维护需求,并且使用未超过3个月的物料转维护备件请求,制造部门应该予以受理并积极检测维修;非以上条件的物料由研发部门自行保存,按照定期存货清理进行处理,维修费用也明确由研发项目组或测试部门承担。

虽然有了原则,但在具体操作层面却难以确定,如:在转维护备件申请环节,后端希望前端能将每种类型的物料填写一个申请单,方便后端任务管理,而前端则希望一批物料一个申请单,减少工作量;维修需要领用物料时,后端希望研发部门完成物料申请单的填写与签批,而前端则希望后端填写申请,前端只完成审批。

流程开发一般由承担该业务责任主体部门的人作为拟制人组织各环节一起完成。拟制人常常会同上下游在某件事情的处理方式上难以达成一致,发生问题的地方大多是业务细节,绩效率引不涉及,岗位职责也可能不涉及,甚至可能拟制人同直接的上下游角色都不太关心,但形成的结果非常重要,因为这些细节处理不好可能直接影响公司整体经营的效果。因此,在流程拟制时需要跨部门的合作意识,多站在对方角度思考,站在公司全局的角度思考。

在这样的思想指引下,通过多次跨部门会议沟通协调,双方各自让步,最后确定申请单由申请人在研发或测试部门负责人签批后将单据进行拆分处理;领料单由后端填写,交由前端统一接口人来处理签批后返还。流程设计兼顾前后端的需求,体现了大局观和跨部门合作精神,同时也提高了流程的可执行性。

▪ 博文注解 关于流程客户定义的相关问题 ▪

最近有人经常问我:"流程的客户到底怎么定义?"。要回答这个问题,需要问另外一个问题:"为什么要设计流程?"。回答了这个问题,"流程的客户"的定义就浮出水面了。

设计流程的目的是提升业务的效率和效果,谁关注业务的效率和效果,谁就是流程的客户。从这个角度来说,流程的使用者、流程下游的用户、公司的投资者(股东),甚至一般的员工都可能是流程的客户,这要看不同的场景。关于流程客户,下面几个问题值得关注。

(1) 流程有可能有多个客户。部门经理肯定是客户之一,因为他需要通过流程产生效率和效果,但可能还有其他客户。

(2) 流程输出结果的使用者一定是流程的客户。如招聘流程的输出结果是被录用的新员工,而用人单位就是招聘流程的客户,这个客户会对招聘的及时性和人才的适用性存在满意与否的问题(有效性问题);同时招聘部门的经理也是该流程的客户,因为他关注流程的效率(流程就是针对这两个重要客户的需求来设计的,可能还有其他客户,只是不太重要了)。

(3) 不同客户的目的可能是相互冲突的,这就需要在流程设计和执行时掌握好不同客户之间的利益平衡问题。如招聘流程,你不能为了用工部门的要求而牺牲一些基本原则(用工部门可能根本不关心这些原则),你也不能为了省事而忽略一些(用工部门关注的)必要步骤,这就是平衡的逻辑问题。

既然流程客户包括了部门经理(该流程的责任人),当然不能自己对自己做客户满意度评价,所以我们主张让下游的客户来做满意度评价,通过这些客户的意见来揭示流程的有效性,进而发现流程改进的线索(传统的客户满意度管理就是这么做的),当然这个满意度并不是一个简单的满意不满意,而是要指出不满意的原因。

由于惯性思维的原因,人们往往很难发现自己身上的问题,通过自己服务的对象来发现问题,这就是在流程审计时,设计流程客户满意度调查环节的出发点。

引自《胡云峰个人专栏》(http://blog.vsharing.com/frank_hu/)

■ 博文注解　从信息来源地一次性获取信息 ■

从信息来源地一次性获取信息,这是流程设计的一个基本原则。

也许只有自己经历一些事情,亲身感受一些挫折,才会感受到了这句话真实、精确的含义。最近经历办理汽车年审的事情,增加了对这句话的切身体会。

办理汽车年审需要具备哪些条件呢,如果你去问那些有经验的同事或朋友,他们一定可以告诉你许多信息,比如要买保险,要交车船使用税,要备好灭火器等器材,还要办理完所有的电子警察违章处理手续等,剩下的就是上线检测和表格处理了。这些的确是办理汽车年审的必要事项,但仅仅掌握这些信息你就匆忙去交管部门办理年审并且指望能够一次性过关,那就大错特错了。这种情况下,你通常要跑第二次,甚至三次以上。

如果你是当天买的保险,那么你是不可能当天办完年审手续的,因为交管部门规定必须在保单生效后的次日才能办理。

如果你只是接受了交警开出的罚单,也去银行或邮局交了罚款,你也不一定能当天过关,因为如果你的罚款是当天交的,那么你至少要等24小时之后才能去交管盖章,这样,一次办完的愿望就又泡汤了。

如果你跑的是车管所,那要看你是新车还是旧车。如果是旧车,那你就跑错了地方,因为他们规定只有新车才能在车管所办理。

从信息来源地一次性获取信息,你不仅要知道办什么事情(what),你还要知道怎么办(how)、什么时候办(when)以及在哪里办(where),否则,你就可能遇到很多麻烦,轻则返工拖延、效率低下,重则心急上火,甚至神经错乱。

引自《胡云峰个人专栏》(http://blog.vsharing.com/frank_hu/)

■ 博文注解　流程的走向与员工的专业能力相关 ■

在设计流程时,要考虑很多因素,员工能力是一个重要的方面。当然,也有人认为,员工能力是人力资源部门的事情,写流程时应该假设员工在能力上是没有问题的,这是一个"鸡"与"蛋"的关系。

现实的情况是:企业员工的素质是高低不齐的,有资深员工如5级工程师,也有初级员工如刚大学毕业不久的初级工程师。资深员工完成的工作交付通常是有质量保证的,但对于初级员工完成的工作,如果缺乏适当的控制或审核环节,就会给下游的工作造成各种各样的问题。所以在一些部门级的流程中,经常可以看到需要部门经理审核的情况。只是此时这个部门经理不是在承担一个管理者的角色,而是一位资深人员的角色。在这种情况下,流程中需要增加经理审核的活动。所以,员工的能力不同,流程的走向会有所不同。

需要说明的是,在有些流程中,部门经理对业务的审核(或审批)并不是基于对上游员工能力不放心,而是风险控制或企业授权的需要。

引自《胡云峰个人专栏》(http://blog.vsharing.com/frank_hu/)

■ 博文注解　正确理解规则的约束与流程的效率之间的关系 ■

在企业内部,不管是业务部门还是职能部门,都需要在规则的约束和运营的效率之间建立适当的平衡,都需要有对流程全寿命周期(从流程的拟制到流程的废止)负责的流程责任人来保证商业战略与战术的落地执行,来保证企业运营的效率和效果。

流程在设计和执行过程中,需要考虑外部约束和内部约束。其中,外部约束除了来自政府、行业、法律法规、环境安全、社会责任及自然条件等因素外,还包括组织内其他部门对自己的要求,如来自人力资源、财务、审计监察、运营管理等职能部门的要求;对于业务部门来说,还有来自上下游部门的要求。这些来自外部的约束可以通称为本部门需要遵守的"游戏规则",这些规则很多情况下看(听)起来很"烦人",好比足球场上,当你踢进一记非常漂亮的进球,但是被判决因越位进球无效的时候,你的感觉可能就是这样的。是的,既然是游戏规则,就要保证公平合理的竞争环境,约束控制"球员"的行为不要"越位",否则这场游戏就没法玩下去了。

制定"游戏规则"的人(组织)需要明确制定规则的目的,要制定明确的、"恰到好处"的规则,但也不要事无巨细地做规定,影响"球员"(执行者)创造力的发挥;比如足球运动对于什么叫"越位"作出了明确的定义,这个规则对进攻方和防守方来说既是机遇也是挑战,进攻方可以利用规则"反越位",防守方也可以利用规则"造越位",从而极大地发挥了球员在球场上的创造力和主动性。

上面说了来自组织外部的约束,组织的内部约束主要考虑业务的内在逻辑与规律性,这就是流程设计的要点,迈克尔·哈默说:"对于21世纪来说,流程将非常关键。优秀的流程将使成功的企业与其他竞争者区分开来。"IBM的IPD流程将它与其他竞争者区别开来,DELL的ISC流程将它与其他竞争者区别开来,业界无数商业奇迹的发生都证明了这个道理。这里所讲的"优秀的流程",就是在规则约束与内部效率之间进行了充分思考的流程。这样的流程要在业务细节设计上下工夫,《细节决定成败》这本书列举的大量优秀细节设计与执行案例说的就是这个道理,细节考虑越多,问题分析越透彻,知识经验积累越丰富,行业标杆对比越充分,越有利于流程的执行者学习和掌握正确的做事方法和技巧,确保在符合规则的前提下,最大限度地发挥大家的创造力,以提升流程运行的效率和效果。

规则的约束和流程的效率是一对永远无法回避的矛盾,"用心"的设计和"精准"的执行才是解决问题的关键。

引自《胡云峰个人专栏》(http://blog.vsharing.com/frank_hu/)

3.3 流程宣贯与执行引导流程

3.3.1 流程宣贯与执行引导流程的概况

1. 业务概述及流程目的

流程宣贯与执行引导流程描述了流程发布后从流程宣贯到流程考试及流程执行跟踪与辅导的过程。

流程宣贯与执行引导流程规范了公司流程推行的方法,提升了流程执行率,为流程切实落到实处起到了重要的作用。

2. 适用范围及驱动规则

流程宣贯与执行引导流程适用于公司开展流程建设所有部门或子公司。

流程宣贯与执行引导流程的驱动规则:事件驱动,新流程发布或流程审视优化后重新发布。

3. 业务痛点与设计思路

痛点 1 流程发布后束之高阁,无人问津。流程宣贯与执行引导流程明确流程监护人在流程发布后有职责进行流程的各类宣贯活动,确保流程执行者能够熟悉流程要求。

痛点 2 流程设计是跳起来摘苹果,执行人能力不足。流程宣贯与执行引导流程明确流程监护人在进行流程宣贯后,要关注员工是否有能力执行流程,对于需要提升能力的情况,流程监护人有责任培养人。

痛点 3 流程执行有问题时没人关注,长久后无人相信流程。流程宣贯与执行引导流程明确了流程发布后流程监护人的执行跟踪与辅导工作,确保流程得到关注,同时暴露的问题也能得到及时关注。

4. 流程客户及角色职责

流程宣贯与执行引导流程的客户:流程监护人、流程责任人。

流程宣贯与执行引导流程中的角色名称及其职责如表3-5所示。

表 3-5 流程宣贯与执行引导流程中的角色与职责

角色名称	角色职责
流程专员	发送流程发布通知
流程监护人	组织流程的宣贯、相关能力测试及跟踪流程试运行
流程涉及角色	参与流程知识的学习
流程拟制人	支持流程宣贯、试运行上线,并持续收集流程执行中的问题

3.3.2 流程宣贯与执行引导流程的详细说明

1. 流程图、流程阶段划分

流程宣贯与执行引导流程的流程图及流程阶段划分如图3-7所示。

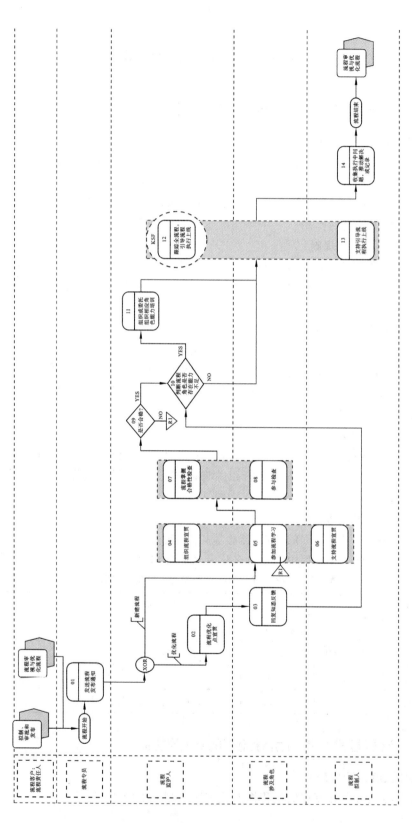

图3-7 流程宣贯与执行引导流程图

(1) 宣贯阶段　利用各种形式的宣贯手段,让流程相关角色了解并理解流程的要求,识别能力提升需求。

(2) 执行引导阶段　跟踪流程执行情况,记录执行问题,并解决这些问题,确保流程执行落到实处。

2. 流程活动详细说明

流程活动详细说明见表3-6。

表3-6　流程宣贯与执行引导流程的活动说明

活动编号	执行角色	活动名称	活动说明	输入	输出
01	流程专员	发送流程发布通知	跟踪到流程责任人已经签批,纸质版已发布内网流程管理平台;EPROS平台流程电子流已发布成功; 收集流程文件资料(包括流程图、文件、角色任命、试卷、作业指导书等),发送给流程责任人、流程涉及角色的所有承担人、流程拟制人,并说明该流程已发布		邮件通知
02	流程监护人	流程优化点宣贯	对经过定期审视与优化而发布的优化流程,则需要对新版流程在旧版流程基础上的优化点进行重点宣贯 可以采用一对一口头宣贯、邮件说明,或者借助部门周例会的形式进行集中讲解等形式,确保所有角色承担人都了解	宣贯用PPT材料	
03	流程涉及角色	回复知悉反馈	流程涉及角色在接受宣贯或自我学习之后,须对流程责任人回复,表明已熟知优化点,并在后续工作中采用新流程的做法(确保知悉)		
04	流程监护人	组织流程宣贯	对于新建流程,要组织新流程的培训,以保证流程执行效果最佳为导向,综合运用各种途径/形式推广、宣传流程,如邮件通知、员工自学、培训、一对一讲解等多种形式; 宜采用多种宣传形式的组合		
05	流程涉及角色	参加流程学习	根据通知和安排,参与流程知识的学习; 须配合流程责任人的安排,认真学习流程知识,熟练掌握流程内容		
06	流程拟制人	支持流程宣贯	在流程宣贯过程中,提供必要的支持,如对于拟制该流程的背景和某些细节问题的说明,可辅助讲解流程		
07	流程监护人	流程掌握合格性检查	组织流程涉及角色,进行流程掌握合格性检查,可以是考试的形式,也可以采用其他方式,如口头提问,或者是基于对该员工的工作认可		
08	流程涉及角色	参与检查	依据安排,参与流程掌握程度的检查		
09	流程监护人	是否合格?	根据检查的结果,判断员工对该流程的掌握程度是否合格; 合格与否的标准最低为:每个角色必须熟知自己所承担的角色、本角色的上下游角色、本角色所承担的活动、活动如何开展、活动所用的工具、输入输出的模板		判断结论

续表

活动编号	执行角色	活动名称	活动说明	输入	输出
10	流程监护人	判断流程角色是否存在能力不足	识别角色承担人是否存在能力的不足,判断依据:流程在此角色处能否顺利有效执行		判断结论
11	流程监护人	组织或委托组织相应角色能力培训	如果角色承担人由于能力不足而致使流程无法顺利执行,流程责任人要及时识别,并组织或委托组织相关组织或个人对员工进行能力培训,可采用的形式:以老带新、专业培训、自学等		培训记录
12	流程监护人	跟踪全流程,引导流程执行上线	经过前期的培训和宣贯,开始正式运行流程。 在实际业务发生时,按照流程文件所表明的逻辑顺序,从头至尾跟踪1~3单流程的全过程,确保过程中所有的角色承担人都按照流程所表达的方式完成合理的输出; 出现的问题记录在"流程执行跟踪表"中		
13	流程拟制人	支持引导流程执行上线	过程中支持流程的引导,提供流程细节的解答等; 出现的问题记录在"流程执行跟踪表"中		
14	流程拟制人	收集执行中问题,推动解决或记录	经过流程引导,仍要持续关注流程的执行情况,收集问题; 问题来源有三类:主动收集流程中的角色承担人的感受、意见和建议;被动接受流程中的角色承担人的反馈;持续关注流程责任人对该业务的理解动向; 上述问题都应记录在"流程执行跟踪表"中;如果是不执行的问题,请求流程责任人推动解决,如果是其他问题,则记录问题,持续更新"流程执行跟踪表",直到流程审视优化时,该表作为审视优化过程的输入		收集执行问题及记录结果

3. 关键活动及控制要求

关键活动及控制要求见表3-7。

表3-7 流程宣贯与执行引导流程中的关键活动

关键活动问题区域	活动编号	活动名称	活动说明	关键说明
关键成功因素	12	跟踪全流程,引导流程执行上线	经过前期的培训和宣贯,开始正式运行流程; 在实际业务发生时,按照流程文件所表明的逻辑顺序,从头至尾跟踪1~3单流程的全过程,确保过程中所有的角色承担人都按照流程所表达的方式完成合理的输出; 出现的问题记录在"流程执行跟踪表"中	跟踪流程的全过程,从第一个活动一直到最后一个活动,并非只跟踪部门内部活动; 如果出现外部角色不能执行活动的情况,则应协调对应部门的流程责任人,督促其执行流程

3.3.3 实施要点

1. 关键活动实践

流程宣贯是让流程角色了解流程要求的关键步骤,也是流程得以有效执行落地的基本保障。因此应尽可能地采用各种形式来进行宣贯,如新员工入职培训、各种例会、视频会议、自学心得、内部专题培训等,加深流程角色对流程的理解。

流程宣贯往往会遇到很多阻碍:流程角色非本部门,需要跨部门支持;流程角色由于地域或其他限制无法参与宣贯;流程宣贯完全由拟制人完成,监护人参与度不够;等等。这些都是必须想办法克服的问题。

2. 介绍流程的方法

流程介绍除了需要一些基本的沟通和讲授的技能之外,也是需要有一些好的步骤和方法。

首先,要考虑流程相关角色的视角,说明此流程在整个业务架构当中的位置及本流程与相关业务间的关联关系,要让流程相关角色有一个全局观。

其次,要就本业务的背景、应用场景进行说明,特别是要说明此前的业务痛点及流程设计对痛点的应对方法,让流程相关角色产生共鸣,增加对流程宣贯的兴趣。

第三,在具体的流程活动介绍前,需要结构化介绍流程图阶段及输出,流程图及详细活动介绍后还需要对关键活动进行强调,然后利用案例说明来阐述流程设计如何解决业务痛点。

做到以上几点,流程介绍才能吸引流程相关角色,才能取得好的效果。

3. 执行跟踪与人力资源培训管理

职业经理人最重要的三件事:制定规则,培养人,牵引人。发布流程可以理解为制定规则,说明了业务应该怎么运行;培养人可以理解为让执行者有能力完成规则要求的工作;牵引人可以理解为通过各种手段让执行者有意愿去完成规则要求的工作。

当流程发布并完成宣贯后,培养人的工作就显得非常重要了。流程监护人需要跟踪流程执行的情况,了解执行过程中的偏差,分析偏差产生的原因。对由于执行者能力不足造成的执行不到位的地方,流程监护人有责任去提高执行者的能力。

很多公司到年底就会集中收集员工的培训需求,逐个部门上报,然后主管部门汇总并制定次年度的培训计划。每个部门识别培训需求的一个重要途径应该是流程执行跟踪中发现的人的能力问题。逻辑就是:有什么样的战略就有什么样的流程架构,流程架构中的流程对人有什么要求,就应该有相应的培训需求。因此从某个方面来说流程除了是业务战略落到实处的工作,也是职能战略(人力资源培训管理业务)落到实处的有效手段。

4. 提高执行力的方法

执行力一直是企业管理的重要话题,通过审计加强流程的执行力只是一个方面,要提升执行力,还需要做好以下几个方面的事情。

(1)经理人对流程执行情况进行监督,督促流程能被执行落地 烽火通信流程管理部门会对开展流程建设的部门定期进行专项审计,会抽查流程的执行情况。部分经理人可能认为,流程执行由审计部门监督就可以了,自己可以高枕无忧。这种看法是不正确的。真正的流程执行监督主体应该是流程监护人(各级经理人),一方面,流程执行与否将直接关系到业务结果(组织绩效),经理人要对业务结果负责,因此必须对流程执行情况进行监督和检查；另一方面，经理人比审计部门更加了解业务与问题，对流程执行监督更加直接和有效。

（2）做好流程执行前的准备工作，保障流程设计质量，对流程进行宣贯与培训　首先，在流程开发时要充分保证流程设计质量，试想如果开发出来的流程过于理想化，不符合业务实际，不具备可操作性，流程要求不具体等，那么这样的流程发布后也很难被执行。其次，流程在发布后不是立即就能被执行的，还需要对流程的相关角色进行宣贯与培训，如果流程相关的角色对流程的要求都不清楚，就更谈不上按流程执行了。因此，做好这些流程执行前的一些准备工作，对后续流程能否被有效执行也是至关重要的。

（3）培养良好的企业流程氛围，提升员工流程意识，使员工能够自觉遵守流程　在公司内部宣贯流程的作用是使员工能够体会流程，能够很好指导他们工作的开展，使工作更加简单高效（需要说明的是，基于流程整体最优及公司规范化管理的需要，部分流程可能使一些员工工作更加烦琐与复杂），员工也就会自觉按流程执行。那么如何在公司内部培养良好的流程氛围？其实方法有很多，例如展板、内网、学习之窗、案例分享、部门例会宣贯等多种形式。需要特别指出的是，中高层领导对流程的以身作则，以及在一些关键场合强调流程执行重要性的发言会对流程氛围的营造起到事半功倍的效果。

（4）运用绩效考核的方式，牵引员工按流程办事　如果采取以上几种方法，员工还是不愿意按流程执行怎么办？我们可以将流程执行与员工切身利益挂钩进行绩效考核，牵引员工按照流程执行的办事风格。烽火通信在《员工绩效管理规定》中规定，如出现《员工不规范职业行为和事件列表》中第Ⅰ类不规范职业行为和不利事件的情况，当季度绩效结果为"需改进（U）"，出现第Ⅱ类不规范职业行为和不利事件的情况，当季度绩效结果为"不合格（I）"。其中"（严重）违反相关工作流程"就属于第Ⅰ（Ⅱ）类不规范职业行为和不利事件的情况，各级经理人可以在对员工绩效考核时考虑流程执行的情况，以约束员工能够按流程办事。

（5）通过对流程执行情况的审计，加强流程执行　流程管理部门目前主要通过流程与体系专项审计的方式抽查已发布流程的执行情况，主要运用抽样审计、现场观察、穿行测试、攻击性测试、查看文件与记录等方法审计各部门的流程执行情况，并在审计报告中反馈流程执行的情况，通过审计手段使业务部门更加重视流程执行情况。另外，有条件的部门可以开展部门内部自我审计，加强部门的流程执行情况。审计方法可以参照流程与体系管理部的专项审计方法。

（6）通过IT平台对可以信息化的业务流程进行固化，增强流程执行力　对于一些较成熟的业务并且可以实现IT化管理的流程，可以提出信息化建设需求开发，将流程进行固化，从而达到增强流程执行力的目的。

（7）对关键业务流程设置绩效指标进行监控，从指标结果监控流程执行情况　随着流程建设的不断开展，整体的业务流程相继被打通，可以尝试对部分关键业务流程设置绩效指标（流程周期、返工率、流程单位成本等），定期对这些指标结果进行统计分析，查找流程执行过程中可能存在的问题与原因。

5．实践误区解读

不重视宣贯质量，宣贯走形式。

流程宣贯是一个长期性的工作，流程发布后要宣贯，流程优化后要宣贯，流程执行出现了问题后要宣贯，部门来了新员工要宣贯。可以说，流程宣贯是管理的一种基本手段，要长期抓。一定要避免流程宣贯走形式,每次宣贯不痛不痒地把流程宣读一遍,讲的人敷衍了事,听的人心不在焉。流程宣贯一定要采用案例讨论的方式,针对业务痛点讲解流程应对,通过案例讲解做到身临其境,加深理解。

案例 3-5

流程变动后要及时宣贯

小王负责部门电话费报销,报销流程经过五位审核人审核之后流转到了财务部,结果被财务部打回了。小王经与财务审核人电话沟通之后才知道这个流程发生了变化,有了新的要求,于是又按照财务部新的要求进行修改,流程再次启动,还得再经过五位审核才能到财务管理部。这中间又是一个漫长的等待。

小王事后自我反省,是否自己没有留意到流程发布的新要求?结果发现并没有新的相关规定或说明文件发布,小王接着又通过IT平台查看后台记录,最后发现原来不止他一个人犯错误,所有其他部门的电话费报销也出现了这样的情况,看来新的报销要求大家都不清楚。

小王决定将此事写成一个管理案例,说明流程变动后要及时宣贯的道理。他在案例中阐述了流程及时宣贯的重要性。

(1) 流程要求变动时不及时宣贯导致流程成本增加,浪费执行人的时间,降低流程执行效率。

(2) 流程变动不规范,要形成文件和版本管理,不然流程失去严肃性。

(3) 宣贯不及时,流程业务价值打折扣。

最后,流程管理部门将小王的建议纳入流程管理的流程中,要求流程要求发生变化时要触发流程审视与优化流程,及时对版本进行升级和存档。流程宣贯与执行引导流程中明确将流程要求变化作为该流程的驱动条件之一。

博文注解 "在香港,所有的空调都可以出冷风"

"在香港,所有的空调都可以出冷风",凤凰卫视主持人窦文涛在一期《锵锵三人行》节目中这么说。空调只是他列举的一个典型例子,而他真正要表达的意思是,"在香港,所有的公共设施都得到及时有效维护",对中国香港作为一个国际化大都市的公共设施管理和服务水平给予充分肯定。作为对比,窦文涛在节目中对中国内地政府部门在公共设施管理和服务方面的表现提出善意批评,对此我们深有同感。

公共设施发生破损原本是一件很正常的事情,香港特别行政区和内地的不同在于:在香港,今天晚上发生的公共设施坏损事件,第二天早上很可能已经得到修复;而在中国内地,遭到损坏的公共设施,通常在损坏之后很长时间内可能无人问津,这些公共设施包括市政道路、路牌、电话亭、厕所以及公园的座椅等。这个现象背后的原因可能很复杂,比如公众素质、公共预算、自然与人文环境等,但更主要的原因,恐怕还是来自政府的管理理念和执行能力。

在内地,政府部门曾经非常乐于采用"运动战"(或称"一阵风")的管理方式进行日常管理,现在这种情况在很大程度上依然存在,典型的案例就是"严打""安全月活动"这类的治理行动,这样做的最大问题是没有持续(端到端)关注某种必然会发生的社会现象,他们寄希望于通过这种一次性的行为来简单化处理类似的社会问题,这样做当然可以暂时减少了这类现象的发生,但一阵风过后,这些社会问题一定会死灰复燃。于是来年的同样时间,类似的"运动战"便再次发动,老百姓很难享受到政府高水平公共事务管理带来的幸福感。

让我们从另外一个角度来看这个问题,那就是内地政府管理行为中普遍存在的"重建设、轻维护"现象。某些人非常热衷于搞投资建设项目(包括购买高端的设备和设施),但他们投入到工程竣工后维护的热情往往没有新建时那么高。在某些场合,工程的维护工作甚至可能根本得不到应有的重视。所以我们经常看到的现象就是某某建筑物没建多久就爬满了蜘蛛网而无人清理,某某新建市政道路的路牌被损而得不到及时修复,等等。其实,当我们了解到一些政府领导总是乐于搞形象工程、政绩工程时,对上述现象也就不难理解了,因为在他们看来,花费很多精力去维护一个已建工程,是显示不出他们的"创新"能力的,只有新建项目才能让他们感到兴奋而充满动力。

前几天在电视上无意中看到一些日本企业的员工还在使用 5 年,甚至 10 年前的那种台式显示器(而不是现在我们到处看到的液晶显示器),让我们不得不对日本企业的管理能力产生极大的敬意。让我们回头再来看看中国哪怕是最低级别政府职员办公桌上的电脑,有几台不是液晶显示器呢?

引自《胡云峰个人专栏》(http://blog.vsharing.com/frank_hu/)

3.4 流程审视与优化流程

3.4.1 流程审视与优化流程的概况

1. 业务概述及流程目的

流程审视与优化流程描述了流程发布后,依据定期审视原则或及时变更原则,由流程专员组织召集流程审视会议,由流程监护人组织完成流程优化并重新发布的过程。

流程审视与优化流程的目的如下。

(1) 提高流程与实际工作的吻合度,保证业务流程的持续改进。

(2) 公司制度、法律规定、会议决议、组织结构条件、IT 系统的开发或修订等事件中出现对业务流程有影响的情况时,能及时调整流程和流程文件来确保流程的执行。

(3) 明确流程审视和优化过程中相关人员的职责和活动内容。

(4) 员工对业务流程的合理化建议和流程持续优化的途径之一。

2. 适用范围及驱动规则

流程审视与优化流程适用于公司所有已经发布的流程。

流程审视与优化流程的驱动规则:事件驱动。驱动条件如下。

(1) 流程首次发布后,首次审视优化完成时间不得晚于发布后 6 个月。

(2) 已审视优化过一次的流程,再次审视优化完成时间不得晚于发布后 9 个月。

(3) 流程专员在以下情况需要提出流程审视与优化。

① 发布的会议纪要或公司制度文件中对流程业务范围、业务活动的顺序、业务执行等有变动的情况。

② 由于公司战略需要对部门组织架构、业务范围、业务活动的顺序,业务执行等有调整的

情况。

(4) 流程拟制人在以下情况需要提出流程的审视优化。

① 流程执行过程中,发现流程中核心内容无法满足业务需求,或者无法指导业务运作时。

② IT系统无法满足业务需求时,在修订IT系统前。

(5) 员工在流程执行过程中,对流程有改进性建议时。

3. 业务痛点与设计思路

痛点1 在以往制度式管理方式中,随着业务的变化旧的制度可能不再适用,但通常企业没有及时更新和重新发布相应制度,使得制度和业务形成"两张皮"。流程审视与优化流程明确了流程发布后需要不断审视与优化的要求确保流程的鲜活度,使得流程能够持续指导业务开展,也使得企业具备了优良的自我改进基因。

痛点2 以往IT系统上线后,指导系统上线的蓝图(流程)就被束之高阁,没人维护,IT系统又会因为业务变化而进行调整,长久下来IT系统与蓝图就成了"两张皮"。流程审视与优化流程明确了IT系统变更和流程变更的先后关系,使得流程能够持续指导IT系统设计开发。

4. 流程客户及角色职责

流程审视与优化流程的客户:流程监护人。

角色及其职责见表3-8。

表3-8 流程审视与优化流程中的角色与职责

角 色 名 称	角 色 职 责
流程责任人	审批流程优化结果
流程工程师	指导流程审视和优化工作,并发布优化后的流程
流程专员	组织、监督流程审视、优化全过程
流程拟制人	参与流程审视,并执行流程优化
流程主要角色代表	参与流程审视,并执行流程优化
主题领域专家/SME	参与流程审视,并审核流程优化结果
流程监护人	参加审视会议,考虑本部门业务领域实际,综合审视流程,对流程与实际不符的地方,提出改进意见或建议; 审核修订后的流程文件与审视意见的一致性

3.4.2 流程审视与优化流程的详细说明

1. 流程图、流程阶段划分

流程审视与优化流程的流程图、流程阶段划分如图3-8所示。

(1) 启动与流程审视阶段 收集并准备流程执行情况的案例,组织流程审视会议,确定流程是否需要优化及优化要点。

(2) 优化阶段 根据审视会议结果优化流程,形成新版本的流程。

(3) 审批和发布阶段 组织优化后的流程的评审,并重新发布流程。

2. 流程活动详细说明

流程审视与优化流程中的活动详细说明见表3-9。

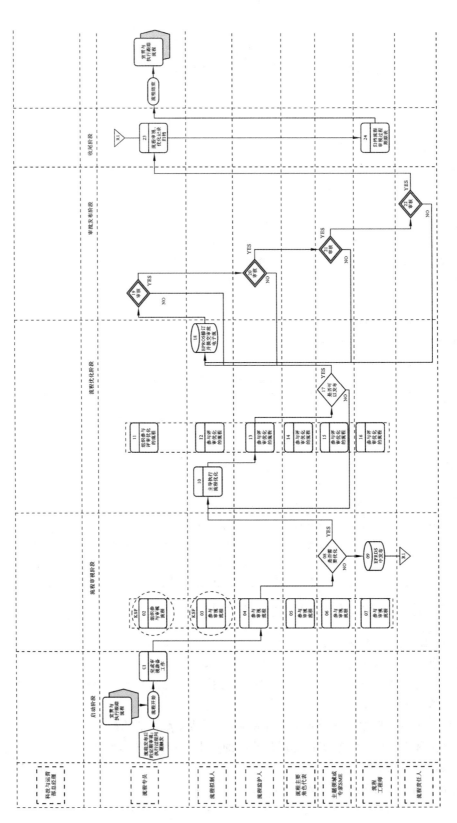

图3-8 流程审视与优化流程图

表 3-9　流程审视与优化流程的活动说明

活动编号	执行角色	活动名称	活 动 说 明	输入	输出
01	流程专员	完成审视准备工作	依据审视计划,完成以下流程审视准备工作: 　确认并通知流程拟制人、相关流程监护人、流程主要角色代表、SME、流程工程师等人员参加审视会议; 　将流程文件发给与会人员;提醒参会人员收集执行过程信息和问题,即"流程执行跟踪表"; 　准备好会议室、投影仪、白板、会议签到表	流程审视计划表 流程执行跟踪表	
02	流程专员	组织参与审视流程	组织召开流程审视会议。 　与会人要求如下: 　流程拟制人; 　流程监护人; 　流程中主要角色代表; 　SME、流程顾问等 　审视步骤如下: 　流程拟制人宣讲流程; 　流程拟制人执行情况介绍; 　依据"流程审视过程跟踪表"详细审视		流程审视过程跟踪表
03	流程拟制人	参与审视流程	根据流程专员的审视计划安排,准时参加流程审视会议。 　审视步骤如下: 　宣讲流程　介绍该流程的概述、目的、适用范围和流程图; 　介绍流程执行情况　包括是否执行,以往痛点是否有解决,执行过程是否有问题或者其他改进意见; 　依据"流程审视过程跟踪表"进行流程或架构图审视并记录审视意见。"流程审视过程跟踪表"的电子存档名称为"流程审视过程跟踪表—×××流程"		流程审视过程跟踪表
04	流程监护人	参与审视流程	根据流程专员的审视计划安排,准时参加流程审视会议,考虑本部门业务领域实际,综合审视流程。对于流程与实际不符的地方提出改进意见或建议		流程审视过程跟踪表
05	流程主要角色代表	参与审视流程	根据流程专员的审视计划安排,准时参加流程审视会议,配合审视人员。同时,对于流程与实际不符的地方提出改进意见或建议		
06	主题领域专家/SME	参与审视流程	根据流程专员的审视计划安排,准时参加流程审视会议,考虑本部门业务领域实际,综合审视流程。对于流程与实际不符的地方,站在专家的角度提出改进意见或建议		
07	流程工程师	参与审视流程	根据流程专员的审视计划安排,准时参加流程审视会议,考虑本部门业务领域实际,综合审视流程(包括体系和内控的要求)。对于流程与实际不符的地方提出改进意见或建议		

续表

活动编号	执行角色	活动名称	活动说明	输入	输出
08	主题领域专家/SME	是否需要优化	根据流程审视会议的情况,决定是否需要优化流程。一般在"流程审视过程跟踪表"中有一项变更的,就需要优化流程。但标点符号、错别字、语句表达方式的修订不属于流程优化,即版本不变;如需要优化需明确流程优化责任分配		评审结论
09	流程工程师	EPROS中发布	如果审视后结论是不需要优化流程,则可以在EPROS中直接发布更新该流程,版本不变		
10	流程拟制人	主导执行流程优化	根据流程审视会议要求,结合"流程审视过程跟踪表"的记录内容,主导流程优化工作,包括流程图、流程说明文件等的优化;确定流程属于优化的范围,优化后流程版本都需要升级,每次升级的步长为0.1,每一级版本有0.1至0.9的升级范围,例如流程文件版本到V1.9后,下一个版本应为V2.0	流程审视过程跟踪表	流程审视过程跟踪表
11	流程专员	组织参与评审优化的流程	协调拟制人及各参会人员,组织对优化后的流程评审会议。会前需要将需要评审的流程的"流程审视过程跟踪表"发给相关与会人员 参会人员如下: 拟制人、流程监护人、流程主要角色代表、SME、流程工程师、相关流程监护人 评审步骤如下: 流程拟制人宣讲流程; 流程拟制人介绍优化的地方; 与会人审批是否可以发布	流程审视过程跟踪表	
12	流程拟制人	参与评审优化的流程	根据流程专员的审视计划安排,准时参加流程审视会议; 审视步骤如下: 宣讲流程 介绍该流程的概述、目的、适用范围和流程图; 介绍流程优化的部分	流程审视过程跟踪表	
13	流程监护人	参与评审优化的流程	评审是否依据审视优化意见修订完成	流程审视过程跟踪表	
14	流程主要角色代表	参与评审优化的流程	评审是否依据审视优化意见修订完成	流程审视过程跟踪表	
15	主题领域专家/SME	参与评审优化的流程	评审是否依据审视优化意见修订完成	流程审视过程跟踪表	

续表

活动编号	执行角色	活动名称	活动说明	输入	输出
16	流程工程师	参与评审优化的流程	评审是否依据审视优化意见修订完成	流程审视过程跟踪表	
17	主题领域专家/SME	是否可以发布	依据"流程审视过程跟踪表"和优化后流程评审的意见,综合考虑业务实际的运作的合理性、操作性,确定是否可以发布优化后的流程		
18	流程拟制人	EPROS中修订并提交审批电子流	如同意发布,则在EPROS中提交审批电子流,如后续审批电子流打回修订的,则需要在EPROS中修订后保存,在浏览端界面重新提交,同时提交"流程审视过程跟踪表"给流程专员		流程审视过程跟踪表
19	流程专员	审核	站在部门层面,对优化后的流程进行总体审核,如在EPROS中拟制的流程,则在EPROS中作为文控审核人的角色对流程进行审批并选择其他级别的审批人		
20	流程监护人	审核	站在部门层面,对优化后的流程进行总体审核,如在EPROS中拟制的流程,需要在EPROS中进行审核发布		
21	主题领域专家/SME	审核	从业务、标准等多个角度,综合审核流程优化的结果,审核优化后的流程,如在EPROS中拟制的流程,需要在EPROS中进行审核		
22	流程责任人	审批	审批流程优化的结果,如果在EPROS中拟制的流程,需要在EPROS中审批发布		
23	流程专员	流程审视、优化记录归档	审视优化完毕后,收集并归档"流程审视过程跟踪表"归档,并提交一份给接口的流程工程师; 在"流程审视优化统计表"中更新流程审视优化信息,并发给接口的流程工程师	流程审视过程跟踪表	流程审视优化统计表模板;流程审视过程跟踪表
24	流程工程师	归档流程审视过程跟踪表	将"流程审视过程跟踪表"归档,每个流程归档到它最晚需要审视优化的月份文件夹里; 举例:某流程2012年1月份发布,最晚需要完成审视优化的月份为2012年7月,不论该流程是2012年5月完成审视优化还是2012年10月完成审视优化,它的流程审视过程跟踪表都需要归档在2012年7月的文件夹中	流程审视过程跟踪表	

3. 关键活动及控制要求

流程审视与优化流程中的关键活动及控制要求见表3-10。

表 3-10　流程审视与优化流程中的关键活动

关键活动	活动编号	活动名称	活动说明	关键说明
关键成功因素	02	组织参与审视流程	组织召开流程审视会议； 与会人要求如下： 流程拟制人； 流程监护人； 流程中主要角色代表； SME、流程顾问等； 审视步骤如下： 流程拟制人宣讲流程； 流程拟制人执行情况介绍； 依据"流程审视过程跟踪表"详细审视	关键说明　流程审视的目的是结合实际执行情况，来检查流程是否需要优化，定期召集流程审视会议是业务持续改进的关键一环； 控制要求　流程中主要角色代表须到场
	03	参与审视流程	根据流程专员的审视计划安排，准时参加流程审视会议； 审视步骤如下： 宣讲流程　介绍该流程的概述、目的、适用范围和流程图； 介绍流程执行情况　包括是否有执行，以往痛点是否有解决，执行过程是否有问题或其他改进意见； 依据"流程审视过程跟踪表"进行流程或架构图审视并记录审视意见，"流程审视过程跟踪表"的电子存档名称"流程审视过程跟踪表—×××流程"	如果流程介绍得不清晰、执行过程信息收集不充分，则使参与审视人员对流程审视判断的依据不足，降低审视效率和效果； 控制要求　流程拟制人会前熟悉流程内容，并针对关键活动及流程 KPI 等方面收集相关执行信息，可以询问流程客户、流程参与角色等方法

4．流程表单

流程审视过程跟踪表模板如表 3-11 所示。

表 3-11　流程审视过程跟踪表模板

审视流程		流程监护人	
流程拟制人		审视日期	
审视小组成员			

（一）流程自身设计方面

序号	审视点	审视方式	结果	说明
1	流程中的上下衔接流程是否有增减？			
2	流程中的上下衔接流程名称是否有变更？			
3	流程中的活动个数是否有增减？			

续表

4	流程中的活动名称或活动说明是否有变更？			
5	流程中的活动说明是否不够详细或缺乏可操作性？			
6	流程中的活动顺序是否需要变更？			
7	流程中角色的数量是否有增减？			
8	流程中的角色名称是否有变更？			
9	流程中的角色职责是否有变更？			
10	流程中的输入输出文档数量是否有增减？			
11	流程中的输入输出文档的内容是否有变动？			
12	流程责任人是否有变更？			
13	作业指导书的数量是否需要增减？			
14	作业指导书的内容是否有变更？			
15	流程中文件、记录的保存责任人、保存场所等是否需要调整？			
16	流程活动的产出价值是否不能满足客户需求？			

（二）流程是否需要优化　　☐ 是　☐ 否

3.4.3　实施要点

1. 关键活动实践

1）要基于案例进行审视优化

审视优化的目的就是为了纠偏，为了发现流程执行过程中的问题，因此对比实际案例进行分析讨论非常重要。

在收集和准备案例时，要充分考虑案例的典型性、代表性，不要聚焦特殊案例，因为流程关注常规业务。另外，要注意与相关业务流程的互动，通常在审视时会发现案例里面的问题无法在本业务流程环节解决，此时就需要将这些问题反馈至相关流程的监护人，在相关流程的审视优化时解决。此外，基于案例的审视优化能够使得审视会议吸引力强，提升与会人员参与度，提高会议效率。

2）提高上下游环节的参与度

业务问题出现在本环节，但造成问题的原因往往是在前端。本环节没有问题，但由于本环节没有一次性正确做事，后端会暴露出相关问题。因此，审视优化时提高上下游环节的参与度非常重要。一方面，希望下游提出问题，在本环节考虑解决；另一方面，希望能够把问题告之上游，请上游环节考虑解决。

审视优化如果只是局限在一个基层部门内部，审视优化难有效果。

2. 实践误区解读

审视优化不重视小改进。

业务流程管理有别于业务流程重组。业务流程管理通常关注的是流程层面循序渐进地进行业务改进与优化，当所有的细节业务都能不断寻找最优途径时，整个企业将向着整体最优方向不断迈进；业务流程重组强调在架构上的改进，强调对业务架构进行"彻底的再思考和根本性再设计"，所以在企业实践中将业务流程管理与业务流程重组结合是一个可行且有效的方法。新开发的流程在细节方面必定存在一些问题，同时在流程执行过程中还会出现新的问题，这些问题需要在审视优化时进行整体考虑，必要时可能需要推动流程架构的变更和维护。

因此，在审视优化过程中我们务必鼓励小改进，莫以善小而不为。

案例 3-6

■ 在企业里定期开展流程审视与优化 ■

烽火通信在流程管理建设初期明确了流程发布后要定期开展审视与优化工作，但是审视优化工作一直效率不高，质量也有待提升。审视流程时，流程角色经常缺席，流程审视与优化流于形式，难以发现关键问题，审视与优化价值不明显。如果没有好的方法对流程定期进行审视与优化，流程将逐渐失去牵引和导向作用，久而久之则造成流程被边缘化，流程持续改进的机制将成为泡影。流程管理部门充分关注其中的问题，经过半年多的经验积累，烽火通信总结出来一套"以痛点案例分析为主线的全角色参与"的审视标准，有效地指导了后面流程的审视与优化工作。

下面以制造部门"主生产计划制定流程"的审视优化为例说明。

第一步，3月25日，该流程的拟制人收到本部门流程与体系专员对"主生产计划制定流程"的审视优化通知。

第二步，3月28日至30日，该流程拟制人开始收集该流程在过去半年实际业务运作中的情况资料及存在痛点，访谈"流程参与角色""流程责任人""业务专家"等角色，重点了解他们在过去半年实际运作该流程时的感受、建议改进点等。

第三步，4月4日至5日，经过充分的沟通，该流程拟制人发现各方对本流程的建议各有观点，有必要组织一次审视优化会议对该流程的业务规则进行重新讨论，因此他做了相关的准备，包括预定会议室、预约相关角色的时间、制作介绍流程的PPT。

第四步，4月6日，该流程拟制人组织相关人员，召开"主生产计划制定流程"的审视优化会议，会议议程如下。

（1）确认所有相关人员都到场，需参与人员：流程的责任人（或流程监护人）、流程中的主要角色代表、流程与体系工程师、流程下游角色代表。

(2) 该流程拟制人介绍流程。

(3) 所有参与人员开放讨论,主要是执行流程时的感受、痛点及建议等。

(4) 对照流程审视的 CHECK-LIST,进行逐项检查,判断是否需要进行流程优化。

(5) 如果会议决定该流程需要优化,流程拟制人将在会下根据会议收集的意见进行流程优化。

本流程审视会议讨论的优化点:将总经理对主生产计划的审批与合同录入,改为并行操作(原因:因市场一线各种客观原因,各行销线提供销售预测的时间不能统一,因此计划部门对各条产品线的主生产计划制定也有时间的先后,如果等所有的主生产计划制定之后给制造部总经理审批,再进行合同录入,势必会影响供应链的及时响应)。

(6) 对优化后的流程进行评审、签批。

案例 3-7

采购业务招评标流程的审视优化

招评标流程在烽火通信的采购业务中属于价格控制模块下面的一个业务流程。在每年第二、四季度,供应商管理工程师梳理本年度采购数据,针对年采购额高于 50 万元的所有生产物料和工程物料申报招标/议价计划;其中供货渠道不少于两家的物料类别原则上采用招标方式;招标/议价计划经部门经理和采购中心主任审批确认后,成为下一年度的招标计划。当出现以下几种情况时,启动"招评标流程":① 按照年度招标/议价计划时间表启动;② 已招标项目超过或即将超过有效期或有效量;③ 新物料的专项招标;④ 成本控制需求等专项招标。该流程发布执行以来,出现一些供应商恶意低价竞标,但又无实际供货能力的情况;也存在因为前期未考虑招标期间的控单方案,供应商的备货等预案不足,导致招标期间的订单控单时间过长,供应商不敢备货,中标价格无法落实等一系列供货问题情况。

按照流程管理的要求,需要对流程进行定期的审视优化。在流程的审视会上,大家群策群力,提出许多业务改进的亮点,采购业务的相关专家结合上述问题,并结合业界典型的案例,对该流程提出以下几个重点优化建议。

(1) 原流程中对供应商恶意低价竞标的情况没有预防措施,因此在本次流程优化时,提出参照业界做法,在投标时,对供应商收取一定比例的保证金,如果供应商按照投标承诺履约,在投标或者履约期满可以退还给供应商;如果供应商在投标和履约期间出现品质、货期等问题,将扣除全部或部分保证金作为警示和处罚,这样可以防止一些没有实际供货能力的供应商恶意竞标,影响我公司的生产和交付计划。

(2) 原流程中对招评标期间的控单、供应商备货问题考虑不充分,可能导致启动招标期间,供应商备货受影响,进而影响我公司产品的及时交付。本次流程优化时,增加招标前的招标预案准备环节,招标预案主要对招标期间的订单执行、供应商备货、库存消耗等问题做出明确的计划,保证招标期间的订单、供货、备货不受影响。

(3) 增加招标切换方案。原流程中没有明确招标完成后备货方案如何切换,导致一些原来的小份额供应商一时无法满足竞标成功后的大批量备货要求,或者原来一些大份额供应商被调减份额后,仍有大量库存。这种情况可以通过招标切换方案,保证招标完成后供应商备货平稳过渡。

"招评标流程"这种基于痛点分析的全角色参与的审视工作取得很好的效果,为改进采购能力水平起到了重要作用。

▪ 博文注解　简述组织变革与流程变革的区别 ▪

一些公司针对客户或竞争态势的变化,经常需要调整组织结构。组织变革就是规模较大的组织调整。

组织的调整通常伴随着流程架构的调整,因为组织本身就是功能和工作职责的载体,组织调整后,业务流动的方式必然会发生变化;但是组织调整关注的重点通常是功能的分散、协调的困难及业务的授权等方面的问题,组织变革可以达到将压力传递到高、中、基层部门的目的,但要达到将压力传递到员工的目的,必须通过流程管理的手段。

流程管理是一种基于业务架构,将工作职责分解到岗位和角色的管理机制,它更加关注操作层面的工作规范和标准的建立与执行。所以当一个公司开展组织变革之后,通常意味着大量详细流程的批量整改。

因此可以说,组织变革将压力传递到管理者,而流程变革将压力传递到基层员工。

引自《胡云峰个人专栏》(http://blog.vsharing.com/frank_hu/)

▪ 博文注解　流程中的审核环节要体现业务规则 ▪

有一个比较极端的流程案例讲的是:在一个流程中设置了9个审核环节和1个审批环节(其实这并不是什么天方夜谭,听说某电信运营商的付款手续甚至需要40个审核环节)。

在实际的流程执行过程中,第1个审核者想的是,反正后面还有9个人把关,我这里没有什么大不了的,于是审核通过。第5个审核者如法炮制:前面4个人都审核通过了,后面还有5个人呢,于是审核通过。到了第9个审核者,他思考的是,前面8个人都看过了,他们不会都是傻子,于是审核通过。到了那位批准者(通常是位高层领导,也是实际业务风险的承担者),他肯定是非常繁忙的,所有文件通常是一目十行之后(有时候甚至根本不看一眼)就签上自己的大名,就这样,一个企业内部的业务决策就形成了。

放下这个流程在效率方面的问题不说,这里只说业务风险控制。流程设计者似乎认为,流程的审核环节越多,风险控制越强,实际不是这样的,如果不能在流程中具体规定每位审核者的审核职责,那么审核就很可能流于形式,造成所有的压力全部落到最终的审批者身上。难怪许多企业的领导者经常感叹:"我每次签字都是战战兢兢的。"

流程的作用应该是将业务风险控制的压力传递到每一个流程的执行者,每个人都必须知道自己在这个流程中体现(增加)的价值,必须明确自己审核的重点是什么,自己的工作规则是什么,否则,大家就是和稀泥,造成"多人负责实际上就是没人负责"的状况。所以在流程文件拟制的时候,对于流程活动不仅要指出做什么(what),更重要的是要描述怎么做(how)。

对于流程中的审核环节,要描述怎么审核的业务规则。

引自《胡云峰个人专栏》(http://blog.vsharing.com/frank_hu/)

3.5 流程与体系专项审计立项及实施流程

3.5.1 流程与体系专项审计立项及实施流程的概况

1. 业务概述及流程目的

流程与体系专项审计立项及实施流程描述了流程与体系专项审计从选题立项到审计实施方案制订,再到现场审计实施完成的过程。

流程与体系专项审计立项及实施流程融合了之前的体系审核方法与流程专项审计流程,使两项工作有效地融合为一项工作,提升了管理效果与效率。

业务目的如下。

- 分析各部门流程与体系的系统性、完整性、符合性及有效性等,使流程与体系更好地支撑业务。
- 检查流程及体系设计质量、执行情况等,使流程与体系更好地发挥效用。

管理目的如下。

- 流程与体系专项审计立项及实施流程规范了流程与体系专项审计工作的实施,明确了相关角色的职责,提高了工作效率。
- 评估流程与体系是否有效融合,使两者逐步合二为一。

2. 适用范围及驱动规则

流程与体系专项审计立项及实施流程适用于所有开展流程与体系建设的部门或子公司。

流程与体系专项审计立项及实施流程的驱动规则:时间驱动,年度(半年)专项审计计划时间点到达时启动。

业务痛点与设计思路如下。

痛点 1 业务部门面对很多目的不同过程相似的审计工作,如:质量环境等体系内审工作、流程执行审计工作、流程专项审计工作、内控穿行测试、内控执行测试等。每年都需要重复投入人力物力配合这些审计工作,形成了资源的浪费。本流程整合了上述审计工作的过程,推行进行基于流程的多维度审计工作,大大提升了管理工作的效率和系统性。

痛点 2 以往的审计工作通常是集中在一个时段集中完成,短时间工作量大,对业务部门的资源投入要求高,影响业务部门的日常运作。本流程审计将这种集中运动式的审计工作化整为零,均匀分布到全年,使得审计工作常态化,提高了审计质量,降低了业务部门的资源要求,也使得审计人才得到了持续培养的通道。

3. 流程客户及角色职责

流程与体系专项审计立项及实施流程的客户:流程责任人和审计工程师。

主要的角色及其职责如表 3-12 所示。

表 3-12 流程与体系专项审计立项及实施流程中的角色及职责

角色名称	角色职责
流程与体系审计小组(主责)	全面负责专项审计立项,编制审计实施方案,组织首次会议,开展现场审计等,对审计工作开展的质量及进度负责
审计部门总经理	批准审计立项,参加首次会议,对整个项目能否成功实施负责
流程与体系专员	配合审计实施方案的编制,协调与配合现场审计工作的开展,对本部门审计工作的配合度负责
主题领域专家	提供审计小组所需的部门内的相关信息,对提供信息的真实性负责
流程责任人	参与首次会议,提供审计小组必要的资源与支持,对本部门配合审计工作情况负责
流程管理部门	评估项目可行性,参加审计实施方案,监控项目实施进度,对审计项目的进度及质量负责

3.5.2 流程与体系专项审计立项及实施流程的详细说明

1. 流程图、流程阶段划分

流程与体系专项审计立项及实施流程的流程图、流程阶段划分如图 3-9 所示。

(1) 审计立项及计划阶段 根据年度审计计划完成专项审计选题评估与策划方案的撰写。

(2) 审计实施阶段 召开专项审计首次会议,解读审计目的,确认审计资源,展开具体审计工作。

2. 流程活动详细说明

流程与体系专项审计立项及实施流程的活动详细说明见表 3-13。

3. 关键活动及控制要求

流程与体系专项审计立项及实施流程中的关键活动及控制要求见表 3-14。

4. 流程表单

(1) 年度(季度)流程与体系专项审计计划模板如表 3-15 所示。

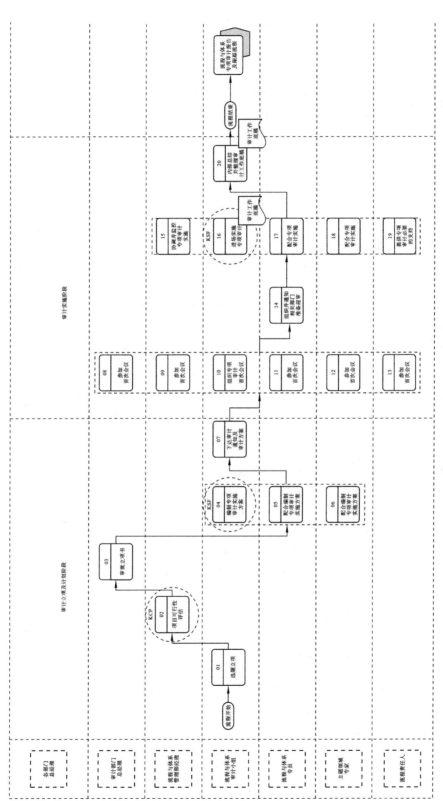

图3-9 流程与体系专项审计立项及实施流程图

表 3-13　流程与体系专项审计立项及实施流程的活动说明

活动编号	执行角色	活动名称	活动说明	输入	输出
01	流程与体系审计小组	选题立项	小组负责人根据年度(半年度)流程与体系专项审计计划启动专项审计，并填写"流程与体系专项审计立项书"，以邮件或书面的形式提交给部门经理及总经理审批	年度(季度)流程与体系专项审计计划	流程与体系专项审计项目立项书
02	流程与体系管理部经理	项目可行性评估	根据"流程与体系专项审计立项书"评估项目实施的可行性，重点关注以下几方面： 项目选题及范围是否合适； 项目时间的安排是否合理； 审计小组人员的选择是否合适(能力、工作安排等)	流程与体系审计项目立项书	
03	审计部门总经理	审批立项书	参考部门经理给出的意见，并从公司整体运营的角度考虑，审批"流程与体系专项审计项目立项书"，同意则授权审计小组开展专项审计工作	流程与体系审计项目立项书	
04	流程与体系审计小组	编制专项审计实施方案	根据批准的"流程与体系专项审计项目立项书"，并与相关部门的流程与体系专员及主题领域专家进行沟通，掌握专项审计的一些信息，编制较为详细的"流程与体系专项审计实施方案"，包括项目目的、项目范围、审计方法、依据、审计内容及重点、审计计划及人员安排等	流程与体系专项审计项目立项书	流程与体系专项审计实施方案
05	流程与体系专员	配合编制专项审计实施方案	配合流程与体系专项审计小组编制审计实施方案，提供审计小组需要了解的一些部门信息		
06	主题领域专家	配合编制专项审计实施方案	配合流程与体系专项审计小组编制审计实施方案，提供审计小组需要了解的一些部门信息		
07	流程与体系审计小组	下达审计通知及审计方案	审计实施方案编制完成后，以邮件的形式发送给部门领导及被审计部门流程与体系专员、主题领域专家、流程责任人等，并通知召开首次会议	流程与体系专项审计实施方案	流程与体系专项审计实施方案
08	审计部门总经理	参加首次会议	按会议通知参加首次会议，对审计实施方案的可行性进行决策		
09	流程与体系管理部门经理	参加首次会议	按会议通知参加首次会议，参与评审审计实施方案		

续表

活动编号	执行角色	活动名称	活动说明	输入	输出
10	流程与体系审计小组	组织专项审计首次会议	主持首次会议,并向与会者详细介绍审计实施方案,听取参会者的意见和建议,并作会议纪要	流程与体系专项审计实施方案	流程与体系审计首次会议纪要
11	流程与体系专员	参加首次会议	按会议通知参加首次会议,参与评审审计实施方案		
12	主题领域专家	参加首次会议	按会议通知参加首次会议,参与评审审计实施方案		
13	流程责任人	参加首次会议	按会议通知参加首次会议,参与评审审计实施方案		
14	流程与体系专员	组织并通知相关部门准备审计	根据审计实施方案,通知下属各部门做好准备,包括但不限于: 被审部门相关人员提前安排好工作,确保有充分的时间接受审计人员的访谈和其他相关事宜; 被审部门提前准备审计内容涉及的一些信息与资料	流程与体系专项审计实施方案	
15	流程与体系管理部经理	协调并监控专项审计实施	协调审计小组在审计项目实施过程中遇到的一些困难,同时需要关注与监控审计项目实施的进度,保证审计项目能够如期完成		
16	流程与体系审计小组	进场实施专项审计	根据审计实施方案的进行小组内部分工,并根据调查需要到被审部门具体开展审计工作,审计程序包括但不限于以下步骤: 收集相关资料与信息,掌握审计依据; 访谈相关人员; 对掌握的信息进行分析与评估,发现问题; 对问题进行进一步论证,并收集相证据资料,整理工作文档	流程与体系专项审计实施方案	
17	流程与体系专员	配合专项审计实施	按照审计实施方案,配合与协调审计小组到各被审部门开展审计工作,传递审计信息,确保审计小组能按计划在各部门顺利的开展工作		
18	主题领域专家	配合专项审计实施	接受审计小组的访谈,提供审计小组需要了解的信息,配合审计小组按计划完成审计工作		
19	流程责任人	提供专项审计必要的支持	了解项目的进展情况,解决审计小组在审计过程中遇到的阻力,提供必要的资源与支持,使项目能够顺利的开展		
20	流程与体系审计小组	内部总结并整理审计工作底稿	现场审计结束后,审计小组内部对审计过程发现的问题进行总结与讨论,并整理各自的审计工作底稿,提交给审计小组负责人		审计工作底稿

表 3-14　流程与体系专项审计立项及实施流程中的关键活动及控制要求

关键活动	活动编号	活动名称	活动说明	关键说明
关键成功因素	04	编制专项审计实施方案	根据批准的"流程与体系专项审计项目立项书",并与相关部门的流程与体系专员及主题领域专家进行沟通,掌握专项审计的一些信息,编制较为详细的"流程与体系专项审计实施方案",包括项目目的、项目范围、审计方法、依据、审计内容及重点、审计计划及人员安排等	收集足够的信息; 与业务部门进行充分沟通; 合理的安排计划,确保计划具有可操作性
关键成功因素	16	进场实施专项审计	根据审计实施方案进行小组内部分工,并根据调查需要到被审部门内部开展具体审计工作,审计程序包括但不限于以下步骤: 收集相关资料与信息,掌握审计依据; 访谈相关人员; 对掌握的信息进行分析与评估,发现问题; 对问题进行进一步论证,并收集相关证据资料,整理工作文档	小组内部分工要明确,同步开展工作有利于项目能按计划完成; 始终围绕项目目标与范围开展审计工作; 与被审部门进行充分沟通,了解更多的信息; 对发现的问题进行充分的论证
关键控制点	02	项目可行性评估	根据"流程与体系专项审计立项书"评估项目实施的可行性,重点关注以下几方面: 项目选题及范围是否合适; 项目时间的安排是否合理; 审计小组人员的选择是否合适(能力、工作安排等)	确保项目选择了适当的范围,避免项目目标无法达到; 判断与控制项目周期,避免浪费审计资源; 选择合适的审计人员,更快更好地完成审计任务

表 3-15　流程与专项审计计划模板

序号	审计项目名称	审计目的	审计范围	负责人	参与人员	进度安排(月) 1 2 3 4 5 6 7 8 9 10 11 12
1	供应链平台流程与体系专项审计	完整性、系统性、符合性、有效性				
2						
3						
4						

模板版本号:V1.0-20120605
模板编号:FH-XX-XX-XX-XX

2012年度下半年流程与体系专项审计计划

制定单位:　　　　　　　　　　　　　　　　　　　　　　制定日期:　年　月　日

(2) 流程与体系专项审计项目立项书模板如表 3-16 所示。

表 3-16　流程与体系专项审计项目立项书模板

项目名称			
立项理由或目的			
被审查单位		单位负责人	
审查期间			
项目实施时间		项目实施人	
部门经理意见			
总经理意见			

3.5.3　实施要点

1. 审计实施方案前需要掌握足够的信息

审计实施方案的策划直接关系到整个项目的后续能否顺利的实施，因此，在策划审计实施方案时，需要向业务部门了解足够的信息，同时要明确项目的范围，与业务部门沟通，确定项目实施计划。

2. 现场审计前要做好充分准备工作

由于审计人员对业务部门的业务并不非常熟悉，因此在到业务部门开展现场审计之前要做好充分的准备工作，如查看业务部门的相关制度、流程文件、体系管理文件等，编制一些检查表，准备一些需要了解的问题清单等，以便在现场审计时能够做到游刃有余。

3. 审计计划需与内控审计计划协同考虑

企业为了应对市场的激烈竞争，根据自身发展的需要不断地引入各类管理体系，如质量体系、环境体系、内控管理体系等，这些管理体系关注的重点和目的各有不同，但落到实处的思路相似，都会涉及管理的 PDCA 循环。策划好、协调好这些审计工作非常重要，不然会给业务部门造成审计就是找麻烦的印象，因此非常需要将流程审计同内控审计以及体系管理的审计计划进行协同，尽可能地做到通过一次审计工作完成各类审计的目的。

案例 3-8

■ 流程审计与体系审计工作要融合起来开展 ■

2009 年末，烽火通信启动流程管理变革，2011 年初时流程审计开始系统化开展。为了满足体系标准要求,公司当年开展了体系内审工作,检验体系运行的符合性和有效性;为了满足流程建设的要求,当年开展了流程审计、流程专项审计工作;体系内审、流程审计、流程专项审计在公司各部门同时开展。对于各业务部门而言,相同的业务要经过几次审计,造成了工作重复及资源的浪费,从而导致了管理效率的低下。公司正视问题,通过调研和分析,确定内审和流程审计、流程专项审计工作无论是在审计思路、实施流程和审核要点方面都有很多的相似性,于是在2011年末启动了流程与体系融合工作。融合流程与体系工作后,审计工作总结出了一套可行的方法。

1. 审计准备阶段

(1) 审计方案应包含体系标准对内审的要求和对流程审计的要求,一次审计包含两方面内容,审计范围更全面,避免由于内容不全面造成的返工,提高工作效率。

(2) 审计方案应提前与被审计部门做好沟通,计划至少提前3天下发到被审计部门。

(3) 策划好审计各阶段的时间分配,提升审计效率。

● 方案阶段一般为两周,一周为编制方案时间,一周为与被审核部门沟通的时间,保证了后序审计工作的顺利实施。

● 审计实施阶段应根据所审计部门的规模大小策划时间段,每个二级小部门一般为半天到一天,二级大部门两天。

● 预留适当的缓冲时间,以弥补由于审计人员和被审计人员的原因造成的审计中断及审计过程中未明确问题的追究所造成的时间损失。

● 审核报告阶段至少预留两周时间,以作好报告的整理及与被审计部门的沟通。

(4) 审计人员在审计前应充分了解各部门的业务、流程文件及部门应该满足的体系标准条款的要求。

(5) 准备好被审核部门历史不符合事项的记录,重点关注历史不符合事项的改进情况。

(6) 对于审计人员不擅长或不熟悉业务的,要提前做好审核的详细清单。

2. 审计实施阶段

(1) 在审计过程中要应用正确的工作方法。

● 遵循少讲、多看、多问、多听的原则。

● 将问题追查到底,追究问题发生的根本原因。

● 控制好审核时间,把握审计方向。

● 采用封闭式问题和开放式问题相结合的提问方式。

● 采用提问与查看文件记录相结合的方法。

● 在审计过程中做好详细记录,具体事件要举例。

● 完成一个部门审计后,与部门经理或主管沟通所发现的问题。

● 做好审核小组内部沟通。每天留出半个小时的时间在审核组内部进行沟通,并汇总审核发现。

(2) 在审计过程中要应用审计技巧。

● 做好时间管理。最好按照计划开展审计工作,避免在一些不重要的事件及与本次审计无关的事件中浪费时间。

- 应用如下方法观察和发现事实的真相:查阅和被审计问题相关的文件和资料;密切观察现场发生的情况,这种审计技巧在审计现场及与 OHSAS 18001/ISO 14001 体系时尤为重要;注意被审计方的介绍和周围的谈话,从中发现问题;进行有效地提问,每次只问一个问题,让对方多介绍。

(3) 应用面谈技巧。面谈是审计中使用最多的沟通方式,恰当的、有技巧的面谈是审计成功的一个关键技能,基本的面谈技巧如下。
- 提问被审计业务相关的问题。
- 少说多听,不要随意打断被审计方的谈话,尊重被审计方。
- 保持融洽的面谈气氛。
- 选择恰当的面谈对象。
- 保持礼貌,友善的面谈态度等。

面谈对象的心理状态、习惯和观点各异,审计人员在面谈过程中会遇到各种各样的情况。审计人员应有能力控制面谈,使面谈在融洽的气氛中按需要的方向发展,并使审计人员能了解到所需的情况。

(4) 应用提问的技巧。
- 多问开放式的问题,如"怎么样""何时""谁""哪里""什么""给我看"等问题。
- 在审计过程中,如非必要,应尽可能少用封闭型的提问,封闭型提问方式往往会使面谈对象情绪紧张,有些问题也很难回答,因为实际中很多情况是不能用"是"或"不是"来确定的。
- 在提问过程中应避免应用欺诈式问题及含糊不清的问题。

(5) 在审计过程中,审计人员要学会聆听。
- 在审计的面谈过程中,一个审计员聆听的时间会达到总面谈的时间 80% 以上,聆听的效率直接影响到审计人员的效率。
- 审计人员提问后,面谈对象就会作出某种回答,这时审计人员应该认真听取对方的回答并努力理解其真正的含义。

3. 审计报告阶段

在作审计报告时,应注意如下几个方面。

(1) 审计报告要以正面发现和负面发现相结合的方式进行报告。

(2) 审计报告的语言要简单、明了,尽量阐述事实的真相,少用形容词、成语等夸张词语。

(3) 将审计中所发现问题尽可能分类总结,报告重点问题、系统问题,问题点不宜过多,相同类型的问题作为一个问题点汇报,每个问题点能举出具体事例。

(4) 审计报告的语气委婉,即能表明发现的问题,又能令被审计方接受。

(5) 对所报告问题提出切实可行的整改建议。

(6) 汇报前应做好和被审计方的沟通,审计报告中的问题必须层层确认。

(7) 末次会议语气委婉、虚心,应多征求参会人员的意见。

4. 整改关闭阶段

在编制审计报告时,应注意如下几个方面。

(1) 审计报告中需改进的部分要尽量描写不合格的事实。
(2) 改进部分要明确改进的具体要求:反馈的时间要求,所用的具体模板,改进责任人等方面。
(3) 由专人负责跟踪问题的改进情况,每月跟踪报告的实施情况,并随时向各部门反馈改进进展。

▪ 博文注解　弱女 PK 猛男 ▪

前些天在香港机场停留的时候,目睹了两件让我很受启发的事情,都与排队有关。

在办理登机牌的地方,所有乘客沿着一个通道排队办理登机牌,一切似乎都按照秩序缓慢地进行着,虽然有很多乘客,但现场仍然显得很安静。这时,队伍的前面开始有些骚动起来,抬眼望过去,发现一个机场服务小姐正在与一个高大粗壮的黑人男子在交涉什么,开始时声音还很小,后来声音开始越来越大了。那个小姐看起来很瘦弱,个子也很小,大概只有男子胸部那么高,需要仰起头才能与对方进行正常交流。小姐的脸上显示出一脸的严肃与坚持,而黑人男子则显得很无奈又不愿放弃的样子。这种情形大约僵持了 3 分钟,后来,那个男子悻悻地拿起行李离开办票柜台。其间那位小姐与队伍前面的几个乘客用英语做了一些简单的交流,我们才了解到她是在获取这名黑人男子没有排队就想办理登机牌的证据。

无独有偶,在机场的登机口,类似的情况再度重演,不过这次不按规矩排队的是几名外出旅游的中国内地老太太,机场人员并没有因为她们是老太太就随意放行,而是非常严肃而诚恳地将她们请到了队伍的最后面,让这些老太太们觉得很没有面子。

这两件事情都发生在我的面前,之所以让我印象很深刻,是因为机场人员对这种事情的处理方式与我们平常所见的太不一样了,她们在这些问题上的认真和坚持,甚至让我都觉得有些不近人情,而那个弱小女子对待黑人男子的整个过程,让我真正领教了什么叫职业女性(在香港,你千万不要轻视任何一个职业女性),什么是柔中带刚。

但我更感兴趣的是这些机场人员这样做背后的原因,我因此想到了组织文化的问题。这些女职员都是香港机场管理和执行组织的成员,她们处理这些问题时在行为和态度上的一致性,正是机场组织文化的体现,她们这种自发、自觉、自愿的行为表达了她们对组织文化的高度认同。我相信,这种文化环境的形成是香港这种特殊社会背景下长期酝酿的结果。

制度或流程是组织文化的一种表现形式,一种制度或流程的执行需要本组织中所有成员的认同,这样才能产生这种制度和流程得以执行的肥沃土壤,这种认同不仅表现在组织中各个个体对制度和流程的遵守上,更表现在主动监督那些不执行该制度和流程的行为和现象上。所以,当我们看到电影《刮痧》中一名普通居民打电话举报他的邻居虐待孩子的事件的时候,当我们看到一个德国老太太看到中国人在餐馆摆阔,留下大量未吃完饭菜时向警察报警的时候,也就不会觉得奇怪了,因为这些公民通过这样的行为来体现他们对组织文化的认同。

在中国社会和各种组织中,特殊的历史、政治和经济环境造就了各种组织特有的文化现象,当然,之所以称其为文化现象,一定是组织中的大多数个体对这种现象是认同的,并且是身体力行的,否则不能称为文化现象。比如在中国的一些企业或组织,对于某些制度的执行,多数人可能采取"洁身自好""两袖清风""各人自扫门前雪"的态度,对于违反制度的行为或现象,人们往往会采取"多一事不如少一事"的态度,一般不会采取什么抵制行动。这是一种相当普遍的现象,我们说这就是一种文化,一种自律性文化而不是监督性的文化,而一个组织中总有那么一些人,为了一些个人方便或利益而公然违反这些制度,当他们的行为没有受到监督和处罚的时候,制度的问题就产生了,这个制度逐渐变成了一种可有可无的摆设。

我们通常所说的组织的执行力就是这个问题。组织出台了大量的制度和流程,但是总有一些人在某种情况下不按规定的制度或流程去执行,这样的组织就是一种缺少执行力的组织,这种组织文化就是个人可以漠视组织制度和流程的文化,这种漠视已经成为大家共同的习惯或者默认的行为方式,而很少有人会主动站出来进行监督或批评(像《刮痧》中的那位普通居民和那位德国老太太一样),让这种行为没有藏身之地,那些另类的、不愿意漠视制度和流程的个体反而由于不能适应这样的环境而被组织文化无情地淘汰,于是贪污现象出现了,行贿受贿现象出现了,买官卖官现象出现了,对公共财物大手大脚的现象出现了,更常见的可能是工作不负责任、敷衍了事的现象出现了。这些都是我们企业和社会的悲哀。

这样的悲哀在许多的政府组织和企业还在不断反复地上演。然而我真正想说的是,虽然有些劣根性的东西是顽固而强大的,但是如果掌握了正确的手段和方法,也并不是没有根除它的可能。

弱女并不一定会败给猛男。

引自《胡云峰个人专栏》(http://blog.vsharing.com/frank_hu/)

3.6　流程与体系专项审计报告及跟踪流程

3.6.1　流程与体系专项审计报告及跟踪流程的概况

1. 业务概述及流程目的

流程与体系专项审计报告及跟踪流程描述了流程与体系专项审计从编制审计报告初稿开始,到后续问题跟踪关闭的过程。该流程融合了之前的体系审核方法与流程专项审计流程,有利于提升审计报告质量,实现审计发现问题闭环管理。

流程与体系专项审计报告及跟踪流程的业务目的如下。

(1) 评价各部门流程与体系的系统性、完整性、符合性及有效性等,指出其中存在的问题,并提出改进建议进行整改。

(2) 对流程及体系设计质量、执行检查情况进行报告,发现问题并跟踪整改,充分发挥流程与体系的效用。

流程与体系专项审计报告及跟踪流程的管理目的:规范了流程与体系专项审计报告编写及后续问题跟踪的过程,有利于实现问题闭环管理。

2. 适用范围及驱动规则

流程与体系专项审计报告及跟踪流程适用于公司流程与体系内审工作。

流程与体系专项审计报告及跟踪流程的驱动规则：事件驱动，现场审计实施及审计工作文档整理完成时启动。

3. 业务痛点与设计思路

痛点 1 基于业务部门以往对审计报告结论存在异议或分歧，审计末次会议无法顺利开展的痛点，该流程设计时就考虑在审计报告形成终稿之前要与业务部门就审计问题进行充分的沟通，对审计问题的结论进行确认。

痛点 2 基于业务部门以往对审计报告反馈的审计发现问题整改不及时或不到位等痛点，该流程明确了对所以审计发现问题的整改情况进行跟踪，直至问题关闭，形成管理闭环。

4. 流程客户及角色职责

流程与体系专项审计报告及跟踪流程的客户：流程监护人。

流程与体系专项审计报告及跟踪流程的角色与职责见表3-17。

表3-17 流程与体系专项审计报告及跟踪流程中的角色及职责

角色名称	角色职责
流程管理部门经理	审核审计报告，参与末次会议，对审计报告内容的真实性及问题的有效关闭负领导责任
审计部门总经理	审批审计报告，对重大事项进行决议，对审计报告内容及问题关闭负领导责任
流程与体系审计小组	负责审计报告编写，组织末次会议，跟踪并验证后续问题解决，对审计报告内容及问题关闭负责
流程与体系专员	反馈意见，回复并跟踪部门内后续问题整改情况，对本部门的问题关闭是否及时负责
主题领域专家	提出问题整改建议，对本部门问题整改是否及时有效负责
流程责任人	提出改进建议及要求，对本部门问题改进的及时性与有效性负责

3.6.2 流程与体系专项审计报告及跟踪流程的详细说明

1. 流程图、流程阶段划分

流程与体系专项审计报告及跟踪流程的流程图、流程阶段划分如图3-10所示。

（1）审计报告阶段 根据审计过程中发现的问题整理出审计报告，经过内部报告评审以及意见征求定稿审计报告，最后通过末次会议形式正式发布审计报告。

（2）问题后续跟踪阶段 将审计报告中的问题整理归纳进问题跟踪表，确认整改计划，并进行持续跟踪，最终确认问题得到解决。

2. 流程活动详细说明

流程与体系专项审计报告及跟踪流程的详细说明见表3-18。

第 3 章 流程管理的流程体系与流程

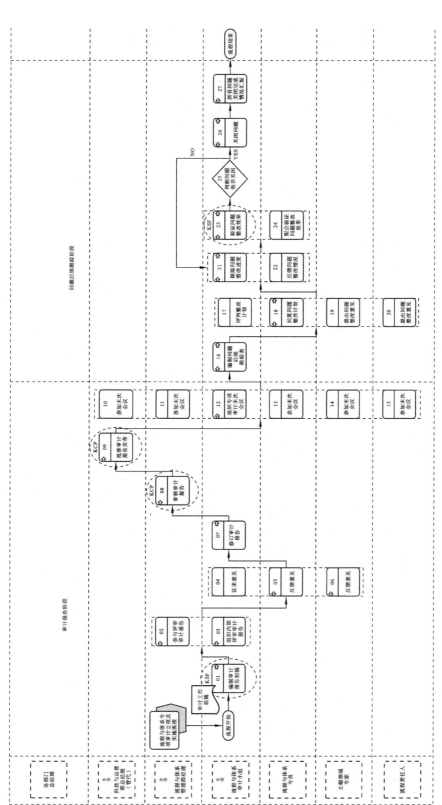

图3-10 流程与体系专项审计报告及跟踪流程图

表 3-18 流程与体系专项审计报告及跟踪流程的活动说明

活动编号	执行角色	活动名称	活动说明	输入	输出
01	流程与体系审计小组（主责）	编制审计报告初稿	审计小组负责人根据小组内部讨论的结果，结合审计工作底稿，编制审计报告初稿		流程与体系专项审计报告模板
02	流程管理部门经理	参与评审审计报告	参加审计报告初稿的评审，重点提出的问题是否客观，改进建议是否可行	流程与体系专项审计报告模板	
03	流程与体系审计小组（主责）	组织内部评审审计报告	审计小组内部对审计报告进行评审，重点评审提出的问题是否客观，改进建议是否可行	流程与体系专项审计报告模板	
04	流程与体系审计小组（主责）	征求意见	将审计报告初稿发给流程与体系专员及主题领域专家，就其中反映的问题征求意见及改进措施		
05	流程与体系专员	反馈意见	与部门内部相关人员沟通审计报告的问题，并将意见反馈给流程审计小组	流程与体系专项审计报告模板	
06	主题领域专家/SME	反馈意见	针对审计报告提出的问题表达自己的意见，并反馈给审计小组	流程与体系专项审计报告模板	
07	流程与体系审计小组（主责）	修订审计报告	综合内部讨论结果、流程与体系专员及主题领域专家反馈的意见与建议，对审计报告进行修改，形成审计报告修改版，并以邮件的形式发给部门经理及总经理进行审批		流程与体系专项审计报告模板
08	流程管理部门经理	审核审计报告	阅读并审核审计报告内容，回复审核意见	流程与体系专项审计报告模板	
09	审计部门总经理	批准审计报告发布	阅读并审批审计报告，回复审批意见	流程与体系专项审计报告模板	
10	审计部门总经理	参加末次会议	参加末次会议，听取审计报告汇报，对一些重要事项进行决议		
11	流程管理部门经理	参加末次会议	参加末次会议，代表部门对审计项目作总结，与被审计部门进行沟通交流		

续表

活动编号	执行角色	活动名称	活动说明	输入	输出
12	流程与体系审计小组（主责）	组织专项审计末次会议	组织末次会议，具体步骤参照如下：准备末次会议PPT，会议相关资源；发末次会议通知；主持会议，汇报审计报告内容；记录会议纪要，会后发给参会人	流程与体系专项审计报告模板	
13	流程与体系专员	参加末次会议	按要求参加末次会议		
14	主题领域专家/SME	参加末次会议	参加末次会议，听取审计报告汇报		
15	流程责任人	参加末次会议	参加末次会议，听取审计报告汇报，了解本部门存在的问题，提出改进要求等		
16	流程与体系审计小组	编制问题后续跟踪表	根据审计报告反馈的问题及末次会议上形成的一些决议编制后续问题跟踪表，以邮件的形式发送给流程与体系专员、主题领域专家及流程责任人	流程与体系专项审计报告模板	流程与体系不符合项问题处理跟踪表
17	流程与体系审计小组	评判整改计划	对流程与体系专员回复的整改计划进行审核，判断其可操作性及合理性，对于不合理的整改计划要求重新回复		
18	流程与体系专员	回复问题整改计划	征求问题涉及的相关部门、主题领域专家、流程责任人的意见后，回复问题整改措施及计划	流程与体系不符合项问题处理跟踪表	流程与体系不符合项问题处理跟踪表
19	主题领域专家/SME	提出问题整改意见	提出问题的具体整改措施的意见，反馈给流程与体系专员		
20	流程责任人	提出问题整改意见	提出问题的整改措施及具体的计划，反馈给流程与体系专员		
21	流程与体系审计小组	跟踪问题整改进度	根据回复的整改计划，每月定期跟踪问题整改情况	流程与体系不符合项问题处理跟踪表	流程与体系不符合项问题处理跟踪表
22	流程与体系专员	反馈问题整改情况	每月定期向审计小组反馈问题整改的进度情况		

续表

活动编号	执行角色	活动名称	活动说明	输入	输出
23	流程与体系审计小组	验证问题整改效果	对已整改完毕的问题进行验证,并查看相关依据	流程与体系不符合项问题处理跟踪表	流程与体系不符合项问题处理跟踪表
24	流程与体系专员	配合验证问题整改效果	协调部门内部人员配合审计人员完成问题整改验证的工作		
25	流程与体系审计小组	判断问题是否关闭	通过验证的结果判断问题是否有效关闭,被验证无效的整改问题要求继续跟踪		
26	流程与体系审计小组	关闭问题	对于验证通过的问题在后续问题跟踪表中更改状态,关闭问题	流程与体系不符合项问题处理跟踪表	流程与体系不符合项问题处理跟踪表
27	流程与体系审计小组	所有问题关闭完成情况汇报	所有问题关闭后,向部门经理及总经理以邮件的形式汇报问题整改的情况,并在公司范围内对整改结果进行公布	流程与体系不符合项问题处理跟踪表	

3. 关键活动及控制要求

流程与体系专项审计报告及跟踪流程中的关键活动及控制要求见表3-19。

表3-19 流程与体系专项审计报告及跟踪流程中的关键活动

关键活动	活动编号	活动名称	活动说明	关键说明
关键成功因素	01	编制审计报告初稿	审计小组负责人根据小组内部讨论的结果,结合审计工作文档,编制审计报告初稿	按照审计报告模板编写; 语言要简单明了,抓住重点; 对问题要阐述清楚,并且有相应的信息支持; 提出改进建议要切合实际,具有可操作性
	23	验证问题整改效果	对已整改完毕的问题进行验证,并查看相关依据	主要验证已有的问题是否得到解决,没有带来其他问题; 有预防措施,可以避免类似的问题以后再次发生; 要有相关信息证明问题整改的效果,尽可能都抽取几个样本验证

续表

关键活动	活动编号	活动名称	活动说明	关键说明
关键控制点	08	审核审计报告	阅读并审核审计报告内容,回复审核意见	关注审计报告提出问题的客观真实性; 关注改进建议的可行性
	09	批准审计报告发布	阅读并审批审计报告,回复审批意见	关注审计报告的问题及其严重程度等,对于一些严重问题考虑如何从公司层面解决

4. 流程表单

1）流程与体系专项审计报告

流程与体系专项审计报告包括以下内容。

- 报告综述。
- 审计目的。
- 审计范围和依据。
- 流程基本情况。
- 总体评价。
- 存在问题和整改建议。
- 后续跟踪。

2）流程与体系不符合项问题处理跟踪表

流程与体系不符合项问题处理跟踪表的内容包括：问题编号、问题描述、问题性质、对应体系标准条款、责任部门、改进负责人、改进措施、计划完成时间、改进进展情况、实际完成时间、备注。

3.6.3 实施要点

1. 编制审计报告时要注意报告内容的客观性

编制审计报告时一定要保证客观。审计发现的问题要有相关证据支撑,编制审计报告时文笔要简单易懂,不要使用带有感情色彩的形容词,同时要对发现的问题进行归类总结,并分析与了解问题发生的原因,提出可行性的审计建议,并与业务部门进行充分沟通。

2. 后续问题整改计划及实施需要验证

业务部门回复整改计划与措施后,需要对业务部门回复计划的有效性与合理性进行判断,否则问题很可能无法彻底解决或解决不及时;同时,业务部门问题整改完成后,需要对整改后的效果进行再次验证,直至问题能够关闭为止。只有问题关闭,才能达到审计的最终目的。

3.7 流程管理月报编制与发布流程

3.7.1 流程管理月报编制与发布流程的概况

1. 业务概述及流程目的

目前每月发布的流程清单和流程审视优化统计表中的数据会有不准确或者提交不及时的现象。流程管理月报编制与发布流程规定流程管理月报编制与发布流程每月倒数第 6 个工作日由流程管理员启动,流程专员统计收集流程清单和审视优化数据后,提交给流程工程师审核后,由流程工程师向每个部门相关人员发布每月统计的最新数据,以监控各部门流程建设的情况。

流程管理月报编制与发布流程的目的是提高流程清单和流程审视优化数据的准确性、真实性和及时性。

2. 适用范围及驱动规则

流程管理月报编制与发布流程适用于企业系统性开展流程建设的部门和子公司。

流程管理月报编制与发布流程的驱动规则:时间驱动,每月倒数第 6 个工作日启动。

3. 业务痛点与设计思路

痛点 1 没有一个规范的机制对各业务领域中的流程的数量、发布状态、发布日期、拟制人、流程监护人、审视优化完成率等信息进行统计汇报。流程管理月报编制与发布流程建立了这样一个机制,使流程相关信息得到有效管理。

痛点 2 流程信息的统计内容存在不准确或提交不及时的情况。流程管理月报编制与发布流程统一了统计口径,明确了各环节的审核要点及操作要求,提高准确性与及时性。

4. 流程客户及角色职责

流程管理月报编制与发布流程的客户:董事会、公司高管及各部门流程责任人。

流程管理月报编制与发布流程的角色与职责见表 3-20。

表 3-20 流程管理月报编制与发布流程中的角色职责

角色名称	角色职责
流程管理部经理	审核数据的合理性
流程工程师	对跨部门流程数据的准确性负责,审核流程建设项目数据的准确性和完整性
项目经理	审核数据的准确性
流程专员	对数据的真实性、准确性、及时性负责
流程管理员	及时启动流程,准确汇总信息并发布月报

3.7.2 流程管理月报编制与发布流程的详细说明

1. 流程图、流程阶段划分

流程管理月报编制与发布流程的流程图、流程阶段划分如图 3-11 所示。

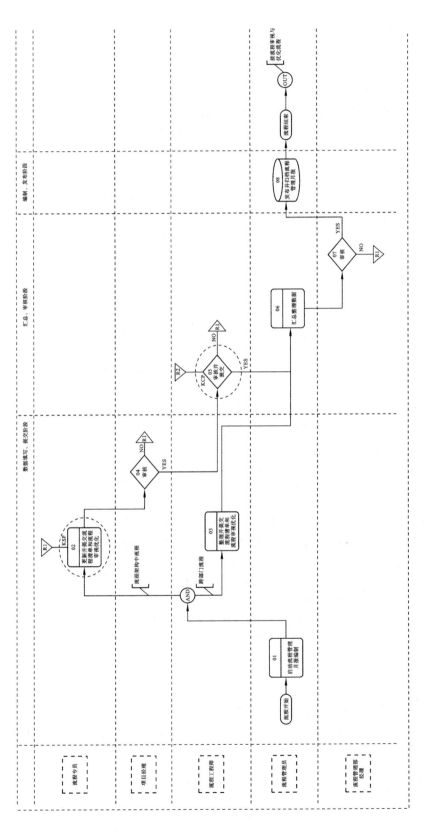

图3-11 流程管理月报编制与发布流程图

(1) 数据填写、提交阶段。
(2) 汇总、审核阶段　收集各业务域流程工作相关数据。
(3) 编制、发布阶段　发布流程工作相关数据。

2. 流程活动详细说明

流程管理月报编制与发布流程中的活动说明见表3-21。

表3-21　流程管理月报编制与发布流程中的活动说明

活动编号	执行角色	活动名称	活动说明	输入	输出
01	流程管理员	启动流程管理月报编制	每月倒数第6个工作日开始启动流程管理月报编制的工作，将流程清单、流程审视优化统计表和组织岗位人员信息表发给流程工程师，提醒流程工程师去提醒流程专员开始整理并提交相关数据		流程审视优化统计表、流程清单、组织岗位人员信息表
02	流程专员	更新并提交流程清单和流程审视优化统计表	依据流程管理部门发布的流程清单和流程审视优化统计表，对本部门当月中所有流程状态进行整理和更新，并将其填写在流程清单和流程审视优化统计表中相应的栏中；每月最后一个工作日前将更新后的流程清单和流程审视优化统计表提交给对应的流程工程师；如果有岗位人员信息的变动则需要更新组织岗位人员信息表	流程审视优化统计表模板、流程清单、组织岗位人员信息	流程审视优化统计表、流程清单、组织岗位人员信息表
03	流程工程师	整理并提交流程清单和流程审视优化统计表	每月27日，依据当月5日流程管理部门发布的流程清单和流程审视优化统计表，对当月中所负责的跨部门流程建设项目中的流程状态进行整理和更新，并填写在流程清单和流程审视优化统计表中相应的栏中；每月最后一个工作日前，将更新后的流程清单和流程审视优化统计表提交给对应的流程管理员	流程审视优化统计表、流程清单	流程审视优化统计表、流程清单
04	项目经理	审核	审核各数据的真实性，并依据情况控制流程建设中各指标的进度。如果"YES"，则告知流程专员可以发布；如果"NO"，则告知流程专员修订	流程审视优化统计表、流程清单	流程审视优化统计表、流程清单

续表

活动编号	执行角色	活动名称	活动说明	输入	输出
05	流程工程师	审核并提交	接收相应部门提交的流程清单、流程审视优化统计表,依据平时对流程建设项目跟踪的了解和参加评审会议的信息,初步审核流程发布和审视优化状态是否合理; 对于当月有发布的流程可以通过EPROS和内网等方式核对确认,对于审视优化的数据,需要确认流程审视跟踪表是否有提交归档; 如果发现有虚假嫌疑,则需要给予相应的证据后与流程专员沟通确认,如确认为虚假则需要修订; 审核内容、格式等所有事宜,确保各领域流程清单格式保持一致; 如果"YES",再将流程清单提交给流程管理员;如果"NO",则打回给流程专员,重新刷新	流程审视优化统计表、流程清单	流程审视优化统计表、流程清单
06	流程管理员	汇总整理数据	将各部门反馈的流程数据汇总在相应的表格中。将数据统计结果的表格粘贴在邮件中给经理审核,并附上原始数据; 如果岗位信息有更新,则再在EPROS浏览端导入最新的岗位信息	流程审视优化统计表、流程清单	流程审视优化统计表、流程清单
07	流程管理部门经理	审核	审核各部门数据的合理性	流程审视优化统计表、流程清单	流程审视优化统计表、流程清单
08	流程管理员	发布并归档流程管理月报	每月5日(如遇节假日顺延到工作日)将最新的流程清单、流程审视优化统计表中的封面统计表格数据及流程执行审计的提醒信息摘录到邮件中,且附上两个原始数据表格,发给清单中涉及部门的流程专员、项目经理、主题领域专家、流程责任人和流程管理部门、流程审计部人员	流程审视优化统计表、流程清单	流程审视优化统计表、流程清单

3. 关键活动及控制要求

流程管理月报编制与发布流程中的关键活动及控制要求见表3-22。

表 3-22　流程管理月报编制与发布流程中的关键活动

关键活动	活动编号	活动名称	活动说明	关键说明
关键成功因素	02	更新并提交流程清单和流程审视优化统计表	依据流程管理部发布的流程清单和流程审视优化统计表，对本部门当月所有流程状态进行整理和更新，并填写在流程清单和流程审视优化统计表中相应的栏中； 每月最后一个工作日前将更新后的流程清单和流程审视优化统计表提交给对应的流程工程师； 如果有岗位人员信息的变动，则需要更新组织岗位人员信息表	关键说明：如果数据不准确，将影响公司流程架构的准确性，影响部门流程管理指标统计的准确性、真实性、公正性 控制要求如下： 严格按照流程管理部门要求的格式填写，不能修改表格中的公式和已确认的数据； 当月中对流程架构有调整的时候，应及时更新流程架构图和流程清单；当月中审视、优化完成的流程也应及时将相关数据填写到审视优化统计表中； 流程的首次发布日期、审视会议时间、审视优化后的发布时间、审视优化后的发布日期一定要真实； 流程审视优化统计表中的"审视优化后发布时间"是填写该流程优化完毕发布的时间，如该流程审视优化后不需要优化，则填写该流程审视会议的时间
关键控制点	05	审核并提交	接收相应部门提交的流程清单、流程审视优化统计表，依据平时对流程建设项目跟踪的了解和参加评审会议的信息，初步审核流程发布和审视优化状态是否合理； 对于当月有发布的流程可以通过EPROS和内网等方式核对确认，对于审视优化的数据，需要确认流程审视跟踪表是否有提交归档； 如果发现有虚假嫌疑，则需要给予相应的证据后与流程专员沟通确认，如确认为虚假则需要修订； 审核内容、格式等所有事宜，确保各领域流程清单格式保持一致； 如果"YES"，再将流程清单提交给流程管理员；如果"NO"，则打回给流程专员，重新刷新	关键说明：如果数据不具备真实性，则影响流程管理的价值及KPI考核的公平性 控制要求如下： 对真实性（抽查）的核实； 对格式一致性的要求

3.7.3 [案例] 烽火通信 2019 年 1 月流程管理月报

(1) 流程建设情况汇总统计表模板如图 3-12 所示。

截止2019年2月28日，流程发布数量				
部门/流程架构	已发布流程	2019年计划建设数	流程清单总数	流程实际覆盖率
光配线系统产出线	30	11	41	73%
网络产出线	67	1	68	99%
烽火超微	44	23	67	66%
人力资源部	28	1	29	97%
科技管理部	64	1	65	98%
战略与市场部	6	0	6	100%
系统设备制造部	157	25	182	86%
武汉烽火国际技术有限责任公司	56	8	64	88%
公共研发部	46	0	46	100%
财务管理部	107	0	107	100%
总裁办公室（党委办公室）	14	0	14	100%
宽带业务产出线	29	4	33	88%
国内销售部	20	0	20	100%
认证与采购中心	94	1	95	99%
综合保障部	32	1	33	97%
线缆产出线	119	5	124	96%
纪检监察办公室（审计办公室）	6	0	6	100%
武汉烽火技术服务有限公司	92	10	102	90%
武汉飞思灵微电子技术有限公司	38	0	38	100%
运营管理部	51	9	60	85%
行业销售中心_武汉烽火网络有限责任公司	0	22	22	0%
武汉烽火信息集成技术有限公司	31	33	64	48%
总计	1101	155	1286	86%

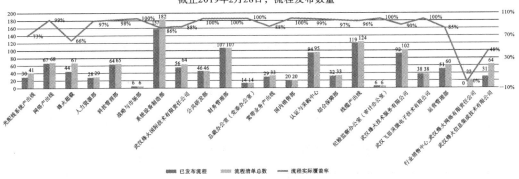

图 3-12 流程建设情况汇总统计表模板

(2) 流程审视优化完成情况统计表模板如图 3-13 所示。

3.7.4 实施要点

1. 统计表格的便利和科学

流程管理月报可以采用的工具和展现形式有多种，但无论采用哪一种，都需要考虑统计的便利性和科学性。所谓便利性是指统计表格的填写内容模式化，即填写项目尽可能为选择项，统计项尽可能采用公式或软件程序进行自动计算，因为月报中需要统计的信息都需要业务部门提供和定期地维护，如果表格内容烦琐，则会增加不增值的工作量。所谓科学性是指统计表格各字段填写的格式、内容需要标准化，使统计一致性和必要性得到保证。

流程管理月报 2013-1 期							
2012年1-12月 流程审视优化完成率							
部分	需审视流程数量	按时完成审视	审视完成率	需优化	按时完成优化	审视优化完成率	
A	19	19	100%	17	16	95%	
B	31	31	100%	31	30	97%	
C	68	68	100%	36	36	100%	
D	26	26	100%	26	25	96%	
E	52	52	100%	52	47	90%	
F	51	49	96%	20	20	96%	
G	31	31	100%	9	9	100%	
H	25	25	100%	23	18	80%	
I	5	5	100%	4	4	100%	
J	0	0		0	0		
10大部门计	308	306	99%	218	205	95%	

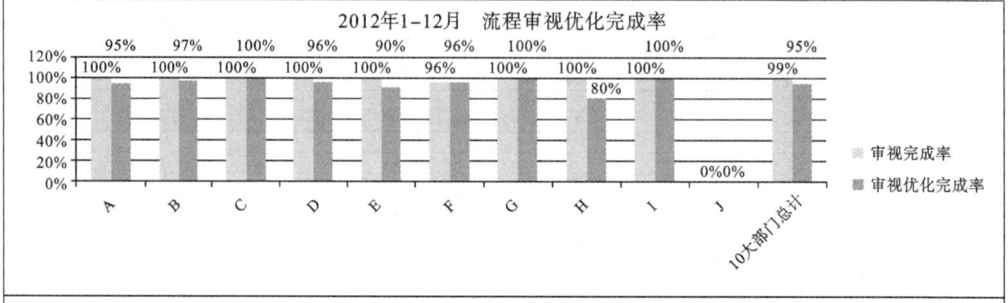

[2012年1-12月 流程审视优化完成率 柱状图]

2013年1-2月 需完成审视优化的流程分布		
2013年1-2月	A	0
	B	5
	C	20
	D	3
	E	4
	F	10
	G	4
	H	0
	I	0
	J	0
	TOTAL	46

图 3-13 流程审视优化完成情况统计表模板

2. 流程管理月报数据要真实和准确

流程管理月报能反映企业当前流程建设状况的各类信息和审视优化的完成情况，在流程建设项目中可用于监控项目进度的数据依据，例如，月报显示的数据与年度目标或年度计划相比有明显差距，项目组可以及时采取措施来调整项目状态，所以流程管理月报中数据的准确性和真实性是其核心要素。流程管理部门在收集业务部门提交的数据后，可以要参与项目的流程工程师进行二次复核，审核"流程清单数量的变化是否有经过评审确认""审视优化的评审会议是否真实召开""流程是否经过评审后同意不需要优化发布"等。

■ **博文注解 企业需要统一的管理语言** ■

企业在发展过程中的不同阶段制定了很多管理性的文件，有公司层面的管理文件，有部门层面的管理文件；有适合于某个产品线的管理文件，也有适合于某类客户的管理文件；有适合在国内使用的管理文件，也有适合在国外使用的管理文件。现在，大家依然还在沿用这样的逻辑编制更多的管理文件。

管理文件的名称也是各种各样的，有制度、流程、规定、政策、标准、指令、办法、通知甚至会议纪要等不同的形式。这些形式和名称各异的管理文件很多时候在内容上相互重复甚至相互矛盾，令被管理者莫衷一是，最终背离了文件制定者的初衷，达不到业务管理的目的。

19世纪有一个伟大的军事战略家叫克劳塞维茨，他在强调战略思考框架的重要性时说："任何理论的首要任务都是阐明令人混淆的术语和概念……只有实现了有关术语和概念的一致，我们才能够有希望清晰流畅地思考问题。"

管理者需要严肃对待这个问题，以提升组织的沟通效果和执行力。

引自《胡云峰个人专栏》(http://blog.vsharing.com/frank_hu/)

案例 3-9

■ 翻译外包预算制定流程的全生命周期管理 ■

2009年上半年，烽火通信的产品及服务在海外市场有了突破性进展，海外业务量开始不断攀升，整个公司的各个环节都在考虑如何提升服务海外市场的能力。营销部门将需求管理团队伸向海外重点区域，了解海外重要客户的需求，以便开发出适合海外客户的产品版本。产品开发部门打造定制化开发的过程能力，加速海外客户个性化需求的满足（由于公司主要市场仍在国内，因此产品大多仍是基于国内客户需求先完成的开发）。交付部门考虑将非关键配附件的采购与装配放在海外，提升交付效率，也降低各类成本。可以说，各部门围绕着国际化，都在整合资源，提升能力。

手册管理团队也不例外。以往的手册以中文版为主，随着海外业务量的提升，各类产品手册的翻译需求也不断增加，原有的翻译团队已经无法满足业务量增长的需求。在新人培养速度难以快速匹配业务量增长的情况下，手册管理团队负责人果断提出通过外包手段来弥补人力资源的不足。于是团队负责人找到流程管理部门，考虑制定关于翻译外包管理的业务规范，希望通过流程来管理手册翻译外包行为。

2009年，经过业务部门、财务部门、法务部门等各方的多轮讨论，翻译外包预算制定流程、翻译外包合同签订流程及翻译外包合同验收付款流程等几个流程相继发布，基本上对翻译外包业务的关键环节都提出了明确的操作要求，特别是翻译外包预算制定流程，因为2010年初的全面预算中并未涉及翻译外包的费用，该流程实际上为翻译外包作为临时预算提供了通道，也为合理制定翻译外包预算提供了方法。相关流程发布后，手册管理团队作为该业务的责任主体对相关环节进行了多次宣贯，在涉及手册翻译业务的产品开发项目组、财务、技术专项等重要部门间达成了广泛共识，同时，手册管理团队负责人作为该业务的流程监护人非常关心流程的执行情况，在前几单业务执行过程中深入了解操作问题，收集各方意见，组织对流程进行修订，该流程很快就深入人心，成为了指导手册翻译外包业务开展的重要依据。

2009年下半年至2011年间,作为流程监护人,按照审视要求,手册翻译外包团队负责人在流程首次发布半年后多次组织各方审视这些流程,对流程中涉及的模板、活动要求、风险控制点等进一步完善,可以说手册翻译外包业务已经日渐成熟,在此业务中大家也累积了不少知识和经验,比如关于手册翻译质量如何在合同中进行约定、外包合同的风险点如何控制等。

2012年,公司启动了组织变革,对原有的组织结构进行了大的调整,使得现有的一些做事方式发生了改变,翻译预算工作也发生了变化。原有预算是资源池部门给产品开发项目组做的外包预算;变革之后,强化以项目的方式开展产品开发工作,强化资源池与项目组间的虚拟核算,同时细化了项目预算管理,当产品开发项目立项阶段明确了产品首次发布需同时发布英文版手册时,就应该考虑翻译的预算,而不会考虑是否外包的预算(翻译由内部完成还是外包完成并不重要)。因此,变革后的手册翻译预算的性质发生了变化,手册翻译团队是否外包不再是项目组考虑问题,而手册翻译团队是采用自己翻译还是外包翻译只是本业务块自身的需要,翻译外包预算已经不是产品开发项目组关心的问题,而是手册翻译团队关注的问题。手册翻译团队关注从项目组获得多少翻译收入;如果自己翻译成本是多少,如果外包翻译成本是多少。

基于变革对业务的影响,在2012年下半年,手册翻译团队负责人组织再一次对流程进行审视,最后确定终止翻译外包预算制定流程,并同时进行了终止通告。该流程从2009年产生到2012年生命周期终止,完成了固有的使命,体现了公司对流程的全生命周期管理。

3.8 问题思考

(1) 什么叫全寿命周期流程管理?
(2) 流程设计的难点何在?为什么说不是任何人都可以设计流程的?
(3) 为什么在绘制流程之前要进行思路研讨?
(4) "流程审视与优化流程"的设计要点是什么?
(5) 请你谈谈读完"通过流程审视与优化解决产品补换货业务痛点问题"案例后的感想。
(6) "流程管理月报"应反映哪些内容?其意义何在?

第 4 章 流程管理中的组织建设与绩效管理

【本章核心要点】

流程管理的组织和评价体系建设是推动企业流程变革的关键动力。流程建设和管理工作需要企业投入人力资源,包括流程责任人、流程监护人、流程管理员、流程专业及流程开发与维护人员。通过建立评价体系来"测量"上述人力资源工作成果的好坏,涉及指标包括流程架构质量、流程能力等级、流程覆盖度、流程审视优化及时率等。

要保证公司流程管理与变革在企业真正落到实处,除了流程建设和文化建设外,还需要组织建设与绩效管理来保障。组织建设包括从事流程建设、管理的部门与岗位设立和人员素质培养,绩效管理是指针对相关部门设定流程建设绩效目标并进行跟踪评价的过程。而开展所有这些工作的一个基本前提就是建立并推行企业的流程责任人制度。

4.1 建立并推行流程责任人制度

流程责任人制度是公司价值观和政策层面的一项重要制度,通过该制度明确各部门对业务和职能管理目标承担首要责任的总经理对流程全寿命周期管理的全部责任,以此为依据,各部门有责任和义务投入适当的资源进行流程建设和管理,企业将依据该制度对各部门的流程建设和管理绩效进行考核,考核结果与部门总经理即流程责任人的年度绩效挂钩。

烽火通信流程责任人制度的部分内容如下。

烽火通信科技股份有限公司流程责任人制度

流程是公司的知识资产,是实现公司业务高效与平稳运作的保障条件。公司正在开展的绩效管理变革正是为了探索更加有效的业务运作模式,业务流程是描述这种运作模式的重要工具。为了加强公司业务流程的建设与管理工作,加快企业知识在业务流程中的沉淀和积累,在分析和参考业界流程管理最佳实践经验的基础上,结合过去两年的实践经验,决定在公司继续推行流程责任人制度。

流程责任人制度的具体操作细节如下。

一、定义

流程:公司定义的流程来自于公司各业务领域建立的流程架构,处于公司流程架构的最低层次上,一个流程通常是一项由10个以内的角色按照一定顺序完成,并对下游客户实现某种交付的业务活动序列。公司流程架构最低层次以上的内容称为价值链、业务域或业务模块。

跨部门流程:跨部门流程是从解决具体业务问题的角度提出的一个概念,是对跨部门业务协同方式的一种业务描述形式,是由若干流程或活动构成的某种业务视图,这些流程可以是来自公司流程架构最底层的流程,也可以是单独开发的流程。跨部门流程一般是通过跨部门流程建设项目的方式来完成的,是对现有流程架构的一种补充。

二、流程责任人的来源和类型

公司各部门对业务绩效直接负责的管理者是流程责任人的直接来源。

流程责任人分为"一般流程责任人"和"跨部门流程责任人"。一般流程责任人是对流程架构中的业务块而言的,每个业务块都需要有人承担该业务块流程的全寿命周期管理责任;一般流程责任人由公司各部门的最高管理者承担。跨部门流程责任人是针对通过跨部门流程建设项目完成的跨部门流程的责任人,跨部门流程责任人通常由公司分管相应业务的副总裁担任,在项目立项报告中或者项目竣工验收会上确定。

三、流程责任人的流程建设与管理职责

在符合国家和公司相关法律法规、政策、制度和标准的前提下,流程责任人在流程建设与管理方面的职责包括以下方面。

（1）组织方面　流程责任人要在部门内指定流程专员（可以兼职）作为接口人与公司负责流程与体系管理的专业部门接口，负责相应的组织和协调工作。所有各部门必须配置流程专员的角色和人选，对超过100人以上的部门子公司，原则上应设置全职流程专员岗位；另外，为了保证流程的权威性和业务上的科学合理性，各部门需要指定支持和指导流程建设的主题领域专家，SME通常由业务分管领导担任，一个部门子公司可以有多名SME。

（2）建立并维护部门业务流程架构　流程架构是在部门定位的基础上建立的，通过该架构准确描述部门的核心业务、支撑业务和对相关业务部门的支持功能，描述本部门业务与其他组织（包括外部客户与供应商）之间的上下游关系，确保与上下游各个实体之间业务的有机融合；流程架构随着业务的不断成熟和发展，需要发生一些改变，所以需要持续进行架构维护，确保架构与业务的匹配。

（3）流程拟制　基于流程架构形成部门的流程清单，完成部门所有相关业务流程的设计开发和作业指导书的文档化。流程责任人对流程的正确性、完整性和适用性负责，流程的拟制过程参照运营管理部发布的"流程拟制与发布的流程"要求，并使所有文档符合公司流程文件相关的标准，所有业务流程需要细化到角色，需要完成角色与岗位及岗位与员工的准确对应，确保组织对流程的有效支撑。

（4）支持公司层面的跨部门流程建设工作　公司需要以一个统一融合的整体参与市场竞争，任何割裂这个整体的部门主义行为都可能损害公司利益。为了保障业务的畅通和效率，对公司科技与运营部（或者其他责任主体部门）组织发起的跨部门流程建设项目，流程责任人有责任在资源保障、方案制定和决策、执行落到实处等方面提供一切必要的支持。

（5）流程的发布与宣传　对部门拟制的所有流程，流程责任人负责流程的审批和签发，对发布的流程开展必要的宣传和培训活动，确保流程被关注、易得到、高可视化，以提升员工的规范化管理意识和流程执行意愿。

（6）员工流程能力建设　员工的流程能力是确保流程执行到位的关键所在，员工针对流程的知识、技能、态度和工作习惯是员工流程能力的主要评价指标，流程责任人要通过宣传、培训、指导和激励等各种方式不断提升员工的流程能力，包括但不限于IT应用实施能力、痛点分析与处理能力、团队合作精神等。

（7）流程执行和优化　流程的执行是组织执行力的直接体现，流程一经发布，流程责任人应采取一切必要的措施确保员工遵照流程执行。对于执行过程中发生的问题，要通过开展定期的流程审视优化活动完成对流程的改进和优化。流程责任人可以通过指定流程监护人的方式明确基层部门经理对相关流程的定期审视和优化责任。流程定期审视和优化工作是体现公司业务是否持续改进的重要保障，只要公司还在运营，这项工作就不会停止。

（8）支持流程审计工作　在每个业务流程的生命周期过程中（尤其是发布之初），对流程本身以及流程执行的审计是一项必须开展的工作。即使通过公司科技与运营部发布的流程，也会存在规范化和合理性方面的问题。另外，由于工作习惯和能力等方面的原因，有些员工也会存在不按流程执行的情况，公司科技与运营部将通过流程审计的方式对流程及其执行情况进行审计，并对审计的结果以审计报告的方式进行定期发布，旨在持续改进流程质量并促进员工逐步养成按流程操作的习惯,各部门流程责任人需要积极配合并支持流程审计工作的开展。

四、流程责任人在流程建设与管理方面的权利

在符合国家和公司相关法律法规、政策、制度的前提下,流程责任人在流程建设与管理方面享有以下权利。

(1) 对业务运行方式的决策权 对于本部门业务范围内的任何一项业务,流程责任人是这项业务运作方式的决定者,是部门内流程的最终批准人和签发人;对其他业务或职能部门对本部门所提供的服务或交付件(包括实物和文档),流程责任人(作为内部客户,并通过各流程执行角色承担人),在通过有效协商的基础上,有提出质量及相关要求的权利。

(2) 业务运作资源的使用和调配权 各部门的业务运作资源包括人力资源和非人力资源,这些资源都是为流程执行服务的,流程责任人作为各部门业务绩效的责任人,对业务运作资源拥有使用和调配权。

(3) 员工激励权 所有的业务流程都是并且必须是以员工作为执行的主体,员工对这些流程所拥有的知识、技能、态度和习惯的状态决定了流程执行的好坏,流程责任人通过拥有对员工的激励权,牵引员工完成基于流程的业务操作,确保业务与流程绩效目标的实现。

(4) 预算支配权 资金的计划与使用是企业的一种投资行为,将资金投入到正确的地方,是公司做正确的事和按正确的方法做事的保证。流程责任人通过拥有预算的支配权,为流程的制定和执行提供资金支持。

流程责任人制度是管理者对业务流程全面负责的一项管理举措,通过该制度的执行,确保公司所有的业务流程得到清晰的识别和界定,落实责任归宿,并使所有流程在其生命周期各阶段得到全方位管理。

"烽火通信科技股份有限公司流程责任人制度"实施说明如下。

"烽火通信科技股份有限公司流程责任人制度"实施说明

流程责任人制度是规定中层管理者对业务流程全面负责的一项管理举措,通过该制度的执行,确保公司所有的业务流程得到清晰的识别和界定,落实责任归宿并使所有流程在其生命周期各阶段得到全方位管理。

一、关键要素

(1) 此制度对"流程"和"跨部门流程"进行了定义。

(2) 对流程责任人的来源和类型做了说明。

(3) 此制度明确了流程责任人的八项职责,包括组织配置、流程架构开发与维护、流程拟制与发布、流程宣贯、流程审视与优化、员工能力建设、流程审计以及跨部门流程开发与维护等。

(4) 此制度还明确阐述了流程责任人的四项权利,最主要的是"业务运行方式的决策权"。

二、执行要点

(1) 流程责任人制度是一种全新的业务管理理念,也是业界运营管理最佳实践,需要所有流程责任人充分意识到实施这项制度的意义所在。

（2）流程责任人是通过调配部门内各种资源的方式来履行这项责任的，包括主题领域专家、流程专员、基层经理和一线员工。

（3）流程责任的履行将得到来自公司科技与运营部流程工程师的专业服务，同时要接受科技与运营部对各部门流程建设工作的管理。

（4）相关角色的能力建设是流程责任人履行责任的关键所在，各部门要做好资源的投入和时间的安排。

（5）各部门流程建设工作将以项目方式开展，流程责任人在项目中的角色是项目赞助人，必要时需要参与相关的沟通和协调，包括项目开工会、阶段汇报会及项目验收会。

（6）跨部门流程的流程责任人一般来自公司高管，对于跨部门流程建设项目，各部门流程责任人在跨部门流程涉及本部门业务时也是项目赞助人，也可能被指定为该跨部门流程的流程监护人，代表公司对跨部门业务流程的审视和优化承担责任。

"烽火通信科技股份有限公司流程责任人制度"考试试卷模板如下。

"烽火通信科技股份有限公司流程责任人制度"考试试卷

姓名： 　　　　　　　部门： 　　　　　　　分数：

一、填空题（每空2分，共40分）

1. 公司定义的流程来源于＿＿＿＿＿＿＿＿，一个流程的业务颗粒度一般应控制在＿＿＿＿＿＿个角色以内。

2. SME是＿＿＿＿＿＿＿＿这几个英文单词的首字母，通常由各部门＿＿＿＿＿＿＿＿担任。

3. 各部门必须配置流程专员的角色和人选，对超过＿＿＿＿＿＿＿＿人以上的部门子公司，原则上应设置＿＿＿＿＿＿＿＿流程专员岗位。

4. 流程责任人分为"＿＿＿＿＿＿"和"＿＿＿＿＿＿＿＿"，一般流程责任人是对＿＿＿＿＿＿＿＿中的业务块而言的，每个业务块都需要有人承担该业务块流程的＿＿＿＿＿＿＿＿管理责任；一般流程责任人由公司各部门或子公司（以下统称各部门）的＿＿＿＿＿＿＿＿承担。

5. 对于本部门业务范围内的任何一项业务，流程责任人是这项业务运作方式的＿＿＿＿＿＿＿＿，是部门内流程的最终＿＿＿＿＿＿＿＿和＿＿＿＿＿＿＿＿。

6. 所有的业务流程都是并且必须是以＿＿＿＿＿＿＿＿作为执行的主体，员工对这些流程所拥有的知识和技能的状态决定了流程执行的＿＿＿＿＿＿＿＿，流程责任人通过拥有对员工的＿＿＿＿＿＿＿＿，牵引员工完成基于流程的业务操作，确保业务与流程＿＿＿＿＿＿＿＿的实现。

7. 流程责任人制度是管理者对业务流程全面负责的一项管理举措，通过该制度的执行，确保公司所有的业务流程得到清晰的＿＿＿＿＿＿＿＿，落实责任归宿并使所有流程在其生命周期各阶段得到＿＿＿＿＿＿＿＿管理。

二、多项选择题（每题5分，共20分）

1. 各部门负责流程与体系建设项目组织和管理的角色是（　　　　）。

A. 项目经理　　　　　　　　B. 流程与体系专员

C. 主题领域专家（SME） D. 流程责任人
2. 流程责任人在流程建设与管理方面的权利包括（　　）。
A. 对业务运行方式的决策权　　B. 业务运作资源的使用和调配权
C. 员工激励权　　D. 预算支配权
3. 下列工作都在流程责任人的责任范围内，除了（　　）之外。
A. 流程架构建设　　B. 流程拟制与发布　　C. 流程审计　　D. 流程的审视与优化
4. 在跨部门流程建设项目方面，流程责任人的职责包括以下内容，除了（　　）之处。
A. 提供项目资源保障　　B. 听取方案制定和决策
C. 跨部门流程的发布　　D. 执行落地等方面

三、简答题（每题10分，共40分）

1. 请结合自身感受谈谈在公司实施流程责任人制度的意义。

2. 中层管理者和基层经理人在推动流程执行落地方面应该分别发挥怎样的作用。

3. 为什么要对已发布流程进行定期审视和优化。

4. 如何理解流程管理与体系管理有效融合的意义，具体措施有哪些？

烽火通信通过建立并执行流程责任人制度，为解决流程建设动力不足、资源投入不到位、流程建设管理半途而废等问题提供了制度保障。

4.2　建立流程建设与管理的组织体系

通过建立流程建设与管理的组织体系，明确相关的部门和岗位配置，确保流程建设管理工作的资源投入。

4.2.1 流程管理组织顶层设计

案例

■ 烽火通信 GDO 及其秘书机构 ■

在流程管理的组织保障体系中,流程管理组织的顶层设计非常重要。不同规模或特点的企业,流程管理组织的顶层也是不一样的,需要区别对待。对于集团运营管控的企业来说,按域统筹是一种非常重要的管理理念。这里的"域"是指企业流程架构顶层的各个职能与业务领域,每个域都需要有统一的管理部门,这些管理部门负责相应领域的运营管理体系建设,当然也就包括流程体系建设、组织体系建设、激励体系建设等。比如负责集团研发业务领域管理的部门,需要负责集团研发领域流程体系建设、组织体系建设、激励体系建设等,但是这些领域管理部门还不能称为集团组织管理的顶层,集团的高管团队才是组织管理的顶层,从流程管理的组织体系来说,CEO 才是企业流程管理的总负责人。为了强调集团管控的有效性,集团企业高管团队的分工应该按专业的业务领域分工,而不是按部门分工。分管这些专业领域的副总裁或副总经理,应该成为相应业务领域或职能领域的全球流程责任人(GPO,global process owner),他们同时也应该是公司各专业委员会的主任,在公司的决策体系中,在决策议题上升到总裁办公会或总经理办公会之前,需要在各专业委员会(如研发管理专业委员会、供应链管理专业委员会、财经体系管理专业委员会等)对其进行分析和判断并汇总形成决策方案。

图 4-1 所示为某公司基于流程架构第一层(L1 级)上所有业务与职能领域的高管团队分工,张 XX 分管集团的研发与供应链业务管理,他同时也是该集团研发业务与供应链业务的全球流程责任人 GPO 及这两个专业委员会的主任。

流程管理组织的顶层设计除了全球流程责任人分工之外,在集团总部的组织架构设计上还需要有支撑全球流程责任人日常管理工作对应的专业化管理部门或秘书机构,比如图 4-1 所示的公司中支撑张 XX 分管集团研发与供应链业务管理的专业化管理部门或秘书机构分别是科技管理部和供应链管理部。这些专业管理部门在流程管理方面的职责就是负责相应领域流程架构的顶层设计,协调流程架构建设和维护过程中与各具体的业务部门或子公司在底层流程建设与运维过程中的关系,并向对应的 GPO 负责。图 4-2 所示为某公司分管 LTC 业务的全球流程责任 GPO 与对应的秘书机构(战略与市场部)、业务与平台部门、流程与信息化部门之间的关系。

4.2.2 建立流程管理部

在国内,设立专门的流程管理部对流程建设和管理工作进行规范化治理的企业并不多,原因是多方面的,要么没有认识到建立这个部门的必要性,要么没有适当的人才资源承担这项工作,要么觉得流程管理是一项很难的变革工作,企业没有开展这项工作的基础条件,等等。烽火通信所处的行业是一个高度竞争的行业,建立流程管理部门早已成为行业

第 4 章 流程管理中的组织建设与绩效管理

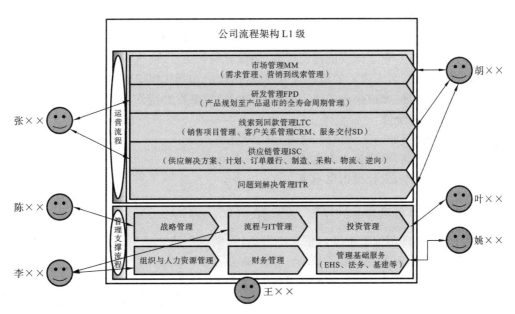

图 4-1 某公司基于流程架构第一层的高管团队分工

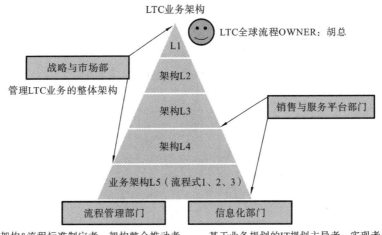

图 4-2 某公司 LTC 领域流程管理组织的顶层设计

内的标杆企业的普遍实践,公司高层从企业长远发展考虑,决定在本企业设立专门的流程管理部。

烽火通信流程管理部的部门价值定位如下。

1. 业务流程的价值
- 业务流程是体现公司战略定位和实现战略目标的工具和手段。
- 业务流程是指导公司各部门及跨部门业务运作的行为规范。
- 业务流程是识别公司各部门和岗位职责的主要依据。
- 业务流程及其体系架构是 IT 平台建设和企业架构的基石。

2. 流程管理的价值
- 通过流程管理,对公司流程(知识)资产进行全生命周期管理,并增值。
- 通过流程管理,建立流程的责任机制,确保流程被关注,被执行。
- 通过流程管理形成统一的流程规范和语言,改进和强化组织的沟通效率。
- 通过流程管理,维护企业的流程架构(层次性)和流程的组件性、可视性。

3. 流程优化的价值
- 发现业务流程的问题和风险,改进运作的绩效。
- 缩短流程周期,提升客户响应速度和客户满意度。
- 降低运作成本,提升股东回报率。

4.2.3 流程管理部的职责

流程管理部的部门职责主要包括三个方面,分别是构建并维护公司流程管理体系,业务流程建立与维护,业务流程变革管理。具体说明见表 4-1。

表 4-1 流程管理部的部门职责

业务类型	业务分解	详细内容
构建并维护公司流程管理体系	建立并维护公司流程管理的流程体系	流程拟制与发布的流程; 处理会议纪要对流程影响的流程; 流程定期审视和优化的流程; 流程变革项目管理流程; 流程变更流程; 角色任命与流程宣贯流程; 流程审计流程; 流程责任人制度
	建立并维护公司业务流程标准	流程文件标准; 流程图标准; 作业指导书标准; 标准角色库的建立与维护; 业务活动表单、表格、报告及文件模板等的标准
	建立并维护流程管理组织体系	流程管理员与流程工程师; 流程责任人; 流程专员; 主题领域专家(SME); 项目赞助人、项目经理
	流程管理 IT 平台应用与实施	IT 平台的需求识别; IT 平台的采购; IT 平台的应用实施; IT 平台的维护
	流程建设绩效管理	设计并维护公司流程建设绩效指标; 与各部门沟通并制订年度流程建设绩效目标; 监督各部门年度流程建设绩效目标完成; 评估各部门年度流程建设绩效目标

续表

业务类型	业务分解	详细内容
业务流程建立与维护	组织建立并维护公司业务流程架构	业务流程架构建立的原则； 业务流程规划； 流程架构方法论； 流程架构的建立； 流程架构的维护； 维护流程架构与组织体系、IT平台的对应关系（EA）
	组织建立公司各部门的业务流程	业务流程建立的原则； 业务流程的选择； 流程设计方法与步骤； 流程发布； 建立流程角色与岗位、员工的对应关系； 处理流程与IT平台的关系
	组织维护公司各部门的业务流程	流程的变更管理； 处理会议纪要对流程的影响； 维护流程流程角色与岗位、员工的关系； 维护流程变动与IT平台的关系
	组织公司业务流程的优化	流程定期审视与优化； 事件驱动的部门内流程优化活动； 事件驱动的跨部门流程优化项目； 处理流程优化与IT平台的关系
业务流程变革管理	变革宣传	编辑出版《流程学习之窗》； 编写发布"流程管理案例"； 组织、参与或协调流程管理与变革相关的培训； 组织流程管理相关的研讨会、知识竞赛； 在公司内网等场合发布各种流程变革相关的文章或消息； 例行维护《流程管理专栏》的各个栏目
	跨部门业务流程变革项目实施与管理	引导公司内部跨部门流程优化和梳理需求的提出； 跨部门流程优化和梳理需求的受理； 跨部门流程优化和梳理项目立项； 跨部门流程优化和梳理项目管理； 跨部门流程优化和梳理项目验收与后续执行保障
	流程型企业文化建设	推动流程责任人制度的落到实处； 动态维护组织、流程、考核与IT平台的相互关系； 建立流程管理成熟度评估体系； 定期开展公司流程管理成熟度测评，发布测评报告

■ 博文注解　尴尬的"企管部" ■

中国的许多国有企业，一般都设有企业管理部这样的部门，当然称谓各有不同，比如综合管理部，就把它都叫做"企管部"吧。企管部要不要设置？这是一个很重要的问题！用一位老企管人的话,企管部,就是"启"管部,就是"奇"管部,就是"弃"管部,就是"齐"管部,就是"气"管部,就是"杞"管部。

何谓"启"管部,就是什么管理体系一进入企业,它一定是第一个启动起来管理它的部门。

何谓"奇"管部,就是什么稀奇古怪的事情都归它管。

何谓"弃"管部?就是只要别的部门都不管的,它一定都管。

何谓"齐"管部,就是什么事情都会涉及它。

何谓"气"管部,就是负责管理那些"气人"的事,比如业务审计。

何谓"杞"管部,就是"杞人"所在的部门,"杞人"干什么?忧天呗!"杞人忧天"的故事是担心天什么时候会掉下来,说老实话,只有"杞人"才会忧天,也只有他们才会关心天!

企管部是万金油,是兜底部,是岗位职责里面最后一条"执行领导安排的其他任务"对应设置的部门机构。企管部到底应该如何定位,不同的企业站在不同的角度可以给出不同的解释。作者认为,从企业运营管理层面来说,抓企业的流程建设与管理应该成为企管部的重要职责。

引自《胡云峰个人专栏》(http://blog.vsharing.com/frank_hu/)

■ 博文注解 一个全球几十万人规模的公司为什么没有设立专门的流程管理部门 ■

最近与某国际知名公司的咨询顾问交流,得到的几点信息给我很深的感想,记录如下。

1. 该公司居然没有流程管理部门

经过一百多年的发展,全球员工已经发展到几十万人的规模,但是该公司居然没有设立类似流程管理这样的专门部门。对于这个情况,在仔细分析了解后,其实也不难理解,该公司已经演进成为一个完全意义上的流程型企业,员工有很好的流程意识,没有流程变革管理和领导能力的人不可能被提升到主要的管理岗位,加上公司长期以来形成的流程管理规范(包括组织体系、流程和IT平台),整个公司虽然没有专门的流程管理部门,但是公司业务在保持适当风险控制前提下依然保持了高效的运作。

2. 业务部门领导直接担任流程OWNER,并且一般需要将50%的时间投入到流程OWNER角色中

业务部门领导是对本部门业务绩效负责的直接责任人,而绩效的完成是靠优秀流程和合格员工来实现的,因此提升流程能力也是部门领导的首要责任,所以在该公司,由业务部门领导直接担任流程OWNER,并且一般需要将其工作时间的50%投入到流程OWNER这个角色中。他们知道,只要流程是好的,如果员工的能力和态度没有问题,绩效便是顺理成章的事情。流程OWNER制度在该公司虽然只有三年多的历史,但是结果证明效果良好。这使我联想起我们国内很多企业的领导,他们通常热衷于做"消防队员",而不是把时间放在做正确的事情上,整天忙得头昏脑涨,结果还是问题不断产生。这就是职业经理人和"土八路"之间的区别。

3. 明确的流程改进周期,不断提升业务流程成熟度

流程成熟度是对流程ONWER的考核指标之一。通过定期进行的流程审计,发现流程执行过程中出现的各种问题,这些问题最终成为启动流程优化变革的需求,以项目的方

式纳入公司或部门的变革规划中,形成流程管理的良性循环。另外,他们会选择在公司或部门绩效好的时候搞流程优化和变革,严格按照规定的程序分阶段设计实施,而不是像我们国内的某些企业那样搞变革就是搞运动,一哄而上,急于求成,不遵循变革的规律,最终造成变革失败。

引自《胡云峰个人专栏》(http://blog.vsharing.com/frank_hu/)

4.2.4 各部门流程建设相关角色与职责

烽火通信流程管理组织体系如图4-3所示。流程管理部只是一个负责流程建设的组织和管理部门,只有广大业务或职能部门的管理者和员工参加进来,发动群众的力量,才能成功实施流程管理与变革。

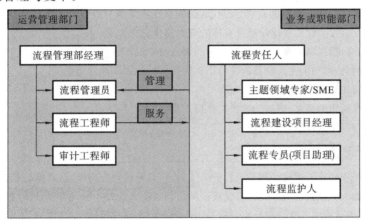

图4-3 烽火通信流程管理组织体系

在这套组织体系中发挥着重要作用的角色除了各部门的流程责任人外,还包括流程管理员、流程顾问(工程师)、主题领域专家、流程建设项目经理、流程专员和流程监护人等角色,其中设置流程建设项目经理这个角色的原因,是因为各个部门的流程建设工作每年都是以项目管理方式开展的,年初立项并开工,年末收尾并验收(见第6章),所以需要设立一名项目经理,该角色通常由各部门负责综合管理业务的经理承担。

各角色的主要职责见表4-2。

表4-2 流程建设与管理相关角色职责

流程责任人职责	详见流程责任人制度
流程管理员职责	流程管理员是公司流程管理部的角色,主要职责如下: ● 站在公司角度对各部门流程建设项目实施进度、质量进行监控,并定期汇报项目状况; ● 审核各部门"流程管理月报"数据,包括已发布流程数量、流程建设覆盖率、流程审视优化完成率等; ● 参与流程发布审核以及审视优化后的再发布审核工作; ● 负责流程管理IT平台的日常维护和实施管理工作; ● 负责流程建设绩效信息的收集、统计和分析

续表

流程工程师职责　流程工程师也称为流程顾问,是公司流程管理部的角色,主要职责如下:
- 负责对业务或职能部门的流程拟制人员进行流程标准、流程拟制方法、流程审视与优化方法等流程及其管理知识的培训;
- 对各部门流程拟制人的流程开发工作进行现场辅导和支持,确保他们完成工作的效率和效果;
- 参与流程思路研讨、流程图和流程文件评审,提供专业指导性意见,在可能的情况下提供业界标杆材料;
- 协调各个部门之间流程边界问题的协调解决,确保跨部门业务顺利打通;
- 在部门经理指派时,担任项目经理负责完成由对本部门(流程管理部)主导承担的跨部门流程建设项目的立项实施工作

主题领域专家(SME)职责　主题领域专家代表流程责任人对所分管业务的业务运作模式、业务规则、流程走向等负主导责任。在流程建设项目实施阶段的具体职责如下:
- 对项目的方向提供指导意见,是项目经理的求助对象;
- 参与项目例会,对相关业务流程的流程图和流程文件的评审和发布把关;
- 对项目范围和计划变更提供审核意见;
- 对业务流程架构的建立、更新和维护工作提供指导;
- 必要时向项目团队提供资源保障;
- 监控项目的进度与质量

流程建设项目经理职责　项目经理对项目赞助人负责,保证成功实施项目,具体职责如下:
- 与项目赞助人、主题领域专家协商,就项目的目标和范围达成共识,申请项目所需资源;
- 关注项目目标,领导并指导项目组共同努力顺利取得项目成果;
- 确保在项目内部和利益相关者之间有良好的沟通机制;
- 确保发现和解决影响项目正常进展的问题;
- 关注项目的进程,确保项目按时间、按计划、高质量完成交付

流程专员(项目助理)职责　流程专员的主要职责是协助项目经理实现项目目标,具体职责如下:
- 接受流程管理部关于流程标准化、流程拟制、优化、审计方法等流程管理工作方法的培训,在此基础上完成在本部门内的知识转移和宣传工作;
- 做好项目例会的日常管理工作,包括但不限于会议的准备、会议纪要的编写发布、会议决议的跟踪落实等;负责项目状态的监控和计划管理,负责《流程建设项目双周简报》《项目周报》等项目文案的编写和发布工作;
- 组织部门流程评审,参与新流程发布或流程优化后在部门内部的发布和培训宣传;
- 负责与公司流程管理员的工作接口工作,做好《流程管理月报》等管理性材料的编写或审核工作;
- 负责部门流程建设项目变更申请的提出和变更决议的执行跟踪;
- 处理会议纪要对流程的影响。部门内或部门之间召开业务会议后,流程专员需要评估会议纪要对现有流程的影响,如果对现有流程有影响,要及时组织对流程文件进行更新和发布,同时组织对相关人员的培训;
- 负责本部门跨部门流程建设需求申请表的填写与提交;
- 协助审计部门开展流程审计和后续跟踪改进工作

续表

流程监护人职责　流程监护人是日常具体业务的管理者,向流程责任人负责对流程的全寿命周期管理,具体职责如下:
- 制定责任人或自己直接承担流程拟制和开发方面的工作;
- 主导每一个细节流程的思路研讨;
- 审核流程的发布;
- 参与或主导流程的宣贯与执行引导;
- 确保员工按发布的流程执行,监督执行,发现执行问题并解决;
- 参与或主导流程的定期审视与优化工作

案例

烽火通信流程与体系专员任职资格管理

4.3　流程建设绩效管理

从建立企业流程管理组织体系可以看出,一个公司要投入大量的资源进行流程建设与管理工作,这些工作的效率和效果如何,通常是企业高层非常关注的问题。与企业内部任何其他业务的管理方式一样,流程建设与管理工作也需要开展绩效管理工作,只有科学设计绩效目标,分解绩效目标,监控并评价绩效目标的完成状况,才能有效推动相关岗位的角色员工明确履职的意义和重点,才能取得预先设计的结果。

流程建设绩效管理的关键是绩效指标的设计,指标设计要以企业愿景、价值观和管理目标为重要参考依据。企业愿景、价值观和管理目标的实现是一个较长的过程,不同的阶段应该强调不同的工作重点,流程建设绩效指标的设计和下达就会体现出不同的侧重。另外,受资源能力、变革意识及业务成熟度等因素的影响,企业的流程建设工作一般不会一刀切式的在企业各部门全面铺开,而是先从一些条件比较成熟的部门先行开始。对于刚刚开始开展流程建设的部门,一般会强调流程架构的开发及流程的设计与发布;对于开展了一年以上流程建设的部门,流程建设的重点会转移到架构的维护质量、流程宣贯与执行;如果开展了两年以上流程建设,流程建设的工作重点会包括流程的审视与优化及流程的 IT 化等方面。随着流程建设工作的深入,企业整体流程架构的融合、流程与体系的融合及企业架构等业界最佳管理实践的内容将会逐步进入视野。

绩效管理的方式万变不离其宗,下面简单介绍烽火通信在 2011 年开展流程建设绩效管理的情况。

4.3.1　形成绩效指标设计总体思路

烽火通信流程建设的总目标是成为一个无边界的流程型组织。从 2009 年开始,烽火通信启动系统化流程建设工作,综观2010年开展流程建设的情况,虽然各部门基本达到年初制定的流程建设目标,但从更快推进企业流程型组织建设总体目标实现的角度来说,还存在一些明显需要解决的问题,主要表现在以下几个方面。

(1) 还没有明显看到流程建设的"果实",在公司各部门全面开展流程建设的说服力"不充分"。

(2) 流程责任人制度实施的情况不够理想,还没有真正扎根落地,流程建设项目运作质量还有待提高,项目问题包括:项目计划制定不合理,进度时有失控,项目变更频繁,资源投入不足等。

(3) 流程架构维护不及时,流程的设计质量还有待提高,很多活动细节层面的知识沉淀很有限,尤其需要开发更多的作业指导书来指导业务层面的操作。

(4) 员工的流程执行意识还有待加强,部门经理对流程的监督执行不力,一些习惯性的东西需要时间来改变。

(5) 流程角色、岗位与具体员工的对应关系还需要进一步强化。

基于以上的状况,烽火通信2011年流程建设工作的总体策略是八个字:消化、验证、巩固、提高。

4.3.2 流程建设绩效指标设计

基于2011年流程建设工作的整体策略,烽火通信流程建设工作的指标设计包括两个层面,第一层是总体层面的指标:流程管理符合度,对各部门流程建设与管理的总体情况进行评价。第二层包括5个二级指标,分别是:

- 流程架构开发与维护质量;
- 基于流程架构的流程建设覆盖率;
- 流程执行审计合格率;
- 关键流程审视优化完成率;
- 跨部门流程建设项目完成质量。

分别说明如下。

1. 流程管理符合度

设置目的　通过流程管理的方式来规范业务管理,评价各部门基于流程责任人制度的流程建设与管理工作符合公司总体要求的程度。

指标名称　流程管理符合度。

指标定义　流程管理符合度是指对流程全寿命周期端到端管理的符合性程度,包括流程的开发、发布、宣贯、执行、审计、优化及废止等流程管理行为。

指标用途　年度KPI绩效考核。

考核对象　二级部门。

数据来源　运营管理部门。

统计方法　流程管理符合度包括以下5个二级指标。

(1) 流程架构开发与维护质量(A)。

(2) 基于流程架构的流程建设覆盖率(B)。
(3) 流程审计合格率(C)。
(4) 流程审视优化完成率(D)。
(5) 跨部门流程建设项目完成质量(E)。
各二级指标的计算方法详见下面的分指标说明。
计算公式　流程管理符合度＝$A+B+C+D+E$
计量单位　无。
统计周期　年度。

2. 流程架构开发与维护质量(A)

设置目的　评价各部门建立并维护好相关业务流程架构的工作质量。
指标名称　流程架构开发与维护质量。
指标定义　建立和维护业务流程架构需要投入一定的资源和时间,架构开发需要经过由包括 SME 和流程工程师在内的评审小组的评审和流程责任人批准。架构需要随认识的加深、更多信息的获取及流程开发工作的进展不断维护更新,包括流程的增加、修改、合并、删除、上下游关系的调整及层级的调整等。
指标用途　年度 KPI 绩效考核。
考核对象　二级部门。
数据来源　运营管理部门。
统计方法　根据流程架构开发和维护过程中发生的"关键事件"次数来统计评价,如果一个部门年度出现"关键事件"累计超过一定次数,则认为该部门流程架构开发与维护完成质量不合格。
关键事件　定义如下。
(1) 流程架构开发未通过项目组(包括 SME、流程工程师)评审,或者没有获得流程责任人批准就擅自发布。
(2) 对于已经批准发布的流程架构,发现未及时更新维护(及时性以发生维护需求后一个月为限,即发生之后最多一个月之内必须更新流程架构)。比如,某流程的名称经项目评审组确认已经发生了变化,但是变化一个月之后,流程架构上该流程的名称没有及时更新维护,则认为发生了一次"关键事件"。
计算公式　关键事件次数达三次以上则认为不合格。
计量单位　无。
统计周期　年度。

3. 基于流程架构的流程建设覆盖率(B)

设置目的　评价各部门年度流程开发与发布工作的完成情况。
指标名称　流程建设覆盖率。
指标定义　流程建设覆盖率是指本部门作为主体责任的业务流程架构下已经发布的流程数量占全部流程数量的百分数。

指标用途 年度KPI绩效考核。
考核对象 二级部门。
数据来源 运营管理部门。
统计方法 统计被考核部门在公司流程发布平台上已发布的流程数量,以及流程清单中全部流程的数量。

计算公式 流程建设覆盖率 = $\dfrac{\text{已发布的流程数量}}{\text{应发布流程总数}} \times 100\%$

计量单位 无。
统计周期 年度。

4. 流程执行审计合格率(C)
设置目的 评价被考核对象所负责的全部已发布流程的执行情况。
指标名称 流程执行审计合格率。
指标定义 通过了解全部已发布流程的各个关键控制点(KCP)和关键成功要素等环节,获取这些流程被执行的合格状况。
指标用途 年度KPI绩效考核。
考核对象 二级部门。
数据来源 运营管理部门。
统计方法 按照一定的抽样标准,从部门业务流程中抽取适当数量的业务流程,定期进行执行合格的情况检查,对流程执行不合格的判定尺度如下:
（1）角色是否对应到岗位和具体的员工；
（2）角色员工是否学习过该流程；
（3）触发条件及触发点是否符合流程要求；
（4）关键活动和关键成功因素是否得到有效执行；
（5）流程活动的输入要素是否充分；
（6）输出格式和内容是否符合流程要求；
（7）如果有作业指导书,是否按照作业指导书的要求操作；
（8）如果有估算时间,是否严重超出了估算时间的范围。
以上八项中如果有两项（含两项）以上不符合,就判定为该流程执行不合格。如果所抽取的流程执行不合格的数量大于20%,则判定该部门年度流程执行不合格。

计算公式 流程执行审计合格率 = $\dfrac{\text{执行合格的流程数量}}{\text{抽样流程的数量}} \times 100\%$

计量单位 无。
统计周期 月度、季度、年度。

5. 关键流程审视优化完成率(D)
设置目的 评价各部门对所有已发布流程的持续改进情况。
指标名称 关键流程审视优化完成率。

指标定义 对于已经发布的业务流程,按照发布的时间点需要定期(目前是6个月)执行一次流程定期审视和优化流程,确保运行期间发现的流程问题通过这个过程得到解决。

指标用途 年度KPI绩效考核。

考核对象 二级部门。

数据来源 运营管理部门。

统计方法 从部门所有已发布的业务流程中,按照一定的抽样标准,抽取适当数量或比例的关键业务流程,定期进行是否执行"流程定期审视和优化流程"的检查。

对流程是否进行定期审视优化的判定尺度如下:

(1) 是否制定了定期审视计划;

(2) 是否按时间开始流程的定期审视优化工作(以不超过时间触发点一个月为准);

(3) 是否有流程关键角色人员的参加;

(4) 是否记录并提供了审视记录跟踪表;

(5) 如果流程需要优化,是否及时更新并完成发布(以不超过时间触发点一个月为准)。

以上五项中如果有两项(含两项)以上存在问题,就判定该关键流程审视优化不合格。如果一个部门所抽取的流程审视优化不合格的数量大于20%,则判定该部门年度关键流程审视优化不合格。

计算公式 关键流程审视优化完成率 = $\dfrac{\text{合格进行流程审视优化的流程数量}}{\text{所抽样的业务流程总数}} \times 100\%$

计量单位 无。

统计周期 月度、季度、年度。

6. 跨部门流程建设项目完成质量(E)

设置目的 评价跨部门流程相关的各个部门投入适当资源参与项目并完成相关的交付的情况。

指标名称 跨部门流程建设项目完成质量。

指标定义 各部门参与跨部门流程建设的情况是不一样的,有的很积极,有的很消极,交付的情况也各有区别,这样会造成跨部门流程的建设质量不符合要求,跨部门流程建设项目完成质量是从这些部门参与人员的质量、参加项目的积极性及成果交付的情况等角度进行的客观评价。

指标用途 年度KPI绩效考核。

考核对象 二级部门。

数据来源 运营管理部门。

统计方法 根据跨部门流程建设立项报告以及项目过程中参与人员从积极性、交付件时间和质量等方面进行综合判断,确定"关键事件"的次数,如果一个部门年度出现"关键事件"累计超过一定次数,就被认为该指标不合格。

关键事件 定义如下。

(1) 无故缺席项目组会议,或者会议无故迟到时间达半小时以上;

(2) 严重滞后完成项目组安排的工作任务（以两周为"严重"的判断标准）；

(3) 交付件质量存在严重缺陷；

(4) 其他严重影响项目目标达成的事件。

计算公式 跨部门流程建设项目完成质量按表4-3进行评估。

表4-3 跨部门流程建设项目完成质量评估表

参与的跨部门项目数量	1	2	3	4	5	6
允许发生"关键事件"次数	2	4	6	8	10	12

举例 如A部门2011年参与的跨部门项目个数是4个，如果该部门发生的关键事件数量超过8次，则认为A部门的"跨部门流程建设项目完成质量不合格"。

计量单位 无。

统计周期 季度、年度，按项目执行情况进行统计。

数据来源 各项目正式任命的项目经理。

4.3.3 绩效指标年度目标制订与考核

如前所述，指标设计的目的是为了评价和考核二级部门年度流程建设完成情况，这个指标就是"流程管理符合度"，烽火通信针对不同的部门按照系统性开展流程建设的时间长短（年数），制订不同的二级流程建设指标目标，比如刚开始启动流程建设的部门，第一年的"流程建设覆盖率"一般在25%左右，第二年的"流程建设覆盖率"目标要达到50%；但不管是哪个部门，"流程管理符合度"指标的满分都是5分，由各个二级指标所分配的权重相加得出。表4-4所示为烽火通信2011年系统性开展流程建设重点部门的年度流程建设绩效目标，虽然只有5分，但从实际的运行情况来看，各部门总经理（流程责任人）还是非常看重这个考核结果的，指标的设计和目标的制订对各部门开展流程建设工作起到了较好的牵引作用。

表4-4 烽火通信2011年流程建设绩效目标

部门 \ 指标值 \ 要求	流程架构的开发与维护质量	基于流程架构的流程建设覆盖率/(%)	流程执行审计合格率/(%)	关键流程审视优化完成率/(%)	跨部门流程建设项目完成质量
A部门	合格	50	80	80	合格
B部门	合格	50	80	80	合格
C部门	合格	50	80	80	合格
D部门	合格	50	80	80	合格
E部门	合格	50	80	80	合格
D部门	合格	50	80	80	合格
E部门	合格	30	80	80	合格
F部门	合格	10	80	80	合格
KPI指标分值（共5分）	0.5	1.5	1	1	1

4.3.4 开展部门流程建设质量季度评估

年流程建设绩效目标评价和考核是年末进行的,为了提升各部门日常流程建设工作质量,我们每个季度末会定期开展部门流程建设质量季度评估工作(见表4-5),主要由各部门直接对口服务的流程工程师(由于他们最了解情况)对各部门的情况进行评估。为了确保评估的客观性,流程管理部门对每项制定了明确的评估细则,虽然这种评估并不和年终考核挂钩,但还是明显看到这样做带来的好处:各部门明确了工作的重点,加强了日常工作中相对薄弱的环节。

表 4-5 部门流程建设质量季度评估表

序号	评估内容	评价细则	评估结果
1	流程架构更新维护情况	按流程办,平时有记录(3分),每季度评审会季度内召开(4分),维护在评审会后一周完成(3分)	
2	项目计划更新和执行情况	及时率超过80%(含)不扣分,低于80%得8分	
3	项目例会议题的计划、准备与执行情况	例会后一个工作日内计划发布(3分),完成沟通(3分)、执行完成(4分)	
4	项目例会(按照相关流程要求)的参会情况	会议通知的人到会情况,缺席扣0.1分/(人/次)。10分扣完为止,请假需委托合适人参加	
5	流程SME参与例会的情况	每次例会SME必须到,不请假缺席一次扣1分,请假需委托合适人参加,10分扣完为止	
6	新流程思路研讨工作的效率和效果	流程图评审的情况:重新评审流程图的扣0.5分/流程;让步通过的扣0.25分/流程;是否有思路研讨记录:无则扣0.5分/流程	
7	流程图评审的效率与效果	流程文件评审一次通过率,按打回次数×0.5分/流程扣除;评审时间控制在50分钟内,超过扣0.1分	
8	流程文件评审的效率与效果	发布一次通过率,扣0.5分/流程/打回次数;评审时间控制在50分钟内,超过扣0.1分	
9	流程审视优化工作开展的效率与效果	审视优化完成率(季度内平均值)80%,不扣分,低于80%,得8分;评审时间控制在50分钟内,超过扣0.1分	
10	跨部门流程工作完成的效率与效果	主动承担、参与跨部门项目情况:跨部门项目经理给总体印象分,不超过10分;主动承担者适当加分(以立项开工会为标志)	

4.4 加强流程建设专业队伍能力建设

设立流程管理的组织,配置流程建设相关的岗位,进行绩效考核,这些工作固然重要,但所有的事情最终都是要落实到承担各种工作的人身上去。如果承担相关工作的员工在知识和技能方面与岗位不匹配,就算他有很好的工作态度,他所承担的工作也会存在很大的进度和质量风险。

由于项目团队成员个人素质造成流程建设管理工作效率和效果问题的现象普遍存在,仅就知识和技能而言,他们可能存在的问题就有很多,比如:

- 不知道流程的概述和流程的目的怎么写;
- 不知道如何确定流程的业务范围和适用范围;
- 不知道流程的驱动规则是什么,怎么界定;
- 不知道如何发现流程的痛点;
- 不知道如何在流程中配置角色;
- 不知道岗位和角色之间是什么关系;
- 不知道怎么组织流程思路研讨;
- 不知道流程图的绘制规范;
- 不知道如何有效地介绍或宣贯流程;
- 不能很快发现流程优化的线索;
- 不知道所开发流程的业界最佳实践是什么;
- 不知道如何制定合理的项目计划;
- 不知道如何进行项目计划执行监控;
- 不知道如何主持会议;
- 不知道如何最有效地开展团队沟通与合作。

这些个人素质问题可能发生在流程管理部的流程工程师(顾问)或流程管理员身上,也可能发生在各业务或职能部门的流程专员或项目助理身上。由于他们的个人素质问题,项目团队的整体工作进度和质量就会受到或轻或重的影响,造成整个团队的绩效目标不能实现。常见的团队问题有:

- 单个流程的开发周期超长,有时一个流程2～3个月还不能发布;
- 项目例会在计划时间内不能完成既定的议题,有时计划1小时的会议开了一个上午;
- 流程审视优化的时间不受控,不能做到及时优化和发布;
- 流程评审的效率低下,经常被其他无关的话题牵着走;
- 虽然相关的角色都到场了,但部门组织的流程宣贯还是不能达到理想的效果;
- 经常需要提出项目变更或项目进度不受控。

所以,加强专业队伍的流程建设能力是非常必要的,如果这个问题解决不好,直接的结果只是某个流程的设计或宣贯等没有达到目的,间接的结果是团队的信心和士气受挫,大家参与这项工作的热情和积极性降低,进而造成领导不满意,资源投入上犹豫不决或降低流程工作的优先级别,恶性循环的结果甚至可能造成项目中途夭折。在流程建设专业队伍的流程工程师能力建设方面,为了牵引工程师提升服务能力和服务效率,流程管理部门每季度请所服务的对象(各业务部门)对流程工程师的服务进行履职评估,表 4-6 所示为烽火通信流程工程师(季度)履职情况评估表,评估结果包括不合格、一般、较好、良好和优秀。这种做法可以帮助他们知道自己的优点和需要努力的方向。

其他项目组成员的个人素质问题在烽火通信开展流程建设工作之初也普遍存在,流程管理部门很快发现了这个问题,并及时开展了各种形式和内容的员工培训,在内容方面的培训包括项目管理培训、流程架构培训、流程标准的培训、流程思路研讨方法培训、IT 平台工具培训等。另外,烽火通信还通过推动员工编写和分享实践案例、每周定期发布《流程学习之窗》、每周召开部门学习例会等方式加快员工队伍的个人素质提升。几年下来,烽火通信流程建设队伍的专业能力得到显著提升,团队工作效率也相应得到改观,最典型的表现就是各部门每周项目例会的时间明显缩短,单个流程的开发周期明显缩短,流程设计质量明显提高,流程审视优化完成率显著提高。

表 4-6 流程工程师(季度)履职情况评估表

序号	评估内容	详细说明	评估结果
1	宣传公司的流程管理体系	在学习理解公司流程与体系管理要素的基础上,在所服务的业务领域持续有效地开展宣传和变革松土工作	
2	流程建设规范性指导	积极参与各业务领域流程建设过程,对流程架构、流程图、流程文件、流程审视优化等建设过程进行培训、指导和评审	
3	项目跟踪监控	对各业务域的流程与体系建设项目进行进度跟踪、发现问题,并及时提出有效建议	
4	顾问增值服务	不断学习相关业务领域的业务知识,注意收集整理业界最佳实践案例,对业务改进或业务模式选择与优化提出有价值的建议	
5	跨业务域问题协调	从业务架构的层面学习、了解公司各业务域之间的关系,善于发现各业务域之间在流程层级及上下游接口关系上存在的问题,并及时协调解决或提出解决建议	
6	跨部门流程项目的建设与实施	善于从公司整体运营的维度收集、分析和受理各种业务痛点问题,按照确定的流程发起跨部门流程项目的立项与项目实施	
7	工具应用服务	对业务部门的流程与体系专员及广大员工提供 EPROS 应用与维护方面的培训、指导和其他服务	
8	体系管理顾问服务	指导业务部门人员在流程建设(包括审视优化)过程中,纳入内控管理、ISO 9001、TL 9000、ISO 14001、OHSAS 18001、SA 8000 等体系管理的要求,并提供评审意见	
9	工作态度	热情、积极主动地参与对口业务领域流程建设过程,能积极发现问题并提出解决问题的建议,和各部门流程项目团队(尤其是流程与体系专员和项目经理)关系融洽,合作愉快	

续表

序号	评估内容	详细说明	评估结果
10	沟通协调能力	对业务问题的沟通,总是能找到正确的沟通渠道(口头、邮件、会议等形式)、正确的沟通对象、正确的语言与逻辑,以及正确的时间与场合	

4.5 问题思考

(1) 流程责任人到底要负哪些责任?责任人应该如何承担这些责任?
(2) 在流程管理的组织体系中,哪些角色最重要?为什么?
(3) 流程建设绩效考核的目的是什么?可以设计哪些考核指标?
(4) 在流程变革过程中,个人和团队可能出现的问题有哪些?

第 5 章 企业流程规划

QIYE LICHENG GUIHUA

【本章核心要点】

流程架构开发是开展企业流程建设的基础性工作，同时也应该纳入企业流程建设规划，在流程架构开发完成的基础上展开详细流程的开发与维护。一般企业的流程架构建设采用自上而下与自下而上相结合的方法，遵循"完全穷尽、彼此独立""主干统一、末端灵活"、按域统筹、流程责任主体、与客户流程对接，以及不成熟业务不建流程等建设原则。

在系统性开展流程管理的组织，流程的规划是一件非常重要的事情，通常由负责公司整体运营的管理部门负责组织制定，如运营管理部、企业管理部等。流程规划就像城市规划一样，规划得好可以减少很多重复工作，起到事半功倍的效果；规划不好可能造成企业管理逻辑上的混乱，给后面的流程设计工作带来不便和隐患。流程规划可能是一个三年规划，也可能是五年规划，这要看企业所处行业的特点、企业战略规划状况及企业管理层的眼界、决心与态度，流程规划要明确组织在未来的若干年内要建设多少流程，建设什么流程，这些流程之间是什么上下游关系，各个流程与业务领域、业务模块之间的对应关系如何，哪些流程先建、哪些流程后建等问题。企业开展流程规划工作所用的基本工具就是企业流程架构。

需要特别说明的是，对于产品多样化程度高的企业，通常需要按照产品（或服务）的大类建立多套流程架构，以反映不同业务的运作方式，如一家集团企业既有房地产开发业务，又有电子产品开发业务，由于这两类业务的运作方式是完全不一样的，不可能将房屋建筑施工设计方面的业务与电子产品的总体设计或程序开发业务放到同一套流程架构中去表达，所以需要建立至少两套流程架构。有的公司甚至有可能根据客户细分的不同、竞争手段的不同及市场区域的不同，分别建立多套不同的流程架构。

5.1 流程架构及其作用

流程架构是指以分层、分块方式展现企业顶层价值链、业务领域、业务模块（组件），直至业务流程及这些业务之间相关关系的一种图形表达方式。以美国生产质量中心（APQC）所创建的企业流程分类框架第一层（见图5-1）的内容为例，它包括了一个正常企业的运营类业务与管理支撑类业务总共十二个业务领域的内容，在运营类业务中，该图将企业战略、研发、营销、交付和客户服务五大核心业务按先后顺序、以业务链条的方式展现它们之间的业务逻辑关系，概括描述该企业的业务定位。如果想了解更详细的情况，需要进入该分类框架的第二层。

流程架构是企业架构的重要组成部分，是企业运营管理及描述企业业务范围的重要工具。在一些世界级企业的管理实践中，流程架构并不是处于企业管理顶层制度设计的内容，而是属于企业操作层面的内容。如图5-2所示，在流程架构之上，还需要构建公司基于使命、愿景和价值观等企业战略思想的公司指令架构或公司政策架构，公司政策架构为记录、沟通和解释企业的基本业务逻辑和组织职责划分提供了一套统一规范的方法，同时为业务流程架构的开发及流程规划提供了重要的方向指引。

下面结合某国际贸易公司流程架构第四层（L4）上的内容（见图5-3），对流程架构的作用进行简单介绍。

1. 识别业务范围和结构

从流程架构的第一层就能够识别一家企业的主要业务范围，以从事家电连锁销售的苏宁和国美等企业为例，它们的业务模式和传统的制造型企业是完全不一样的，由于这类企业只是从家电生产企业组织货源在它们的店面销售，所以在它们的流程架构第一层中不会看到类似产品研发、生产制造这样的业务领域，而可能看到家电供货商管理和门店管理这

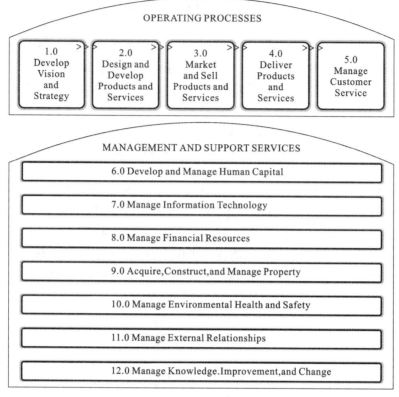

图 5-1 APQC 流程分类框架第一层

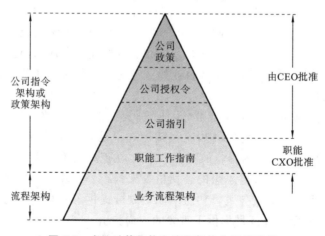

图 5-2 企业政策架构和流程架构之间的关系

样的业务领域；在流程架构第二层以及更低层面的业务上，还会清楚看到它们在家电供货商管理和门店管理方面更细节的内容及业务模块之间的相互关系。又以图 5-3 所示的某国际贸易公司（L4）为例，对于新上任的出口物流管理部的经理来说，从该架构中，他可以了解他需要负责的三块业务：加工贸易手册管理、运输配送以及通关，同时还可以看到 L5 上的详细流程及这些流程之间的相互关系。可见流程架构对于他快速了解所分管的业务是

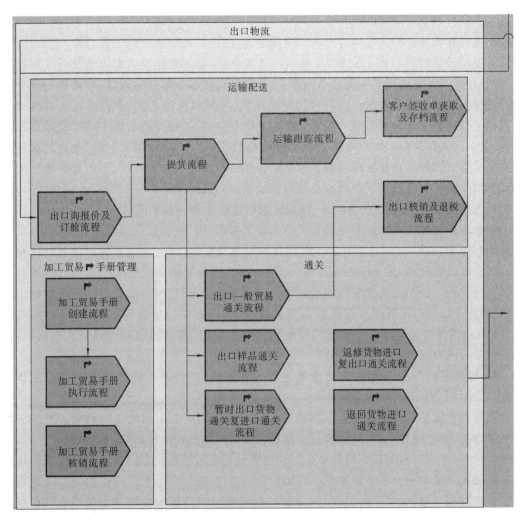

图 5-3 某国际贸易公司流程架构第四层(L4)的部分业务:出口物流

非常方便的工具。

2. 分析组织与业务的匹配性

任何业务都需要有相应的部门和岗位来承担相应的工作,如果发现某块业务没有部门或岗位承接,就会形成管理的真空地带。对于新上任的出口物流管理部的经理来说,由于加工贸易手册管理、运输配送及通关这三块业务都有对应的业务流程,每个流程都描述了相关的角色和岗位,这三块是否都有人负责,是否出现了管理真空,只要简单看看这些角色或岗位是否都有具体的员工与之对应即可。

3. 了解现有业务对企业战略的支撑状况

公司战略最重要的内容就是企业使命、愿景、价值观及业务和职能战略。业务战略如营销战略、产品定位与品牌战略、采购战略、OEM/ODM 战略;职能战略如人才战略、财务投融资战略等。这些战略都是公司董事会、管理层对企业运营的整体规划和纲领性要求,在世界级企业中,这些都属于企业政策架构层面的东西(见图 5-2),是公司顶层设计的内容。

公司现有业务是否构成对每一项企业策略的支撑,首先要看企业的流程架构是否对这些公司顶层设计的内容做了完整、准确和清晰的分解,如果流程架构对这些战略在层次划分、内容划分及关系处理上不能适当处理,首先就是造成流程设计的问题,后面就是业务执行的问题。以人才战略为例,公司如何获取、培养、保留和使用人才,都需要在人力资源管理流程架构中进行架构性描述,进而在流程文件中细化,否则公司的人才战略就很难执行到位,至少在流程架构层面没有形成对企业战略的支撑。从某种程度上说,企业的执行力就是准确制定和理解企业战略基础上的流程运作(设计与执行)。所以,一个好的流程架构有利于相关业务的管理者了解现有业务对企业战略的支撑情况。

4. 便于组织之间进行业务沟通,快速发现和定位业务问题和风险

企业存在各种各样的业务问题和风险是很正常的,旧的问题、风险解决和关闭后,又会有新的问题和风险产生,关键是要清楚问题和风险产生的原因,才能找到正确的处理和应对方法。以风险为例,在全面风险管理体系中,通过流程架构和流程来识别和管理风险是最常用的有效方法。在流程架构的不同层次将业务内容进行分解,最终落实到具体的流程上,管理者可以在不同层面了解风险的性质和范围,从而制定客观现实的风险应对办法。图 5-4 所示为某公司固定资产管理风险识别的一个案例,通过固定资产管理流程识别,该业务存在的风险点如黄色标示部分。

5. 利用层级与业务颗粒度对业务进行分解定位,方便组织设计和业务责任主体的划分

业务颗粒度是管理者经常需要用到的一个用来描述业务范围大小的概念。流程架构的层级越高,业务颗粒度越大,架构最上面的各层可以是公司价值链、业务领域、业务模块、业务组件等;流程架构的最底层是企业的详细流程,是颗粒度较小的业务。流程下面还可以分解成业务活动和业务步骤等更小的颗粒度。通过这种划分,可以帮助管理者对现有组织的合理性进行分析,对于新设立的组织来说,流程架构是组织设计的主要输入。在组织设计的基础上,管理者可以基于不同考虑的业务进行责任主体的识别,从而明确各部门的岗位和职责。

以图 5-3 所示的某国际贸易公司流程架构第四层的部分业务为例,管理者可以按照业务的规模和性质,对加工贸易手册管理、运输配送及通关这三种业务是否需要设立三个不同的部门进行独立的判断,同时对每个业务的责任主体的划分也会有相对明确的界定。

6. 业务流程架构是企业架构的重要组成部分,并对企业架构的其他要素提供重要支撑

企业架构(enterprise architecture)是当代世界级企业管理的最佳实践,包括业务架构和应用架构。业务架构包括业务流程架构、组织架构和绩效管理体系;应用架构包括业务功能模型、应用架构和数据架构,如图 5-5 所示。一套科学、稳定的企业架构是企业保持长期可持续发展的前提保证。业务流程架构是企业架构的重要组成部分,并对企业架构的其他要素提供重要支撑。

在流程与组织的关系方面,尽管学术界存在不少的争论,有人认为流程决定组织,也有人认为是组织决定了流程,我们不在这里讨论这个问题,但由于业务流程架构描述了企业

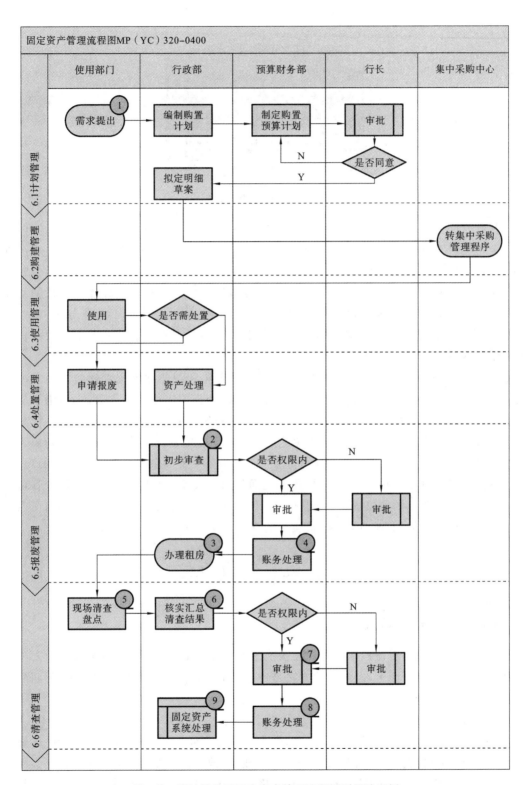

图 5-4　通过某公司固定资产管理流程识别风险示例

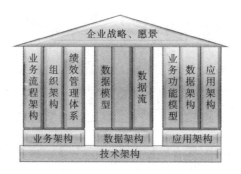

图 5-5　企业架构示意图

所涉及业务的范围、业务的层次结构及业务之间的上下游关系,这些纯业务性质的实体信息对企业组织架构的设立或调整具有绝对的参考价值,企业可以基于流程架构的内容明确组织的职责和业务范围,同时也可以反过来,对比现有组织的职责范围和流程架构,判断是否存在管理重叠或管理真空。流程架构对企业绩效管理体系及绩效指标体系设计的支撑作用也是非常明显的,企业可以在流程架构的不同层次、同一层次的不同业务域、业务模块、业务子模块直至业务流程进行绩效指标的设计,并在此基础上建立企业的绩效考核评价和管理体系。

流程和IT平台关系更加密不可分。IT平台是固化和智能化流程管理的主要支撑手段,其应用架构包括应用系统、应用功能、系统接口以及相关应用的服务等,主要用于从业务层面将企业的管理需求层层分解为各种应用系统及系统的功能。既然IT应用系统是以业务需求为依据的,流程架构就不可避免地成为其规划应用系统的首选输入条件。由于历史原因,很多企业的IT平台规划工作起步很晚,存在大量信息孤岛和重复建设的现象,通过流程架构找到现有IT平台和各种业务之间的对应关系,比如财务系统对财务管理流程架构所包含的业务的覆盖程度,采购管理系统对采购业务流程架构的覆盖程度,可以对企业的应用架构以及IT规划提供非常实用的支持。

5.2　流程架构开发

5.2.1　流程架构方法

至目前为止,业界对流程架构开发还没有形成权威一致的方法,流程架构的开发可以自上而下,也可以自下而上,但最好的方法是自上而下和自下而上相结合的方法,下面简单介绍几种可行的方法。

1. 自上而下法

自上而下的流程架构开发方法强调以企业战略为导向。前面讲过,企业战略最重要的内容就是企业使命、愿景、价值观及业务和职能战略,业务战略如营销战略、产品定位与品牌战略、采购战略、OEM/ODM战略,职能战略如人才战略、财务投融资战略,有了这些内容,就可以大致勾勒出公司价值链上的主要业务和职能领域,比如是否需要做产品和技研发,是否需要从事产品的生产制造,是否需要提供产品售后的客户服务等,对于一个规模化的大中型企业来说,人力资源管理、财经体系管理、流程与IT管理都是必不可少的职能领域,对这些业务和职能进行适当组合就形成了一个企业流程架构L1的内容,图5-6所示为2017年前烽火通信流程架构第一层的内容,在L1的基础上,通过"完全穷尽,彼此独立"的业务分解与组合原则向下拓展,就可以逐步形成下面各层的架构内容;图5-7为烽火通信2018年批准发布的流程架构的L1层的内容。

自上而下的流程架构开发方法还可以参考本企业的战略目标、客户需求及企业董事会或高层管理者的意图,尤其是在L2以下的架构设计中,需要参考各业务或职能领域的年度绩效目标来展开,要知道开发流程架构的目的是为企业管理服务的,不能唯架构而架构,要解决业务问题。以某公司的"提供工程服务"业务模块为例,公司规定该工程服务业务2010年度营业额目标是15亿元,工程开通验收优良率要达到95%,这些目标对流程架构中L4上"提供工程服务"这个业务模块所需的资源配置和功能配置提供了明确的方向。

由于自上而下法不需要来自企业底层的详细业务信息支撑,所以这种方法通常适用于新设立的企业。

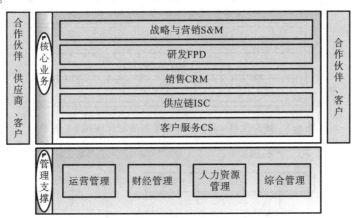

图5-6 烽火通信2017年前流程架构第一层的内容

2. 自下而上法

自下而上法是一种从公司业务的最底层着手梳理和归纳的流程架构方法。该方法通常适用于拥有多年业务运作实践、需要以现状为基础逐步开展渐进式业务改进(而不是开展大规模业务重组)的企业。自下而上流程架构开发方法的主要输入包括部门职责、部门绩效目标、部门工作项清理及内外部客户需求分析。这里重点需要说明的是部门工作项清理,由于传统企业在拟制部门职责时所用的方法都是经验性的,缺乏架构设计所需的完整性和系统性思维,所以在部门职责中通常会以"完成领导交办的其他工作"作为结束,事实上本部门员工开展的很多工作都没有也不能在部门职责中列出,所以,在进行自下而上方法时,需要进行部门工作项清理,以便"完全穷尽"本业务领域需要履行的职责。以某公司包装发运业务为例(见图5-8),在完成了部门工作项清理后,发现"退料""客户咨询与投诉""现场开箱验货"这三项工作在部门职责中被忽略了,通过增加这三项业务,使得该公司的包装与发货业务显得更加完整。

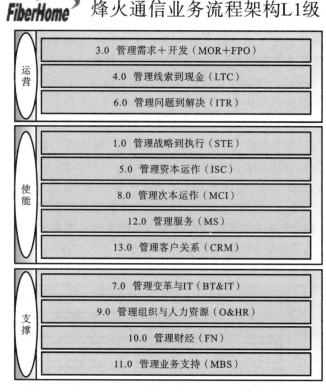

图 5-7 烽火通信 2018 年批准发布的流程架构 L1 内容

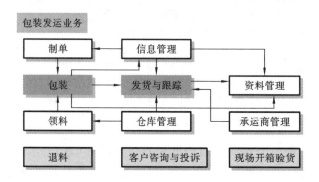

图 5-8 烽火通信流程架构 L4 上"包装与发运"业务

3. 自上而下与自下而上相结合

自上而下与自下而上相结合的方法是目前一些企业经常使用的一种架构开发方法，这种方法适用于管理层有强烈意愿开展流程管理变革和以流程型组织建设为目标的企业。这样的企业通常处于市场竞争比较激烈的行业，企业的客户需求和外部环境变化快、内部跨部门业务协调问题频发，需要开展适度规模的流程和组织再造。烽火通信就是一家这样的企业，该公司采取自上而下与自下而上相结合的方法开展流程架构开发在 2010 至 2015 年这段时间，烽火通信流程管理部门虽然也拟制并组织批准了烽火通信流程架构 L1 层的内容，但是由于整个公司流程建设的"土壤"和环境并不适于开展基于价值链的大规模业务流程建设,因此公司的流程建设其实是以部门为基础展开的,我们称之为自中而下的流程架构建设,也就是在公司一级部门内部开展流程架构建设,当然,也不是在所有一级部门"一刀切"地展开,而是选择条件较好、流程建设意愿强烈的部门优先开始,比如制造部门、研发部门等。从 2016 年开始,烽火通信开始做实流程架构 L1 的内容,不仅在 L1 内容上对标标杆企业的做法将流程域分为运营、使能和支撑三大类,而且在流程管理的组织体系上明确了按域统筹原则并任命了基于领域的全球流程责任人(GPO)和领域流程建设管理的秘书支撑机构,确保流程建构建设与维护的长远规划与规范性建设。

4. 模板法

模板法是在业界标杆企业流程架构基础上进行增加、删减和调整的方法。应用这种方法时,要求本企业与标杆企业的战略定位和业务性质大致相同,并且企业有较强的业务变革管理能力和执行力,管理层有强烈的创新意愿。就像世界上没有完全相同的两片树叶一样,世界上也没有完全相同的两家企业,不加任何改动地照搬别人的做法通常是行不通的。

美国生产质量中心(APQC)开发并不断维护的流程分类框架,以及基于行业特点不断发布的行业版流程分类框架,也是很多企业用模板法开发本企业流程架构的可选手段之一。

流程架构开发要点如下。
- 流程架构需要支撑组织战略及其业务目标。
- 流程架构开发要体现业务的系统性和完整性视角。
- 体现"完全穷尽,彼此独立"的原则。
- 关注核心业务,剥离非核心业务,在责任主体原则基础上体现专业部门做专业事。
- 架构以业务功能为研究对象,现有组织结构只作为参考。

5.2.2 流程架构开发的几个基本原则

1. "完全穷尽,彼此独立"原则

"完全穷尽,彼此独立"是项目管理中进行项目工作分解的一个基本原则,在流程架构开发过程中同样适用。

"完全穷尽"强调的是项目范围内的所有工作都要包含在项目计划中,不能有任何遗漏发生,遗漏任何一项工作都会造成项目的交付质量问题而被问责。以盖房子为例,如果项目合同包括了室内装修的内容,那么在项目的工作范围定义中就会包括室内装修的设计方案,包括墙壁、地板、天花板、水管和电路等,所以在进行项目工作分解时,必须在 WBS(工作分解结构,work breakdown structure)中逐个详细列出这些内容,这样才能保证完整交付。在开发企业流程架构过程中,不管是高层架构还是中底层架构,对业务的分解同样需要完全穷尽,当然这里的"穷尽"是一个相对的概念,因为企业所开发的流程架构应该是一个介于现状(as-is)和未来(to-be)之间的一个动态架构,除了正在开展的业务需要在架构中体现之外,有些现在还没有开展的业务或模式(包括管理模式),也许正在筹划当中,这部分业务作为未来 3~5 年内的规划,当然也应该被纳入到公司的流程架构开发工作中。对那些已经纳入现有的流程架构、但目前阶段尚不成熟的业务,烽火通信的做法是做"灰色处理",详见 5.2.4 节　不成熟业务在架构中的处理方法。

在项目管理环境中,"彼此独立"是指项目范围内的同一项工作只能出现在 WBS 的一个节点上,不能出现在多个节点上,这里的"同一项工作"是指包括名称、性质、内容已经完全定义清楚了的"工作包"(work package),如果这个工作包的工作内容或它的某个部分出现在 WBS 的一个以上的节点上,就说明这个 WBS 的分解是有问题的,没有做到"彼此独立",这样做的结果就是资源的重复性投入或工作职责交叉重叠,从而造成项目的成本和进度管理问题。在开发企业流程架构过程中运用"彼此独立"的原则,也是要明确工作的唯一性,确保一种业务在流程架构的只能出现一次,这样做不仅有利于对该业务制定一致的管理规范和职责标准,对组织职责的定位及分析组织与流程的匹配性也很有帮助。

"完全穷尽,彼此独立"只是针对流程架构图中各业务要素项的分解原则,不管是架构的哪一层,这个原则都适用,但有一点需要强调,这个原则并没有规定如何处理这些业务要素项之间的相互关系,比如,哪个业务是业务链条中的上游业务?哪个业务是链条中的下游业务?哪个业务处于架构中的哪一层?这些问题要在架构开发过程中单独处理。

案例 5-1

▪ 流程架构优化——变抽象职能为具体流程 ▪

公司组织变革,对各部门的业务范围和职责进行了调整。为了使变革思想落到实处,公司流程管理部门协助相关部门开展了流程架构的开发和审视优化工作。如何将抽象的部门职责分解为具体的、有逻辑结构和层次特点的业务流程或活动,是所有基层经理人需要面对的共性问题。

以烽火通信的子公司烽火国际为例,在烽火国际"组织职责"中有一项职责是"负责海外展会的组织工作",也就是说烽火国际是海外展会业务的责任主体部门。在烽火国际原有的流程架构下只有一个流程:国际展会策划与组织流程,策划与组织是两个相对独立的业务,涉及的部门角色也不一样,在这个方面,原有的流程架构存在的主要问题有:

(1) 仅仅是策划与组织不能涵盖整个展会管理的全部业务职责范围,没有做到"完全穷尽";

(2) 展会管理这种跨部门协作业务,仅用一个流程来描述则颗粒度太大;

(3) 业务边界不清晰,涉及展会管理业务的相关部门的职责不明确;

(4) 流程的主体责任部门不明确,相关业务工作难以落实和开展。

在基于原有的流程架构进行审视优化讨论时,对于国际展会策划与组织流程,各相关部门都很困惑,因为在这个庞大的流程下,各部门均只负责其中的一部分工作,难以明确工作的责任主体。

面对这种僵局,在烽火国际流程架构审视头脑风暴会上,针对"海外展会"这项业务,将原有的一个流程按业务逻辑细分为"国际展会申请与审批""国际展会策划与计划制定""国际展会执行与监控""国际展会后评估"四个流程,如图 5-9 所示。

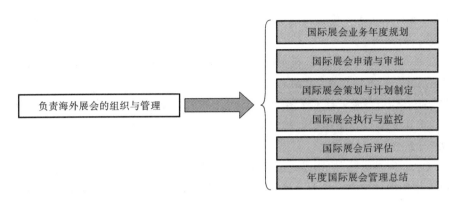

图 5-9 流程细分示例

由于国际业务的特殊性,仍由烽火国际作为流程的主体,产出线等相关部门作为协作方参与到流程的具体活动中去。这样分解,使得"负责海外展会的组织"这个较为抽象的部门职责更加明确和具体,也体现出了业务工作的逻辑思路。

组织变革之后,流程架构的审视优化的主要工作就是对照变革后的部门职责进行梳理,在部门职责不明确的情况下,就要学会将大的、复杂的业务职能分解为小的、具体的业务流程,在分解过程中要体现业务的层次和逻辑性,要强调"完全穷尽,彼此独立"的架构原则。具体而言,要把握以下原则:

(1) 分解的流程是否涵盖整个业务块的职责方位;
(2) 分解的各个流程是否体现了一定的逻辑顺序关系;
(3) 分解的各个流程是否有明确的输入和输出,可明确界定相关业务活动的边界;
(4) 架构分解要在逻辑上合理、清楚、简单,业务流程的颗粒度以 3~8 个角色为宜。

■ 博文注解　如何使企业的一个个流程连接成片 ■

如果企业的每个部门都只关注自己部门的流程,那么这些流程只能对局部的业务带来好处,整个公司的业务不一定能够畅通。这好比一个村子里的公路,如果每户村民只关注自己家门口那个路段,那这个村子的交通充其量也就是一些公路碎片,无法保证车辆的顺畅通行。

如何使企业的一个个流程连接成片,这可能是很多流程管理人员比较困惑的问题。最近我们在企业流程建设实践中采取了一种比较可行的办法,那就是在企业整体流程架构的基础上,每个业务部门针对自己的已发布流程清单,识别这些流程的上下游流程,这些上下游流程就是对其他部门或本部门的流程开发需求。如果每个业务部门都能完成这样一个需求文件,每个部门就能得出一个其他部门对自己部门的流程建设需求,当然,自己部门的这些需求可能已经完成发布了,但也可能没有发布,甚至没有出现在本部门的流程清单中。通过上述过程,每个部门不但可以识别出自己需求优先开发的流程,而且也可以完善自己业务的流程架构。当然,更重要的是,使得公司各业务部门的流程开发工作同步,并且逐步形成畅通的流程通路。

上面说的是针对已开发的流程。为了更好地做好流程建设协同,可以对待开发流程的需求,再进行一轮协同(方法同上),这样得出的流程建设需求会更好地体现流程畅通的要求。在此基础上一旦流程覆盖率达到一定的比例，只要保证流程执行，企业一定可以看到整体经营绩效的改善。

引自《胡云峰个人专栏》(http://blog.vsharing.com/frank_hu/)

2. "主干统一，末端灵活"原则

所谓"主干"，是指企业流程架构的骨架部分的内容；所谓"末端"，是指企业流程架构底层的内容，尤其是指具体操作层面的流程和作业指导书的内容。"主干"和"末端"构成了企业流程架构的全貌。

"主干统一，末端灵活"原则是针对集团运营管控型企业而言的，对于业务单一、采用直线职能式组织架构设计的单一企业来说，由于产品和业务单一，底层的流程不需要基于产品、区域、事业部或子公司进行区分，因此不需要进行具有太多针对性和灵活性的流程建设，从架构到具体业务流程，建设一套流程就可以了；但是对于集团运营管控型企业来说，对于不同的产品、区域、事业部或子公司，虽然顶层的业务可能是相同或相似的，但是在具体的业务流程和作业指导书层面的内容一定是完全不同的，比如 A 事业部的"生产计划制定流程（含作业指导书）"和 B 事业部的"生产计划制定流程"是很不一样的，所以为了确保灵活性和适用性，在流程架构的底层，A、B 两个事业部需要单独制定不一样的"生产计划制定流程"。

在烽火通信，流程架构"主干"部分的建设是由相应的业务或职能管理部门完成的，目的是确保集团整体运营管控的"统一性"和"规模效应"，比如集团供应链业务管理部门负责供应链领域流程架构的"主干"设计和维护，集团研发业务管理部门负责研发领域流程架构的"主干"设计和维护。各事业部、平台部门（包括销售平台、制造平台等）负责流程架构各领域底层流程和作业指导书的开发和维护，以确保其针对性和灵活性。

3. 按域统筹原则

按域统筹的"域"是指基于企业价值链开发的流程架构顶层 L1 上的各个业务领域，如上述图 5-7 中的"4.0 管理线索到现金""9.0 管理组织与人力资源等"等，按域统筹是指针对企业流程架构 L1 上的每一个业务或职能管理领域，都需要有专门的管理团队实施专业的流程架构开发与维护工作，做好该领域的流程架构、业务流程开发与维护在管理部门、业务部门（包括事业部、子公司）之间的总体协调和管理，确保该领域的流程架构在主干上保证统一，在底层业务的"末端"维护业务流程高度的灵活性。

对于实施集团运营管控的企业而言，坚持流程架构按域统筹的原则对于确保集团运营管控的效率、实现集团收益最大化具有重要的现实意义。

4. 流程责任主体原则

先解释一下"流程责任主体"的定义。企业的所有业务需要融合为一个统一的整体，而不是被各个部门分割得支离破碎的业务片段，这样的企业才能保证市场响应速度和客户满意度。虽然企业的所有业务都有责任部门，但任何业务都需要与其他部门发生关系，都需要其他部门的支持和协作，而"流程责任主体"是指企业内部对某项具体业务的绩效目标承担主要责任的部门履行流程责任的一种责任归属描述方式。承担流程责任主体的部门对相关的流程承担全寿命周期管理的责任，包括流程的拟制发布、宣贯执行、跟踪监控、审视优化等，尤其是在流程拟制阶段，流程责任主体部门有义务组织并邀请相关部门的角色参与流程设计和审核工作，确保部门之间在该业务的运作方式上达成共识，并遵照执行。这

个过程就是打通部门墙的过程,是推动部门协作的过程,也是公司业务相互融合的过程,这个过程是企业开展流程管理变革的核心价值所在。

既然承担流程责任主体作用的部门对相关业务负有建立并维护流程的责任,那么该部门的总经理就是该业务的流程责任人。众所周知,研发领域的业界最佳实践就是集成产品开发(IPD),IPD的核心思想是要保证企业的市场成功和财务成功,研发部门当然成为研发业务的流程责任主体部门,负责研发相关流程的开发和维护,但在开发产品研发各个阶段流程过程中,需要邀请来自市场、销售、制造、采购、服务、运营、财务甚至人力资源的代表参加,缺少任何一个都可能造成流程设计的现实与合理性问题。这就是典型的基于责任主体的业务融合理念。企业核心价值链上的所有业务都存在业务融合的需要。

案例 5-2

■ 客户接待业务的责任主体与业务融合 ■

客户接待业务是一项复杂的、配合性极高的工作。做好客户接待,不仅需要国内销售部的整体筹划,更是需要资源部门的全力配合,如综合办的车辆安排、总裁办接待领导资源的协调、制造部门对参观工作的承诺、展厅的配合、研发部门技术交流的有效性、吃住游等。国内销售部无法独自完成这项工作,但毫无疑问是客户接待的责任主体部门。在客户接待过程中经常遇到各种问题,如:

(1) 不知道安排什么级别、分管什么业务的领导或领导组合参加接待,使得部门领导在接待过程中非常尴尬;

(2) 展厅管理的责任主体不明确,导致非工作时间参观的支撑工作不好协调;

(3) 参观线路及标准时长不明确,导致客户接待计划安排不紧凑;

(4) 接待过程中的一些客户感知度高的活动没有统一的行动标准及明确的要求,导致客户体验效果不好,如接站要求、提前预热车辆要求、及时整理车务的要求,房间欢迎牌的要求、房间水果、拜访要求等。

国内销售部于2012年4季度发起"国内运营商客户接待业务梳理",由国内销售部派出SME、项目经理,联合总裁办、综合部、网络产出线、业务终端产出线等4大产出线和系统设备制造部等部门成立跨部门项目组,项目于10月底正式启动。国内销售部牵头制定了"客户接待申请流程""客户接待计划制定流程"等流程,同时组织相关部门制定"烽火通信客户接待标准",该标准包括客户分类标准,并对客户接待过程中发生的接站(机)、酒店、餐饮、车辆、参观等接待工作建立统一规范。项目组在工作过程中收集行业标杆做法,优化吸收后沉淀到流程作业指导书中。

■ 博文注解　让专业的部门做专业的事 ■

最近我们发现公司的一些核心业务部门在做发展战略、固定资产、人力资源管理、预算管理甚至党团工妇等方面的流程开发工作。这些部门重视流程建设的积极性当然是值得肯定的,但是这样做的结果,要么做出来的流程不专业,要么开发出来的东西各有各的做法,造成整个公司在相关业务上的表现缺少一致性。

发展战略、固定资产、人力资源管理、预算管理、党团工妇等方面的业务工作都是相对比较专业化的工作,在公司管理中都会有归口管理的职能部门去分析、思考,在参考业界最佳实践、结合公司特点并充分听取所有部门意见的基础上形成整个公司的管理标准和规范。但是由于历史、文化、资源配置、员工意识或能力等方面的原因,一些业务在标准和规范的制定上缺少系统和专业化的思考,造成企业的执行力和运营效率方面的问题,甚至出现公司文化的一致性、灵活性和稳定性方面的问题。

以流程管理为例,公司流程管理的标准和规范应该由运营管理部门统一制定并监督执行,也就是说,运营管理部是负责流程管理的专业和权威部门,也是流程管理的责任主体部门,其他部门可以针对流程管理提出一些需求和意见,但没有必要去建任何流程管理相关的流程;同样,在党团工妇事务管理上,虽然每个业务部门都有相关的工作要开展,但公司总体负责党团工妇事务的职能归口部门才是专业和权威的部门,也是党团工妇事务的责任主体部门,应该由该职能部门负责制定专业的标准和规范并监督执行,这样才能保证公司文化的一致性,而不是各行其是,各自为政,破坏公司形象。

上述问题造成的影响主要体现在以下几个方面。
(1) 不专业的部门或人所交付的成果没有质量保证。
(2) 扰乱专业归口管理部门的业务管理和具体操作。
(3) 各专业管理部门不能聚焦自己的能力提升和长远发展。
(4) 员工专业精神和行为缺失,个人职业规划进展缓慢。
(5) 执行力差、运营效率低、内耗大、士气受影响。
(6) 公司整体文化缺乏一致性、灵活性和稳定性。

引自《胡云峰个人专栏》(http://blog.vsharing.com/frank_hu/)

5. 与客户流程对接原则

企业是因客户而存在的,所以公司开展的各种业务不可避免地要与客户发生各种各样的关系,包括市场规划阶段、售前、招投标、合同签订阶段、合同执行阶段、售后服务阶段,以及设备运维和合同回款阶段,客户和企业作为不同角色都需要参与到这些阶段的流程当中,所以企业流程架构的建设必须基于与客户的接触点,以此来识别流程架构并作为流程的开发线索,确保做到与客户在各个接触点的密切对接。如图5-10所示为某公司以电信运营商为客户的流程客户接触点。

6. 不成熟业务在架构中的处理方法

企业的流程架构是随着业务性质、认识深度和管理水平的变化而变化的一种管理手段和工具。在开发流程架构过程中,经常会有人问到这样一个问题:"我们要建的这套流程架构是基于现状(as-is)的流程架构?还是反映未来状况(TO-BE)的流程架构?"要回答这个问题其实是比较困难的,如果说是基于现状的,那这个架构将是非常不稳定的,因为在开展流程管理的初期阶段,认识的深度不足以支撑对这个课题的全面系统性了解和表达,何况企业的发展是动态的;如果说是反映未来的状况,那这个前瞻性要体现到什么程度才是合适呢?所以我们只能说所建的流程架构是一种基于现状和未来状况之间的一个选择,流程

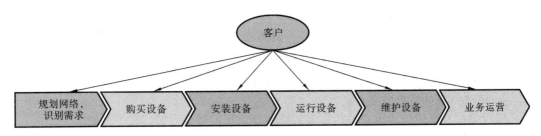

图 5-10 某公司以电信运营商为客户的流程客户接触点

架构开发团队需要在现在和未来之间找到一个平衡点,既要充分考虑现状的因素,又要具备一定程度的管理前瞻性。尤其重要的是,流程架构要体现"完全穷尽,彼此独立"的原则,由于现状中很可能缺少一些标杆企业所具有的业务或管理功能,或者说之前可能根本没有从事过某种业务或管理,或者开展得很零碎、很不系统。举例来说,某公司之前从来没有系统性开展营销管理业务,以往的做法只是在销售业务中做了一些零碎的营销工作,而没有像标杆企业那样将营销业务和销售业务分开,缺少对品牌管理的深度思考和实战经验,那在这个公司的流程架构中是否应该包含营销管理这个业务领域呢?如果要包括,那在架构层次中应该如何分解呢?

对于企业新推出或未来可能开展的业务,有可能是颗粒度较大的业务(如市场营销管理),也可能是颗粒度较小的业务(如商标管理),通常是没有多少经验积累和沉淀的不成熟的业务,除非借助咨询公司的力量,一般很难做好这部分业务的架构梳理工作。所以我们的建议是先在架构中的某个层次记录这个业务领域或模块,但不往下做继续分解(我们称为"灰色处理"),也不要盲目建流程,因为通常情况下,大家对这些业务还没有系统化思考,只有一些零碎的想法和印象,不能兑现端到端的逻辑梳理;另外,如何对这样的业务进行岗位角色识别和资源配置也是一个难点;即使勉强完成了岗位角色的识别和资源配置,资源的能力能否确保流程的执行也是一个问题。所以,在这种情况下针对新业务开发的流程,很难达到应用的效果。

对新业务在架构中做"灰色处理"或不建流程,并不意味着不实施新业务管理,企业可以在一些节点上出台一些管理制度、管理规定、管理条例等文件,组织上适当粗放,待业务发展到一定程度,积累了一些成功的经验和失败的教训后,再考虑架构的分解和流程开发。烽火通信在客户关系管理、市场营销管理、项目群管理、服务战略制定等业务领域目前还处于摸索阶段,就需要按照上述方法在架构中对这些业务进行"灰色处理"。

5.2.3 流程架构开发流程

5.2.3.1 流程架构开发流程的概况

1. 业务概述及流程目的

流程架构开发流程涉及的活动内容包括架构开发启动培训,梳理高层次业务架构或模块内容,在此基础上结合通过痛点分析、业务目标分析和目标职责分析获得较低层次上的架构内容,再通过自上而下和自下而上的补充完善,形成某业务领域流程架构的初版,最后经过流程责任人的审批,最终输出正式发布的流程架构和流程清单的过程。

开发流程架构开发流程有以下两个目的。

(1) 建立流程架构开发的标准和规范,明确相关人员的角色和职责,包括主题领域专家、流程专员、流程工程师、基层部门经理以及流程责任人等。

(2) 提升流程架构开发的效率和效果。

2. 适用范围及驱动规则

流程架构开发流程适用于公司所有系统性开展流程建设的部门和子公司。

流程架构开发流程驱动规则:时间驱动,根据流程建设项目计划的时间安排开展流程架构开发工作。

3. 业务痛点

痛点1 对架构开发过程缺乏统一的思路和方法。

痛点2 各相关角色应该如何配合没有明确的界定。

痛点3 对架构开发的输出成果没有规范化的格式要求。

4. 流程客户及角色职责

流程客户:流程责任人。

流程架构开发流程中的角色及其职责见表5-1。

表5-1 流程架构开发流程中的角色及其职责

角色名称	角色职责
流程工程师	完成流程架构开发的培训,并参与流程架构开发的讨论
流程专员	组织、参与流程架构的培训、开发与讨论
核心员工	参加流程架构培训,并参与讨论
项目经理或SME	参加流程架构培训,主导流程架构中的上层的开发,负责架构内容的整合,评审并负责向流程责任人汇报
流程监护人	参加流程架构培训,并参与讨论,主导流程架构中的下层内容的开发
流程责任人	听取项目组对流程架构成果的汇报,提出完善意见,批准发布

5.2.3.2 流程架构开发流程的详细说明

1. 流程图、流程阶段划分

流程图、流程阶段划分见图5-11。

(1) 培训启动阶段 由流程专员组织架构开发培训,流程顾问或流程工程师作为培训讲师,对流程架构开发的方法和原则等内容进行讲解。

(2) 流程架构开发阶段 由SME在结合业务定位和目标基础上完成上层架构初稿的拟制,再由基层经理或流程监护人根据业务定位和职责分工完成相关下层架构的拟制,然后进行架构整合和讨论完善。

(3) 流程架构整理和归档阶段 由SME或项目经理将整合完成的流程架构成果向流程责任人汇报,完善修改并最终归档发布流程架构。

2. 流程活动详细说明

流程架构开发流程的详细说明见表5-2。

第 5 章 企业流程规划

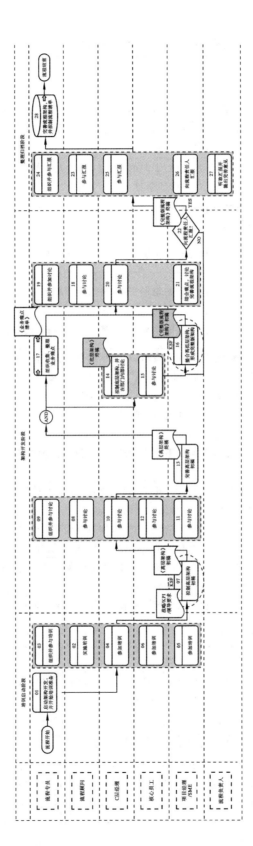

图5-11 流程架构开发流程图

表 5-2　流程架构开发流程中的活动说明

活动编号	执行角色	活动名称	活动说明	输入	输出
01	流程专员	启动架构开发，开始培训准备	根据流程建设项目计划要求，与运营管理部门对口流程工程师沟通，启动流程架构开发工作，协调、落实培训资源及其他培训相关准备工作		
03	流程专员	组织并参与培训	确定架构开发培训时间、地点、参加人员等，发布会议通知，组织并参与培训学习		
02	流程顾问	实施培训	根据项目计划要求，准备相关培训材料，并做流程架构开发培训		
04	流程监护人	参与培训	根据流程专员的培训安排，参加流程架构开发培训		
06	核心员工	参与培训	根据流程专员的培训安排，参加流程架构开发培训		
05	项目经理/SME	参与培训	根据流程专员的培训安排，参加流程架构开发培训		
07	项目经理/SME	拟制高层架构初稿	参考流程架构开发培训知识，结合业务实际，从以下几方面思考、拟制本业务领域"高层架构"（初稿）： **自上而下**　战略导向；以 KPI 为导向；领导需求识别 **自下而上**　通过部门职责；以问题为导向；工作项清理；客户需求分析 **自上而下与自下而上相结合**　模板法；APQC；行业标杆比较		
09	流程专员	组织并参与讨论	确定流程架构讨论的时间、地点、参加人员等，发布会议通知，组织并参与架构讨论		
08	流程顾问	参与讨论	根据流程专员的统一安排，参加流程架构研讨，对流程架构开发的提供总体的方法论支持和标准引导等		
10	流程监护人	参与讨论	根据流程专员的统一安排，参加流程架构研讨，重点就自己所属业务模块的架构提出意见和建议		
12	核心员工	参与讨论	根据流程专员的统一安排，参加流程架构研讨，重点就自己所属业务模块的架构提出意见和建议		
11	项目经理/SME	参与讨论	根据流程专员的统一安排，参加流程架构研讨，统筹思考各子业务模块的架构		
13	项目经理/SME	完善高层架构初稿	根据会议讨论结果，完善"高层架构"（终稿）后，发送给流程专员和各 C 层经理，并督促： 督促流程专员组织业务痛点的收集和整理； 督促各 C 层经理补充、完善相应子业务模块的流程架构		
14	流程监护人	拟制底层架构，并在部门内部讨论	根据项目计划要求和 SME 工作安排，召集相关业务骨干，进行所属子业务模块的底层架构讨论和沟通，输出所属子业务模块"底层架构"（初稿），并提交 SME		

续表

活动编号	执行角色	活动名称	活动说明	输入	输出
15	核心员工	参与讨论	根据项目计划安排、SME工作安排和C层经理工作安排，参与所属子业务模块底层流程架构研讨		
17	流程专员	组织收集、整理业务痛点	**组织收集** 根据项目计划要求和SME要求，参照运营管理部提供的业务痛点清单模板，给各业务模块下发业务痛点收集通知 **整理** 整理各模块的业务痛点，输出业务痛点清单	业务痛点清单（模板）.xls	业务痛点清单（模板）.xls
16	项目经理/SME	整合高低层架构，形成完整版架构	收集各子业务模块的底层流程架构，将高、底层流程架构进行整合，输出"完整版流程架构"（初稿）		
19	流程专员	组织并参与讨论	确定流程架构讨论的时间、地点、参加人员等，发布会议通知，组织并参与架构讨论		
18	流程顾问	参与讨论	根据流程专员的统一安排，参加流程架构研讨，对流程架构开发的提供总体的方法论支持和标准引导等		
20	流程监护人	参与讨论	根据流程专员的统一安排，参加流程架构研讨，重点结合业务痛点，对所属业务模块流程架构进行解释		
21	项目经理/SME	结合痛点，讨论完善流程架构	根据流程专员的统一安排，参加流程架构研讨，重点结合业务痛点，优化、完善流程架构		
22	项目经理/SME	向流程责任人汇报	对完整版流程架构进行完善，判断是否可以向流程责任人进行汇报，并输出"完整版流程架构"（终稿）		
24	流程专员	组织并参与汇报	确定流程架构汇报的时间、地点、参加人员等，发布会议通知，组织并参与架构汇报		
23	流程顾问	参与汇报	根据流程专员的统一安排，参加流程架构汇报，对流程架构开发的提供总体的方法论支持和标准引导等		
25	流程监护人	参与汇报	根据流程专员的统一安排，参加流程架构研讨，并对所属业务模块流程架构进行解释		
26	项目经理/SME	向流程责任人汇报	根据流程专员的统一安排，将整理后的"完整版流程架构"（终稿）向流程责任人汇报		
27	流程责任人	听取汇报并提出完善意见	根据流程专员的统一安排，参加流程架构汇报，听取"完整版流程架构"（初稿）的汇报，提出相关完善意见		

续表

活动编号	执行角色	活动名称	活动说明	输入	输出
28	流程专员	完善流程架构，并拟制流程清单	根据汇报结论和相关意见，根据"EPROS流程架构图展示标准"，在EPROS中完善正式版流程架构，同时拟制流程清单		流程清单（模板）.xls

3. 关键活动及控制要求

流程架构开发流程中的关键活动见表5-3。

表5-3 流程架构开发流程中的关键活动

关键活动	活动编号	活动名称	活动说明	关键说明
关键成功因素	07	拟制高层架构初稿	参考流程架构开发培训知识，结合业务实际，从以下几方面思考、拟制本业务领域"高层架构"（初稿）： **自上而下** 战略导向；以KPI为导向；领导需求识别 **自下而上** 通过部门职责；以问题为导向；工作项清理；客户需求分析 **自上而下与自下而上相结合** 模板法；APQC；行业标杆比较	在拟制本业务领域"高层架构"（初稿）过程中，除了选择合适的方法外，还要密切注意两个原则，即"完全穷尽，彼此独立"原则和"责任主体"原则；要掌握好现状（as-is）与未来（to-be）之间的平衡
	16	整合高低层架构，形成完整版架构	收集各子业务模块的底层流程架构，将高、底层流程架构进行整合，输出"完整版流程架构"（初稿）	在整合架构过程中，除了注意上面的几点外，还要兼顾现有部门职责的定位，以及各部门之间的业务关系；在业务模块或子模块划分方面，要适当考虑业务颗粒度均匀等原则

4. 流程表单及作业指导书

在流程架构开发流程活动中应用的业务痛点收集表模板见表5-4。

表5-4 业务痛点收集表模板

序号	业务痛点描述	对应业务节点名称	提出人	提出部门	分析是否流程问题

> **案例 5-3**

▪ 流程架构中跨业务域的流程之间应该做好对接 ▪

在开发企业流程架构时，要充分考虑各业务域或业务模块在流程层面的完整对接问题，要避免活动缺失、活动重复或其他原因无法对接的情况出现。最近审计部在审计几个业务部门流程完整性与系统性时发现一个普遍现象——这些部门内部业务的流程与流程之间衔接较好，但跨业务域的流程与流程之间的衔接存在一些问题，如存在活动缺失或重复活动、流程颗粒度不一致导致无法衔接等。本案例将结合公司原材料进口业务对跨业务域的流程如何衔接问题进行解析。

图 5-12 所示为公司原材料进口业务从采购申请到付款完毕的流程。

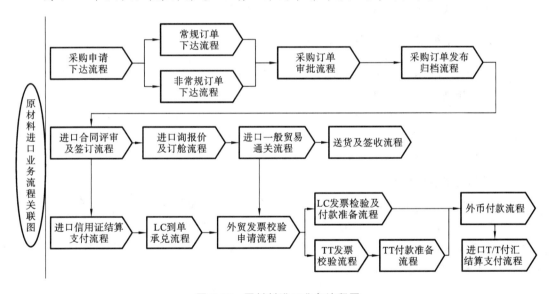

图 5-12 原材料进口业务流程图

在审计过程中发现，部门内部的流程衔接较为紧密，但跨业务部门之间的流程有些没有识别上下游流程，流程衔接点存在活动缺少或重复，造成流程架构完整性与系统性存在问题，不利于部门墙的打通与业务的顺畅运行。在图 5-10 中，外贸发票校验申请流程未识别上游的两个流程，采购订单发布归档流程与进口合同评审及签订流程没有识别出彼此上下游的关系，且存在重复活动，但部门内部流程之间的衔接较好。

导致以上现象出现的原因主要是：

（1）流程设计者对公司流程责任主体原则了解不够；

（2）各部门目前都是各自开发自己的流程，且流程开发进度、流程审视进度、关注重点、流程视角等不尽相同，造成有上下游关系的流程没有衔接或衔接不紧密；

（3）对周边部门的业务不是特别熟悉，不知道应该衔接到哪些上下游流程。

以上现象造成的主要影响是：

（1）流程设计缺乏大局观，可能会造成"局部最优，而非整体最优"流程的出现；

（2）流程设计起点与终点不明确，可能造成活动缺失或重复，不利于流程的系统性，影响流程效率；

（3）会造成"部门墙"无法打通，存在"三不管"的地方，影响公司整体业务效率与效果。

根据以上的现象及问题，流程管理部门提出以下几点建议：

（1）各部门制订流程建设计划时，可以与其他部门进行沟通，可以在同一时间段设计或审视同一系列业务流程，有利于整个业务的提升；

（2）设计流程时，要先对流程整个业务进行大致了解，识别并熟悉周边相关部门的流程，使流程设计更具有大局观；

（3）设计流程时，若上下游部门相关业务活动较少，不足以单独拟制流程时，应该将上下游部门的活动也纳入到本部门流程范围中，同时邀请上下游相关角色参与流程开发工作，使发布的流程更具系统性与完整性，保障业务顺畅的运行。

5.2.4 流程架构变更申请与实施流程

5.2.4.1 流程架构变更申请与实施流程的概况

1. 业务概述及流程目的

流程架构（含流程清单）发布一段时间后，业务发生变化（含新业务出现）或组织发生调整等都可能会使流程架构发生变化。为了使流程架构满足组织和实际业务的要求，指导流程的建设，必须进行流程架构变更和维护工作。

2. 适用范围及驱动规则

流程架构变更申请与实施流程适用于已经系统性开展流程建设的部门或子公司。

流程架构变更申请与实施流程驱动规则：时间驱动，每季度初启动。

3. 业务痛点

（1）业务架构变更未经过适当的审批。

（2）架构变更过于频繁。

（3）流程架构（含流程清单）维护不及时。

4. 流程客户及角色职责

流程架构变更申请与实施流程的客户为各部门或子公司的流程责任人。

流程架构变更申请与实施流程中的角色及其职责见表5-5。

表5-5 流程架构变更申请与实施流程中的角色及其职责

角色名称	岗位名称	角色职责
流程与体系工程师	流程与体系管理	参加流程变更评审，评估变更的原因和变更产生的影响； 按照会议的结论和流程管理的标准，审核变更后的架构是否合理； 在每个月的流程管理月报中发布更新后的流程架构（含流程清单）

续表

角色名称	岗位名称	角色职责
流程与体系专员		每个月收集本部门的流程架构(含流程清单)的变更需求； 确定架构变更评审的时间、地点、参加人员等,发布会议通知,组织并参与评审； 修改变更后的流程架构
流程与体系项目经理		从业务、组织发生的实际变化情况等方面,审核需求的合理性； 参加架构变更的评审,阐述架构变更的原因、变更后的影响以及变更后的展示等； 按照会议的结论和流程管理的标准,审核变更后的架构是否合理
相关流程架构监护人		参与评审组织架构变更方案
SME/分管领导		参加流程变更评审,评估变更的原因和变更产生的影响

5.2.4.2 流程架构变更申请与实施流程的详细说明

1. 流程图

流程架构变更申请与实施流程图见图5-13。

2. 流程活动详细说明

流程架构变更申请与实施流程中的活动说明见表5-6。

表5-6 流程架构变更申请与实施流程中的活动说明

活动编号	执行角色	活动名称	活动说明	输入	输出
01	流程与体系专员	收集相关信息	每季度初,流程与体系专员持续收集流程架构变更相关信息,输出流程架构变更信息收集表		流程架构变更信息收集表
02	流程与体系专员	协助制定架构变更方案	向项目经理提供架构变更信息,并协助项目经理制定架构变更方案		
03	流程与体系项目经理	主导制定架构变更方案	每季度最后两周,项目经理整合流程架构变更信息收集表中的信息,输出架构变更方案	流程架构变更信息收集表	架构变更方案
04	SME/分管领导	审核	初步审核架构变更方案,并提出相关建议,如果审核通过则由流程专员组织评审架构变更方案；如果审核不通过,则由项目经理重新拟制架构变更方案		
05	流程与体系项目经理	参与评审	根据流程专员的统一安排,参加架构变更方案的评审,阐述架构变更的原因、变更后的影响及变更后的展示等		

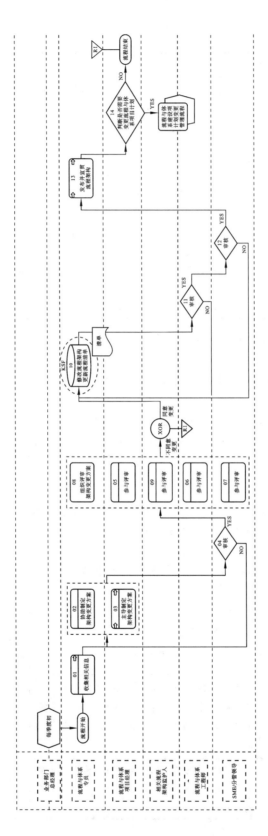

图5-13 流程架构变更申请与实施流程图

续表

活动编号	执行角色	活动名称	活动说明	输入	输出
06	流程与体系工程师	参与评审	根据流程专员的统一安排,参加流程变更方案评审,评估变更的原因和变更产生的影响		
07	SME/分管领导	参与评审	根据流程专员的统一安排,参加流程变更方案评审,评估变更的原因和变更产生的影响		
08	流程与体系专员	组织评审架构变更方案	确定架构变更评审的时间、地点、参加人员等,发布会议通知,组织并参与评审;每季度最后两周开始此活动		
09	相关流程架构监护人	参与评审	根据流程专员的统一安排,参加架构变更方案的评审,阐述架构变更的原因、变更后的影响及变更后的展示等		
10	流程与体系专员	修改流程架构,更新流程清单	根据会议上同意变更架构的结论,在 EPROS 上修改流程架构,并手工维护流程清单;修改完后以邮件的形式通知流程与体系工程师进行审核		
11	流程与体系工程师	审核	按照会议的结论和流程管理的标准,审核变更后的架构是否合理;如果合理,以邮件的形式通知 SME 或分管领导进行确认;如果不合理,则由流程与体系专员重新修改流程架构		
12	SME/分管领导	审核	按照会议的结论和流程管理的标准,审核变更后的架构是否合理		
13	流程与体系专员	发布并宣贯流程架构	根据流程架构变更实施的实际情况,在相关业务块业内以邮件的形式发布流程架构变更说明,并组织宣贯	架构变更方案	架构变更宣贯材料
14	流程与体系项目经理	判断是否需要变更流程与体系项目计划	由项目经理判断本次架构变更是否需要相应的变更流程与体系项目计划,如果需要变更,则执行流程与体系建设项目计划变更管理流程;如果不需要变更,则流程结束		

3. 关键活动及控制要求

流程架构变更申请与实施流程中的关键活动见表 5-7。

4. 流程表单及作业指导书

流程架构变更申请与实施流程活动中应用的流程架构变更信息收集表模板见表 5-8。

表 5-7　流程架构变更申请与实施流程中的关键活动

关键活动问题区域	活动编号	活动名称	活动说明	开始时间	关键说明
关键成功因素	10	修改流程架构，更新流程清单	根据会议上同意变更架构的结论，在 EPROS 上修改流程架构，并手工维护流程清单；修改完后以邮件的形式通知流程与体系工程师进行审核		**关键说明**　要保证经流程架构变更评审后，EPROS 上流程架构与流程清单上一致； 控制要求如下： 在季度中如有紧急变更需求，可在 EPROS 上进行修改，但架构变更未经评审不能更改流程清单； 架构变更方案评审后，要按照评审的要求对 EPROS 和流程清单进行修改维护

表 5-8　流程架构变更信息收集表模板

序号	日期	变更原因	变更类型	变更提出人	架构层级	模块名称	变更建议
			新增				
			删除				
			更名				
			迁移				
			其他				

■ **博文注解　企业流程架构建设工作是一个没有止境的过程** ■

在任何一个企业，流程架构建设工作是一个没有止境的过程，只要这个企业还存在，就需要不断审视和调整，是一个持续改进的过程，不可能一步到位，也不可能一成不变。即使是一个已经经营过百年的企业，也会由于业务范围的变化而需要调整企业的流程架构，比如 IBM 最初是一家做打孔机的公司，现在它的业务范围已经面目全非，甚至个人计算机业务都卖了，你说它的流程架构是不是需要经常性地调整？更何况那些发展历史相对较短的公司或组织。

企业流程架构需要不断调整的另外一个理由是业务的成熟与稳定性。对于一些不稳定、不成熟的业务，是不宜纳入流程架构考虑的，最多只能在架构的某个层次给这些业务预留一个位置，待将来这些业务成熟稳定后再分解细化成可操作的流程，在此之前，只能通过管理规定、管理办法甚至人工干预等粗线条的方式进行管理。比如一些企业之前从来没有开展过市场营销活动,这个工作到底该怎么干,大家没有达成共识的可行方法,这个时候谈任何流程建设都是扯淡的事情,这个时候可以通过一些临时性的制度或规定来规范大家的行为,同时可以研究一下业界最佳实践,在逐步找到成熟稳定的方法后,将这些业务相关的知识和经验写进业务流程,并纳入到流程架构中去。

不适于进行流程管理的业务还包括资源配套不齐的业务、资源能力欠缺及流程化运作环境欠缺的业务(包括政策环境、竞争环境、自然环境、企业文化环境等)。资源配套不齐或资源能力不足的情况是显而易见的,因为即使流程设计得非常完美,这个流程也没法执行到位。另外,流程是需要在一个合适的环境下执行的,如果环境不适当,执行就成为问题,比如你不能要一个医生在 80 ℃ 的环境里做心血管移植手术,你也无法在一个严重缺乏客户服务意识的组织内部做客户满意度管理。

总之,企业流程架构建设是一个没有止境的工作,需要投入资源和时间进行持续关注,将适于流程管理的工作细化,对不适于流程管理的工作要制订计划,逐步使其成熟起来,这是维持企业长期稳定发展的一般管理逻辑。

引自《胡云峰个人专栏》(http://blog.vsharing.com/frank_hu/)

5.3 流程规划的成果

5.3.1 流程架构和流程清单

流程规划的成果就是企业流程架构(包括做"灰色处理"的业务)与流程清单。这两份文档的表达方式可以是多种多样的,在没有使用 IT 平台进行流程管理的企业,流程架构的展示工具可以是 MS VISIO、MS Powerpoint,甚至 MS Word 等,流程清单的展示工具多数采用 MS Excel。烽火通信使用的是深圳杰成公司研发的流程管理软件 EPROS,图 5-14 和表 5-9 所示是烽火通信应用 EPROS 输出的部分流程架构和流程清单。

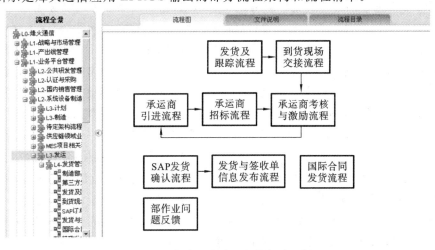

图 5-14 烽火通信流程架构部分示例

表 5-9　烽火通信流程清单部分示例

L4-业务模块	L4-业务模块编码	L5-子业务模块	L5-子业务模块编码	流程	流程编码	发布状态
L4-预测需求计划FP	FH-BP-EMA-PL-FP	L5-生产计划PS	FH-BP-EMA-PL-FP-PP	专项生产计划制定流程	FH-BP-EMA-PL-FP-PP-02	已发布
L4-物料需求与生产排程计划MP	FH-BP-EMA-PL-MP	L5-生产排程PS	FH-BP-EMA-PL-MP-PS	滚动计划排程流程	FH-BP-EMA-PL-MP-PS-01	已发布
L4-物料需求与生产排程计划MP	FH-BP-EMA-PL-MP	L5-物料计划MR	FH-BP-EMA-PL-MP-MR	委外采购流程	FH-BP-EMA-PL-MP-MR-02	已发布
L4-物料需求与生产排程计划MP	FH-BP-EMA-PL-MP	L5-物料计划MR	FH-BP-EMA-PL-MP-MR	物料需求计划策略制定流程	FH-BP-EMA-PL-MP-MR-03	已发布
L4-计划控制	FH-BP-EMA-PL-PC			生产计划实施控制流程	FH-BP-EMA-PL-PC-01	未发布
L4-物料需求与生产排程计划MP	FH-BP-EMA-PL-MP	L5-物料计划MR	FH-BP-EMA-PL-MP-MR	采购申请下达流程	FH-BP-EMA-PL-MP-MR-01	已发布
L4-半成品生产SP	FH-BP-EMA-PL-SP	L5-订单生成OG	FH-BP-EMA-PL-SP-OG	生产订单生成流程	FH-BP-EMA-PL-SP-OG-01	已发布
L4-半成品生产SP	FH-BP-EMA-PL-SP	L5-订单排程SO	FH-BP-EMA-PL-SP-SO	生产订单排程及跟踪流程	FH-BP-EMA-PL-SP-SO-06	已发布
L4-半成品生产SP	FH-BP-EMA-PL-SP	L5-订单排程SO	FH-BP-EMA-PL-SP-SO	非常规生产订单跟踪流程	FH-BP-EMA-PL-SP-SO-04	已发布
L4-半成品生产SP	FH-BP-EMA-PL-SP	L5-订单排程SO	FH-BP-EMA-PL-SP-SO	生产订单清理流程	FH-BP-EMA-PL-SP-SO-02	已发布
L4-半成品生产SP	FH-BP-EMA-PL-SP	L5-订单排程SO	FH-BP-EMA-PL-SP-SO	产能匹配流程	FH-BP-EMA-PL-SP-SO-03	已发布
L4-半成品生产SP	FH-BP-EMA-PL-SP	L5-外加工OP	FH-BP-EMA-PL-SP-OP	生产订单工序外协排程及执行流程	FH-BP-EMA-PL-SP-OP-01	已发布
L4-半成品生产SP	FH-BP-EMA-PL-SP	L5-电子装联EA	FH-BP-EMA-PL-SP-EA	电子装联交付及工序确认流程	FH-BP-EMA-PL-SP-EA-01	已发布
L4-半成品生产SP	FH-BP-EMA-PL-SP	L5-电子装联EA	FH-BP-EMA-PL-SP-EA	电子装联工艺质量问题反馈及处理流程	FH-BP-EMA-PL-SP-EA-02	已发布
L4-半成品生产SP	FH-BP-EMA-PL-SP	L5-电子装联EA	FH-BP-EMA-PL-SP-EA	电子装联排产及备料流程	FH-BP-EMA-PL-SP-EA-03	已发布
L4-半成品生产SP	FH-BP-EMA-PL-SP	L5-电子装联EA	FH-BP-EMA-PL-SP-EA	SMT生产流程	FH-BP-EMA-PL-SP-EA-06	已发布
L4-半成品生产SP	FH-BP-EMA-PL-SP	L5-电子装联EA	FH-BP-EMA-PL-SP-EA	机盘插碰及装配流程	FH-BP-EMA-PL-SP-EA-05	已发布
L4-半成品生产SP	FH-BP-EMA-PL-SP	L5-电子装联EA	FH-BP-EMA-PL-SP-EA	设备维护及问题处理流程	FH-BP-EMA-PL-SP-EA-04	已发布
L4-半成品生产SP	FH-BP-EMA-PL-SP	L5-测试维修TM	FH-BP-EMA-PL-SP-TM	机盘调测在制品测试流程	FH-BP-EMA-PL-SP-TM-01	已发布
L4-半成品生产SP	FH-BP-EMA-PL-SP	L5-测试维修TM	FH-BP-EMA-PL-SP-TM	部件维修流程	FH-BP-EMA-PL-SP-TM-02	已发布
L4-半成品生产SP	FH-BP-EMA-PL-SP	L5-测试维修TM	FH-BP-EMA-PL-SP-TM	委托测试流程	FH-BP-EMA-PL-SP-TM-03	已发布
L4-半成品生产SP	FH-BP-EMA-PL-SP	L5-测试维修TM	FH-BP-EMA-PL-SP-TM	产品老化测试流程	FH-BP-EMA-PL-SP-TM-04	已发布
L4-半成品生产SP	FH-BP-EMA-PL-SP	L5-测试维修TM	FH-BP-EMA-PL-SP-TM	机盘调测现场问题反馈及处理流程	FH-BP-EMA-PL-SP-TM-05	已发布
L4-半成品生产SP	FH-BP-EMA-PL-SP	L5-测试维修TM	FH-BP-EMA-PL-SP-TM	需变纤光盘装配流程	FH-BP-EMA-PL-SP-TM-06	已发布
L4-半成品生产SP	FH-BP-EMA-PL-SP	L5-测试维修TM	FH-BP-EMA-PL-SP-TM	小型设备装配流程	FH-BP-EMA-PL-SP-TM-08	已发布
L4-半成品生产SP	FH-BP-EMA-PL-SP	L5-测试维修TM	FH-BP-EMA-PL-SP-TM	产品维修领料申请流程	FH-BP-EMA-PL-SP-TM-07	已发布
L4-半成品生产SP	FH-BP-EMA-PL-SP	L5-测试维修TM	FH-BP-EMA-PL-SP-TM	机盘调测在制品交付及工序确认流程	FH-BP-EMA-PL-SP-TM-09	已发布
L4-半成品生产SP	FH-BP-EMA-PL-SP	L5-测试维修TM	FH-BP-EMA-PL-SP-TM	自制光模块装配与测试流程	FH-BP-EMA-PL-SP-TM-12	已发布
L4-半成品生产SP	FH-BP-EMA-PL-SP	L5-测试维修TM	FH-BP-EMA-PL-SP-TM	机盘调测个人盘领料与退料流程	FH-BP-EMA-PL-SP-TM-13	已发布
L4-半成品生产SP	FH-BP-EMA-PL-SP	L5-测试维修TM	FH-BP-EMA-PL-SP-TM	机盘调测车间排产及备料流程	FH-BP-EMA-PL-SP-TM-10	已发布
L4-半成品生产SP	FH-BP-EMA-PL-SP	L5-测试维修TM	FH-BP-EMA-PL-SP-TM	遗留订单分析与处理流程	FH-BP-EMA-PL-SP-TM-15	未发布
L4-成品生产FP	FH-BP-EMA-PL-FP	L5-合同审分解DC	FH-BP-EMA-PL-FP-DC	工程预装格分解流程	FH-BP-EMA-PL-FP-DC-01	已发布

5.3.2　跨部门流程及其与流程架构的关系

在烽火通信流程管理实践中，跨部门流程不属于企业流程规划的内容，而是一种以业务痛点问题为出发点的分析和管理工具，所以要在这里特别说明。

无论是管理学界还是现实中的企业，跨部门流程都是一个经常被提及的概念。不同的企业和不同的管理者，对这个概念可能都会产生不同的理解，如OTC（订单到回款）、IPD、ISC等，都会被许多人认为是跨部门的流程，这样说当然没有问题，因为每个人说话是有语境的，也就是以一定的假设为前提的。到底如何定义流程（包括跨部门流程），如何制定和发布流程，要因具体情况而论。

有的企业从来不搞所谓的流程架构或流程规划，它们根据业务的实际需要，直接开发出一个个业务颗粒度大小不一的流程，以解决工作中突出存在的问题，获得了立竿见影的效果，得到了公司上下的一致好评。我们不能说这样的做法不好，因为组织做任何事情都有一个直接目的（短期利益）和间接目的（长期利益），它们需要在这些利益之间找到平衡。对于处于生存和发展阶段的企业来说，它们可能更加关注短期利益，而对于已经摆脱生存危机、达到一定规模并寻求长远发展的企业来说，可能更加关注公司的长期利益。对于后者来说，进行规范化的流程管理就会显得比较重要，烽火通信就是一个这样的企业。

烽火通信对流程的定义比较严格，所有的流程都是基于流程架构（流程规划）分解出来的产物。流程规划工作对烽火通信所定义的每个流程的业务颗粒度大小有明确规定，比如，将8个以内角色完成的团队工作定义成一个流程，如果超过这个范围，就需要将这个业务分割成几个流程，这就是某种流程管理规范。为了说明流程规范化管理的必要性，这里举一个餐厅师傅切土豆的例子，好师傅切出的土豆，不管是片状还是条状，其形状和大小都是差不多的；而不称职的人切出的土豆不光大小不一，形状也可能各种各样，效果在下游可见：最终在餐桌边享用这道菜的客户会给出好坏的评价。同样，企业的流程架构开发团队在进行流程规划时需要具有丰富的经验以及良好的业务掌控能力,在"完全穷尽,彼此独立"基本原则的牵引下,将企业的业务分解到适当的管理层级(流程架构),并确保所有底层的操作流程处于适当的业务颗粒度。

流程规划做得好的企业,可以保证流程架构的层次及业务模块划分的科学合理性,它们一开始就对公司各种业务之间的关系进行了很好的梳理,只要底层的操作流程在设计与执行时没有问题,通常就不会出现很多跨部门的业务问题,也就是说,如果组织中每个业务细节(最小业务单元)在设计阶段就考虑了公司(包括外部客户)的整体要求,并且执行到位的话,就可以确保这个业务单元的运作是健康的。按此推理,如果所有的业务单元都是健康的,整个组织的业务运营就不会出现太多的跨部门问题。

按照这个逻辑,在理想状况下,对于流程管理和运营做得好的企业,实际上是不需要建立"跨部门流程"的。但现实的情况经常不是这样,由于流程架构开发团队能力所限,加上沟通协作不一定充分和到位,所开发的流程架构实际上总是会存在很多缺陷,各个业务模块之间及业务模块的各个流程之间不一定能实现无缝对接,经常会存在一些业务断点。所以在实际业务运行过程中,一定会发生各种各样让管理者深感头痛的业务问题,深究这些问题的根源会发现,这些问题不是某一个部门的问题,而是多个部门由于相互之间的职责不清、工作标准不清造成的。这些职责和工作标准在现有的流程架构或流程中没有得到合理有效的设计,就像长江入海口在上海产生的污水污染一样,造成污水超标的原因不全是上海的责任,而是上游很多城市的污水排放管理不善造成的,需要综合治理,需要跨流域的机构(甚至中央政府)来出面协调。试想,如果上游的每个城市都按国家规定的排放标准进行管理和执行,上海就不会出现传说中"十杯水三杯尿"的问题。所以,正是由于很难针对某些业务痛点问题在这些部门之间进行责任主体的识别,所以有些企业通过开发颗粒度较大的跨部门流程来处理类似问题。

所以跨部门流程对很多企业来说,在很多时候其实是个无奈的选择,根本原因就是缺乏架构思维、架构设计不合理或细节执行存在问题。也可以说,跨部门流程是对现有流程架构科学与合理性缺失的一种补救措施。

5.4 烽火通信跨部门流程开发与管理实践

如前所述,在烽火通信,跨部门流程并不属于企业流程规划需要涉及的内容,公司对跨部门流程的定位就是以解决实际的业务痛点问题为导向的。下面对烽火通信跨部门流程开发与管理进行简单介绍。

5.4.1 跨部门流程需求的产生与受理

公司运营管理会定期(一般是每个季度)收集各个部门的跨部门流程建设需求,各个业务部门的流程专员是日常的跨部门流程需求处理接口人。当一个业务的痛点问题涉及超过三个以上的大部门,并且很难识别责任主体的时候,通常就可以考虑用跨部门流程的方式进行解决,这个时候"痛感"程度最严重的部门可能会通过跨部门流程需求申请书(见表5-10)向公司运营管理部门提出跨部门流程的开发需求,内容包括业务痛点、需求说明、业务跨越的部门数量等,该申请表需要首先得到所在部门总经理(流程责任人)的签字确认;运营管理部门流程管理员在收到该申请表后,会对需求进行简单分析并做出初审结论,合格的需求将进行汇总并纳入全公司层面统一受理,最后由运营管理部总经理根据公司业务实际状况、业务优先级以及资源可用性做出是否以及何时开展跨部门流程建设的决定。

表 5-10 跨部门流程变革项目需求申报表

流程名称			需求编号	
申报部门		申报时间		
业务痛点以及需求描述(内容较多,可以用附件形式) 业务痛点: 需求描述: 部门流程专员签名:				
流程涉及的业务部门				
需求分析、初步评价与初审结论 流程管理员(签字):				
申请部门流程责任人(签字):		运营管理部总经理(签字):		

5.4.2 跨部门流程建设项目的立项

一旦决定开始某跨部门流程梳理项目,流程管理部门将从流程工程师中指定一人担任项目经理,并以项目的方式开始项目立项工作。项目经理需要与该跨部门流程相关的各部门总经理或总经理指定的责任人沟通,了解相关业务痛点的真实性、完整性和相关性,同时开始编写项目立项报告,在得到各部门总经理对立项报告的认可并承诺资源投入的情况下,各部门总经理作为项目赞助人需要在立项报告"赞助人"一栏中签字,并指定参加到此项目的本部门熟悉相关业务的项目组成员。需要特别强调的是,项目赞助人要明确了解立项报告的意图及报告内容的严肃性,项目一旦进入实施阶段,就不能再随意修改项目范围、项目目标,也不能由于工作忙等原因不能保证项目组成员的时间投入,因为一切改变立项承诺的行为都会影响项目运作的节奏和效率。图5-15所示为某跨部门流程建设项目的立项审批记录。

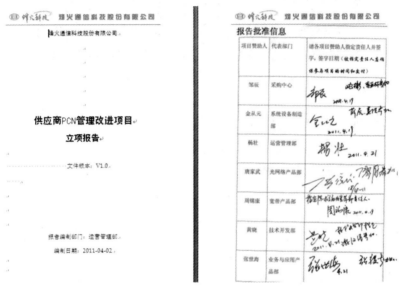

图5-15 某跨部门流程建设项目立项审批记录示例

项目立项报告的内容包括以下几个方面。
(1) 项目概述 描述项目的背景和痛点。
(2) 定义 对关键术语或概念进行界定,以免产生歧义。
(3) 目的 说明为什么要做实施项目。
(4) 项目目标 说明项目组要完成的交付件内容。
(5) 项目范围 明确说明项目所涉及的业务范围、组织范围及被明确排除的范围。项目范围是项目立项报告中最关键的要素项。
(6) 项目策略与原则 包括业务策略、管理策略和团队合作原则。
(7) 项目组织结构及其成员职责。
(8) 项目工作计划 主要包括做什么、谁做、什么时间做,需要多长时间等。
(9) 项目风险与控制 识别项目存在的风险及应对办法。
(10) 项目沟通管理 包括赞助人沟通方式、团队沟通方式、沟通时间、沟通频率等,其中项目例会时间的选择是关键,需要项目组成员集体做出承诺。

在包括运营管理部总经理在内的所有项目赞助人在立项报告上签字的前提下,项目经理择机组织并主持项目开工会,所有赞助人和项目组成员参加,重申立项报告的内容,宣布项目正式启动。图5-16所示为烽火通信某跨部门流程建设项目开工会。

图 5-16　某跨部门流程建设项目开工会

5.4.3　跨部门流程项目的执行与监控

项目经理按照立项报告中的项目计划组织项目的实施和管理。在通常情况下，每周在确定的时间召开项目例会，按照确定的议题选择参加对象。项目经理除了进行项目管理之外，还有一个重要的角色就是流程工程师，相当于流程拟制方法与标准方面的顾问角色，他需要在主体领域专家的指导下和各部门业务专家一道完成跨部门流程框图的开发，从端到端的角度对相关业务进行全流程梳理。跨部门流程框图完成后，项目经理需要召集项目赞助人会议并向项目赞助人汇报，获得批准后才能进行细节流程和标准的开发工作。

项目赞助人是项目经理的求助对象，当部门参与项目的员工投入不足、交付件存在严重质量问题、对流程走向存在严重分歧时，项目经理可以直接寻求赞助人的支持。另外，对于参与不积极的情况，项目经理有权力对相关部门记录关键事件并通报赞助人，如果一个部门的一个项目有被通报三次以上的关键事件，则该部门年度跨部门流程建设完成质量就是"不合格"，从而对该部门的年度绩效指标产生影响。通过这种方式，使得团队的参与问题得到了有效处理，绝大部分跨部门流程建设项目都能顺利实现最初制订的项目目标。

5.4.4　跨部门流程项目的验收

作为项目收尾的关键环节，在充分核实项目交付件的质量和完整性情况下，项目经理需要组织并主持召开项目验收会，开工会上的全体会议成员都要参加。验收会重点需要介绍项目交付件的内容、流程设计思想，尤其关注最初识别的业务痛点在流程中的解决方案和保障措施。如果部分赞助人对交付件内容有疑问或存在分歧，也会在这个场合进行澄清。验收会的另一个主要内容就是确定该跨部门流程的发布和宣贯计划，要确保这个管理规范在各个部门得到彻底实施。最后，由于该跨部门流程涉及多个部门，需要指定一个部门作为该跨部门流程的流程监护责任主体部门，确保定期进行审视和优化。

5.4.5　跨部门流程的维护

按照烽火通信的规定，被指定为跨部门流程的流程监护责任主体部门在流程发布 6 个月后要召集相关部门对该流程进行审视，之后的审视优化时间间隔是 9 个月，如果审视的结论是需要优化，则主导优化发布或向运营管理部提出优化申请，由后者主导完成该流程的优化和再发布工作。

在绝大多数情况下，跨部门流程所涉及的业务其实就是各部门日常开展的实际业务，这些业务在单个部门的维度上可能发现不了问题，只有从全局层面才会发现整体业务不够通畅，才会由某些痛感集中的部门暴露出来。由于各部门的日常业务实际上体现在部门级的流程架构中，是有流程支持的，在跨部门流程开发过程中，很可能存在跨部门流程的流程框架总图中需要直接引用流程架构中现有流程的情况。为了避免重复和保持一致性，我们主张通过流程引用的方式体现出来，而不是重复开发，这些工作在跨部门流程框图出来后就要开始识别。

5.5 问题思考

(1) 为什么要做企业流程规划？
(2) 流程架构开发的输入包括哪些要素？
(3) 如何理解责任主体原则？实施这个原则有什么意义？
(4) 如何管理(处理)不成熟的业务？
(5) 驱动流程架构变更和维护的因素有哪些？
(6) 如何理解跨部门流程与流程架构的关系？

第 6 章 企业流程建设项目运作与管理

【本章核心要点】

流程变革工作需要借助项目管理的手段,通过年度规划和管理评审的方式形成企业流程变革项目清单,建立健全流程变革项目管理的相关流程和工作标准,比如项目立项与开工流程与《项目立项报告模板》、项目计划制定流程、项目实施与监控流程、项目变更管理流程、项目总结与收尾流程等,要明确项目赞助人、项目经理及项目成员的工作职责和绩效标准。

6.1 以项目方式开展企业流程建设工作的必要性

项目管理作为一种目标管理的有效方式,早已成为企业管理者最乐于使用的一种管理手段。在烽火通信,流程建设工作都是以项目的方式在各个部门开展的,项目的时间通常要跨越全年。对于流程建设工作来说,选择采用项目管理方式来开展,还有一些其他的理由。

6.1.1 应对流程管理变革挑战性的要求

在企业传统的管理方式下,只有极少数的人需要写流程,而且这些所谓的流程其实大多数情况下就是一些制度或规定,这些制度规定是否执行、是否持续更新改进,可能根本无人问津。然而流程建设和管理工作完全颠覆了传统管理的做法,不但要求全员参与,还要强调流程的全寿命周期管理,这是极富挑战性的工作,这种挑战性首先并不在于工作量的大小,而是在于思想观念、工作习惯的改变,通过实施项目管理,需要对项目的目标、范围、项目干系人等进行充分的识别、分析和管理,这些工作包括赞助人沟通、员工培训、流程宣贯的方式选择等,在此基础上,制定周密可行的项目计划并执行跟踪。一个好的流程建设项目经理就是一个优秀的变革管理大师,他能够准确地发现变革中出现的问题和风险,并采取有效的方法解决和应对。

6.1.2 流程建设工作协作性的要求

流程建设工作的协作性主要表现在一项工作需要很多角色的参与,这些角色参与的时间、参与的任务主题、角色来自的部门等都存在很大的区别。以任务主题来说,可能是流程开发的思路研讨,也可能是某项业务活动作业标准的制定,还可能是流程的宣贯或审视优化等,组织者需要因不同的主题协调不同的角色参加,这种独特性的工作决定了项目管理的方式才是流程建设工作最有效的组织方式。另外,由于流程管理部门面对的部门很多,一个流程工程师要服务多个业务或职能部门,包括经常需要发起的跨部门流程建设项目在内,流程管理部门面临的实际上是一个多项目管理的环境。如何有效地协调资源、提高部门之间的合作效率以及单个资源的有效利用率,是部门经理和项目经理需要经常考虑的问题。

6.1.3 流程建设绩效目标的监控与评价的要求

在烽火通信,每个流程责任人都要承担流程建设方面的绩效目标,这个目标由流程建设覆盖率、流程审视完成率、流程架构维护质量、跨部门流程项目完成质量及流程审计合格率这五个指标构成。为了准确跟踪和评估各部门的指标完成情况,需要通过项目目标制定的方式落实这些指标,然后在项目计划制定中将指标落到实处。

6.1.4 流程建设工作持续性开展的要求

流程建设的持续性是由流程和业务的持续改进需求决定的,这种持续性是指要把流程建设和管理工作当做日复一日、年复一年需要经常性开展的工作,需要相关人员对这项工作做出持续性的承诺,进而形成一种团队工作习惯。项目管理的周例会或双周例会机制是一种推动这项工作持续进行的很好的工作机制(详见"流程建设项目例会管理流程"),在每一个周期内,项目经理以项目计划和当时的业务情形为依据,制定一周或双周的工作滚动计划并执行,确保项目目标和项目范围内的工作得到关注和实施。烽火通信的实践证明,当"流程建设项目例会管理流程"运行顺利的时候,项目经理、流程专员、流程工程师、流程拟制人、流程监护人及 SME 等角色能够保证持续有效的协作,项目交付质量和例会效率会不断提升,学习曲线呈现出良性提升的态势。

■ 博文注解　以项目的方式实施流程变革 ■

前几天参加 IBM-GBS 搞的一次业务推广活动,看到不少企业变革的案例,其中有不少失败的案例。企业变革失败的原因很多,比如企业文化、高层重视程度等,变革活动的非正式性也是其中的主要原因之一。

由于没有项目定义,没有鲜明的项目管理的要求和机制,没有正式的项目治理结构,大家没有对项目的承诺,也就不会有任何被项目约束的感觉,这是很多企业的流程人员在进行流程改进等变革工作时遇到的很头疼的问题。

以下是一些典型的场景:

这几天要参与一个招标项目,很抱歉,我们没有时间参与采购流程的问题识别了;

张经理这几天请假了,无法参与计划模式的讨论;

业务部门访谈的结论很早就完成并提交给刘总了,我们现在在等他下一步的安排;

关于这次的库存业务改进工作,我们并不清楚具体的目标是什么,也不知道谁是负责人;

在这项工作上,我们和销售部门到底是什么关系,我们不清楚。

要改变这种被动的局面,必须对变革工作采取项目管理的方式来实施,首先增强大家对项目的承诺感,这还只是做好变革工作的第一步。

引自《胡云峰个人专栏》(http://blog.vsharing.com/frank_hu/)

6.1.5 平台能力建设项目管理流程架构

流程建设属于企业的管理平台能力建设,为了做好这类项目的规范化管理,需要理清项目管理过程中各个参与角色之间的关系,这就需要平台能力建设项目管理的流程,通过这些流程描述清楚项目实施的各个阶段各个角色之间的管理工作的分工、工作标准及协作机制,图 6-1 所示为烽火通信平台能力建设项目管理的流程架构,包括项目立项、问题原因分析、监控及项目总结等流程。

第 6 章 企业流程建设项目运作与管理

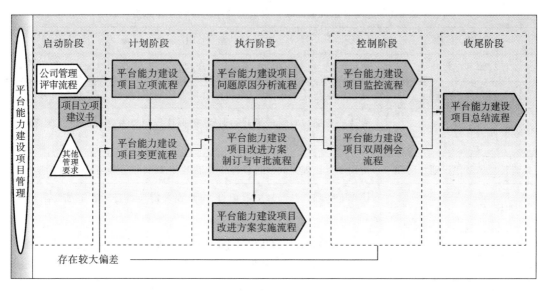

图 6-1 烽火通信平台能力建设项目管理的流程架构

6.2 流程与体系建设项目立项流程

6.2.1 流程与体系建设项目立项流程的概况

1. 业务概述及流程目的

流程与体系建设项目立项流程描述了从流程与体系建设项目需求开始到立项沟通,再到项目报告编制与审批,最后完成开工会并发布立项报告的过程。

以往存在的主要问题是各业务域专业化系统性的流程建设工作几乎是空白,体系建设工作也基本依靠部门领导的强调,管理工作随意性很大;年度流程建设工作在目标、范围及工作计划等方面缺乏整合统一的思考和策划,造成流程变更频繁,管理的严肃性缺失。

2. 流程范围及驱动规则

流程与体系建设项目立项流程适合于开展流程建设的所有部门和子公司。

流程与体系建设项目立项流程驱动规则:时间驱动,每年年初。

3. 流程设计思路

针对每年开展流程与体系建设工作中存在的问题,强调在项目立项阶段就思考清楚,所以需要在开工前做好充分的沟通和协调,确保项目组成员对项目的目标、范围、计划及沟通与风险管理的各个方面达成高度统一后,通过开工会的方式对这些内容正式确认。

4. 流程客户及角色职责

流程与体系建设项目立项流程的客户:项目组和流程责任人。

流程与体系建设项目立项流程中的角色及其职责见表 6-1。

表 6-1　流程与体系建设项目立项流程中的角色及其职责

角色名称	角色职责
流程与体系工程师	协助沟通,推动立项,支持项目立项报告编写,传播关键方法
流程管理部门经理	征集流程与体系建设需求,传达公司管理期望,沟通立项,推动立项
业务部门总经理	表达业务部门对管理提升的期望,把握流程与体系建设项目方向,提供项目所需要的资源
流程与体系建设项目助理	协助项目经理完成项目管理相关工作,包括日常管理与辅助性事务
SME	协助业务部门总经理把握项目方向,在确定项目目标和范围时给出专家意见
流程与体系建设项目经理	参与立项沟通,了解公司及部门期望,完成立项报告编制,主导立项报告评审,最后发布立项报告
项目组成员	了解项目概况,熟悉角色职责,学习工作方法

6.2.2　流程与体系建设项目立项流程的详细说明

1. 流程图、流程阶段划分

流程与体系建设项目立项流程图、流程阶段划分见图6-2。

（1）立项沟通阶段　每年初同业务部门沟通流程与体系建设的期望,寻找合适的切入点,同时将流程管理循环的基础工作一起打包成一个项目,在沟通阶段重点就项目目的、目标、范围、策略达成一致意见。

（2）立项报告编制与审核阶段　根据沟通结果编制立项报告,组织评审签批,强调赞助人对资源的承诺。

（3）开工启动阶段　立项报告批准后,项目经理组织召开开工会,确认项目正式启动。

2. 流程活动详细说明

流程与体系建设项目立项流程中的活动说明见表6-2。

表 6-2　流程与体系建设项目立项流程中的活动说明

活动编号	执行角色	活动名称	活动说明	输入	输出
01	流程管理部门经理	征集流程与体系建设项目需求	一方面,通过正式通知征集各业务块流程与体系建设的需求,识别有较高意愿开展流程与体系建设的部门;另一方面,结合公司领导的关注,选择公司希望提升基础管理水平的业务块;最终确定较适合开展流程与体系建设的部门	部门年度绩效目标、前一年的项目工作总结报告	项目需求文档

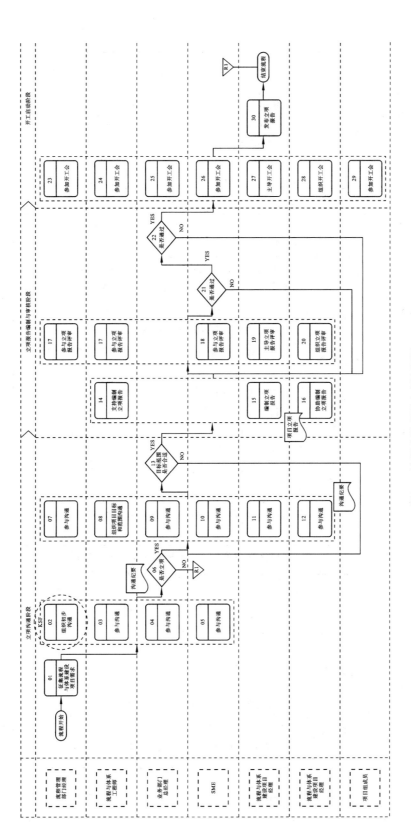

图6-2 流程建设项目立项流程图

续表

活动编号	执行角色	活动名称	活动说明	输入	输出
02	流程管理部门经理	组织初步沟通	约定时间,同业务部门总经理及SME初步沟通流程与体系建设项目的愿景、目的、工作方式、所需资源等情况		
03	流程与体系工程师	参与沟通	参与沟通,协助说明流程与体系建设项目的愿景、目的、工作方式、所需资源等情况,介绍具体工作方式完成会议纪要		
04	业务部门总经理	参与沟通	初步沟通项目的愿景、目的、工作方式、所需资源等情况,提出自身关注及对项目的期望		
05	SME	参与沟通	初步沟通项目的愿景、目的、工作方式、所需资源等情况,提出自身关注及对项目的期望		
06	业务部门总经理	是否立项	判断立项必要性,如立项,需指定项目经理和项目助理;如不立项,流程结束		
07	流程管理部门经理	参与沟通	评审项目目标、范围,对工作方式提出完善意见		
08	流程与体系工程师	组织项目目标和范围沟通	基于初步沟通的纪要,结合部门实际情况进一步确定项目的目标和范围,确定工作开展具体方式(会前需要同项目经理沟通形成初步意见,以提升会议效率)		
09	业务部门总经理	参与沟通	评审项目目标、范围,对工作方式提出完善意见		
10	SME	参与沟通	评审项目目标、范围,对工作方式提出完善意见		
11	流程与体系建设项目经理	参与沟通	协助流程与体系工程师完成初稿汇报;结合会前工作与自身理解,对项目组工作给出完善意见		
12	流程与体系建设项目助理	参与沟通	参与评审会,了解项目要求,完成会议纪要		
13	业务部门总经理	判断项目目标范围是否合适	确定目标、范围是否合适,如合适,明确项目组员;如不合适,重新进入第二轮讨论		批准后的项目需求
14	流程与体系工程师	支持编制立项报告	对立项报告的编写提供方法指导		

续表

活动编号	执行角色	活动名称	活动说明	输入	输出
15	流程与体系建设项目经理	编制立项报告	根据前次沟通纪要完成项目立项报告；明确：项目概述、定义、目的、目标、范围、项目策略与原则、项目组织结构及成员职责、项目工作计划、项目风险与控制、项目沟通等相关内容		项目立项报告初稿
16	流程与体系建设项目助理	协助编制立项报告	协助项目经理完成项目内容，形成书面项目立项报告		
17	流程管理部门经理	参与立项报告评审	从方法论、公司要求层面关注立项报告内容		
17	流程与体系工程师	参与立项报告评审	参与立项报告评审，关注立项报告的完整性，并对立项报告进行补充解读		
18	SME	参与立项报告评审	代表业务部门总经理主导立项报告评审，给出专家意见		
19	流程与体系建设项目经理	主导立项报告评审	在立项报告评审会上，讲解立项报告具体内容与要求		
20	流程与体系建设项目助理	组织立项报告评审	组织立项报告细节评审，对立项报告各章节逐一确认		
21	SME	是否通过	判断立项报告内容是否合适，如合适，提交下一级审批；如不合适，打回修改，重新评审		
22	业务部门总经理	是否通过	审批立项报告，如通过，签批立项报告；如不通过，打回修改，重新评审		正式批准的项目立项报告
23	流程管理部门经理	参加开工会	参加开工会，协助说明项目相关要点，表达期望		
24	流程与体系工程师	参加开工会	参加开工会，协助说明项目相关要点，表达期望，就项目过程中的关键点进行强调说明		
25	业务部门总经理	参加开工会	参加开工会，协助说明项目相关要点，表达期望		
26	SME	参加开工会	参加开工会，协助说明项目相关要点，表达期望		
27	流程与体系建设项目经理	主导开工会	主导项目开工会，介绍项目背景、愿景、目的、目标、范围、工作方式、里程碑计划等内容，让项目干系人对项目形成共同认识		

续表

活动编号	执行角色	活动名称	活动说明	输入	输出
28	流程与体系建设项目助理	组织开工会	组织项目开工会,要求项目赞助人、SME等项目干系人参加		
29	项目组成员	参加开工会	参加项目开工会,了解项目相关情况,重点关注所承担角色需要完成的工作		
30	流程与体系建设项目经理	发布立项报告	在公司范围正式发布立项信息		

3. 关键活动及控制要求

流程与体系建设项目立项流程中的关键活动见表6-3。

表6-3 流程与体系建设项目立项流程中的关键活动

关键活动	活动编号	活动名称	活动说明	关键说明
关键成功因素	02	组织初步沟通	约定时间,同业务部门总经理及SME初步沟通流程与体系建设项目的愿景、目的、工作方式、所需资源等情况	业务部门总经理对流程管理的价值认同很重要,只有赞助人认为系统性地开展流程与体系建设对部门有意义,立项才有可能;重点要准备一些线索或案例,通过案例分析让业务部门总经理理解

4. 立项报告主要内容

流程与体系建设项目立项报告的主要内容如下。

(1)项目概述。
(2)定义。
(3)目的。
(4)项目目标。
(5)项目范围。
(6)项目策略与原则。
(7)项目组织结构及其成员职责。
(8)项目工作计划。
(9)项目风险与控制。
(10)项目沟通管理。

6.2.3 实施要点

1. 关键活动实践

1)立项沟通要充分

有好的开始才会有好的结果。立项沟通阶段非常重要,需要对项目的目的、目标、范围及策略进行充分沟通。一方面,业务部门要将自己的期望表达清楚,如希望解决哪些业务问题;另一方面,流程管理部门也需要针对问题,结合流程价值进行一些必要分析,让业务部门理解流程能够为它带来的帮助。

立项沟通类似于一个产品开发的概念阶段,只有在该阶段把产品的需求整合清楚,识别出哪些需求可以满足,哪些需求以后能满足,哪些需求不可能满足,才能做到有的放矢,目标明确。概念阶段时间可以相对长一点,充分确保整个项目方向的正确,这样的项目才有成功的可能。

2)项目沟通管理

在立项沟通过程中,要重点强调项目沟通管理方式的确认。项目沟通管理涉及沟通对象、沟通方式、沟通频率、问题升级通道等,其中最重要的是项目例会沟通。

(1)在企业开展流程与体系建设时,往往会涉及多个业务部门同时展开流程建设,因此各项目例会周期与时间需要相对稳定,以确保各方资源的分配,同时也容易分配瓶颈资源。

(2)流程与体系建设项目涉及大量的研讨、评审工作,项目成员的参与度是项目质量的保证,只有项目例会沟通能够稳定开展,项目成员的参与度才能提高。

(3)流程与体系建设是长期持久需要开展的工作,只有沟通时间分配有序,才能既保证管理的持续改进,又能保证日常业务的有序开展。

流程与体系建设项目以一个个业务块立项的形式开展,业务块内的沟通往往也发生在一个部门内,因此相对容易。当涉及跨业务块问题沟通时,基本也跨出了业务部门,因此相对困难,对于此类问题,流程与体系顾问要协调跨部门的沟通工作,运用各种方法去推动问题解决。

3)在年度流程开发计划中选择要优先开发的流程

(1)痛点优先原则　流程开发的目的是为了解决业务问题,基于痛点分析,选择痛点对应的流程是务实的做法。但要注意本业务环节的痛点除了本环节的因素之外,还存在上下游环节业务的影响,因此为了解决痛点,要全局考虑选取系列流程,这样效果才能明显。

(2)价值链打通原则　即在主业务链条上进行端到端的打通,特别是在流程建设初期,需要将有限的资源投入到关键增值业务上去,同时只有端到端的思考,业务才能不偏离业务的最终目的。

(3)跨部门对接优先原则　流程的重要价值就是打破"部门墙",实现无边界的管理,而部门设置主要是从效率及业务专业化的角度进行考虑,因此问题往往出现在跨部门的业务环节。流程建设计划需要重点关注这个问题。

2. 实践误区解读

开工会搞形式主义。

每一个流程与体系建设项目都要举行开工会,项目赞助人、SME、项目经理、流程管理部门经理、顾问及项目组成员都要参加会议,进行一些关于项目背景、项目目的、目标、范围的介绍及自我介绍,但开工会不是搞形式主义,开工会有主要的意义。

开工会让项目干系人更加直观地认识到组织的存在,项目是横向组织,特别是在弱矩阵的项目组织里,项目经理地位相对弱势,人们往往更加关注资源池部门经理的要求,因此通过开工会可以强调资源池部门对项目资源的投入。

开工会让项目干系人特别是流程监护人了解项目意义及工作方法,对项目目标达成共识，尤其要在项目沟通和风险管理方面要达成共识（比如在项目沟通管理方面，各个部门的流程建设项目都有周例会，会议的效率和效果是项目成功的关键，以前经常有人以各种理由不参加项目例会，为此，要在项目沟通计划中对例会的时间选择做了充分沟通，需要所有项目组成员，包括流程工程师，都要对这个例会时间做出承诺，今后除非特殊情况，大家必须兑现自己的承诺），为后续项目工作的正常开展做好铺垫。

另外，流程与体系建设是变革性质的工作，是导入一种新的管理提升的机制，因此开工会也起到一种文化宣传、变革松土的作用。

因此，开工会的有效召开是项目成功的关键。图6-3、图6-4所示为烽火通信系统设备制造部和流程建设项目开工会的参与人员。

图6-3　系统设备制造部流程建设项目开工会（一期）参与人员合影

图6-4　系统设备制造部流程建设项目开工会（二期）参与人员合影

6.3　流程建设项目例会管理流程

6.3.1　流程建设项目例会管理流程的概况

1. 业务概述及流程目的

流程建设项目例会管理流程从项目管理的角度描述了流程建设项目一个例会周期内

的相关工作流程,自上次例会结束之后的计划制定至本次会议准备完成为止。

目的:提高会议效率、提高流程评审质量。

2. 流程范围及驱动规则

流程建设项目例会管理流程适用于开展流程建设的所有部门和子公司。

流程建设项目例会管理流程的驱动规则:时间驱动,每次例会结束后第二个工作日启动。

3. 业务痛点与设计思路

业务痛点:存在流程建设项目计划执行不力、项目监控松弛的现象,影响流程建设项目进度;由于会前各种准备不充分,造成例会的效率不高,影响项目交付质量及团队士气。

流程建设项目例会管理流程通过明确从计划制定开始到计划沟通、执行监控、例会议题准备、会议组织再到会议结论跟踪的全过程,使得项目计划能够分解到各个环节并得以有效执行。

4. 流程客户及角色职责

流程建设项目例会管理流程的流程客户:项目组与流程责任人。

流程建设项目例会管理流程中的角色及其职责见表6-4。

表6-4 流程建设项目例会管理流程中的角色及其职责

角色名称	角色职责
项目经理	参与计划的制订并确定每周例会议题
流程专员	制订计划,准备、组织每周例会的召开并落实计划
流程拟制人	参与计划的沟通并执行计划
流程监护人	参与计划的沟通并执行计划
流程与体系管理	参与计划的沟通并执行计划
参与流程建设的相关角色	参与计划的沟通并执行计划
SME(业务主题领域专家)	参与计划的沟通并执行计划

6.3.2 流程建设项目例会管理流程的详细说明

1. 流程图、流程划分

流程建设项目例会管理流程图及流程划分见图6-5。

2. 流程活动详细说明

流程建设项目例会管理流程中的活动说明见表6-5。

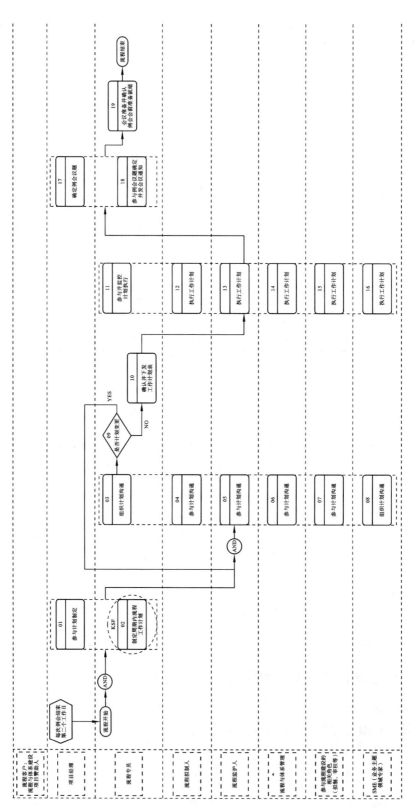

图6-5 流程建设项目例会管理流程图

表 6-5　流程建设项目例会管理流程中的活动说明

活动编号	执行角色	活动名称	活动说明	输入	输出
01	项目经理	参与计划制定	流程例会结束后,依据例会结论和全年流程建设计划、目标来给截止到下次流程例会期间的工作计划提供意见		下周工作计划
02	流程专员	制定周期内流程工作计划	流程例会结束后,依据例会结论和全年流程建设计划、目标来制定截止到下次流程例会期间的工作计划;包括确定下周会议评审内容、确定下周参会人员、拟制人提交流程文件审核的时间点、流程文件修订完成时间点等		
03	流程专员	组织计划沟通	将制定好的计划以邮件的形式发送给下周需要参会的人员,并跟踪确认是否可以参会,是否可以在规定时间内完成任务等		
04	流程拟制人	参与计划沟通	依据流程专员发送的计划给予回复确认,如有需要调整计划,则需回复流程专员并给予调整方案		
05	流程监护人	参与计划沟通	依据流程专员发送的计划给予回复确认,如有需要调整计划,则需回复流程专员并给予调整方案		
06	流程与体系管理	参与计划沟通	依据流程专员发送的计划给予回复确认,如有需要调整计划,则需回复流程专员并给予调整方案		
07	参与流程建设的相关角色(拟制、审视等)	参与计划沟通	依据流程专员发送的计划给予回复确认,如有需要调整计划,则需回复流程专员并给予调整方案		
08	SME(业务主题领域专家)	参与计划沟通	依据流程专员发送的计划给予回复确认,如有需要调整计划,则需回复流程专员并给予调整方案		
09	流程专员	是否计划变更	依据各参会人员对计划的回复,如有需要调整计划的,则依据与参会人员协调后的调整方案修订计划,修订计划后再与各参会人员进行沟通确认,如没有需要调整的,则准备下发计划		
10	流程专员	确认并下发工作计划表	将已经确认的工作计划表下发给所有参会人员		确认的周工作计划
11	流程专员	参与并监控计划执行	在工作计划下发后,依据工作计划,在任务要求完成的时间点前去提醒执行者及时完成,并获取各项工作完成的进度,且将工作完成进度及时汇报给项目经理; 需要参会评审的流程需要在例会召开前两个工作日之前提交到流程监护人、流程专员、流程与体系工程师审核		

续表

活动编号	执行角色	活动名称	活动说明	输入	输出
12	流程拟制人	执行工作计划	依据流程专员发布的计划,在要求完成的时间点交付相应的工作成果		
13	流程监护人	执行工作计划	依据流程专员发布的计划,在要求完成的时间点交付相应的工作成果		
14	流程与体系管理	执行工作计划	依据流程专员发布的计划,在要求完成的时间点交付相应的工作成果		
15	参与流程建设的相关角色（拟制、审视等）	执行工作计划	依据流程专员发布的计划,在要求完成的时间点交付相应的工作成果		
16	SME（业务主题领域专家）	执行工作计划	依据流程专员发布的计划,在要求完成的时间点交付相应的工作成果		
17	项目经理	确定例会议题	在例会召开前两个工作日,依据流程专员汇报的各项工作完成情况,确定最终的例会议题		
18	流程专员	参与例会议题确定并发会议通知	在例会召开前两个工作日,提供各参会人员沟通确认的工作完成情况,并对例会议题提供意见；准备参加部门级评审的流程,如果没有通过流程监护人、流程专员和流程工程师提前审核的,不能列入部门级评审会议题；在与项目经理确定议题后,及时以邮件的形式发布会议通知给所有需要参会的人员,通知中需要明确会议议程安排的顺序和每项议题需要参与的人员名单		
19	流程专员	会议准备并确认例会前准备就绪	召开例会前一个工作日需要确认如下事项：会议室、投影仪、白板、白板笔等资源都已具备；评审资料具备参会资格；参会人员能及时与会		

3. 关键活动及控制要求

流程建设项目例会管理流程中的关键活动见表6-6。

表6-6 流程建设项目例会管理流程中的关键活动

关键活动	活动编号	活动名称	活动说明	关键说明
关键成功因素	02	制定周期内流程建设工作计划	流程例会结束后,依据例会结论和全年流程建设计划、目标来制定截止到下次流程例会期间的工作计划,包括确定下周会议评审内容、下周参会人员、拟制人提交流程文件审核的时间点、流程文件修订完成的时间点等	计划是确保本次例会取得成效的前提,例会上的工作成效需要会前很多的投入,周期内的工作计划将有效的保证会前相关工作有序开展

6.3.3 实施要点

1. 关键活动实践

1）有序开展例会前的工作来保证例会效果

项目例会的主要议题是评审流程图和流程文件,项目例会上会有与流程相关的大部分角色及 SME、项目经理、流程与体系工程师参会,参会人数多,如果会前没有就关键环节达成一致意见,例会的效率将难以保证。

确保思路研讨工作深入开展,没有在思路研讨阶段达成一致认识的流程不能上例会评审。

确保流程图部门内部评审深入开展,没有在部门内部达成一致认识的流程不能上例会评审。

确保流程图、流程文件的低层次问题在会前解决,在例会评审时主要关注业务方向与活动说明,有关流程方法、工具、标准等问题应在会前解决。

项目助理需要通过周期工作计划的形式将上述任务安排在合理的时间开展,跟踪及监控合适的人参加相关讨论和任务的落实。

2）提高项目例会效率的方法

例会效率很重要,高效的会议能提升参会者参会的积极性。组织例会时,首先最好能考虑流程的业务相关性,将上下游或同一业务块的业务流程评审安排在同一次例会上,以提高参会效率及质量。另外,时间段管理也非常重要,一次流程项目例会可能会涉及不同的拟制人与评审者,让大家在合适的时间里有选择性地参与,以避免浪费时间,提高会议效率。第三,会议主持者对会议的控制力也很重要,汇报时请大家只听不说,讨论问题时请大家提出问题,讨论解决方案时只提建议,分析方案好与坏时也要分别聚焦,会议主持者自己要有清晰的逻辑,需要不时提醒大家聚焦会议议题,避免会议议题的过渡发散。

2. 实践误区解读

流程监护人在例会上对流程提出修改意见。

流程例会上进行一级部门流程评审时,经常出现流程监护人还在对流程提出否定意见的情况。出现这种现象的根本原因是流程监护人在自己所负责的部门内的流程评审没有充分参与,即本部门内的评审没有达成一致意见。

流程监护人在流程拟制过程中是非常重要的角色,在思路研讨阶段要提供思路,在流程图内部评审阶段要协调各个环节,给出决定性意见,统一思路。只有确保前面两个阶段的充分参与才能保证最终流程的质量。因此一定要避免流程监护人在一级部门流程图评审例会时提出修改意见的情况,流程监护人应该担当起流程建设的重任,积极参与到流程建设的各个环节中来。

6.4 流程与体系建设项目监控流程

6.4.1 流程与体系建设项目监控流程的概况

1. 业务概述及流程目的

流程与体系建设项目监控流程描述了流程与体系工程师(流程项目顾问)每月从核对项目偏差开始到原因确认,再到计划修订或纠偏措施制定,最后审批发布的过程。该过程完成了每月项目监控的闭环工作。

流程与体系建设项目监控流程规范了流程与体系建设项目变更的过程,就项目变更存在的各种情况给出了操作方法。同时避免了项目计划随意调整的情况,确保项目进程的可控制,最终保证项目目标的达成以及项目输出的质量。

2. 适用范围及驱动规则

流程与体系建设项目监控流程适用于开展流程建设的部门和子公司。

流程与体系建设项目监控流程的驱动规则:时间驱动,每月 25 日驱动。

3. 业务痛点与设计思路

本业务以往存在的主要问题在于项目变更随意,无章可循,造成项目变革失控的现象;各种类型的变更没有明确审批途径。流程与体系建设项目监控流程对变更分类进行了界定,确保了不同的变更有不同的处理方法,同时明确了流程与体系工程师对项目监控的频率要求,使得项目监控能够常态化进行。

4. 流程客户及角色职责

流程与体系建设项目监控流程的客户:项目经理、项目赞助人。

流程与体系建设项目监控流程中的角色及其职责见表 6-7。

表 6-7 流程与体系建设项目监控流程中的角色及其职责

角色名称	角色职责
流程与体系工程师	定期核对项目任务,发现偏差,确认计划调整
项目助理	确认偏差及造成偏差的原因,向项目经理汇报工作进展,根据需要修订项目计划或协助制定纠偏措施,最终发布新的项目计划
项目组成员	确认造成项目偏差的原因,确认调整的项目计划,制定纠偏措施
项目经理	判断是否需要进行计划调整或范围调整,判断调整后的计划或纠偏措施是否合理
流程与体系建设项目经理	判断调整后的计划或纠偏措施是否合理

6.4.2 流程与体系建设项目监控流程的详细说明

1. 流程图、流程阶段划分

流程与体系建设项目监控流程图及流程划分见图 6-6。

(1)监控阶段 每月末核对项目偏差,同项目助理(部门流程与体系专员)及相关项目组成员进行确认,确认项目执行偏差。

(2)纠偏与调整阶段 判断偏差类型,对于时间计划的调整,由项目助理(部门流程与体系专员)完成计划调整,并与项目组成员一道制定纠偏措施,在项目组内部审核即可;对于项目范围的调整,则需纳入流程与体系建设项目变更管理的范畴。

(3)审批与发布阶段 将纠偏措施和项目调整计划报项目经理和流程与体系管理部门经理,经确认后发布。

2. 流程活动详细说明

流程与体系建设项目监控流程中的活动说明见表 6-8。

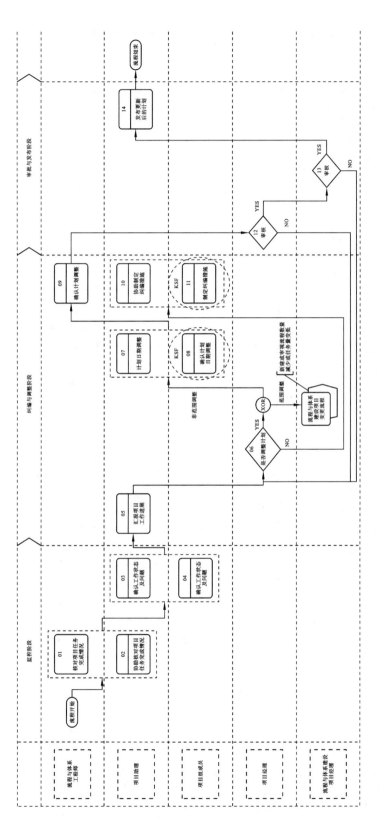

图6-6 流程与体系建设项目监控流程图

表 6-8　流程与体系建设项目监控流程中的活动说明

活动编号	执行角色	活动名称	活动说明	输入	输出
01	流程与体系工程师	核对项目任务完成情况	根据项目计划核对工作项完成情况,并与项目助理当面进行确认		项目进度偏差
02	项目助理	协助核对项目任务完成情况	协助核对,并确认延迟工作项		
03	项目助理	确认工作状态及问题	同工作项责任人确认工作项延迟情况及原因		
04	项目组成员	确认工作状态及问题	确认工作项状态说明延期原因		
05	项目助理	汇报项目工作进展	以邮件的形式等向项目经理汇报工作项延期情况,并抄送工作项负责人、流程体系工程师、流程与体系管理部经理、SME 及项目赞助人		
06	项目经理	是否调整计划	邮件回复是否进行计划调整,如不改计划,限期要求工作项负责人给出纠偏措施;如只修改计划时间,请项目组织推动计划时间修订;如涉及范围调整,则进入"流程与体系建设项目变更流程"		审批意见
07	项目助理	计划日期调整	同工作项负责人沟通计划日期调整。以邮件的形式将调整后的计划发给项目经理,并抄送给流程与体系工程师		
08	项目组成员	确认计划日期调整	沟通并确认计划日期调整		
09	流程与体系工程师	确认计划调整	确认调整后计划安排的合理性,主要从工作量的角度判断		
10	项目助理	协助制定纠偏措施	协助制定并确认纠偏措施,根据项目经验判断可行性,确保措施能够落到实处及产出的质量		纠偏措施
11	项目组成员	制定纠偏措施	制定合适的纠偏措施,同项目助理确认后以邮件的形式发给项目经理,抄送项目助理,流程与体系工程师		纠偏措施
12	项目经理	审核	审核项目计划合理性,关注任务分配、资源满足情况,同时也关注产出质量控制,审核通过,以邮件的形式发送给流程管理部门经理;审核不通过,打回,重新完善计划或措施		
13	流程与体系管理部经理	审批	批准调整后的项目计划或纠偏措施(知晓),审批通过,以邮件的形式回复项目经理、项目助理、流程与体系工程师、SME、项目赞助人;审批不通过,以邮件的形式回复上述各角色,请重新完善项目计划		审批结论
14	项目助理	发布更新后的计划	在项目组正式发布更新后的项目计划		

3. 关键活动及控制要求

流程与体系建设项目监控流程中的关键活动见表 6-9。

表 6-9　流程与体系建设项目监控流程中的关键活动

关键活动	活动编号	活动名称	活动说明	关键说明
关键成功因素	08	确认计划日期调整	沟通并确认计划日期调整	计划调整不是目的,目的是为了项目目标的达成,因此需要有合理的计划安排
	11	制定纠偏措施	制定合适的纠偏措施,同项目助理确认后以邮件的形式发给项目经理,抄送至项目助理、流程与体系工程师	项目计划不调整,需要工作项能够通过一定的措施来弥补延期的问题,目的是为了项目目标的达成,因此需要有合理的纠偏措施

6.4.3　实施要点

1. 关键活动实践

保持适中的监控频率与力度。

项目监控让工作有序地分布在各个时间段内,以保证项目的进度,控制各种交付件的质量。烽火通信在流程管理成熟度不高的时期,部分流程监护人与拟制人并未完全意识到流程是进行基础管理的必备手段,有人甚至认为流程工作是本职工作之外的事情,而此时流程监控频率过高,力度太大,会让大家产生逆反心态。因此,必须把握好合理的监控频率与力度。每月一次的监控频率较为合适,监控点只需要关注最终的流程建设进度节点即可。

在流程建设项目中,流程与体系工程师需要更多地通过自身服务来代替项目监控,在流程建设过程中,积极参与到每一个关键节点,如思路研讨、流程图及文件的评审等,这样能够更早地发现项目偏差,把监控工作做到前端。

2. 实践误区解读

每次监控到偏差都要修改项目计划。

监控到偏差后是否要修改项目计划要视不同情况而定。如果每次发现偏差都修改计划,那就丧失了计划的严肃性,但如果发现偏差又长期不修改计划,这又使得计划得不到尊重。因此不同情况需要不同对待。如果计划偏差经过分析后发现在下一个监控周期(一般为一个月为滚动周期)里能够修正,则暂时不用修改计划,但要记录延期并给出应对措施。如果计划偏差在下一个监控周期里没能修正,则需要重新修改计划,还要分析连续延期的原因并采取应对措施。计划变更时需要按照流程进行审核批准,这样计划监控张弛有度又能达到监控的目的。

6.5　流程建设项目变更管理流程

6.5.1　流程与体系建设项目变更管理流程的概况

1. 业务概述及流程目的

流程与体系建设项目变更管理流程描述了流程与体系建设新建项目或审视优化流程

数量减少或任务量变低时,由流程与体系专员提交建设项目变更申请表,并报项目经理、SME、流程与体系工程师、流程与体系管理部经理审核、并更新项目数据的过程。

本业务以往存在的主要问题在于项目任务量变更随意,项目范围变更无相关的依据和规范。

流程与体系建设项目变更管理流程规范了流程与体系建设项目变更的过程,避免了项目范围和任务量随意调整的情况,确保项目范围的可控性,最终保证项目目标的达成及项目输出的数量符合要求。

2. 流程范围及驱动规则

流程与体系建设项目变更管理流程适用于开展流程与体系建设项目的各部门或子公司。

流程与体系建设项目变更管理流程的驱动规则:事件驱动,各部门或子公司内部确认需要提出项目变更需求时启动。

3. 业务痛点与设计思路

痛点　项目范围变更无明确审批路径,遇到项目变更时,流程管理部门非常被动。

设计思路　对项目范围变更的内容、标准及变更的审批路径进行规范。

4. 流程客户及角色职责

流程与体系建设项目变更管理流程的客户:流程管理部门经理。

流程与体系建设项目变更管理流程中的角色及其职责见表6-10。

表6-10　流程与体系建设项目变更管理流程中的角色及其职责

角色名称	角色职责
流程管理部门经理	最终批准变更申请
SME	代表业务部门批准变更申请
流程工程师	审核变更申请真实性和完整性
项目经理	审核变更申请
流程月报管理员	依据变更结果修订统计数据
流程与体系专员(主责)	填写申请表,并主导跟踪审批过程,更改项目相关数据

6.5.2　流程与体系建设项目变更管理流程的详细说明

1. 流程图、流程阶段划分

流程与体系建设项目变更管理流程图、流程阶段划分见图6-7。

2. 流程活动详细说明

流程与体系建设项目变更流程中的活动说明见表6-11。

第 6 章　企业流程建设项目运作与管理

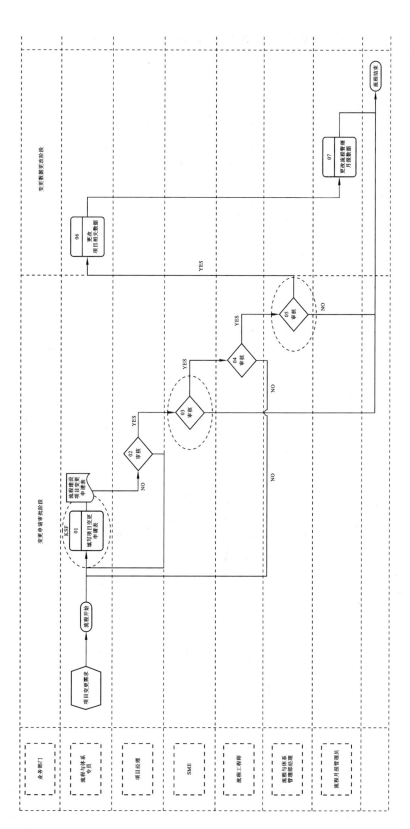

图6-7　流程与体系建设项目变更流程图

表 6-11 流程与体系建设项目变更管理流程中的活动说明

活动编号	执行角色	活动名称	活动说明	输入	输出
01	流程与体系专员（主责）	填写项目变更申请表	当接到部门内部关于流程建设项目变更需求，且导致流程建设项目任务量减少时，流程与体系专员填写"流程与体系建设项目变更申请表"，必须包括以下信息： 　　申请人；变更情况及原因；任务变化数量（流程开发与审视优化数量的变化） 　　申请表填写完毕后，以邮件的形式发送给项目经理及流程与体系工程师审核		项目变更申请
02	项目经理	审核	项目经理在收到流程与体系专员的邮件后，对变革原因、变更内容进行初审，并在两个工作日之内给出回复意见		
03	SME	批准	流程工程师收到项目经理的邮件后，对变更内容的真实性和合理性进行复审，征求流程管理部门的经理，在两个工作日内给出回复意见		
04	流程工程师	审核	流程管理部门经理参考项目经理和流程工程师的建议，做出最终的决策，以邮件的形式回复给流程与体系专员、项目经理、流程工程师、流程月报管理员以及绩效管理小组		
05	流程管理部门经理	审批			审批意见
06	流程与体系专员（主责）	更改项目相关数据	流程与体系专员在得到 SME 的邮件批准后，将流程清单做出相应调整，并将更新后的流程清单邮件送给流程月报管理员，并抄送给项目经理、流程与体系工程师和 SME		
07	流程月报管理员	更改流程管理月报数据	月报管理员收到流程专员更新的流程清单、SME 的回复意见后，对流程管理月报数据更改		

3. 关键活动及控制要求

流程与体系建设项目变更管理流程中的关键活动见表 6-12。

表 6-12　流程与体系建设项目变更管理流程中的关键活动

关键活动	活动编号	活动名称	活动说明	关键说明
关键成功因素	01	填写项目变更申请表	当接到部门内部关于流程建设项目变更需求,且导致流程建设项目任务量减少时,流程与体系专员填写"流程建设项目变更申请表",必须包括以下信息: 申请人; 变更情况及原因; 任务变化数量(流程开发与审视优化数量的变化) 申请表填写完毕后,以邮件的形式发送给项目经理及流程与体系工程师审核	便于后续审批者了解造成变更的原因,以便给出合理的决策
关键控制点	03	批准	流程工程师收到项目经理的邮件后,对变更内容的真实性和合理性进行复审,征求流程管理部门的经理,在两个工作日内给出回复意见	便于流程管理部门经理了解造成变更的原因及真实性,以便给出合理的决策

4. 流程表单

流程与体系建设项目变更管理流程中使用"流程与体系建设项目变更申请表",该表包括的主要内容:申请人信息、变更需要描述、申请原因、后续措施及审批意见栏。

6.5.3　实施要点

1. 变更与监控的关系

项目监控的主要目的是确保项目任务的完成,监控会发现进度偏差,制定措施弥补偏差,必要时调整计划时间。项目变更管理主要目的是对项目范围进行管理,采取必要的控制手段,确保项目范围不出现偏差。简而言之,监控保证进度,变更控制范围。项目监控涉及的决策在项目经理与流程管理部门经理层面完成,而变更涉及的问题可能需要在公司的更高层级进行决策。

2. 变更控制不是目的,要提前做好监控,避免变更的发生

变更控制是最后的防火墙,多数时候是不得已而为之。分析变更的原因发现,变更往往是因为项目进度控制没做好而造成的,任务不断地被延期,又没有好的纠正措施,到最后只能发起变更申请。从另一个角度来看,项目经理需要能够察觉项目未来的问题,对于不可能完成或由于环境变化引起的范围调整要提前考虑,提前发起变更申请,确保项目范围的合理控制。

6.6 流程与体系建设项目收尾流程

6.6.1 流程与体系建设项目收尾流程的概况

1. 业务概述及流程目的

流程与体系建设项目收尾流程明确了流程与体系建设项目收尾工作从启动时核对项目目标完成情况，到完成项目汇报材料、召开总结会并发布会议纪要的各项活动执行方法。前期流程与体系建设项目完成后没有进行规范的收尾工作，导致项目经验未及时总结，尤其是对后期流程建设的工作方向缺少指引。

2. 流程范围及驱动规则

流程与体系建设项目收尾流程适用于系统性开展流程与体系建设的所有部门或子公司。

流程与体系建设项目收尾流程的驱动规则：时间或事件驱动，项目经理确认项目目标完成时或年终启动。

3. 流程客户及角色职责

流程客户：开展流程与体系建设项目的部门。

流程与体系建设项目收尾流程中的角色及其职责见表6-13。

表6-13 流程与体系建设项目收尾流程中的角色及其职责

角色名称	角色职责
流程与体系建设项目经理	修改并确认项目收尾汇报材料，确保材料的客观性、正确性、全面性和深入性；总结会上对项目进行汇报
流程专员	核对项目目标完成情况并准备汇报材料（初稿）；组织项目总结会，并在会前将汇报材料（修改稿）发给参会人员并收集意见；拟制并发布会议纪要
SME	在总结会上，给予业务角度上的流程改进建议
项目赞助人	参加项目总结会，并在会上就项目完成情况进行评价，同时提出工作要求和期望
项目组成员	提供汇报材料素材；参与项目总结会讨论
流程与体系工程师	参与项目总结会
流程管理部门经理	参加项目总结会，评价业务部门流程与体系建设项目各项工作完成质量，提出流程建设工作的改进方向意见

6.6.2 流程与体系建设项目收尾流程的详细说明

1. 流程图、流程划分

流程与体系建设项目收尾流程图、流程划分见图6-8。

第 6 章 企业流程建设项目运作与管理

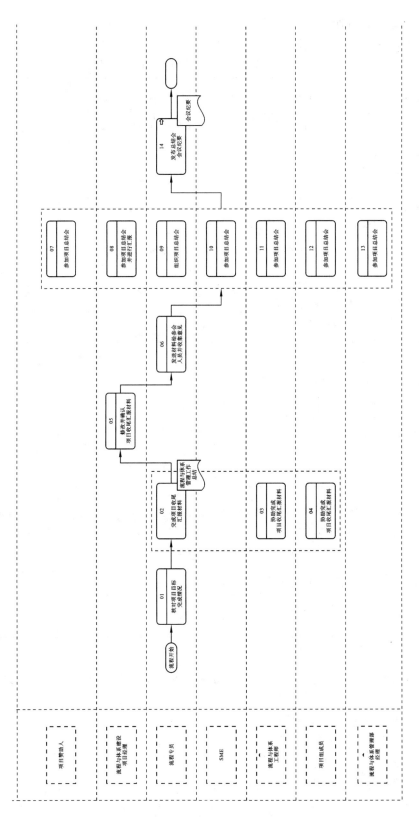

图6-8 流程与体系建设项目收尾流程图

2. 流程活动详细说明

流程与体系建设项目收尾流程中的详细活动见表 6-14。

表 6-14 流程与体系建设项目收尾流程中的活动说明

活动编号	执行角色	活动名称	活动说明	输入	输出
01	流程专员	核对项目目标完成情况	根据项目立项报告,核对项目目标完成情况		
02	流程专员	完成项目收尾汇报材料	收集素材,完成项目收尾汇报材料		
03	流程与体系工程师	协助完成项目收尾汇报材料	在业务部门流程专员完成汇报材料的过程中提供指导和支持		
04	项目组成员	协助完成项目收尾汇报材料	协助流程专员完成项目收尾汇报材料,根据需要提供素材和数据		
05	流程与体系建设项目经理	修改并确认项目收尾汇报材料	审核项目收尾汇报材料;对汇报材料进行修改和确认,保证材料内容客观、正确、全面及深入		审核意见
06	流程专员	发送材料给参会人员并收集意见	将项目收尾汇报材料发送给项目总结会所有参会人员;收集并记录各位参会人员的意见		
08	流程与体系建设项目经理	参加项目总结会并进行汇报	参加项目总结会完成项目总结汇报		
09	流程专员	组织项目总结会	组织项目总结会各项工作		
10	SME	参加项目总结会	参加项目总结会从业务角度提出流程规划及优化意见		流程建设方向性意见
11	流程与体系工程师	参加项目总结会	参加项目总结会		
12	项目组成员	参加项目总结会	参加项目总结会		
14	流程专员	发布总结会会议纪要	根据会议结论拟制并发布会议纪要		会议纪要.doc

3. 流程表单

流程与体系建设项目收尾流程中要用到"流程与体系建设管理工作总结",总结中应包括以下内容:

- 对流程与体系建设工作的看法。
- 流程与体系建设年度目标回顾。
- 目标完成情况与偏差分析。
- 本年度流程与体系建设工作亮点。

- 流程与体系建设工作存在的主要问题。
- 工作的收获(效果)分析。
- 下一年度的初步设想和工作重点。
- 对流程与体系管理工作的意见和建议。

6.6.3 实施要点

收尾工作同开工会一样重要。

收尾竣工会不是形式,而是对一年工作的总结与提升,是对未来工作的展望。管理工作没有定式,需要不断地总结与提升。竣工会要做到"少说成绩,多提问题,拿出措施"的要求。竣工会也是一次重要的项目沟通,项目赞助人需要对项目的结果作出点评,同时提出对未来的期望,项目组成员也需要表达对项目工作的看法与建议。只有很好地总结经验,才能让流程与体系建设项目的管理价值不断呈现。

6.7 流程建设项目关键角色

6.7.1 流程与体系管理工程师实践要点

在流程与体系建设过程中,流程与体系工程师是非常重要的角色。他负责宣传流程管理的思想,传授流程管理的方法,推动流程与体系建设具体工作的开展,参与到流程开发的重要环节当中,对确保流程发布的质量,收集并提供各类业务标杆实践为流程优化提供方向,协调各个流程建设项目之间的关系,推动跨项目问题解决等有非常重要的作用。做好这些工作也是流程与体系工程师履职成功的关键。流程与体系工程师要做好以下三个方面的工作。

(1) 要熟悉基本的管理方法 包括流程管理、体系管理、全面风险管理等。流程管理主要包括架构开发、架构维护、流程拟制、流程宣贯、审视优化、流程审计等。体系管理主要包括内审、外审、管理评审等。全面风险管理主要包括风险评估、内控评估及内控的测试方法。同时也要熟悉流程与体系、风险管理融合的基本方法,因为未来流程融合各类管理思想来实现简单化管理的方式将得到越来越多企业的认同。一般企业都基本涉及以上基础管理方法。展开来说,流程是一个承载各类管理思想的载体,所有的思想都可以并且应该通过流程表达出来,因此这也给流程与体系管理工程师带来了不断学习各类管理思想的需要和挑战。

(2) 要积累、丰富涉及企业运作方方面面的业务知识 比如,在服务销售部门开展流程与体系建设时,需要对营和销有所了解,需要了解客户关系管理、销售项目管理、合同管理等业务的业界最佳实践;在制造部门开展流程与体系建设时,需要学习和了解供应链管理的思想,需要获得预测、生产计划、排程、物流、品质、工艺等业界最佳实践;在服务研发部门开展流程与体系建设时,需要学习集成产品的开发和管理,需要了解产品需求管理、产品规划、产品开发过程、生命周期管理、配置管理、数据管理、产品认证等业界最佳实践。要成为一个合格的流程与体系工程师,需要不断学习企业管理各个方面的业界最佳实践,并能结合企业特点对相关业务提出独到的意见和建议。流程与体系工程师需要了解这么全面的企业管理实践,那必然在某一领域不可能了解得非常深入,因此流程与体系工程师需要重点提升其业务理解的系统性,这样才能在流程开发或审视优化过程中具备独特价值。

（3）要注重沟通能力的提升　管理咨询工作很重要的一个部分就是传递信息,将方法与经验传递给客户,要赢得所服务的客户对自己的信任。流程与体系建设过程也不例外,所有的方法和经验都需要项目组成员使用才有效果,这需要流程与体系工程师不断耐心地沟通。另外,流程与体系工程师在流程建设项目中还会遇到棘手的问题,如涉及工作职责的划分,有时很难说有最佳实践可供参考,但需要有人协调上下游的工作分工,此时沟通表达能力非常重要。总的来说,流程与体系建设工作是一项对沟通要求很高的事情。

6.7.2　流程与体系建设项目经理人选

在企业推广流程管理的初期,流程与体系建设项目组织往往是临时性的,组织并未被赋予项目经理太多的权利,特别是在弱矩阵组织里,项目经理相对弱势,而在流程开发过程中很多职责的划分涉及多方利益,项目经理需要协调并说服各方达成一致,这是非常困难的事情。因此,流程与体系建设项目经理由较为资深的基层管理者担任比较合适,项目推进有赖于项目经理的影响力,如项目经理在部门中的地位、项目经理的业务专业能力及个人魅力等。

总之,选择一个好的项目经理是流程管理与变革项目成功的关键。

6.8　问题思考

（1）为什么要用项目的方式开展流程建设与管理?
（2）流程建设项目立项的要点有哪些?流程建设项目立项报告的主要内容有哪些?
（3）如何理解"流程建设项目例会管理流程"的作用?流程实施成功的关键在哪里?

第 7 章 流程管理IT平台的建立与实施

【本章核心要点】

　　流程建设和管理需要IT平台的支持。利用IT平台，明确并固化流程架构标准、流程图标准及流程文件标准；利用IT平台，使企业的流程显性化和网络化，在系统中自动建立组织岗位角色与流程之间的对应关系，便于开展基于流程的宣贯、培训及流程的执行与审视优化。在流程管理方面，利用IT平台，自动生成《流程管理月报》，自动监控企业流程开发计划及审视优化工作的完成质量。

7.1 流程管理 IT 平台的价值

7.1.1 企业对流程管理 IT 平台的需求

在企业进行流程变革过程中,至少有以下四类角色对流程管理 IT 平台有需求。

1. 部门管理者作为流程责任人,对流程管理 IT 平台的需求
- 公司总体的业务架构是什么样的?我所负责领域的业务如何开展,是否有规范的业务流程?
- 我所关注的业务问题是否通过流程在进行优化?能解决到什么程度?
- 谁来管理和优化这些业务流程?

2. 流程管理部门主导企业流程建设与管理,对流程管理 IT 平台的需求
- 公司的流程分散在各部门,如何才能把它们分层、分类并整理在一起?
- 如何统一公司流程设计的语言?
- 如何监控和管理流程 PDCA 循环的全过程?

3. 业务精英参与流程设计,对流程管理 IT 平台的需求
- 我负责设计哪些流程?
- 这些流程是否规范、合理,是否可以指导部门业务有效开展,是否需要优化?
- 如何进行流程设计、优化?

4. 员工执行流程,对流程管理 IT 平台的需求
- 我该如何开展工作,是否有明确和易获取的流程来指导我工作?
- 我的岗位职责是什么,我的工作是否有明确的操作指导书,以及输入、输出模板?
- 我的服务对象是谁,我的岗位需要与其他哪些岗位进行协同?

除了上述需求之外,对于流程管理 IT 平台的需求可能还包括流程执行和监控层面的需求,比如流程的在线运行、流程运行绩效数据的获取和分析等等,这类需求是对流程管理 IT 平台的高端层面的需求。

7.1.2 流程管理 IT 平台的价值

优秀的流程管理 IT 平台应能满足以上各类角色的不同需求,作为企业持续流程变革的基础载体,流程管理平台是企业流程变革实施和成果展现的关键依托,流程管理 IT 平台的价值体现于流程管理 PDCA 循环的各个环节。
- 企业流程架构的分层、分级和可视化呈现,全方位展示企业价值创造的全过程。
- 流程设计的专业化和标准化,统一企业流程设计的语言。
- 流程在线审批、发布,统一流程宣贯和查询界面。
- 流程建设过程管理,包括过程报表和绩效报告功能,实现流程开发过程监控和持续优化管理的常态化。
- 流程执行与运营监控过程管理。

7.2 企业对流程管理IT平台的定位和选择

由于企业战略、发展阶段、业务模式和流程管理现状等各方面的差异，不同企业对流程管理IT平台的期望会有所不同。所以，企业在选择流程管理IT平台的时候，应结合企业自身的实际现状进行分析和判断。

（1）一定要先评估企业目前流程管理的成熟度水平，了解流程管理平台的功能与价值定位，识别企业对于流程管理平台的真实功能需求。

（2）了解企业现有信息化基础设施的分布状况和水平，要思考所需的流程管理IT平台与现有信息技术架构的关系，不要盲目追求高端、先进及与标杆对比，也不要过于简单化处理，要在现在和未来之间找到合适的平衡点。

（3）更重要的是，要更多站在流程管理IT平台的使用者角度进行思考，而不是站在流程管理专业人员的立场和角度，要立足于确保平台的推行落到实处为前提，从适用性、功能性、效益性和潜在风险等多维度综合分析后选择流程管理平台。

总之，没有所谓最好的流程管理平台，只有相对适用的流程管理平台。

7.3 烽火通信EPROS流程管理IT平台应用实例

7.3.1 EPROS流程管理平台的选择

烽火通信是国资委下属的一家上市公司，随着公司规模不断扩大，以及规范化管理需求的日益突出，烽火通信决定从2009年推行企业流程管理与变革。随着变革过程的推进，很多流程建设与管理相关的问题不断暴露出来，迫切需要有一个统一的流程管理IT平台作为企业流程建设与管理的载体和平台，实现流程设计、流程发布、流程展示与查询，以及流程优化管理等功能的规范与统一，这也是烽火通信对流程管理IT平台的基本功能定位。

在确定了流程管理平台功能需求和定位基础上，流程管理部通过各种渠道找到多款业界领先流程管理平台的提供商，它们分别是来自欧洲、美国及中国的专业公司。流程管理部对这些供应商的管理咨询背景及平台应用实践等方面进行了初步调查、分析和认证工作，并邀请了部分公司来烽火通信进行平台介绍及管理思想和执行方案的沟通。

在经过多次的沟通和了解后，流程管理部门决定试用其中两家供应商的产品，欧洲某供应商提供的流程管理平台，中国的杰成咨询公司提供的EPROS流程管理平台。经过一段时期的试用，基本了解了这两个流程管理平台的不同特点和功能，在综合考虑两家公司的专业背景、系统功能、服务能力、商务条款等方面基础上，重点结合烽火通信现状和未来可预期的流程建设需求，以及实施的可行性角度出发，流程管理部门对两个流程管理平台提供商进行了量化评分，并输出了《试用评估报告》。

根据《试用评估报告》，烽火通信初步选定由杰成咨询公司提供的EPROS流程管理IT平台，并输出了详细的《烽火通信EPROS流程管理平台可行性分析报告》，在给相关领导汇报后，最终决定选用杰成咨询的EPROS流程管理平台。

7.3.2 EPROS 流程管理平台推广

考虑到烽火通信实际流程管理成熟度,以及员工对新事物的接受程度,在杰成咨询顾问团队的建议下,流程管理部门决定采取"点→线→面"的推行策略,先进行局部试点,成功后再逐步推开。

1. EPROS 的局部试点

在 EPROS 流程管理平台搭建完成后,就开始在公司内部着手选择 EPROS 试点部门及其他相关准备工作。在经过多方面考虑后,初步选定在公司采购中心进行试点,并与采购中心领导进行了深入沟通,并取得了其大力支持。

为了确保 EPROS 平台试点的成功,公司流程管理部门专门委派一名流程管理专家对口支持采购中心流程建设,并与采购中心员工一起组建采购中心流程建设项目组。流程管理专家在负责采购中心流程建设咨询辅导工作的同时,也负责 EPROS 平台的应用培训及实践辅导,帮助采购中心进行流程梳理的同时,确保 EPROS 平台的落实。

采购中心 EPROS 试点工作与采购中心流程建设同步进行,历时约 6 个月。6 个月后,成果显著,采购中心流程架构通过 EPROS 平台得以分层分级,可视化呈现;采购中心所有流程均可在 EPROS 中设计,标准统一,界面清晰;采购中心所有员工在全球任何一个有网络的地方均可登录、查阅采购中心的业务流程。在采购中心年度流程建设工作总结汇报会上,采购中心流程建设项目经理重点汇报了 EPROS 应用的成果,得到了采购中心领导的高度表扬和评价。

2. EPROS 的逐步推广

在公司年度流程建设工作总结汇报会上,采购中心流程建设项目经理代表采购中心项目组向公司领导汇报了整个采购中心流程建设工作,重点汇报并现场演示了 EPROS 应用所取得的成果,得到了公司领导及其他部门领导的一致认可。

总体来说,采购中心的 EPROS 试点工作达到了试点的目的,也验证了 EPROS 流程管理平台在烽火通信的适用性。在公司领导的要求下,流程管理部门开始着手由"点"向"线"的推广,开始选择下一批试点单位。

采购中心树立了 EPROS 流程建设标杆,其他部门也主动要求上 EPROS 平台,流程管理部门根据总体工作策略和要求,结合相关部门流程建设准备度情况,分批次选择 EPROS 上线部门,并将 EPROS 应用作为流程建设的一项重要指标要求,融入部门流程建设年度考核中,实现 EPROS 平台应用的有效落实。

3. EPROS 的推广支撑

在 EPROS 流程平台的试点和逐步推广过程中,在杰成咨询顾问团队的指导和帮助下,流程管理部门做了大量的准备、过程辅导、培训和功能优化工作,输出的对业务部门 EPROS 应用很有价值的过程文档如下。

- EPROS 宣传胶片及操作说明。
- EPROS 流程设计元素标准说明,如图 7-1 所示。
- EPROS 流程说明文件标准,如图 7-2 所示。
- EPROS 功能视频培训 VCR,如图 7-3 所示。

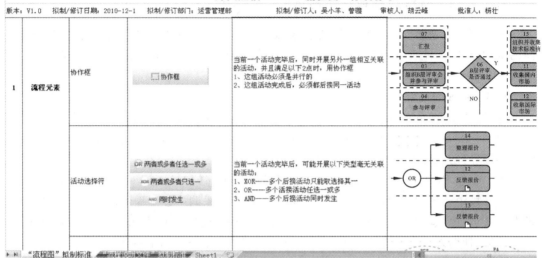

图 7-1　EPROS 流程设计元素标准

图 7-2　EPROS 流程说明文件标准

 EPROS视频培训大纲
Microsoft Word 9…
34KB

 烽火通信EPROS浏览端
——简介

 烽火通信EPROS流程管理平台松土宣传20…

 烽火通信EPROS设计器——登录

 角色与岗位匹配

 流程分阶段描述

 流程审批发布

 添加活动操作模板

图 7-3　EPROS 功能视频培训 VCR

- EPROS 实施推行流程图，如图 7-4 所示。
- EPROS 使用 FQA。

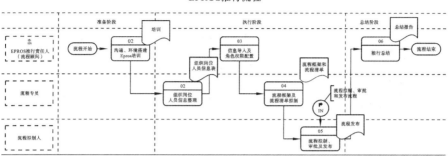

图 7-4　EPROS 实施推行流程图

7.3.3　EPROS 流程管理平台功能集锦

在经历了近两年的推广应用后，EPROS 平台的核心功能和特点体现如下。

1. 易用性好，设计和展示尽显人性化

（1）标准化流程设计　基于 EPROS 流程管理平台，流程元素、流程说明文件模板的标准化，保证了流程图、流程说明文件等的标准化，统一流程语言，促进烽火通信流程建设的标准化（见图 7-5）。

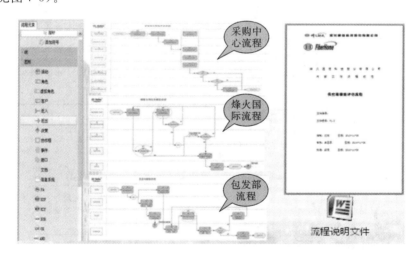

图 7-5　流程设计标准化

（2）模板/作业指导书等嵌入流程图中更显"人性化"　所有活动相关的作业指导书、输入/输出模板等全部嵌入流程图中（见图 7-6），点击活动上的箭头标志即可直接打开相应文档。

（3）活动说明自动显示　光标移动到活动上，该活动的说明即自动显示，光标移开，活动说明隐藏，如图 7-7 所示。

（4）"标尺移动"功能方便任意插入活动　用户如果想在两个活动之间插入一个或多个新活动，只需要拖动"标尺"，就可以整体移动后面的活动，为新插入的活动腾出空间，如图 7-8 所示。

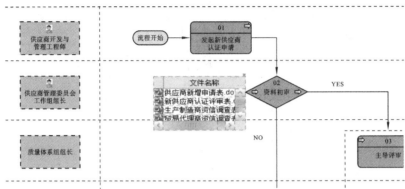

图 7-6 表格、模板/作业指导书等可直接嵌入流程图中

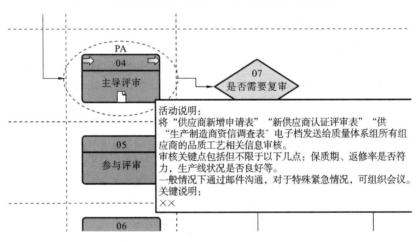

图 7-7 活动说明自动显示功能

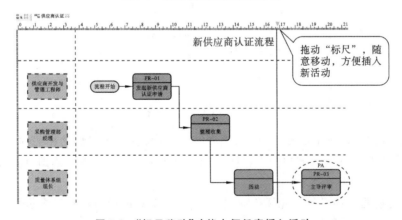

图 7-8 "标尺移动"功能方便任意插入活动

(5)"自动编号"功能使流程设计简单化 EPROS平台支持个性化设置编号类型,并支持多种编号样式,所有流程活动均按先后排序,自动编号,如图7-9所示。

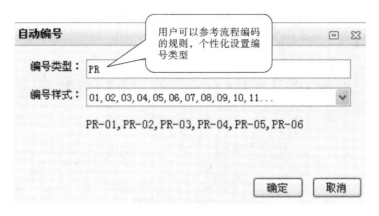

图 7-9 "自动编号"功能方便流程设计

（6）活动四方箭头可以自动添加新活动 光标移动到活动上方，即可显示活动四方箭头，箭头所指显示三种常用活动或接口元素符，用户直接点击即可添加新的活动，如图 7-10 所示。

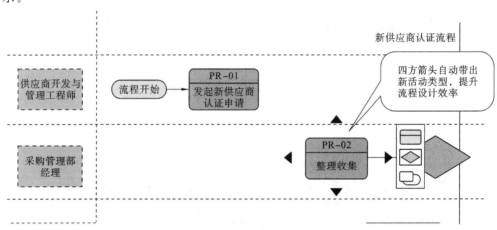

图 7-10 活动四方箭头可以自动添加新活动

（7）邮催审批功能提高审批效率 EPROS 流程管理平台提供流程的在线审批、发布功能，并与员工的邮箱捆绑，直接邮催相关审批人进行在线审批和发布，如图 7-11 所示。

（8）员工查询流程方便 员工只需要应用自己的工号和密码，直接登录 epros. fiberhome.com.cn 即可查找到与自己岗位相关的流程，如图 7-12 所示。

2. 专业性强，实现业界最佳流程元素与实践完美结合

（1）分层分级结构化，可视化流程体系规划 基于 EPROS 流程管理平台进行流程规划、设计和发布，系统构建分层分级和可视化流程体系如图 7-13 所示。

（2）流程设计向导让流程设计更专业 流程设计向导功能一步一步地引导设计者专业化设计流程，使设计过程更加严谨，如图 7-14 所示。

（3）实践验证最佳的流程设计元素 EPROS 流程管理平台提供许多被实践验证为业界最佳的流程设计元素，用户可以根据需要自由选择使用，如风险控制元素——KSF（关键成功因素）、PA（问题区域）、KCP（关键控制点），如图 7-15 所示；如条件分流元素——XOR

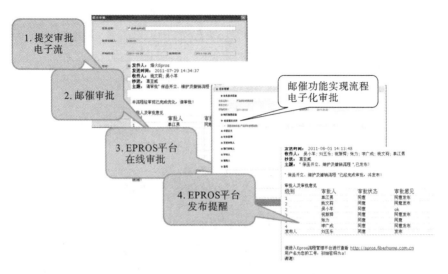

图 7-11　邮催审批功能提高审批效率

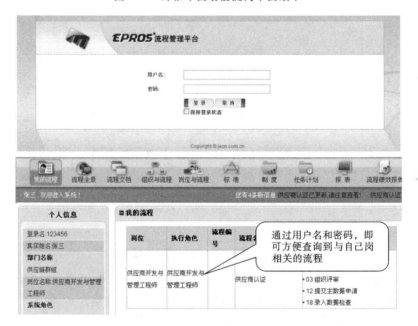

图 7-12　方便员工查询流程

（单选）、OR（多选）、AND（全选），如图 7-16 所示。

（4）流程与组织岗位的对应匹配　EPROS 流程管理平台强化了流程角色与组织岗位的关联性，在人岗匹配的前提下，流程角色责任到人，如图 7-17 所示。

（5）制度、标准和流程的对应匹配　EPROS 流程管理平台支持流程与制度、标准等其他管理体系的匹配和关联，实现企业管理体系的有效融合，如图 7-18、图 7-19 所示。

3. 规范性高，实现对流程文档的规范管理

（1）流程说明文件的规范导出　EPROS 流程管理平台实现了流程说明文件的标准统一，并支持自动导出标准化格式的流程说明文件，如图 7-20 所示。

第 7 章　流程管理 IT 平台的建立与实施

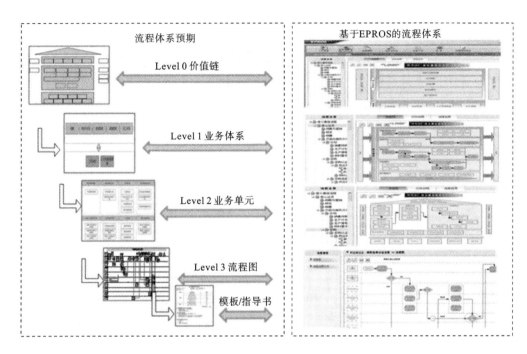

图 7-13　分层分级结构化、可视化流程体系规划

图 7-14　流程设计向导让流程设计更专业

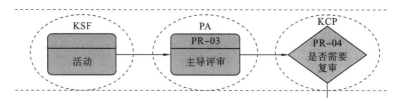

图 7-15　流程图与风险控制相结合

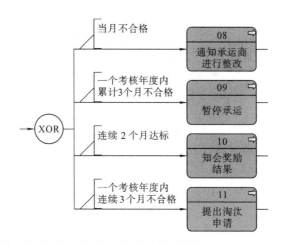

图 7-16　条件分流元素

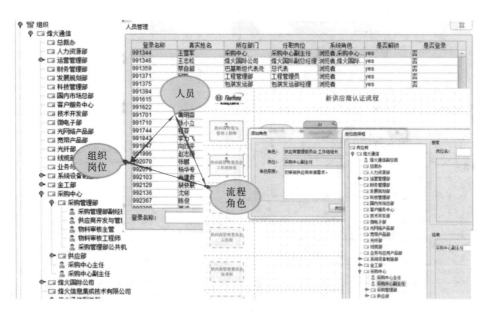

图 7-17　流程与组织岗位的对应匹配

第 7 章 流程管理 IT 平台的建立与实施

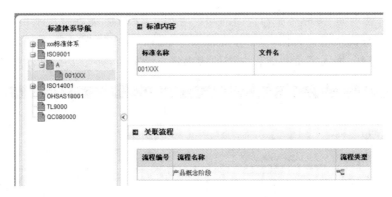

图 7-18 标准与流程的对应匹配

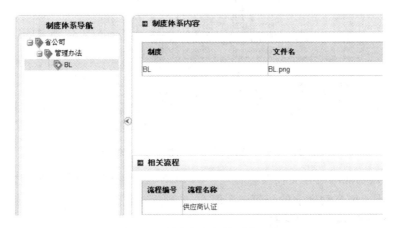

图 7-19 制度与流程的对应匹配

图 7-20 流程说明文件的规范导出

（2）"文件管理库"实现对流程文档的知识管理　EPROS 流程管理平台的"文件管理库"中归档了所有流程相关文档，包含作业指导书、输入/输出模板等，一旦"文件管理库"中的流程文档有更新，嵌入了这些流程文档的流程将自动更新，如图 7-21 所示。

图 7-21　"文件管理库"实现对流程文档的知识管理

（3）可追溯功能的流程文控信息管理　EPROS 流程管理平台具有流程文控的追溯功能，可以根据需要恢复到之前的任何一个版本，实现流程优化后的可追溯管理。

4. 个性化配置提升了灵活性

（1）流程元素个性化　流程元素个性化配置，用户可以根据实际需要，添加或修改流程设计元素，以满足不同用户对流程设计元素的个性化需要。

（2）流程说明文件的个性化　用户可以根据企业实际需要，个性化配置流程说明文件模板中的内容要素。

（3）流程任务配置个性化　流程文件审批任务客户个性化配置，满足不同用户对不同层级流程审批要求的需要。

（4）与其他应用系统的对接　根据烽火通信的需求，EPROS 流程管理平台与部分应用系统进行了对接，如与 OA 系统的接口，与公司邮件服务系统的接口等。

7.3.4　内部用户体验感受

在 EPROS 流程管理平台推行一年后，为了了解和验证 EPROS 对于烽火通信的适用性，流程管理部门对部分管理者、员工、流程管理者和设计人员进行了访谈，了解和倾听了他们对 EPROS 流程管理平台的真实感受。

1. 管理者的心声

访谈了公司各层级部门的部分相关管理者，涉及公司副总裁、部门总经理（流程责任人）、基层部门经理以及部分海外代表处和办事处代表（流程监护人）等，了解并记录了他们对 EPROS 流程管理平台的真实感言，节选如下。

当时选这个 EPROS 平台的时候,我心里还是有点担忧,但事实证明,EPROS 平台确实很好地匹配了我们公司目前的需求,很适用。

EPROS 将组织、岗位、流程、制度及认证体系在一个平台上展示和关联,可以快速查阅到需要了解业务架构和业务流程,业务架构层级展示,为分析业务的战略方向提供了一个清晰的界面。

EPROS 的邮催审批功能很不错,EPROS 平台将需要我审批的流程任务直接发到我邮箱,我打开邮件下面的 EPROS 任务链接就可以直接审批,非常方便。

EPROS 在标准化方面做得很好,我以前审批流程文件的时候很痛苦,员工递交的流程文件格式很不统一,有的用 Visio 画,有的用 Word,还有的用 PPT,现在好了,EPROS 导出的流程图和流程说明文件格式标准、统一,我审核流程的时候效率高了许多。

我是从另外一个部门转到现在这个部门的。坦白说,我刚开始的时候对新部门业务不是很熟悉,幸亏有了 EPROS 平台,流程全景图中分层分级展示了我现在所负责部门的流程架构,我只花了两天的时间就基本了解了我现在部门的主要业务工作和流程。

EPROS 平台对我们海外的员工帮助很大。海外一线的员工可以在任何有网络的地方登录公司 EPROS 平台,查阅与其相关的流程文件。派往海外的员工很大一部分是新员工,更需要公司在流程方面的支持。EPROS 平台对公司国际化战略起到了积极推动的作用。

……

2. 普通员工的心声

访谈了公司部分普通员工,涉及研发、市场、制造、采购及各职责部门的员工,了解并记录了他们对 EPROS 流程管理平台的真实感言,节选如下。

长见识了,原来一个公司的运营是这样的啊,多亏了 EPROS 平台,让我全面了解了公司的运营。

我是个新人,刚进公司不到一个月,什么都不懂,导师太忙没时间带我,就让我进 EPROS 平台学习。EPROS 真是个百宝箱,里面不但有工作流程图和说明,还有很多很详细的工作模板和作业指导书,太强大了。

我的工作变得更简单了,进入 EPROS 平台就可以直接看到我岗位对应的工作流程,我不需要每天候在领导身边听指令了,只需要按照工作流程做即可。

我所在部门是个支撑部门,平时总觉得自己的工作相比那些市场、研发部门来说没有什么价值,但在 EPROS 平台查看了公司流程全景图后,了解到公司价值创造离不开我们部门,我对我工作的价值更加自信了。

以前想查个文件得翻箱倒柜,现在好了,只需要用我的工号登录 EPROS 平台,进去后就可以查看到我的个人信息和我岗位对应的流程。

EPROS 平台改变了很多人的工作思维,以往业务出现问题的时候,大家聚在一起讨论来讨论去也不知道原因出在哪。EPROS 平台很好地展现了流程的全过程,我们可以对着流程去找原因。

……

3. 流程管理者和设计者的心声

访谈了部分业务部门的流程管理者,涉及 SME(主体领域专家)、流程建设项目经理、流程监护人、流程专员等，了解并记录了他们对EPROS流程管理平台的真实感言，节选如下。

流程设计更加简便了，EPROS平台上的流程设计元素都是标准、统一的，我不需要再调整元素的大小、颜色了。

以前写流程的时候，流程图、活动说明和作业指导书、模板等都要分开存放，一个流程文件有很多文档。现在好了，有了EPROS后，所有流程相关的文档都嵌入流程图中，当我需要查看某个模板时，只需要点击该流程活动上的模板标志即可，功能非常强大。

EPROS流程设计元素很专业，里面有很多我以前从来没有见过的流程符号，如XOR、OR、接口、协作框、KCP、KSF、PA等，在经过流程管理部门的讲解后，了解到这些都是业界的最佳标杆，感觉自己的流程专业水平得到了提升。

EPROS流程设计向导功能不错，我以前从来没写过流程，有了这个向导后，感觉自己都成了流程管理专家了。

我以前在建质量体系的时候也画流程，总觉得流程和质量体系应该有更好地融合和关联方式，EPROS可以将我们目前的质量体系标准要求与流程进行对应，为流程和质量体系的融合提供关键平台。

公司前段时间进行内控体系建设的时候，请了外部咨询顾问指导我们画内控流程。当这些外部咨询顾问登录我们的EPROS平台后，感觉很震撼，觉得我们目前的流程成熟度远超过他们的想象，我也自豪了一把。

我们部门的流程是我和其他几个专员在EPROS上画的，领导很认可，我们现在不仅是业务专家，也是流程管理专家了。

……

第8章 流程管理改善企业整体运营

【本章核心要点】

流程管理是企业运营管理体系的基础与核心,不管是企业运营管理体系中的业务管理,还是职能管理,都需要借助流程管理的手段提升管理的成熟度水平,没有高水平的流程,业务层面和职能层面的战略管理、组织管理、绩效管理、信息化建设及团队能力建设都将失去基础。

作为一种全员参与的企业管理方法,流程管理与 20 世纪 90 年代西方很多企业开展的流程再造运动不同,这种方法强调自上而下和自下向上相结合,是一种以组织和业务现状为基础,谋求适度超前性的管理改进,因此它是一种渐变性的、温和的企业管理方式变革。这种管理方法在企业的推行和实施,一定会使企业在日常运营的方方面面发生很多潜移默化的改变,不断实践和完善的结果,必然会引领企业向着业务持续改进、绩效持续提升的方向发展。下面结合烽火通信开展流程管理变革的实践,介绍它给企业运营带来的种种改变。

8.1 管理者和员工在思想观念上的改变

思想决定行动,行动决定效果。如果企业管理者和员工没有在思想观念中提升认识,要想真正达成流程管理变革的目标是完全没有可能的。员工只有对流程产生认知的改变,才能带来行为的改变,行为的改变推动企业管理文化的改变,企业管理文化的改变和提升反过来又会进一步促进员工深化认知,这三者之间形成了相互促进的关系,如图 8-1 所示。

图 8-1　企业管理文化、员工认知与员工行为之间是互为促进的关系

经过三年多的流程管理与变革实践,烽火通信的大部分经理人和员工经受了流程管理思想和观念的洗礼,从变革之初断言"我们不缺少流程",到现在发现我们已发布流程对业务的覆盖不足 50%;从最初对流程与制度是什么关系的懵懂无知,到现在对什么是流程、什么是流程管理、什么是流程架构、什么是流程全寿命周期,以及如何设计流程、如何审视和优化流程等思想和方法各方面都得到了系统化锤炼和能力提升。流程管理的思想已经深深扎根在许多经理人和员工心中,这种思想观念的改变所产生的影响是多方位的,最直接的影响就是用流程的眼光看待自己所从事的业务,识别业务的工作标准和上下游关系,培养客户服务意识,进而改变了员工的职业行为表现,员工职业行为的改变促进了企业运营管理水平的提升以及流程型文化的逐步形成和发展,企业文化的提升反过来又推动员工思想认识的提升和更好的绩效表现,形成一种良性循环。所以我们说,企业管理文化、员工认知与员工行为之间是互相影响、互为促进的关系。

烽火通信部分 SME、基层经理人、流程专员、流程管理员及基层员工对企业开展流程管理变革三年多后的个人感受摘录如下。

流程制度,成于思而毁于怠!当资深员工们将他们的经验、思想和智慧贡献出来形成流程制度后,如果我们不去呵护她、应用她,反而怠慢她、排斥她,甚至抛弃她,其结果是:先

张亨学

翁益辉

易志恒

进的经验得不到分享，良好的管理制度得不到执行，智者的成果很快就会成为废纸！这是何等的悲哀！因此，我们在建立流程制度后，还必须时刻关注它的茁壮成长！

"天下难事必作于易，天下大事必作于细"，面对纷乱复杂的工作，如何高效有序的完成？进而达到"庖丁解牛，游刃有余"的境界，必须依赖高效、简洁、顺畅的流程。用流程固化经验和智慧，用流程提升效率和质量，这是流程建设的魅力所在，也是每个烽火人肩上的责任。

流程侧重于效益的提升，公司效益的产出取决于业务的产出，而单个流程往往无法独立支撑某块业务。在流程建设中，以流程为基础的业务线是业务的根本，时刻关注着业务线的产出与公司效益的联系，做到流程与业务线的点、线结合，系统完善业务流程。系统设备制造部通过对业务流程及业务线的不断创新、优化，保证了公司制造成本的降低和效率的不断提高。

喻 伟

流程建设已三年，从大批量创建流程转向了流程的巩固与优化，基于制造部主业务的四条主业务线流程已逐步打通。在流程与体系的融合中，我们认为体系是堤坝，流程是河道，"堵"与"疏"的结合，保障制造业务的顺畅与安全。制造流程的优化中，我们立足制造业的特点，重点关注流程支撑产品批量性、一致性的生产，提升有效产出，降低生产成本，推动制造部"高品质、快交付、低成本、好环境"的目标实现。

刘 莉

2012年初始，网络产出线流程建设项目与公司组织绩效变革同步实施，面对庞大的业务架构和百多个待建流程，项目组理清关系，各个击破，以极大的工作量和较高的流程质量保持着高效的开发进度。艰难困苦，玉汝于成。随着业务架构中的各个细节逐渐清晰，一个个流程释放发布，网络产出线又将流程宣贯与审计提上了重点日程。只有深入到岗的宣贯，流程才能被更好地执行；只有持续不断的优化，流程才能对业务活动进行与时俱进的指导和规范。希望通过我们的努力，以高昂的热情和韧性，使网络产出线流程建设站在一个更高的出发点上，持续前行。

许 光

流程管理提供了一个战略具体化的平台。在这个平台上，我们基于公司战略规划各层级业务，理清业务间的关系，将目标、要求和压力传递到执行层面。流程管理提供了一个管理思想与公司运营融合的平台。在这个平台上，我们思考如何让业务同时满足 FPD、全面风险、TL 9000 & ISO 9001、ISO 14000、OHSAS 18000、SA 8000、ITIL 等管理思想，实现简单化管理。流程管理提供了一个解决业务问题的平台。在这个平台上，我们针对业务问题不断探讨并优化,在符合各方利益前提下让质量、效率、成本及风险达到最优平衡,让业务持续改进。

流程和信息化双管齐下,为阳光采购保驾护航。建立好的流程可以为信息化工作的开展明确方向,同时,完善的信息化工作则保障了流程的固化和执行。实际工作中我们经常发现这类有趣的现象,在执行流程的过程中感觉信息化的手段和方法需要改进,而在改进信息化系统时又发现流程的某些环节需要优化,两者如同DNA的双螺旋结构相辅相成。所以作为高风险的采购部门,我们坚持流程和信息化双管齐下,相信必然会为阳光采购保驾护航。

李亚林

流程建设是一个企业进行高效资源配置和提高创造力的必经之路。流程的制定和实施可以改善失去了焦点的混乱工作局面,可以引导盲目的基层员工规范工作行为。烽火的每一位员工都有责任和义务通过流程合作起来,共同检验已有流程的完整性、有效性,共同积累经验开发新的流程。只要我们能够持续改进和优化现有流程,不断创造和规范新流程,企业的知识流和信息流就能源源不断地流传下去。

王 珊

许多人喜欢拿流程说事或使之成为业务延误的借口,抑或是仅仅走个签字过程(OA)而逃避自身岗位的责任,还没有享受到建立、执行、优化业务流程的快乐。我一向不认为流程是"一堵墙",而认为流程是一条有指引牌的"快速路"。当我们基于对业务本质的正确理解,高效、规范、认真地将流程中的评审标准、表格等要求做到位,就是给予了自己和别人更多的便利及信息分享,也为公司的规范管理奠定了基础。一时的图省事

祝新舜

或经常走小道,看似快,实际对业务的损害是致命的,对个人的提升毫无益处。我还没有发现因为执行了流程而延误,反倒是因为不执行或走过场而给后续环节造成麻烦,造成了更多的管理和沟通成本。所以,只有坚定执行和坚持优化业务流程,才能夯实公司的信息化管理基础。

体系管理的核心是符合,流程管理的核心是效率;体系管理的标准是行业统一的,流程管理的标准是业务需要的;体系管理的视角是整体宏观的,流程管理的视角是精细有序的;体系管理的方式是流域片管理、集中审查的,流程管理的方式是支流疏通、完全穷尽的;体系管理的执行是由上至下、层层控制的,流程管理的执行是角色活动链聚成江河的;公司现在的系统和流程二者合一,是企业标准管理和业务价值链的完美结合。

徐 欢

体系的满足保证流程的完整;流程的优化使体系更深入。完全融合后的烽火定会有一个标准化的、有活力的、可自我优化、极具市场竞争力的明天。

孙李凯

流程是平时工作的提炼和总结,是工作经验的结晶。她来自经验不乏创新,既有规范性又有可行性,既对工作有指导意义又需要根据阶段性的执行情况来进行审视优化。她是初生婴儿,需要我们百般呵护,最终她会成长为我们的朋友,和我们共同进退!

李文涛

流程的成果不只在于建设的数量有多少,也关系我们对流程的态度如何,是否能够有效地去执行。只有内心尊重流程才能有效地去执行,一个对流程不尊重、不信任的人,不可能百分之百地按流程去工作。当每名员工都忠实于制度、忠实于流程,公司就会形成良好的价值观和企业文化,并在健康发展的道路上不断前进。

杨长武

企业在经营中会自然地形成各种业务流程,但如果没有深思熟虑地梳理和优化这些流程,业务的流动就不能保持稳定、高效,就像世界上的无数条河流,蜿蜒曲折,难以径直流向目的地,并有决堤的可能。经过不断梳理和优化的流程,其生命是常青的,就如受到呵护的人工运河一样,历经千载而不滞、不废。只要我们在日常流程建设中敢于创新,并真正投入心血来开发和维护,那么,我们造就的将会是常青的基业。

安　阳

"车同轨、书同文""不以规矩,不能成方圆",我国古代先贤们就已经有了流程和制度的思想火花。上到国家机器运行,下到衣食住行,无处不闪烁着流程的星光。企业的良好运行也依赖于有效的流程建设。若将我们的公司比做一棵大树,流程建设就是对枝叶乃至脉络的梳理。在有效流程的指导下,新员工能够快速进入角色,老员工能够事半功倍,管理者能够全面协调。作为公司流程建设的一分子,我们的愿景是切实做好财务流程工作,搭建业务流程和管理流程的桥梁,为企业高效有序的运行尽一份心意、出一份力。

陈　琪

在流程与体系建设的过程中,我们顺利解决了许多年以来困扰着线缆的因品质造成的补换货问题,其方案一经提出便得到了所有相关部门的认可,而且各部门均纷纷要求尽快实施。希望未来我们可以做得更好,能为业务的提升提供更多更好的服务。

祝启辉

流程建设之初是一场先进管理理念的启蒙,我们找到了能持续提高工作效率的基本工具;而开始尝试将流程、体系与信息化三者融合的时候,则是一场管理水平提升的攻坚战,要让这个工具能够真正发挥好作用,还需要像琢玉一样有细心,像移山一样有恒心。

流程建设能很好消除管理者的本位主义思维，打破部门间的壁垒，使管理者能关注业务本身。流程建设不是培养人才的唯一途径，却是培养人才的关键和重要途径之一，管理者需要善用她！

唐艳芳

如果把企业比为一部机器，那么流程管理就是这部机器的润滑油，加速机器的运转（提升效率），减少机器的损耗（降低成本）；如果把企业比喻为一辆汽车，那么流程管理就是这辆汽车的保险杠，保护汽车的安全（降低风险）。企业没有流程管理或许也可以正常运转，但有流程管理的企业将会运转得更快、更好、更安全。

安立全

国内销售部（原国内市场总部）流程建设工作已经开展了三年，经历了从无到有，从点到线再到闭环的过程。员工通过对流程的学习，熟悉了岗位的工作职责，明确了各岗位间的业务衔接和作业标准，大幅度提高了工作的准确性，提升了工作效率。随着公司基于组织绩效提升管理变革的深入推进，流程将会发挥越来越大的作用。犹如航行在大海里的航船，流程就如同一条条的航道，指引着企业这艘航船向着目标航行。

尚 强

自2001年进入公司以来，一直从事体系管理工作，2012年初，公司的组织架构变革后，第一次接触流程，第一次感受了流程的魅力，体会了流程对公司各项业务的规范和流程产生的巨大效率提升，开始了流程与体系的融合工作。在流程建设过程中，将体系标准的要求作为流程建设的输入之一，公司未来的一体化的业务管理系统将指导公司的各项业务有序高效地运转。

贾秀梅

流程是一种习惯，是一种基于理性、规范、卓越改进的约定俗成；流程是一种工具，是一种基于有序、梳理、智慧归纳的缜密应用；流程是一门艺术，是一种潜移默化、润物无声的企业管理行为。作为与国际化紧密接轨的海外市场开拓平台，国际公司的流程开发及应用更应与世界同步。

杜 勇

2009年到2012年，我们在流程的空白页面上逐渐书写出了烽火人的经验、知识、精神和希望；流程理念的触角也从流程管理部门逐步延伸到了业务部门和员工的思想里。我们不停地思考、探索着业务架构的搭建和业务方向；曾在唏嘘、质疑声中寻找坚定的勇气和自信，也曾在认同的目光中获得喜悦，在这条崎岖的道路上我们收获着自己的成长。流程让我们的业务通向高效运营的山顶。

曾 璇

刘玉乐

我从事流程管理工作几年来，体会最深的一点是：流程或规则不是为了约束我们，不是给我们"灵活的工作"设置更多的障碍，而是使我们得到更多更大的自由。这句话看似矛盾，却无不蕴含朴素的哲理。就像大自然界的"春种、夏长、秋收、冬藏"，一套好的流程体系就像为企业的运转活动提供了科学合理的"自然规律"，遵循这个规律，我们能获得真正持久的稳定和丰收，反之，可能有时看似得到了某些短期的方便或利益，却不得不面临由此造成的更多麻烦和潜在影响。我想说的是：大多数时候，不如诚实地遵循规律为好。

黄志凌

在公司系统性引入流程管理时，还记得接触到第一篇文章是《用流程的笔画好战略的图》：我们将一个个先进的管理思想引入企业中，通过流程去承载这些思想，指导企业的运作，使得我们的一个个战略目标得到实现，正是我们开放的思想和创新的思维带来了烽火通信的今日之发展！正是在那个时候，我首次接触到了流程架构这个概念，一晃整整三年过去了，每当我们的流程屋、流程块、流程链一个个搭建并串接起来的时候，每当看到《流程学习之窗》以如此之普及的方式在传播它的思想和文化，我总会从内心涌出一阵阵感动。

■ 博文注解　转变观念不是拧电视开关 ■

王蒙是中国最会聊天的作家之一，冯小刚是中国最会聊天的导演之一，这话是凤凰卫视的窦文涛说的，有点恭维的意思。但我觉得也没有夸张多少，他们俩确实太能侃了，这种侃不仅是能戏说搞笑，能自圆其说，能滴水不漏，还能形象逼真，顺手拈来，这个最不容易。

每次在电视上看到这两位，都有一种想多听听他们聊些什么的冲动，遗憾的是，多数时候都是一晃即过。今天早上，电视上又看到了久违的王蒙大爷，老头儿侃功依旧，讲起话来还是那样京味十足，慢条斯理，思如泉涌，从中国侃到国外，从古代侃到当代，从科技侃到文化，似乎没有什么是他不能调侃的。

在谈到20世纪80年代初期西方人认为中国在搞"去毛化"的时候，他随口说了一句话，"转变观念不是拧电视开关。"这短短的一句话却让我产生了不少的震撼和联想，这种话可不是谁都可以讲出来的。转变观念不是拧电视开关，的确，转变观念有时候是一件相当难的事情。人们转变不了观念的原因很多，可能是阅历不够丰富，可能是视野不够开阔，可能是信息不够充分，也可能是脑筋不能转弯或利令智昏等。

所以，改革者需要直面转变观念需要克服的障碍，不要指望转变很快发生，像拧电视开关一样，否则，制定的变革方案就会脱离现实，造成实施的困难，甚至中途夭折。

引自《胡云峰个人专栏》(http://blog.vsharing.com/frank_hu/)

8.2　管理者职业管理技能得到显著提升

企业的基层经理基本上都是从业务能手中提拔起来的，他们的管理经验一般来自对前任工作方式的了解和自己的感悟。一些员工在走上经理人岗位后，角色转变意识并不到位,能积极学习经理人职业化管理知识并主动将这些知识用于管理实践的人并不多,很多人还习惯于工程师的思维方式,遇到技术问题时倾向于自己亲自出面解决;虽然公司也组织一些针对经理人的培训,但内容多集中在业界比较流行的沟通技能、领导力、成功学方面的东西,实际操作和应用层面的内容不多。

烽火通信流程建设工作最先是在几个重点业务部门展开的,由于部门总经理高度重视,所以基层经理人参加比较踊跃。从流程管理基础知识培训开始,在流程工程师支持和SME的参与下,这些基层经理以实际业务为背景开展部门业务流程架构开发,这是一项非常考验经理人系统性思维能力的工作,需要大家从本部门的功能定位出发,结合一级部门和本部门的绩效目标、业务背景、业界实践、IT平台以及员工能力等方面的因素,对相关业务展开结构化的思考:流程架构既要结合现状,又要具有适度的管理前瞻性(这种前瞻性要求他们超越时间、空间的跨度来思考);既要考虑各项业务模块和流程的完整性,又要建立这些业务模块以及流程之间的相关性;还要考虑这些业务模块和流程的层次划分和业务颗粒度划分。开发业务流程架构的过程是推动每一个基层经理建立大局观的过程,是一种系统性思考和应用的具体实践。他们通过这种实践,认识到自己思维方式的局限性,提升了自己对复杂业务的理解和把控能力,感觉自己跳出了长期以来一直属于个人的或局部的空间范围。

烽火通信的很多基层经理现在已经非常习惯于用流程架构的思维来思考、分析和筹划自己所负责的业务。2012年年初,由于公司开展大规模的组织变革,一些基层经理调到其他部门任职,有几个基层经理甚至找到运营管理部门,请求流程工程师和他们一起通过梳理流程架构的方式来帮助他们理解和规划他们的业务;有的经理在传授管理经验时这样说:"我到新部门去之后所做的第一件事,就是梳理并建立相应的流程架构。"

图 8-2 所示为管理者职业管理技能提升的几个方面。

图 8-2　管理者职业管理技能显著提升

经过连续三年在一些部门启动和实施流程建设项目，烽火通信的广大基层经理和一些部门的主题领域专家（SME）对流程建设工作的意义有了更加深刻的认识，他们参与流程设计、监督流程执行、周期性开展流程审视优化的积极性明显高涨。当业务过程中发生任何问题或不顺的时候，他们会习惯性地从流程的角度去分析和解决，看看是流程设计的问题，还是工作标准不够清晰的问题，这些问题是流程角色或资源配置不够造成的，还是流程执行不到位造成的，而不是像传统做法那样通过极端个人的方式进行处理。由于有了系统性思考和布局，也有了正确分析和解决问题的办法，一些经理人对业务的驾驭能力和信心明显增强，提升工作质量的同事不再需要经常性的加班加点，生活的质量也开始改变。

"流程管理的做法颠覆性地改变了我过去那些基于经验的业务管理思想"，某部门的SME在进行2012年流程建设工作总结时这样说。

■ 博文注解　"每个人都将晋升到不胜任的职位" ■

"只有常打仗，才能会打仗"，近日听到一个朋友说这番话，联想到身边发生的一些事情，想借这个机会发一些感慨。

我们所有的人都不是天生就会做某件事情的，费德勒不是天生就是球王，舒马赫不是天生就是车王，泰森也不是天生就是拳王。生活中的例子则更多，她不是天生能成为一个好母亲，你不是天生就能成为一个好老师。在人生和社会的大舞台，所有的成功者必然经历过大量的"业务"实战，流淌过大量的鲜血和汗水，遭受了大量的失败和挫折。

职业经理人的发展过程同样也是这个道理。

最近和一些经理人打交道，大家都高度认同流程和流程管理对于企业的价值和紧迫性，但是在具体到如何完成一个部门和一个具体流程的拟制的时候，就会发现这些经理人所拥有的相关知识和技能相当有限。业务流程的拟制是职业经理人需要掌握并且经常需要使用的一项基本职业技能，也是一个比较复杂的脑力劳动过程，流程拟制者不仅要掌握流程相关的专业知识和技能，还需要正确理解所从事行业和部门的业务知识及企业运营管理的宏微观环境。

其实，对于一个快速成长的新型高科技企业来说，出现这样的情况是很正常和可以理解的。

新型高科技企业的经理人一般都是从业务能手发展成为经理人的，他们并不缺乏行业相关的专业知识和技能，但是他们通常还没有做好成为一名经理人的准备就被提升到了经理人的位置上，就像彼得原理所揭示的那样："每个人都将晋升到不胜任的职位"。奥巴马在成为美国总统之前，其实并不知道怎么当总统，换句话说，美国人选奥巴马做总统，实际上是在进行一场赌博，他们只是凭感觉将宝押在了奥巴马身上而已，结果怎样，要奥巴马去证明。

所以，对于那些希望成为合格职业经理人的年轻人来说，他们要知道，自己今天虽然坐在了经理人的位置，但需要学习和实践的东西其实还有很多。

而流程则是他们最需要学会使用的首要武器，因为流程就是计划，而计划是管理（management→manager）的首要职能。

引自《胡云峰个人专栏》（http://blog.vsharing.com/frank_hu/）

博文注解　管理者与星巴克的距离

有一句很经典的话是用来描述那些善于工作与享受生活的人:"我不在办公室,就在星巴克,我不在星巴克,就在去星巴克的路上。"

对于很多管理者而言,由于不得不面对日常工作中不断冒出的各种各样的业务问题,他们每天完成大量焦头烂额的计划、沟通、协调与控制工作,加班加点已经成为他们生活的常态。所以经常看到的情形便是:很多管理者不在办公室,就在会议室,不在会议室,就在去会议室的路上。如果哪天你突然发现他们坐在星巴克悠闲地和朋友聊天或在节假日轻松地和家人一起共享天伦,你可能会感到吃惊。他们虽然挣了不少钱,可是糟糕的生活质量似乎是他们永远无法逃避的噩梦。

有没有解救他们的可行方案呢? 答案当然是肯定的,针对流程的管理变革就是其中的一种。

对于企业管理的行为而言,流程建设通常是重要而不紧急的工作。企业建立之初,领导者首先关注的是生存,而不是管理的规范性。在这个时候,流程既不重要,也不紧急。随着企业规模的扩大,内外部的交往日益复杂,管理的难度增加,这个时候,流程的需求开始显现出来,但对于规模不是很大的公司,只要市场的需求很旺盛,竞争不是很激烈,即使内部或外部出现了一些问题,通过出台一些临时性的管理制度或规定,企业还是可以看到很明显的业绩进步,并不会出现很大的危机。在这个时候,流程虽然很重要,但是紧迫性似乎也不是很明显。只有当企业的各种问题像同时燃放的鞭炮一样开始大量爆发,比如无法按合同要求准时交货要面临客户罚款了,大量的应收款因客户失信或过度承诺收不回来了,呆滞的成品半成品库存开始大量积压了,团队的士气异常低落,甚至核心骨干大量离职了,管理者才开始感觉事态的严重性。这时候,流程建设通常会成为既紧急又重要的工作,因为他们发现造成企业组织肌体"疼痛"的根本原因是因为肌体发生了"血脉不畅"的问题,"痛则不通"是也。

对大型的企业组织来说,要想在强手如林的市场竞争中处于优势地位,游击战的战术打法显然是不合时宜的选择,因为游击战打法的显著弊端就是缺少全局性思考,而阵地战打法也不一定是新形势下企业运营手段的首选。在企业战略明确的条件下,企业管理者选择什么方式确保战略落到实处,是体现管理者智慧的关键所在。

按照第四代时间管理大师史提芬·科维的观点,高绩效管理者的工作重心通常是在第二象限,即"重要—不紧急"的工作。在科维看来,许多企业之所以出现很多"重要—紧急"的第一象限工作,通常是由于他们平常不重视那些"重要—不紧急"工作所致,比如公司的流程能力、员工能力和IT平台能力等,所以他们大量的时间都在处理企业的"救火"问题。事实上,这两个象限内的工作之间存在微妙的转换关系,如果管理者在日常工作中投入适当的精力处理好第二象限的事情,就可以大量减少第一象限问题的困扰。以本人作为顾问所亲眼目睹公司的一些现状问题来看,这些企业管理所遇到的问题,究其根本原因(root cause)的话,都是职责和角色模糊、工作标准定义不清、部门墙厚重及员工能力等问题造成的,也就是前面所讲的"痛则不通"。而这些问题全都是第二象限的工作范围。

一个目光短浅、急功近利、头痛医头,甚至杀鸡取卵的管理者不是好的管理者,而往往是企业各种麻烦的制造者。

管理者要想缩短自己与星巴克的距离,首先必须提升自己的职业化意识,成为职业经理人,必须投入精力和时间做好第二象限的工作。当然,这种努力绝不是企业部分管理者的问题,而是公司平台和文化建设的问题。业界许多优秀公司管理者的实践无不证明了这一点。

引自《胡云峰个人专栏》(http://blog.vsharing.com/frank_hu/)

8.3 推进公司整体业务的有效融合

在烽火通信原有的公司文化中有一种"谁提出问题,谁主导解决"的潜规则,在这种规则的牵引下,很多部门本着"多一事不如少一事"的惯性思维,即使有业务问题也不愿意提出,结果是公司内部跨部门协作意识差、团队合作精神匮乏、部门墙厚重,直接的结果就是本位主义和公司业务条块分割现象严重,核心价值链运作效率低,客户响应速度缓慢,形成问题大量堆积的恶性循环,所以才有本书开头"问题多,响应慢,重复犯"的总结。

在公司推行三年多流程和跨部门流程建设之后的今天,上述部门墙厚重的现象已有很大改观。在公司流程责任制度的推动下,随着业务责任主体概念和意识的不断普及和深入,各业务部门主动提出业务痛点问题的积极性显著提升,跨部门团队的协作氛围明显改进,主要表现在以下几个方面。

(1) 在各部门流程建设项目框架内完成的业务融合　这里涉及的流程都是公司业务流程架构下的流程,也是纳入公司整体流程规划中的流程。由各部门在流程开发过程中主动邀请其他部门角色代表参加进来,推进二级部门间或一级部门间业务的融合,这是公司所有跨部门协作中最普遍存在的一种业务融合方式。

(2) 运营管理部门主导跨部门流程建设项目完成的融合　这种业务痛点问题通常涉及的业务部门较多,很难找到明确的业务责任主体部门,所以这种情况下,如果有部门提出痛点问题解决需求,通常是由运营管理部门组织以项目团队方式开发流程来实现业务融合。

(3) 各一级部门主导完成的跨部门流程梳理　这种情况涉及的流程也不是业务流程架构中的流程,而是公司定义的问题导向的跨部门流程,只是这类跨部门流程容易识别责任主体部门,公司倡导由业务部门主导成立跨部门团队,而不是由运营管理部门主导。

这种跨部门流程建设和协同开发的结果,就是公司的各种业务不再是以部门为界限开发流程,而是以业务为主题展开端到端的业务融合。如图8-3所示,典型的例子如研发业务的责任主体是研发部门,但是研发部门在主导开发研发流程的过程中,会主动邀请来自制造、市场、销售、采购、服务甚至财务和人力资源部门的代表一起来思考公司其他业务与研发业务如何进行有效融合;再比如公司的供应链业务,制造部门是责任主体部门,制造部门在开发相关流程时,会主动邀请销售、研发、采购、服务及财务等部门的代表参加进来,确保供应量与这些业务合理有效地对接;甚至在销售管理部的客户接待业务上,销售部门主导成立了跨部门流程梳理团队,邀请制造、研发、服务、总裁办及综合部门的代表参加。这些由运营管理部主导或业务部门主导的跨部门流程建设团队,不仅在流程设计上使各种业务实现了有机融合,在流程发布后的宣贯执行以及流程优化中都发挥了部门协作的特点与团队作战的精神,极大了推进了公司的整体化运作,提升了市场响应速度和客户满意度。

(a) 部门之间的业务没有进行融合

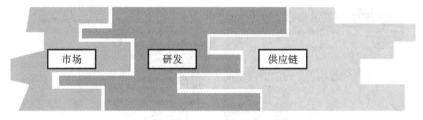

(b) 部门之间业务进行了部分融合

图 8-3 各部门之间业务要通过融合来体现整体性

8.4 推进并完善了企业过程资产的管理

流程是企业管理哲学、管理思想、企业员工常年积累并形成的经营管理知识和业务运作经验的载体。全球知名项目管理机构 PMI 在其著名的《项目管理知识体系指南》中,将组织所有业务流程统称为"组织过程资产",意在凸显业务流程在组织无形资产和知识管理体系中的重要地位。进入 21 世纪以来,具有差异化特征的企业业务流程及其管理能力甚至直接被看成了企业的实际竞争能力,企业产品和服务统统被看成是流程的副产品,所以人们认为美国的微软公司之所以具有无与伦比的竞争力,并非因为开发了 Windows 操作系统和 Office 系列套件,而是因为它拥有产生这一软件的卓越流程。所以流程再造大师迈克哈默断言:"对于 21 世纪的企业来说,流程将非常关键。优秀的流程将使成功的企业与其他竞争者区分开来。"与实物资产和财务资产一样,流程资产作为公司业务知识和经验的载体,也需要通过特定的管理体系,以确保这类资产的梳理、保值与增值。流程管理就是一个推进并不断完善企业过程资产管理的体系。

烽火通信在各个部门以流程建设项目方式开展的各种工作,无论是流程架构的开发与维护,还是流程的设计与发布、流程的宣贯与执行或者流程的审视与优化等,都属于典型的知识管理或企业过程资产管理范畴的内容,相对于中国传统管理中强调企业领导的个性化管理方式,或制度规定类缺乏系统性与完整性的文件管理方式而言,流程管理方式为企业管理文件在体系化、规范化、可视化、集中化管理方面带来了革命性的变化(见图 8-4)。

在体系化方面,基于企业流程规划的业务流程架构建设既体现了"完全穷尽,彼此独立"的管理思想,又贯彻了企业整体业务有机融合的理念,尤其是通过一套统一的业务流程体系中融合全面风险管理、SA8000 等各种专业体系管理的思想,确保了企业的管理文件体系的系统化。

图 8-4　管理文件从传统管理向现代管理的革命性变化

在规范化方面，传统管理方式下，企业内各部门按照各自的意图各自起草并发布各种管理性文件，不仅在文件的命名方式上五花八门（如管理制度、管理规定、管理条例、管理办法，甚至会议纪要也可能成为一种管理手段），在文件的内容上更是千奇百怪，经常出现定义不清、适用范围不清、结构层次不清，甚至逻辑混乱、破绽百出的问题，造成员工理解和执行起来莫衷一是的情况。烽火通信的流程管理方式对企业的过程与知识资产进行了科学和规范化的设计，尤其是对业务流程架构的层次结构、流程的定义、跨部门流程的定义、流程需要包含的内容（包括所使用的模板和表单形式）、流程发布的方式、流程审视优化的周期都做了明确的规范化管理。

在可视化和集中化方面，烽火通信开展流程建设的所有部门规划的业务流程架构、所有需要开发的流程、所有已发布流程、尚未发布的流程等，全部可以在流程管理的 IT 平台上得到统一、完整的展现，所有员工都可以访问基于授权的流程展示界面，快速查询了解或下载自己参与的流程、本部门的流程、相关业务部门的流程及具体的作业指导书和表单模板。这种高度可视和集中化的文件管理和查询浏览方式，是对传统文件管理方式的颠覆性改变。

■ 博文注解　"铁打的营盘流水的兵" ■

"铁打的营盘"最初的意义是指军队里的各种职级分类甚至军营的物理分布。对于一个企业来说，"铁打的营盘"可以理解为整个组织的管理体系，包括支持组织战略的组织体系、流程与制度体系、绩效管理体系及信息系统支持体系，当然也包括企业的各种工作场所及其布局状况，更深层的含义应该还包括企业长期形成的企业文化。在企业战略没有变化的情况下，这个体系应该是相对稳定的，尤其是组织和流程管理体系（一般来说，企业的组织重组和流程重组应该与组织的战略相适应），企业所有的员工基于自己的角色定位，在IT平台的支持下找到自己在各种流程中应该执行的工作，最后通过绩效管理体系来衡量绩效以及定位职业方向。

"流水的兵"当然就是指在这个体系下来来往往的个人。只要这个企业还存在，就会存在员工的就职、离职、换岗、离岗、上岗、下岗、请假等情况，这种现象就是"流动"，企业的利润就是在这种流动中产生的，企业的寿命就是在这种流动中延伸的，没有流动，企业的生命就会停止。有些企业的老总甚至声称"我们不担心人员离职问题"，新员工经过适当的培训很快就可以安排到"营盘"的适当位置上开始工作并创造价值。所以从这个意义上说，这种流动就像是人体中血液的流动，流动产生活力。

"铁打的营盘"和"流水的兵"构成了一个企业的生命现象。各个企业的差异（就像自然界中物种的差异一样）就在它们所具有的"营盘"和"兵"的差异中表现出来，于是就有了优秀的企业和糟糕的企业。

引自《胡云峰个人专栏》(http://blog.vsharing.com/frank_hu/)

8.5 促进 ISO 9001 等管理体系与企业业务融合

流程管理与体系管理融合是烽火通信开展的一种管理创新实践。烽火通信在其"十二五"规划中明确提出了实现流程管理与体系管理融合的目标。从 2012 年开始，烽火通信将原来的质量与体系管理职能和流程管理职能合并，成立了流程与体系管理部，按计划逐步将企业原来的 ISO 9001、ISO 14001、OHSAS 18001、SA 8000、TL 9000 以及全面风险管理等体系管理的内容与现有的流程架构和流程进行有机融合，确保业务的"一张皮"和简单化管理。

在实施这种融合之前，公司流程与体系管理部与公司外部的体系认证机构做了可行性方面的调查与分析，得到外审认证机构对这种融合工作的认同和支持；在公司内部和相关业务部门进行了充分沟通，对开展这项工作的必要性达成了十分深刻和广泛的共识，为开展这项工作做好铺垫和动员。从实施融合的过程来看，烽火通信首先对现有的体系管理与流程管理的相似性和差异性做了深入的研究，在此基础上制定年度流程与体系融合详细计划，结合各种体系的相关条款的要求，将这些条款要求与相关的部门建立对应关系，形成各部门的"流程与体系关系对照表"，在流程设计尤其是流程的审视优化过程中，来自流程与体系管理部的工程师将参与相关的评审，确保相关的体系条款要求在所有需要发布的流程中得到恰当的体现，没有完成体系融合评审的流程不允许发布。各部门兼职或专职的流程与体系专员是这项工作的部门接口人，确保岗位和资源的有效配置。虽然这项工作还处于起步和探索阶段，一些方式和方法还在完善过程中，但是公司已经看到了一些实实在在的好处，一些部门的流程责任人和 SME 发现过去那种在体系管理上穷于应付、疲于奔命和打乱仗的现象在逐渐消失，一种体现业务融合的全新的管理方式正在形成。

另外，从 2012 年 ISO 9000 和内控体系外审的情况来看，外审机构对烽火通信的流程管理规范化程度及流程与体系融合的实践做了充分肯定，有些外审机构的审计师甚至感叹说："没想到你们公司的流程与体系管理能做得如此规范。"（见图 8-5）

图 8-5　外审机构的审计师对烽火通信流程与体系管理的赞美

8.6　为企业信息化建设提供有效支撑

在世界级企业，流程与信息化建设是企业流程架构中的核心支撑业务。国内很多企业或部门的管理者对流程与信息化之间的关系没有形成正确的认识，这是造成这些企业运营管理部门弱势地位的主要原因之一。烽火通信流程管理为企业信息化建设提供了有效支撑，主要表现在以下几个方面。

（1）流程架构的建设对公司及各部门 IT 规划提供了有效的输入，管理者可以从流程架构的相关内容分析 IT 平台对现有业务的支撑情况，在分析业务模式、业务类型以及业务现状问题基础上，识别需要优先实施信息化管理的业务，促进业务模式的固化和管理效率的提升。

（2）对 IT 平台开发提供业务蓝图准备。以往在开发一个信息化应用之前，项目组需要组织 IT 工程师和相关业务人员进行大量的前期业务调查与分析工作，而且由于方法论的问题造成工作效率极低。开展流程管理工作后，通过不同角色员工的通力合作，可以输出对 IT 平台开发提供有效支撑的业务蓝图，可以显著缩短 IT 平台开发周期。

（3）推动部分管理者和员工改变传统观念。以前公司内部有些人对开发应用系统没有形成正确的认识，有人甚至以为像买一台汽车那么简单，即买即用，造成业务部门和 IT 部门因误解而关系不顺。通过系统化流程梳理工作，很多人的观念发生了改变，原来任何一个应用系统都是实际业务功能的体现，需要首先对现有业务模式和功能需求进行周密设计与思考，形成 IT 工程师看得懂的"系统需求说明书"后，才能进行 IT 平台设计与开发。

（4）推动 IT 业务本身的流程化管理。以前在开发和维护信息系统方面，从需求的提出、受理、分析、立项，再到开发和后期的系统维护的整个过程，公司没有建立统一的管理规范，造成各部门不清楚应该如何有效协同合作，IT 平台开发过程管理不受控，IT 平台维护也是职责不清，问题频繁。公司通过建立并实施需求管理、IT 平台开发管理以及事件问题管理等流程，明确了信息系统建设需要团队合作的重要性，显著规范了信息化工作的管理力度，提升了 IT 平台开发和维护的工作效率。

8.7 有效识别并解决各种业务痛点问题

根据烽火通信"流程拟制和发布流程",在业务流程设计的思路研讨阶段,需要进行业务痛点识别。痛点识别来自两个方面:一是在流程起点和终点之间,从责任主体部门角度识别出来的;二是从接受本流程输出的下游业务责任主体部门的角度识别出来的,也就是下游客户对上游输出可能提出的改进意见。在此基础上,流程的责任主体部门负责进行流程设计、发布、宣贯、执行和流程的定期审视与优化的全寿命周期管理,尤其是在流程定期审视优化时,将再次关注设计阶段识别的痛点问题是否解决,是否出现了新的痛点问题,然后优化流程并以新的版本号重新发布该流程。通过这样无止境的循环来开展业务的持续改进,有效解决业务过程中出现的各类痛点。

案例 8-1

▪ 通过流程管理解决产品补换货业务痛点 ▪

公司产品补换货业务主要是产品因质量问题造成补换货,同时不引起原合同变更的情况。该业务在前期的运行过程中存在部分问题,因此在 2012 年的流程建设项目中将该业务列入流程开发计划中。

1. 流程拟制思路研讨准确识别业务痛点

要解决业务中的痛点,就必须先识别出痛点。因此在流程拟制思路研讨阶段就必须充分准确识别出该流程中的业务痛点;"产品退换货流程"思路研讨做得很充分,流程涉及的部门经理、基层员工及 SME 均参加了思路研讨会,并提出补换货业务过程中的痛点,经过充分讨论后归纳总结为以下三点:① SAP 操作缺失或操作不及时、不准确;② 账目处理角色、职责、处理方式不明确;③ 审核审批原则不清晰。

2. 流程设计及流程评审时考虑如何解决痛点

基于已经识别的业务痛点,在流程设计时就会重点考虑如何解决这些问题,流程图与流程文件评审时 SME 也会关注业务痛点是否在流程中解决了;"产品补换货流程"经过多次讨论与评审,将提出的痛点全部在流程设计时做了针对性处理。

① 针对第一个痛点,编制了 SAP 操作说明书,并在流程中规定"在补换货申请完成后的一天内即应在 SAP 中创建工程改造订单"等要求。

② 针对第二个痛点,流程明确了企业市场营销部 SAP 专员、生产管理部合同主办、仓库管理员、配盘人员等角色进行 SAP 操作及账目处理时的职责,并在 SAP 系统中开发了两个新的销售订单类型来处理这类账目,同时对新的销售订单类型操作拟制了详细的作业指导书。

③ 针对第三个痛点,流程明确了补换货申请的审批,补换货金额五万元以下审批权限在产品线总监,五万元以上需要部门副总经理审批。

3. 流程执行及流程审视优化时关注痛点是否已经解决？是否有新痛点出现？

流程设计完成只能说是在纸面上解决了业务痛点，要想真正解决业务痛点，还必须按照设计好的流程去执行；因此在流程发布后，经理人（流程监护人）应持续关注流程执行情况，并跟踪之前提出的业务痛点是否得到解决？是否有新的业务痛点出现？如果痛点没有完全得到解决或有新业务痛点出现，在流程审视优化时就要考虑如何优化流程解决依然存在的痛点。只有一个个痛点逐步得到解决，业务运营效率及效果才会提升。

此外，烽火通信通过流程审计的手段来保证各部门业务流程管理的符合性和有效性，流程审计有两类，一类是时间触发的例行审计，一类是问题触发的专项审计，通过审计对业务部门流程管理状况给出"完全符合""符合""基本符合"和"不符合"的审计结论，审计工程师在此基础上向业务部门发出是否需要整改的通知。

案例 8-2

某专项审计报告的部分内容

根据专项审计计划，审计小组通过访谈、查看流程过程记录、收集流程客户评价等方法对三个跨部门流程进行了现场审计，经过讨论，审计小组认为："产品非常规生产申请及审批流程"审计结果为"符合"，"ODM 系列流程"审计结果为"不符合"，"新产品结构件加工系列流程"审计结果为"基本符合"，具体说明如下。

对产品非常规生产申请及审批流程，流程发布前的痛点主要有流程范围模糊、变更流程缺失；物料齐套性差；生产资料不全等问题。流程发布后，在 PLM 中进行了固化，流程执行情况较好，之前的痛点基本得到解决，但依然存在一些问题：如少数申请单填写信息缺失、少数 BOM 与 PCB 图纸不一致、部分流程执行周期较长等。综合该流程的设计质量、审视优化情况、宣贯执行情况以及发布后起到的效果情况，审计小组认为该流程审计结果为"符合"。

对 ODM 系列流程，流程发布前的痛点主要有流程串行，导致产品开发周期不可控，原来的 ODM 产品开发流程仅仅局限于研发部门，没有实现端到端打通，角色与职责不清，角色更改频繁，对 ODM 厂商的认证和管理缺失，流程得不到有效执行等。后来设立 ODM 跨部门流程项目，进行重新开发。该项目历时六个月，于 2010 年底发布了十几个流程，但流程发布后并没有进行针对性宣贯培训，而是通过邮件发给相关人员进行学习，审计过程中发现相关业务人员对发布的 ODM 流程并不知晓或不熟悉，发布的流程并没有得到有效的理解与执行。例如：ODM 流程框架中明确要做 ODM 产品认证测试计划，而实际业务中并没有开展该项工作，也没有按要求实施供应商准入认证，综合该流程的审视优化和执行情况，审计小组认为该流程的审计结果为"不符合"。

对新产品结构件加工系列流程，流程发布前痛点主要有生产资料不齐套、物料不齐套、加工周期不可控、价格难以确定、申请单信息不完整等众多问题。该流程在公共研发部牵头优化后，前端操作在 PLM 中进行了固化，各部门进行了良好的宣贯与执行，大部门痛点得以解决,流程效果及效率有了较大改善,但依然有部分痛点问题无法根本解决,如:物料不齐套、价格确定、BOM不全、生产资料缺失等问题也时有发生,但相对以前已经有了很大改善。综合该流程的设计质量、审视优化、执行情况,审计小组认为该流程审计结果为"基本符合"。

8.8 流程KPI设计与跟踪提升业务运作效率

企业整体运营绩效的提升来自于价值链上的各个业务领域、业务模块及业务流程运作效率的提升。从流程层面来看,只有各部门流程责任人、流程监护人都承担起自己的责任,关注流程的设计质量、监督流程的执行效果并持续开展优化改进,才能见证流程管理与变革带来的效果。但是这种效果不可能立竿见影,必然要经历一个产生、发展到成熟的过程。烽火通信开展流程管理变革的每一个阶段都会强调一个主题,从而选择不同的变革策略。第一年的变革策略是"宣传松土,达成共识,整体规划,建设积累",第二年的策略是"消化,验证,执行,提高",第三年的策略是"巩固优化,执行监控,融会贯通,见证成效",第四年的策略是"体系维护,流程可度量,绩效监控,持续改进",如图8-6所示。

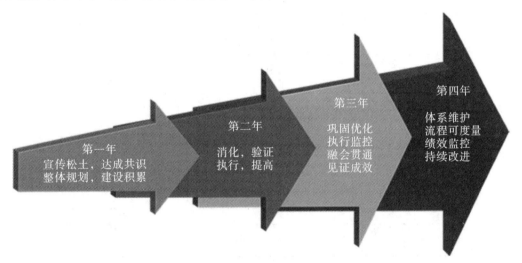

图 8-6　烽火通信流程管理变革策略的演进过程

从2012年开始,烽火通信开始关注流程管理变革的成效,并开始在重点业务部门实施流程绩效管理的试点,选择一部分业务流程进行流程绩效指标设计与执行监控,监控周期为半年,要求所选流程的流程监护人有目的、有组织、有计划地落实相关工作,包括绩效指标的设计、数据来源、抽样方式以及数据责任人等。部分流程及其绩效指标数据监控结果如图8-7所示。

从数据可以看出,流程在得到流程监护人关注和持续监控的情况下,流程绩效指标的运行走势基本上是呈现出良性改进的势头,这正是实施流程管理与变革需要看到的真正效果。这些数据对流程管理变革犹豫不决、消极怀疑甚至持反对态度的人来说是一种正能量刺激,同时也可以极大增强企业内部各级管理者和员工开展流程建设工作的

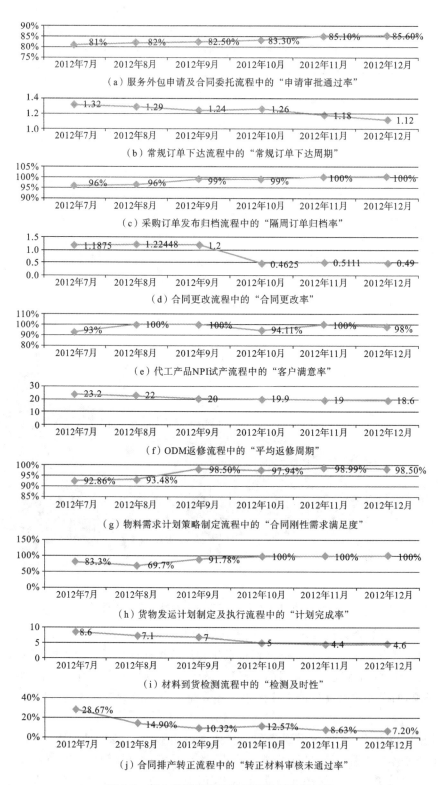

图 8-7 部分流程及其绩效指标数据监控结果

信心。

对于流程 KPI 指标监控的结果,可能会发现指标实测值与目标值之间存在差距的情况。从 2013 年年中开始,我们开始试点性启动流程 KPI 指标改进项目,通过项目的实施落实改进措施。从启动的 7 个项目的情况来看,有 6 个项目成功达成指标改进目标。表 8-1 所示的是某流程 KPI 指标改进项目的项目定义表。

表 8-1 某流程 KPI 指标改进项目的项目定义表

项目(产品)名称		网管集成测试指标改进项目			
项目经理	朱春燕	所在部门	烽火通信科技股份有限公司公共研发部		
开始时间	2013.8	预计完成时间	2013.12		
要素	描述	项目表			
1. 过程	描述存在的问题	集成测试一次性通过率不高,目前平均通过率为 88%			
	项目的重要性	提高集成测试一次性通过率,缩短集成测试周期,以便增加其他类型测试时间,加大测试深度,有效保障网管产品质量			
2. 项目描述	描述项目的目的和范围	目的:提高集成测试一次性通过率,缩短集成测试周期,以便增加其他类型测试时间,加大测试深度,有效保障网管产品质量。 范围:烽火通信科技股份有限公司公共研发部软件专项			
3. 项目流程范围	项目将影响到的主要流程和部门	软件开发和自测流程及网管集成测试流程			
4. 项目目标	明确并量化的改进目标及 RTY、COPQ 和 C-P 的改进指标	项目指标	现状	目标	标杆	改善幅度
		测试一次性通过率	64%	90%	NA	25%
5. 项目收益	预期能改善的商业绩效(例如:销售额和收入)是什么?什么时候能达到改善效果?	集成测试一次性通过率提高,就缩短了集成测试时间,让更多的时间投入在其他类型的测试上,例如后期的系统测试			
6. 项目成员	谁是全职的组员,有没有顾问专家?	项目负责人:朱春燕 小组成员:软件开发及测试专项的专项经理			
7. 客户收益	谁是最终客户,他们将看到何种收益,他们最主要的需求是什么?	最终客户:烽火通信科技股份有限公司 看到的收益:对外提供的网管软件版本质量得到提高,无重大问题被打回或投诉 主要的需求:			
	客户的声音	网管软件版本功能易用,稳定			

续表

项目(产品)名称		网管集成测试指标改进项目		
8. 计划	主要的里程碑/时间表		开始时间	预计完成时间
	M:测量 A:分析 I:改进 C:控制	定义阶段		
		测量阶段		
		分析阶段		
		改进阶段		
		控制阶段		
9. 所需支持	项目经理的时间	20%		
	完成项目可能需要哪些特别的支持（包括资源、时间、人员等）	软件开发专项人员支持		
10. 假设	列出项目执行的先决条件	保证现有的集成测试流程环节及内容不变		
11. 风险和问题	风险:尚未出现的,但很有可能出现的问题	为提高集成测试一次性通过率,开发环节投入过多测试力量,从而增加了开发时间		

通过该试点项目的前后对比,分析得出的结论如下。

(1) 提供单元测试报告的统一网管北向接口里程碑 3 集成测试一次性通过率较之前没有单元测试报告的里程碑 2 的一次性通过率有大幅提高,从 64% 提高到 90.7%。

(2) 在里程碑 3 测试用例数(43 项)多于里程碑 2(25 项)的情况下,测试执行发现的缺陷数(总共 4 个 bug)远小于里程碑 2 发现的缺陷数(总共 11 个 bug)。

(3) 从缺陷等级的分布情况来看,里程碑 3 发现的 bug 主要是一般 bug(3 个一般 bug 和 1 个严重 bug),而之前里程碑 2 发现的 bug 大部分是严重 bug(8 个严重 bug 和 3 个一般 bug)。

由此可见,通过加强和规范单元测试活动,可大幅减少后期集成测试出现的 bug 数量,并降低 bug 缺陷等级,大幅提高集成测试的一次性通过率。

案例 8-3

◀ 优化备料配送流程,减少差错并提高效率和客户满意度 ▶

系统设备制造部物流部承担着向电子联装车间、机盘调测车间、总成部及包发部四个车间配送生产所需各种物料的职责。传统的备料及领料模式是:生产管理部下达一级备料指令到制造部各车间,各车间根据一级备料指令下达二级备料指令到物流部,物流部根据二级备料指令指导备料、下账；各车间领料员根据车间二级备料指令到库房料账员处等待下账，排队，等待备料，等待领料。

从传统的备料、领料模式来看，整个备料、领料过程中等待的时间长：库房只有接到各车间的二级备料指令才能开始备料，这样延长了备料时间；每天早晨，各车间到物流部仓库等待领料，等待下账，这些等待过程造成了大量时间的浪费；另外，传统的备料、领料模式出错率高，在整个备料领料过程中，缺少核料的环节，各车间只有在生产过程中才能发现物料配送的错误，只能再去仓库领料，造成人工的浪费。

为了彻底解决上述问题，物流部对备料及领料过程进行梳理，开发了"备料配送流程"，在流程中主要采用了如下方式。

（1）改变备料模式　根据生产管理部下达的一级备料指令备料，改变了以往根据车间二级备料指令备料的模式，延长了备料时间。

（2）增加了核料环节　在备料完成后，进行核料，增加了核料环节，减少了出错率。

（3）改变配送模式　根据各车间下达的二级备料指令进行车间现场配送，改变了以往各车间领料员到库房领料的现状，节约了大量的等待时间，提高了工作效率。

备料配送流程实施后带来工作效率的明显提升，主要表现在以下几个方面。

（1）本地配送流程控制配送节拍，减少等待。

改善前：原被动"推动式"领料存在大量无序的现象。

改善后：实现自动"拉动式"配送，准时准确生产。

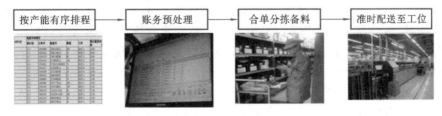

（2）"备料配送流程"实施后，入仓周期及配送周期大大缩短；6月份之前采用传统的备料及领料模式，6月份之后采用的是最新的备料配送模式，相关的数据见表8-2。

表8-2　流程执行前后的配送及时率

时间	入仓周期/h	订单量	配送周期/h	配送及时率
2011年3月	60	44	48	—
2011年6月	60	44	48	60%
2011年9月	44	44	24	90%
2011年12月	40	60	24	92%

续表

时间	入仓周期/h	订单量	配送周期/h	配送及时率
2012年3月	24	64	24	96%
2012年6月	18	75	4	100%
2012年9月	16	95	3	100%

可见2012年6月份后实施"备料配送流程"后，入仓周期、配送周期大大缩短，订单量及配送及时率也稳步提高。

(3) 采用"备料配送流程"后，差错率逐渐减少，具体数据见表8-3。

通过上述案例发现，制造部物流部在流程建设过程中，改变了传统的业务模式，采用目前业界最先进的备料及配送方式，节约了时间、提高了效率，出错率降低，下游客户的满意度也逐渐提升。

表8-3 备料配送流程执行前后的差错情况

时间	差错次数	时间	差错次数
2011年3月	42	2012年3月	18
2011年6月	38	2012年6月	16
2011年9月	30	2012年9月	10
2011年12月	24		

案例 8-4

通过建立"异地发货流程"，降低成本，提升客户满意度

公司有多个产品类型为直接从供应商采购的贴标产品，过去的做法是供应商先将成品发货至我公司，我公司拆包抽检后重新封箱并贴标后再发往客户处，这样的做法不但增加了二次转运的成本，且交货期较长，客户满意度差。因此系统制造部积极思考采用何种方式能更好地管理该项业务，提高客户满意度。2010年7月初开始，生产管理部主动与各相关部门沟通，决定开发"异地发货流程"，对部分供应商贴标生产的产品采用异地发货的形式进行管理。梳理流程的过程中，主要确定了几项决议并推动实施。

(1) 首先确定了异地发货的实现方法，即对部分符合品控条件和资质的供应商，对公司的客户直接发货。由系统制造部向供应商传递每日发货及标牌等信息，由供应商贴标后，直接发往客户。

(2) 根据历史供货质量情况，由品质部牵头认证了两家符合异地发货资格的供应商，只有具备公司认可的具有异地发货资格的供应商才能对公司的客户直接发货。

(3) 根据物料的复杂程度，确定具备异地发货条件的物料范围。

(4) 向供应商提供并培训外包装贴标工艺规范，并列入公司发货产品品质检验项。

(5) 同时制定出异地发货检验的检验方案。

通过流程梳理及以上各配套工作的实施，系统制造部经过反复的讨论，发布了"异地发货流程"，明确了流程中各角色对应的活动职责，并将配套文件同时作为标准支持流程的运作。经过半年多的运行，该流程在实际业务运转中的收效愈来愈明显，下面通过以下几组数据来展示实效。

1. 节约仓库面积及降低成本

以 A 产品为例：1 000 个 A 产品包装件平均占用仓库面积为 15 m^2，2011 年 1 至 6 月，实现异地发货的 A 设备为 33 万端，累计

节约仓库面积　（15 m^2/1 000）×330 000＝4 950 m^2

平均每天节约仓库面积　4 950 m^2÷6÷21≈39 m^2

每年仓储节约费用　365 天×15 元/m^2×7 天周转×39 m^2＝150 万元

2. 合同交货周期缩短

以 2011 年 6 月 3 日发货的合同为例，该批设备的供应商为深圳某公司，需发往浙江省××市。

按照以前的操作方式，深圳先发往我公司约需 2.5 天，在我公司的周转天数为 2 至 3 天（以 2.5 天计），再从我公司发往浙江约需 2.5 天，则总共需要时间为

2.5 天＋2.5 天＋2.5 天＝7.5 天

按照异地发货方式，本次货物从深圳发往浙江总共时间为 3 天，因此，合同交货期缩短 7.5 天－3 天＝4.5 天。

3. 人工工时及费用降低（入库、料账、品检、包装发货等）

按照异地发货方式，平均可节约 4 人/天的工时。

按人工成本平均 3 000 元/月计，则一年节省人力成本　3 000×4×12 元＝14.4 万元

4. 人工工时及费用增加（我公司派往供应商的驻厂检验人员）

(3 人×1 万元/人）×12 月＝36 万元

5. 总费用节约

150 万元＋14.4 万元－36 万元＝128.4 万元/年

上述仅以 A 产品为例计算成本节约，且单位面积仓储费用仅以 15 元/m^2 计算（行业内租赁仓储单位面积成本为 35 元左右）。如果后续 B 类设备陆续实现异地发货，那么每年将为公司节省更多的成本。

博文注解　流程真的降低你的效率了吗？

一些企业在取得一定的经营绩效的同时，可能有意无意地忽视过程的正确与规范性。要知道，一些投机取巧的方式也能使他们达成某种经营目标，比如销售额、利润等，但企业可能面临的风险也是显而易见的，比如，无法保证按期交付、合作伙伴信用问题、客户投诉、核心员工流失，甚至无法保证回款等，这些随时可能发生的风险，使企业无法进入一个可持续发展的良性循环。

下面便是一个这样的案例。

××公司驻外某代表处主管兴冲冲告诉总部领导，我们已经和××客户签了××金额的大单，请总部立即发货。接到前线签单的喜讯，总部领导自然欢喜，立马组织生产制造和

发货等订单履行相关事宜。

接到订单履行的通知后,订单履行部门犹豫了……是该执行领导命令直接订单履行,还是按照流程,先要求进行订单验证和信用审查?最后的结果是:迫于一线市场人员和总部相关领导的压力,订单履行部门直接开始了生产制造和发货,并将货物成功交付给客户。期间,省去了流程中要求的订单验证、信用审查两个关键风险控制活动。

财务部门等待客户付款,但多次催付未果,货款最终无法回收。领导很生气,要求对该笔订单的全过程问题进行追踪问责。追问订单履行部门,答复:根据一线市场人员和领导要求发货,货已成功交付给了客户。追问一线市场人员,答复:客户经营不善,资金紧张,濒临破产,无法回款。

但根据流程,在合同签订后需要进行订单验证、信用审查等环节后,才能进行订单履行,该流程中的部分关键活动点为:签订合同→订单验证→信用审查→订单履行→回款。

流程是一种确保以正确的过程取得理想的结果的管理工具,按流程执行不但可以保证质量,而且可以规避风险;不按流程执行,局部业务可能看到了暂时的效率或好处,但对大局而言,这种局部的效率却是致命的杀手。

有句话说,"方便是效率的敌人",这句话很多不搞流程的人可能弄不懂,但作为管理者,你必须明白这个道理。

希望上面的悲剧不再发生。

引自《胡云峰个人专栏》(http://blog.vsharing.com/frank_hu/)

■ 博文注解　麦当劳与麻婆豆腐——流程保证交付的稳定性 ■

六西格玛管理强调减少交付绩效的波动性,$3.4/10^6$,意味着一百万次交付,只有3.4次交付不符合客户要求。什么意思呢?打个比方吧,对于一个一般的公司职员而言,如果以50年工作时间计算,他一生上班到达办公室的次数大约35 000次,这个人在遵守公司作息时间方面如果要达到六西格玛的要求,他这一生迟到的可能性只有0.12次,可以想象这是一个多么敬业的人,再想想这个人怎样才能做到这样稳定的表现。

那么六西格玛管理方法是如何保证这么稳定的交付的呢?高效的流程运作。

麦当劳的食品在全球各个门店都是一个味道,因为它的操作流程是严格一致的:土豆的生产/加工/运输方式、油榨鸡翅的温度和时间,甚至服务员的工作语言和行为,麦当劳都有统一的流程手册规定。这就是为什么麦当劳有很高的客户忠诚度的原因,因为到这里消费所得到的产品和服务完全是期待中的,几乎没有什么波动的可能性。

再以中国人喜欢吃的麻婆豆腐为例。全国不同的城市、同一城市的不同餐馆,甚至同一餐馆的不同时间(因为厨师换人或跳槽),麻婆豆腐的味道可能都是不一样的,因为不同的人用不同的方式表达着他们对"麻婆豆腐"这个概念的理解。有的地方的麻婆豆腐甚至是甜的,根本没有正宗的"麻"味。这种波动性使得人们对于能否吃到正宗的麻婆豆腐感到怀疑,所以也就失去了客户的忠诚度。造成这种结果的根本原因,就是因为没有制作麻婆豆腐的统一的工作流程。

只有流程才能保证交付的稳定性,从而才有客户的忠诚度。

引自《胡云峰个人专栏》(http://blog.vsharing.com/frank_hu/)

8.9 促进企业管理文化和企业形象提升

企业管理文化的提升有赖于职业经理人队伍的成长和成熟。在烽火通信这种从传统的科研机构转型而来的企业，必须孕育和培养以市场和客户为导向的企业管理文化，需要在员工和管理者心中建立牢固的客户意识，同时也要随时关注业界和竞争对手的发展趋势，在日常业务和管理实践中敢于并善于学习业界标杆。对于以追求规模化和可持续发展的烽火通信来说，流程管理是被业界和主要竞争对手用成功的事实证明了、并且还在进一步证明的一种有效的企业管理手段，学习并实践这种管理手段，是烽火通信必须面对的挑战。

经过三年多的变革实践，在企业内部其他管理要素（比如人力资源管理、信息化管理、绩效管理等）的共同促进下，烽火通信的企业管理文化在整体上得到了显著提升，流程型组织的特点开始逐步显现出来，主要表现在各部门流程责任主体意识显著提升，经理人的流程监护意识加强，落实更加到位，跨部门协作和业务融合的理念更加深入人心等。在开展流程管理变革三周年之际，为了规划企业管理和流程管理的工作方向，用十个"更加"来描述公司在流程管理方面取得的突出成就，同时用十个"还需"指出了今后企业还需要面对和解决的问题，这些"还需"明确表明公司在流程管理变革之路上的信心和决心，如表 8-4 所示。

表 8-4　流程管理变革的十个"更加"，十个"还需"

	十个"更加"	十个"还需"
1	流程知识更加普及	服务意识还需提升
2	流程覆盖更加广泛	服务能力还需改进
3	架构概念更加深入	专业队伍还需稳定
4	组件思维更加明显	流程责任还需强调
5	流程设计更加科学	部门主义还需弱化
6	流程发布更加规范	流程执行还需保障
7	责任主体更加明确	客户导向还需坚守
8	审视优化更加常态	审计功能还需加强
9	项目例会更加高效	体系融合还需继续
10	体系流程更加融合	流程和 IT 平台还需整合

公司企业管理文化氛围的营造与改善也给烽火通信企业形象带来了明显提升，由于烽火通信在卓越绩效管理模式上的积极探索和创新，公司获得湖北省政府颁发的"长江质量奖"和武汉市政府颁发的"市长质量奖"，先后接待来自省内外学习参观的企业达十多个批次，公司整体经营绩效以及外部客户满意度逐年稳步提升。

2013年12月16日,首届中国质量奖颁奖大会在北京举行,国务委员王勇出席并为中国质量奖获奖组织和个人颁奖。烽火通信荣获首届"中国质量奖提名奖",不但与华为公司占据了通信领域仅有的两席,同时也是湖北省唯一获此殊荣的企业。中国质量奖2012年经中国政府批准正式设立,是我国在质量领域的最高荣誉。其评选表彰工作由国家质检总局负责组织实施,每两年一届,设"中国质量奖"和"中国质量奖提名奖",旨在表彰在质量管理模式、管理方法和管理制度领域取得重大创新成就的组织和为推进质量管理理论、方法和措施创新作出突出贡献的个人。图8-8、图8-9所示为中国质量奖评审表彰委员会所编的《首届中国质量奖获奖组织和个人质量管理经验与事迹汇编》及对烽火通信事迹的介绍,其中重点介绍了烽火通信在质量保证责任体系建立、坚持流程与体系融合的理念、创建富有特色的过程管理模式、建立流程管理的组织与绩效管理体系以及建立与实践企业过程管理等方面的情况,对烽火通信在"大质量"或"全面质量管理(TQM)"方面进行的质量管理实践给予了高度评价。

图8-8 《首届中国质量奖获奖组织和个人质量管理经验与事迹汇编》

■ 博文注解　见证流程的力量:央视年度经济人物颁奖 ■

年度经济人物颁奖典礼是中央电视台精心策划、并已形成广泛社会影响的年度精品电视直播节目。今年的颁奖典礼更是堪称精品中的精品,整个颁奖典礼隆重而庄严,活动安排紧凑,一环扣一环衔接有序,主持人现场应对自如,台词熟练而生动,从电视屏幕上看,很少出现某些电视节目中经常出现的尴尬场面。

央视这样杰出的活动组织能力,如果要了解其高效和成功的原因,在很大程度上应该得益于事先设计并预先排练(测试)过的各种业务流程。

下面是本人作为一个电视观众所能描述的现场颁奖流程(如果能获取央视的书面资

图 8-9 中国质量奖评审表彰委员会对烽火通信事迹的评价介绍

料,一定能看到更多操作层面的细节要求和业务规则)。
- (A区)主持人针对颁奖主题介绍奖项设计的相关背景。
- (A区)主持人宣布颁奖嘉宾并请嘉宾上台。
- (A区)主持人与嘉宾互动。
- 现场大屏幕展示获奖者事迹。
- (B区)主持人邀请获奖者上台。
- (B区)主持人请颁奖嘉宾给获奖者颁奖。
- 颁奖嘉宾给获奖者颁奖。
- (B区)主持人感谢颁奖嘉宾(触发颁奖嘉宾下台,或由礼仪小姐引导下台)。
- (B区)主持人与获奖者互动(包括回答现场提问环节)。
- (B区)主持人祝贺获奖者(触发获奖者下台动作,或由礼仪小姐引导下台)。

　　流程就是让专业的人干专业的事情,所有的人基于自己的角色获取输入,经过专业的活动,产生相应的输出。主持人是流程中一个角色,当我们看到主持人口若悬河、应对得体的现场表现时,不要以为他们有什么超人的能力,我们应该看到流程的力量,节目的成功是团队合作的结果,节目主持人固然是重要的环节,但他们只是在做专业的事情而已。

　　观众看到的只是颁奖的过程,其实除了现场颁奖之外,一定还有很多其他背后的支撑性工作,比如服装、道具、灯光、摄像、台词编写等,没有这些相关流程的支持,现场颁奖流程不可能执行得如此顺利,观众(客户)也不可能获得如此完美的听觉和视觉享受。

引自《胡云峰个人专栏》(http://blog.vsharing.com/frank_hu/)

8.10 问题思考

（1）如何理解流程管理是经理人的基本管理技能？

（2）为什么企业内部会存在部门墙？为什么说流程是打通部门墙的最佳工具？如何理解"企业需要作为统一的整体来运作才能形成合力"这句话？

（3）企业的知识在哪里？为什么说流程是企业知识和经验的载体？

（4）为什么要设计跟踪流程 KPI 指标？这些指标和公司各部门的绩效指标是什么关系？

（5）过程管理与持续改进的企业文化是怎么形成的？

（6）请谈谈你读完"流程真的降低你的效率了吗？"后的感想。

第 9 章

流程管理与ISO 9001等管理体系融合

LICHENG GUANLI YU ISO 9001 DENG GUANGLI TIXI YONGHE

【本章核心要点】

企业的流程与流程管理工作需要与企业ISO9001、ISO27001等所有外部认证的管理体系及体系管理全面对接和融合,确保"一张皮"管理。企业的管理思想和管理方法必须高度统一,这是确保执行力的关键和基础,对外部认证的管理体系采取"阳奉阴违"的态度是一个企业缺乏社会责任感的表现,也会造成企业内部的价值观混乱。

9.1 质量管理体系的内容

质量管理体系的定义:质量管理体系(QMS,quality management system) ISO 9001:2005 标准定义为在质量方面指挥和控制组织的管理体系,通常包括制定质量方针、目标及质量策划、质量控制、质量保证和质量改进等活动。实现质量管理的方针目标,有效地开展各项质量管理活动,必须建立相应的管理体系,这个体系就称为质量管理体系。

9.1.1 质量管理体系八项原则

原则一 以顾客为中心。组织依存于他们的顾客,因而组织应理解顾客当前和未来的需求,满足顾客需求并争取超过顾客的期望。实施本原则要开展的活动:全面地理解顾客对于产品、价格、可依靠性等方面的需求和期望;谋求在顾客和其他受益者(所有者、员工、供方、社会)的需求和期望之间的平衡;将这些需求和期望传达至整个组织;测定顾客的满意度并为此而努力;管理与顾客之间的关系。

原则二 领导作用。领导者建立组织的相互统一的宗旨、方向和内部环境。所创造的环境能使员工充分参与实现组织目标的活动。实施本原则要开展的活动:领导者要努力进取,起模范带头作用;了解外部环境条件的变化并对此做出响应;考虑包括顾客、所有者、员工、供方和社会等所有受益者的需求;明确地提出组织未来的前景;在组织的各个层次树立价值共享和精神道德的典范;在组织内部建立信任感,消除恐惧心理;向员工提供所需要的资源和在履行其职责和义务方面的自由度;鼓舞、激励和承认员工的贡献;进行开放式的和真诚的相互交流;教育、培训并指导员工;设定具有挑战性的目标;推行组织的战略以实现这些目标。

原则三 全员参与。各级人员都是组织的根本,只有他们的充分参与,才能使他们的才干为组织带来收益。实施本原则要开展的活动:承担起解决问题的责任;主动寻求机会进行改进;主动寻求机会来加强他们的技能、知识和经验;在团队中自由地分享知识和经验;关注为顾客创造价值;对组织的目标不断创新;更好地向顾客和社会展示自己的组织;从工作中得到满足感;作为组织的一名成员而感到骄傲和自豪。

原则四 过程方法。将相关的资源和活动作为过程来进行管理,可以更高效地达到预期的目的。实施本原则要开展的活动:对过程给予界定,以实现预期的目标;识别并测量过程的输入和输出;根据组织的作用识别过程的界面;评价可能存在的风险及其因果关系,以及内部过程与顾客、供方和其他受益者的过程之间可能存在的相互冲突;明确规定对过程进行管理的职责、权限和义务;识别过程内部和外部的顾客、供方和其他受益者;在设计过程时,应考虑过程的步骤、活动、流程、控制措施、培训需求、设备、方法、信息、材料和其他资源,以达到预期的结果。

原则五 系统管理。针对制定的目标,识别、理解并管理一个由相互联系的过程所组成的体系,有助于提高组织的有效性和效率。实施本原则要开展的活动:通过识别或展开影响既定目标的过程来定义体系;以最有效实现目标的方式建立体系;理解体系的各个过程之间的内在关联性;通过测量和评价持续地改进体系;在采取行动之前确立关于资源的约束条件。

原则六　持续改进。持续改进是企业管理的核心思想和方法,通过 PDCA 循环改进企业的过程,是组织的一个永恒发展的目标。实施本原则要开展的活动:将持续对产品、过程和体系进行改进作为组织的每一名员工的目标;应用有关改进的理论进行渐进式的改进和突破性的改进;周期性地按照"卓越"的准则进行评价,以识别具有改进的潜力的区域;持续地改进过程的效率和有效性;鼓励预防性的活动、改进的方法和工具方面的教育和培训,如,PDCA 循环,解决问题的方法;鼓励组织的每一位员工开展持续的过程创新;制定措施和目标,以指导和跟踪改进活动;对任何改进给予承认。

原则七　以事实为决策依据。有效的决策是建立在对数据和信息进行合乎逻辑和直观分析基础上的。实施本原则要开展的活动:对相关的目标值进行测量,收集数据和信息;确保数据和信息具有足够的精确度、可靠性和可获取性;使用有效的方法分析数据和信息;理解适宜的统计技术的价值;根据逻辑分析的结果及经验和直觉进行决策并采取行动。

原则八　互利的供方关系。组织和供方之间保持互利关系,可增进两个组织创造价值的能力。实施本原则要开展的活动:识别并选择主要的供方;把与供方的关系建立在兼顾组织和社会的短期利益和长远目标的基础之上;清楚地、开放式地进行交流;共同开发和改进产品和过程;共同理解顾客的需求;分享信息和对未来的计划;承认供方的改进和成就。

9.1.2　质量管理体系特性

1. 质量管理体系具有符合性

要有效开展质量管理,必须设计、建立、实施和维护质量管理体系。组织的最高管理者应对依据 ISO 9001 标准设计、建立、实施和维护质量管理体系的决策负责,应对建立合理的组织结构和提供适宜的资源负责;管理者代表和质量职能部门应对程序文件的制定和实施、过程的建立和运行负直接责任。

2. 质量管理体系具有唯一性

质量管理体系的设计和建立,应结合组织的质量目标、产品类别、过程特点和实践经验。因此,不同组织的质量管理体系有不同的特点。

3. 质量管理体系具有系统性

质量管理体系是一组相互关联和作用的组合体,包括以下要素。

- 组织结构　合理的组织机构和明确的职责、权限及其协调的关系。
- 程序　规定到位的程序文件和作业指导书是过程运行和进行活动的依据。
- 过程　质量管理体系的有效实施是通过其所需过程的有效运行来实现的。
- 资源　必需、充分且适宜的资源,包括人员、资金、设施、设备、料件、能源、技术和方法。

4. 质量管理体系具有全面有效性

质量管理体系的运行应是全面有效的,既能满足组织内部质量管理的要求,又能满足组织与顾客的合同要求,还能满足第二方认定、第三方认证和注册的要求。

5. 质量管理体系具有预防性

质量管理体系应能采用适当的预防措施,有一定的防止重大质量问题发生的能力。

6. 质量管理体系具有动态性

最高管理者应定期批准进行内部质量管理体系审核，定期进行管理评审，以改进质量管理体系；还要支持质量职能部门（含车间）采用纠正措施和预防措施改进过程，从而完善体系。

7. 质量管理体系持续受控

质量管理体系所需过程及其活动应持续受控。

8. 质量管理体系最佳化

组织应综合考虑利益、成本和风险，通过质量管理体系持续有效运行，使其最佳化。

9.2 流程管理与质量管理体系的关系

流程管理（BPM）是流程再造（BPR）的发展和完善。流程再造是20世纪90年代初兴起的一种新管理理念和方法，被称为继泰勒"科学管理"和"全面质量管理"（TQM）之后的"第三次管理革命"。流程再造对企业的流程、组织结构、文化等进行重塑，以达到绩效的飞跃。流程管理与质量管理体系之间存在密切的联系，主要体现在以下几个方面。

9.2.1 流程架构和质量管理体系文件架构要素之间的多对多关系

企业现有的质量管理文件体系架构包括质量手册、质量体系程序文件、作业指导书、表格（单）等四个层次的内容，如图9-1右所示，其中质量手册主要包括以下内容。

- 颁布令。
- 质量方针和目标。
- 组织机构。
- 质量体系要求。
- 质量手册管理细则。
- 附录。

流程架构是在企业战略和政策指令架构基础上开发出来的，包括业务环境、价值链、业务领域、业务模块、业务流程及业务活动（包括作业指导书、表单报告和模板）等架构要素，如图9-1左所示。

从现有体系管理和认证的角度来看，组织的流程架构和质量管理文件体系的各个要素之间在内容上存在着多对多的关系。一套质量管理体系文件架构下面的质量程序文件可能对应流程架构下面的多个要素项，具体拿组织的"人力资源管理程序文件"来说，它可能对应到流程架构的内容包括价值链、业务领域、业务模块和业务流程，而质量管理体系文件架构下的作业指导书可能对应到流程架构下的业务模块、业务流程和活动。不同的企业在梳理质量管理体系文件架构时可能采用不同的业务颗粒度划分标准；反过来，组织流程架构中的某个要素也可能对应质量管理体系文件架构中的多个要素，如一个组织的流程架构下的某个业务流程很可能对应该组织的质量管理体系文件架构的程序文件、作业指导书甚至表格（单）等层面。这种同样的业务通过不同的文件形式承载的"多张皮"现象是管理复杂化的表现。

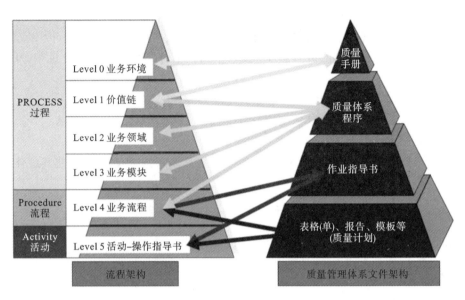

图 9-1　ISO 9001 体系管理文件与流程体系架构要素之间的多对多关系

9.2.2　质量管理可以为流程管理提供标准

质量管理体系主要遵循 ISO 9001 等相关体系标准，并且任何企业都必须遵循标准中条款的要求，因此企业业务流程建设也必须符合质量体系相关标准的要求，这样建设出来的流程才能保证产品的质量，同时也符合质量相关法律法规的监管要求。因此质量管理体系相关标准可以作为流程建设的输入条件之一。例如质量体系中"与顾客有关的过程"条款，该条款的要求需要在顾客需求管理、合同评审、客户关系管理等一系列流程中体现。

基于质量管理体系存在的各种条款要求，烽火通信从 2012 年开始，在部分业务领域试点，开展了质量管理等体系与流程融合工作，在流程开发及流程审视与优化流程中增加了要求质量管理等体系管理工程师参与流程评审的环节，在流程架构与体系条款对照表的基础上，流程拟制人在流程思路研讨、流程图拟制、流程文件拟制及流程审视优化决策阶段都需要邀请体系管理工程师参与，提供是否需要纳入 ISO 9001 等体系条款要求的评审意见。

9.2.3　流程管理可以将质量管理做得更加精细化

ISO 9001 质量管理体系只要求将六个程序文件文档化，其他的相关业务只需要执行相关条款即可，而流程管理则强调"完全穷尽"的原则，所有业务不仅要实现流程全寿命周期的管理，还必须要实现流程活动化、活动表格化及活动标准化。由此看来，流程管理要比质量管理的要求更高。通过流程管理的方法可以将更多质量管理方面的要求进行显性化和精细化，这样将更加有利于质量管理体系要求（包括质量方针、质量政策等）在公司落到实处，同时也能将质量管理的实践经验传承，形成公司的知识资产。

9.3 流程管理与 ISO 9001 等体系融合成为企业运营管理体系

9.3.1 企业可能需要导入的其他管理体系

根据外部市场环境或政府监管的要求,企业除了导入 ISO 9001 之外,还可能需要导入其他的管理体系,如 ISO1 4001(环境管理体系)、OHSAS 18001(职业健康安全管理体系)、SA 8000(企业社会责任体系),具有行业特点的质量管理体系包括 TEL 9000(针对电信行业)、TS 16949(针对汽车行业)和 ISO 22000(针对食品行业)等;除此之外,还有来自政府或行业监管机构的体系管理要求,如国资委和五部委对国有上市企业提出的全面风险管理与内控体系建设的要求,有些管理体系甚至是某些组织有意设置的贸易壁垒性或行业保护门槛。作为参与市场竞争的主体,企业只有满足了有关管理体系的要求,才能有效地参与市场活动。

9.3.2 流程架构与 ISO 9001 等体系文件架构要素的融合

1. ISO 9001 与 OHSAS 18001、ISO 14001 等体系的融合

在一些没有系统性开展流程管理的企业,把 ISO 9001 质量管理体系当成企业内部的业务管理体系来对待是一种比较常见的现象。对图 9-1 所示的 ISO 9001 体系管理文件架构来说,如果这套架构是经过企业管理层认真策划和精心设计的产物,在某种程度上是可以支撑企业内部运作与管理的。随着社会的进步和对企业社会责任感要求的提升,开始导入 OHSAS 18001、ISO 14001 等体系,烽火通信在 2011 年导入了 TEL 9000 体系。导入这些体系在提升企业管理行为的完整性和系统性的同时,也会带来管理视角的分散及管理体系整合的问题,所以很多企业开始进行相关管理体系的融合,以实现这些管理体系的"一体化"管理,或者称为管理体系本身的融合,如图 9-2 所示。

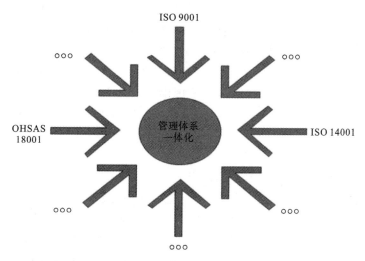

图 9-2 管理体系的一体化

管理体系一体化使企业的体系管理工作简单化，图9-3所示为烽火通信将TEL 9000、ISO 9001及OHSAS 18001、ISO 14001等体系整合后的部分文档内容展示。

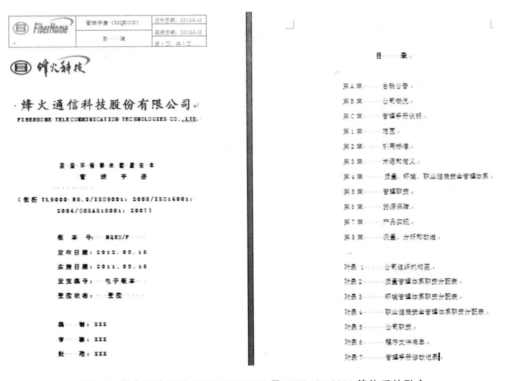

图9-3　烽火通信TEL 9000、ISO 9001及OHSAS 18001等体系的融合

2．流程架构与ISO 9001等体系文件架构要素的融合

TEL 9000、ISO 9001、OHSAS 18001及ISO 14001等体系的融合只是解决了针对外部认证或监管的需要，对于企业日常运营管理来说，这套融合的管理体系还需要与企业日常管理业务建立更加密切的关系，尤其是需要关注企业投资者（董事会）、管理层及员工的需要；此外，还需要关注合作伙伴和供应商的需要，这些需要就是通过企业的流程管理体系来实现的。所以企业需要将这套融合后的管理体系与企业的流程管理体系进行融合，其中最关键的是将管理体系文件架构中的第2、第3和第4层（即图9-1右的作业指导书和表格（单）等）与企业流程架构各层（包括价值链、业务域、业务模块、流程及作业指导书）的融合，最终形成针对业务的、融合多种管理需求的、统一的运营管理体系，如图9-4所示。

在这套融合后的企业运营管理体系架构中，可以通过第0层上的运营管理手册将质量管理体系文件架构中的质量手册及公司战略（包括使命、愿景、价值观）和政策指令架构的内容融合在一起，形成企业管理体系中所谓"顶层设计"的内容。运营管理手册的内容要体现企业最高层面的管理哲学和导向（可以参考华为公司在业界非常著名的文件——《华为基本法》），是指导企业开发和维护流程架构以及流程设计的重要基础和输入前提，运营管理手册大致包括以下内容。

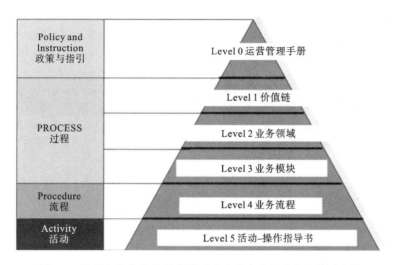

图 9-4　流程架构与多种管理体系融合的企业运营管理体系架构

第 A 章　总裁公告

第 B 章　公司概况

第 C 章　管理手册说明

　　手册范围（组织范围、业务范围、产品范围、范围排除）

　　引用标准（TL 9000/ISO 9001/ISO 14001/OHSAS 18001/SA 8000、企业内控管理规范等）

　　手册管理方法（编、审、批、发布、修改、废止）

第 D 章　修改记录

第一章　方针和目标（公司的方针和目标的内容及说明）

第二章　组织机构及职责

　　组织架构

　　部门设置

　　部门职责

　　管理体系职责分配

第三章　业务管理体系架构说明

　　公司政策文件及各级流程架构、说明

第四章　文件控制

第五章　管理职责

　　管理承诺

　　以顾客为关注焦点

　　业务管理体系策划

　　职责、权限、沟通

　　管理评审

第六章　营销管理

第七章　研发管理

第八章　供应链管理
第九章　服务管理
第十章　财经资源管理
第十一章　人力资源管理
第十二章　基础设施（设备/仪表/厂房等）
第十三章　流程与信息化管理
第十四章　企业外部需求管理（市场、行业和政府）
　　环境
　　职业健康安全
　　社会责任
　　其他
第十五章　测量、分析和改进
　　顾客满意度
　　审计
　　产品的监视和测量
　　不合格控制
　　数据分析
　　改进
附件

9.3.3　企业运营管理体系的形成

对企业来说，虽然所有的各利益相关方对企业管理的要求是各种各样的，但企业的业务是唯一的。我们可以将这些要求理解为企业参与市场竞争需要遵守的游戏规则，所有这些规则的执行主体是企业各个部门的管理者和员工，让这些管理者和员工去学习和理解这些管理体系的管理哲学和方法显然是不合理的，也是不现实的。最好的途径就是将这些管理体系的思想和要求设计到所有管理者和员工需要遵循的各种业务流程中，通过执行一套统一整合的管理体系，让他们在执行这些流程的同时，就能自然符合所有体系条款的要求，达到提升企业管理的效率和效果的目的。从这个意义上说，将流程管理与所有这些管理体系进行融合，实现组织运营管理体系（包括组织管理、绩效管理等），这是企业管理的现实要求，如图9-5所示。

现代管理的思想来自西方国家，我国绝大多数企业都处于消化吸收、探索和完善管理模式的过程中，通过管理体系的融合以及流程管理与其他体系的融合，满足政府、客户、行业监管机构、投资者、管理层和员工及合作伙伴等所有利益相关方的要求，形成一套适合本企业特点的独特的企业运营管理体系，如图9-6所示。这是我国企业管理者需要不断思考并勇于实践的课题。

9.3.4　流程管理与ISO 9001等体系融合的意义

流程管理与质量管理等体系融合的意义主要体现在以下方面。

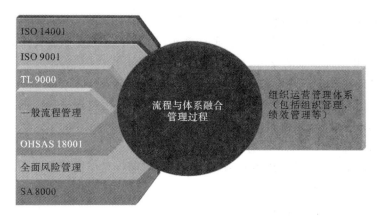

图 9-5　流程管理与体系融合是企业管理的现实要求

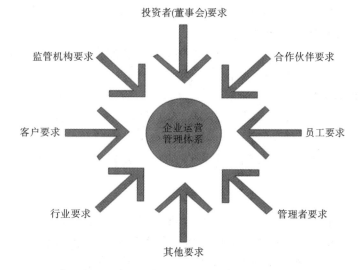

图 9-6　满足企业所有利益相关方要求的统一的企业运营管理体系

1. 实现统一管理的平台

流程体系的所有流程及相关文件都在统一的发布平台上发布，并由公司派专人进行系统管理，解决了原来体系文件分别由各部门子公司负责管理所出现的管理不规范、各部门子公司管理水平参差不齐的现状。

2. 统一的流程语言实现文件形式的统一

整合后的运营管理体系采用统一的流程管理方法，所有文件采用流程文件形式，统一的管理颗粒度、统一的编号、统一的模板等，解决了原来多体系并存时文件形式多样、颗粒度不一致、管理不统一的问题。

3. 系统策划的运营管理体系

采用流程架构的方式建设运营管理体系，对公司所有业务进行全面的梳理，系统的策划形成公司的多级流程架构、流程文件、作业指导书、记录表单等运营管理体系；解决了原来质量体系管理过程中各部门子公司的三级文件、四级文件没有进行系统策划所出现的要求缺失，以及体系标准中没有包含运营管理要求所造成的管理不系统的问题。

4. 一个体系实现多种应用

采用流程架构的方式建立的运营管理体系实现了公司五大体系的要求、公司各项业务的要求、FPD以及内控体系的要求,实现运营管理的简单化。

5. 降低管理成本

融合后的一体化的运营管理体系解决了原来多体系运行过程中存在的工作重复、资源浪费、管理效率低下的问题,降低了管理成本。

6. 简化工作程序

一体化的运营管理体系解决了原来多体系运行时同一工作执行多套标准,把简单有序的工作反而变得复杂、烦琐的问题。

7. 员工职责权限更加明确

流程文件明确了业务中各角色的职责和权限,在业务活动中各司其职,避免了由于职责分工不明所引起的业务执行效率低下、推脱责任的问题。

8. 方便人力资源部制定岗位职责

流程文件的内容可以直接作为人力资源部制定岗位职责的输入条件,保证了人力资源部制定岗位职责时有据可依,方便快捷。

9. 减少会议的次数

在业务执行过程中出现问题时,一般通过开会解决,经常会出现对一个问题需多个会议沟通解决,浪费大量的时间。流程建设过程中对业务痛点进行分析,并采取有效的解决方案,写在流程文件中形成管理方案,可以有效减少痛点发生的频率,降低为了解决问题召开会议的次数。

10. 方便外部审核

公司每年的质量/环境/职业健康安全/社会责任等体系必须接受外部审核,审核过程中需要提供大量的文件和资料作为审核证据。多体系并存时,所提供的文件类型众多,不方便查找,并且文件不规范。流程管理与质量管理等体系融合后,一套体系只需要提供一套文件,就可满足外部审核的要求,方便了外部审核的实施及审核的顺利通过。

9.3.5 流程管理与 ISO 9001 等体系融合的常见问题

流程管理与质量管理等体系融合过程中遇到的常见问题如下。

(1)在流程建设计划阶段,没有充分考虑流程与体系融合问题,没有把流程管理与质量管理等体系的融合纳入流程建设计划中,也没有详细规定流程建设的各个阶段的流程管理与质量管理等体系融合工作相关的交付件。

(2)在流程的编写过程中没有系统考虑业务流程中应该满足的体系条款要求。某个体系条款的要求需要在某个业务的多个流程中体现,例如质量管理体系条款7.2是与顾客有关的过程,需要贯穿顾客需求、合同评审、顾客沟通等一系列流程及在多个部门中体现,因此单个流程的编写将不能系统地考虑所需满足的体系条款要求。同时还存在着某个流程需要满足多个体系条款的要求的情况,例如系统制造部门的质量问题反馈流程,需要满足的体系条款要求有:8.4 数据分析,8.5.1 持续改进,8.5.2 持续改进方案,8.5.3 纠正预防措施。如果不能识别出流程所应满足的所有体系条款要求,在流程的编写过程中可能会出现体系管理要求的遗漏。

（3）流程审视优化过程中没有系统考虑业务流程中应该满足的体系条款要求。流程审视优化通常针对的是单个流程的情况，如果是某个体系条款需要多个业务流程支撑时，在评审体系条款的符合性时可能出现其他流程不满足条款要求的情况。而对于某个流程需要满足多款体系要求时，如果没有系统识别体系应该满足的要求，在满足体系标准符合性方面的评审时输入将不完整。

（4）流程文件与相关体系文件的对应关系没有系统识别，导致流程已建设完成，相关的体系文件的废止工作却没有开展，导致相同的业务、流程文件和体系文件同时存在，导致流程管理与质量管理等体系"两张皮"的情况存在。

（5）体系标准相关知识的欠缺。由于人员的流动及岗位的变更，导致流程与体系工程师、流程与体系专员等岗位体系标准相关知识的培训工作没有及时跟上，最终在流程建设过程中流程管理与质量管理等体系融合工作出现问题。

9.3.6　流程管理与 ISO 9001 等体系融合的要点

企业采用任何一种管理方式的最终目的都是为了促进组织业务绩效的提升，企业业务的运行也不会因管理体系融合而停止。因此，企业在开展流程管理与质量管理等体系融合时要做好充分的准备，在不影响业务顺利开展的前提下，使流程管理与质量管理等体系逐步实现融合。下面是流程管理与质量管理等体系融合的几个要点。

（1）在流程的计划阶段，应明确流程管理与质量管理等体系融合的详细计划及各阶段的交付件。在流程与体系建设项目立项报告中增加"流程与体系融合"管理模块；流程与体系工程师职责中应增加体系标准培训、流程合规性（体系标准）评价；在 WBS 项目详细计划中应增加流程管理与质量管理等体系融合计划及具体交付件，如培训计划、体系标准条款对照表等。

（2）在流程的编写过程中，系统考虑质量管理等体系标准条款的要求。对多个流程满足某个体系条款要求时，只考虑某个流程的要求是不够的，应该把体系条款的要求系统设计到一系列相关流程中去；对某个流程需要满足多个条款要求时，在编写流程前应根据体系标准条款对照表，详细解读应该满足的体系条款要求，以免在编写流程过程中出现遗漏。

（3）在流程审视优化过程中，系统考虑质量管理等体系标准条款的要求。对多个流程需要满足某个体系条款要求时，流程审视优化最好同步进行，以便进行系统性的审视优化；对某个流程满足多个条款要求时，这样的流程在审视优化前，应根据体系标准条款对照表的要求进行审视优化。

（4）做好流程和质量管理等体系条款的对应关系。各部门应对本部门的体系文件管理制度进行彻底清理，做好流程文件和质量管理等体系条款的对照关系。表 9-1 所示为烽火通信制造业务的部分流程与体系条款的对照表。随着业务的变化以及体系要求的变化，这类文件也需要定期维护。流程文件发布后，如果质量管理等体系文件架构下的程序文件、作业指导书等已经通过流程承载，则要及时废止相应的程序文件、作业指导书，避免多套文件同时存在。

表 9-1　烽火通信制造业务的部分流程与体系条款对照表

L2-业务	L3-业务模块	L4-子业务模块	流程	TL 9000/ISO 9001 标准条款对照表
L2-计划 PL	L3-预测需求计划 FP	L4-生产计划 PP	专项生产计划制定流程	7.5.1 生产和服务提供的控制 7.5.1.HS.1 紧急服务
L2-制造 MA	L3-半成品生产 SP	L4-订单排程 SO	生产订单排程流程	7.5.1 生产和服务提供的控制 7.5.1.HS.1 紧急服务
L2-制造 MA	L3-半成品生产 SP	L4-订单排程 SO	生产订单跟踪流程	7.5.1 生产和服务提供的控制 7.5.1.HS.1 紧急服务
L2-制造 MA	L3-半成品生产 SP	L4-订单排程 SO	非常规生产订单跟踪流程	7.5.1 生产和服务提供的控制 7.5.1.HS.1 紧急服务
L2-制造 MA	L3-半成品生产 SP	L4-订单排程 SO	生产订单清理流程	7.5.1 生产和服务提供的控制 7.5.1.HS.1 紧急服务
L2-制造 MA	L3-半成品生产 SP	L4-订单排程 SO	产能匹配流程	7.5.1 生产和服务提供的控制 7.5.1.HS.1 紧急服务
L2-制造 MA	L3-半成品生产 SP	L4-外协加工 OP	工序外协加工流程	4.1 质量管理体系 7.5.1 生产和服务提供的控制 7.5.1.HS.1 紧急服务
L2-制造 MA	L3-半成品生产 SP	L4-电子装联 EA	电子装联排产及备料流程	7.5.1 生产和服务提供的控制 7.5.1.HS.1 紧急服务 7.5.1.HS.2 安装计划
L2-制造 MA	L3-半成品生产 SP	L4-电子装联 EA	SMT 生产流程	7.5.1 生产和服务提供的控制 7.5.1.HS.1 紧急服务 7.5.1.HS.2 安装计划
L2-制造 MA	L3-半成品生产 SP	L4-电子装联 EA	机盘插焊及装配流程	7.5.1 生产和服务提供的控制 7.5.1.HS.1 紧急服务 7.5.1.HS.2 安装计划
L2-制造 MA	L3-半成品生产 SP	L4-电子装联 EA	设备维护及问题处理流程	6.3 基础设施
L2-制造 MA	L3-半成品生产 SP	L4-测试维修 TM	机盘调测在制品测试流程	8.2.4 产品的监视和测量 8.2.4.HV.1 检验与试验文件 8.2.4.HV.2 检验与试验记录
L2-制造 MA	L3-半成品生产 SP	L4-测试维修 TM	部件维修流程	6.3 基础设施
L2-制造 MA	L3-半成品生产 SP	L4-测试维修 TM	委托测试流程	8.2.4 产品的监视和测量 8.2.4.HV.1 检验与试验文件 8.2.4.HV.2 检验与试验记录
L2-制造 MA	L3-半成品生产 SP	L4-测试维修 TM	产品老化测试流程	8.2.4 产品的监视和测量 8.2.4.HV.1 检验与试验文件 8.2.4.HV.2 检验与试验记录
L2-制造 MA	L3-半成品生产 SP	L4-测试维修 TM	机盘调测工艺品质问题反馈	8.5.2 纠正措施 8.5.3 预防措施
L2-制造 MA	L3-半成品生产 SP	L4-测试维修 TM	需盘纤光盘装配流程	7.5.1 生产和服务提供的控制 7.5.1.HS.1 紧急服务 7.5.1.HS.2 安装计划

（5）做好体系标准的培训工作。所有的流程与体系工程师、流程与体系专员应该接受质量管理等体系标准条款的培训，并能够在工作中应用。同时对本部门的相关人员进行二次培训工作。对于由于人员离职及岗位变更出现的情况，相关的培训工作应该及时开展。

（6）在系统性开展流程与体系建设项目的部门，为了减少对业务部门正常工作的干扰，可以将流程与质量管理等体系融合的工作内容（包括审计工作）整合到年初的立项报告中，将流程与体系建设工作和部门的整体工作计划进行协同，确保资源到位和实施效率与效果。表9-2所示为烽火通信公司开展流程与体系管理融合工作计划表模板。

表 9-2 公司流程与体系融合工作计划

工作内容		2012年												2013年											
	开展时间	1	2	3	4	5	6	7	8	9	10	11	12	1	2	3	4	5	6	7	8	9	10	11	12
流程和五大体系融合准备和计划阶段	流程和体系现状诊断和融合可行性分析	■	■																						
	体系标准相关知识的培训	■	■	■																	■	■			
	流程和体系融合计划			■	■																				
流程体系的建设和实施阶段	流程体系三级架构的设计			■	■																				
	一、二级流程架构体系标准条款对照表			■	■																				
	三级流程架构体系标准对照表				■	■	■	■																	
	子流程体系标准对照表				■	■	■	■																	
	各部门子公司体系文件清单清理及标准条款对照			■	■	■	■	■																	
	管理手册的编写、发布（方针政策）					■	■	■																	
	各级流程、作业指导书的建设、审批发布				■	■	■	■	■	■	■	■	■												
	体系管理手册废止								■																
	体系程序文件废止					■	■	■	■	■	■	■	■												
	体系作业指导书的废止					■	■	■	■	■	■	■	■												
	EPROS管理	■	■	■	■	■	■	■	■	■	■	■	■	■	■	■	■	■	■	■	■	■	■	■	■
流程的宣贯与审视优化	流程的宣贯					■	■	■																	
	现有流程及新建流程的审视与优化					■	■	■	■	■	■	■	■	■	■	■	■	■	■	■	■	■	■	■	■
审计、管理评审、外部审核	2012年内审		■	■	■																				
	2012年审计（内审和流程审计结合）						■	■	■																
	2012年管理评审（把流程的审计与优化结果作为管理评审的内容）										■	■													
	2013年审计（内审和流程审计结合，不再单独开展内审）															■	■	■	■	■	■	■	■	■	■

■ **博文注解　关注流程管理与 ISO 9001/SA 8000 等管理体系的融合** ■

在很多企业,进行 ISO 9001/ISO 14001/OHSAS 18001/SA 8000 全面风险管理等体系的管理并不是企业自发的管理要求,而是迫于外界的压力。这些压力可能来自客户、行业,甚至政府,如果不能获得相关的证书或者认证不能通过,企业在市场上的竞争就会受到影响,严重的甚至不能入围参与投标的供应商名单。因此,很多企业(包括国内一些很知名的民营企业)多年前就开始了 ISO 9001 等体系的认证和管理工作,并且每年都要投入大量资源开展体系建设、内审和外审工作。

流程管理是近年来逐渐流行起来的一种企业管理方法。之所以流行,是因为很多大中型企业受到环境和竞争压力加剧的影响,意识到提升企业运营效率的重要性,需要采用先进的管理方法和管理工具,于是他们主动(而不是被动)开始了流程管理工作。

体系管理和流程管理,一个是被动的,一个是主动的。这两种管理方式无论在管理策略、实施方式,还是在文件体系上都存在着很大的差别。就拿文件体系来说,体系管理一般采用的是管理手册、程序文件、操作指导书、记录表单的四级程序文件形式,而流程管理采用的是基于企业价值链的流程架构和流程全寿命周期的管理方式。

如果一个企业既要开展体系认证管理,又要开展流程管理工作,势必存在体系文件和流程架构下的流程文件"两张皮"的现象;由于体系的多样性(如包括内控体系),甚至出现多张皮的现象。这种情况长期存在的后果就是,企业各个业务部门就会陷入大量的重复劳动甚至无以言状的混乱管理中,烦躁、抱怨、士气低落、低效率就会成为基层管理者和员工日常工作中的常态现象。所以对开展流程管理的企业来说,进行流程管理与 ISO 9000/SA8000 等管理体系的融合就会成为必须解决的问题。

最近我与几家权威的体系认证机构就相关问题进行了沟通,发现开展流程管理与体系管理的融合工作不仅是必要的,而且也是可行的,关键是企业是否下定决心开展这项工作,是否有专业的队伍以专业的方式推进这项工作。基于个人的知识和经验,认为可从以下几个方面开展这项工作。

(1) 成立体系管理和流程管理融合项目组。
(2) 梳理并分析企业开展体系和流程管理工作的现状。
(3) 确定开展体系管理和流程管理融合的目标和范围。
(4) 制定体系管理和流程管理融合的计划(项目完工前双轨制运行)。
(5) 起草公司运营管理手册文件(要全面包含体系管理手册的内容,正式切换后发布该文件)。
(6) 实施体系管理和流程管理融合的计划,建立体系文件和流程文件对照关系。
(7) 统一文件编号体系,将体系管理下的二级以下程序文件分阶段整合到流程架构下的流程文件和作业指导书中,然后废除这些文件,直到所有的文件被废除为止。
(8) 将被融入的体系文件纳入流程全寿命周期的管理。
(9) 正式切换。

通过这样的融合,企业只要按照流程管理的要求运行,员工按照一套标准的流程文件作业,就会自动满足体系管理的要求,做到了简单化管理,减少了重复劳动,提高运营效率

第 9 章　流程管理与 ISO 9001 等管理体系融合

就会成为顺理成章的事情。

引自《胡云峰个人专栏》(http://blog.vsharing.com/frank_hu/)

案例

▪ 流程管理与体系等职能管理工作的融合关系建设 ▪

对于具有一定规模的企业而言，企业内部需要开展的管理工作是非常复杂多样的，更重要的是，这些管理工作之间存在非常密切的上下游逻辑关系，或者称为输入输出关系，比如除了流程管理之外，企业可能需要开展体系管理（包括 ISO9001 及内控与全面风险管理体系）、客户满意度管理、品控圈管理（QCC）、信息化建设管理、绩效管理等。这些工作之间存在一定的逻辑关系，如果缺少规划和架构思维，就会出现企业内部的部门"墙"厚重及各种管理制度和管理活动野蛮生长的现象，降低管理效率。

烽火通信流程与体系管理部门是负责公司流程与体系管理的责任部门，同时负责公司的内控体系建设与全面风险管理、客户满意度管理、规章制度管理、品控圈管理、企业社会责任报告编写组织等管理职能。为了协调统筹好这些管理工作之间的相互关系，此部门开展了基于体系管理思想的职能管理活动梳理和架构建设工作，将体系管理的标准动作管理评审工作做实，通过每年定期开展的管理评审工作，明确管理评审工作上游的输入条件及管理评审流程的工作标准，识别公司在上述各个管理职能中下一步的改进方向，包括风险应对措施制定、流程与 IT 建设项目需求、客户满意度改进措施、内控体系改进措施、流程架构与流程维护线索等，图 9-7 和图 9-8 所示分别为烽火通信通过年度管理评审流程衔接上

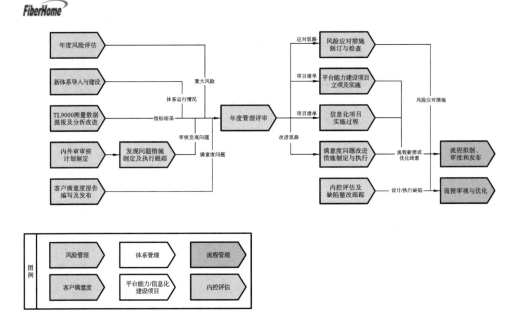

图 9-7　烽火通信通过年度管理评审流程衔接上下游管理活动的流程架构第一层

下游管理活动的流程架构第一层与第二层。

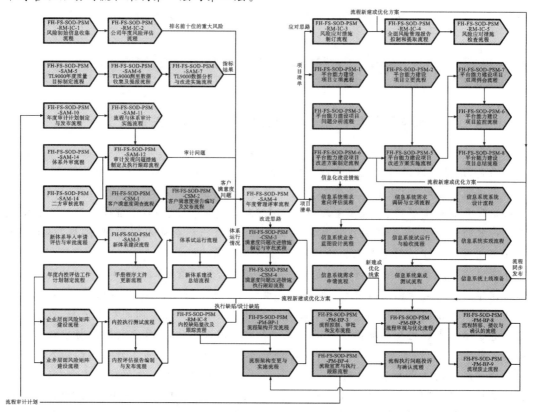

图 9-8　烽火通信通过年度管理评审流程衔接上下游管理活动的流程架构第二层

9.4　问题思考

（1）"大质量"和"小质量"的区别是什么？
（2）为什么要进行流程管理与体系管理的融合？
（3）ISO9001 等体系管理与运营管理体系的服务对象有何区别？

第10章 流程管理与其他管理主题的关系

【本章核心要点】

　　企业的流程与流程管理工作需要与企业ISO9001、ISO27001等所有外部认证的管理体系及体系管理全面对接和融合,确保"一张皮"管理。企业的管理思想和管理方法必须高度统一,这是确保执行力的关键和基础,对外部认证的管理体系采取"阳奉阴违"的态度是一个企业缺乏社会责任感的表现,也会造成企业内部的价值观混乱。

10.1 流程管理与运营管理的关系

10.1.1 运营管理的定义、对象和目标

运营管理(operation management)是企业对运营过程的计划、组织、实施和控制,是与产品生产和服务创造密切相关的各项管理工作的总称。传统管理理论认为,企业管理按职能分工,其中最基本的也是最主要的职能是财务会计、研究开发、生产运营、市场营销和人力资源。这五项职能既是独立的,又是相互依赖的,正是这种相互依赖和配合才能实现企业的经营目标。企业的经营活动就是这五大职能有机联系的一个循环过程,企业为了达到自身经营目的,上述五大过程缺一不可,如图 10-1 所示。用通俗的话说,企业通过向客户提供所需的产品和服务而得到回报:企业向客户说,我们有这项产品或服务,可以满足客户的需求,这个过程就是市场营销;客户被说服了就会同意企业向他提供产品或服务,此时企业就要接待客户、生产产品或服务并提交客户,这个过程就是生产运营;企业以赢利为目的,需要计算收入和成本,看是否赚钱了,这个过程就是财务和会计管理;企业所有的事情都是员工做的,需要进行员工服务和管理,如员工招聘、培训、设计薪酬、绩效考评等,这些过程就是人力资源管理。

运营管理的对象是运营过程和运营系统。运营过程是一个投入、转换、产出的过程,是一个劳动过程或价值增值过程,它是运营的第一大对象,运营管理必须考虑如何对这样的生产运营活动进行计划、组织和控制。运营系统是指上述变换过程和管理过程相对应,包括一个物质系统和一个管理系统。运营管理要控制的主要目标是质量、成本、时间和柔性,这四个方面是企业竞争力的根本源泉,如图 10-2 所示。因此,运营管理在企业经营中具有重要的作用。特别是近二三十年来,现代企业的生产经营规模不断扩大,产品本身的技术和知识密

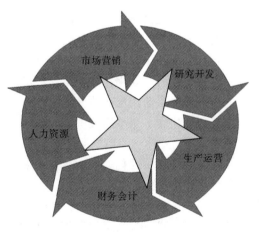

图 10-1 传统企业运营管理的五大职能

集程度不断提高,产品的生产和服务过程日趋复杂,市场需求日益多样化、多变化,全球范围内的竞争日益激烈这些因素使运营管理本身也在不断发生变化。尤其是近十几年来,随着信息技术突飞猛进的发展,为企业运营增添了新的有力手段,也使运营学的研究进入了一个新阶段,使其内容更加丰富,范围更加扩大,体系更加完整。

10.1.2 运营管理的发展

现代运营管理覆盖的范围越来越大,现代运营的范围已从传统制造业企业扩大到非制造业企业,其研究内容也已不局限于生产过程的计划、组织与控制,而是扩大到包括运营战略的制定、运营系统设计及运营系统运行的多个层次的内容。把运营战略、新产品开发、产

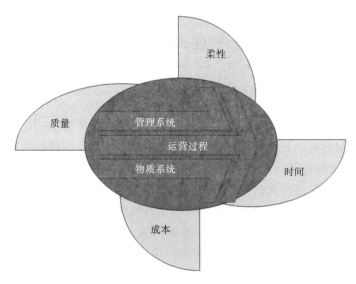

图 10-2 运营管理的对象与目标

品设计、采购供应、生产制造、产品配送直至售后服务看做一个完整的"价值链",对其进行集成管理。

信息技术已成为运营管理的重要手段。信息技术引起的一系列管理模式和管理方法上的变革成为运营管理的重要研究内容。近 30 年来出现的计算机辅助设计(CAD)、计算机辅助制造(CAM)、计算机集成制造系统(CIMS)、物料需求计划(MRP)、制造资源计划(MRPII)以及企业资源计划(ERP)等,在企业生产运营中得到了广泛的应用。

运营管理的全球化。随着全球经济一体化趋势的加剧,"全球化运营"成为现代企业运营的一个重要课题。现在的金融服务业常常把后台的运营部门放到成本较低的区域,比如汇丰在印度建立了全球后援中心。如何通过信息技术进行整合,全球分散化运营成为当前的热点。

运营系统的柔性化。生产运营的多样化和高效率是相互矛盾的。因此,在生产运营多样化的前提下,努力专业化生产运营,实现多样化和专业化的有机统一,也是现代运营追求的方向。为了做到这一点,现代运营实践中努力推广柔性运营系统。例如,产品设计中的并行工程、快速原型法、虚拟制造技术、CAD/CAM 技术、模块化技术等,产品制造中的数控机床、柔性制造单元、组成技术等。

供应链管理成为运营管理的重要内容。企业开始致力于整个供应链上物流、信息流和资金流的合理化和优化,与供应链上的企业结成战略联盟,以应对全球日趋激烈的市场竞争。运营管理是现在企业管理科学中最活跃的一个分支,也是近年来新思想、新理论大量涌现的一个分支。

10.1.3 流程管理与运营管理关系

1. 流程管理是实现运营管理控制目标的主要手段

运营管理控制的主要目标是质量、成本、时间和柔性。质量和成本主要是针对企业所提供的产品或服务而言的,时间一般是指企业对市场或客户的响应时间,比如新产品上市时间、工程交付周期及对客户需求的反馈时间等,而柔性也就是灵活性,则包括管理系统的柔性以及生产制造系统的柔性,是与"刚性"相对应的一个概念。在管理上强调人性化设计,在生产制造系统设计上强调随需而变,能及时改变产品、产能及配置,以满足多变的市场需求。运营管理的四个目标正是流程设计需要关注的关键绩效要素,不论是质量和成本方面,还是时间和柔性方面,都可以通过相应的串行和并行设计、工作标准设计、生产或服务实施过程控制等流程运作的方式来保证。所以流程管理是实现运营管理控制目标的主要手段。

2. 流程管理是支撑企业运营业务过程的重要手段

随着现代运营管理把运营战略、新产品开发、产品设计、采购供应、生产制造、产品配送直至售后服务看作一个完整的"价值链",这个价值链及其链条上的每一个环节都是企业日常运营中需要管理的过程,如何界定这些过程,如何分解这些过程,如何描述这些过程之间的关系,这些正是流程管理可以解决的问题;更重要的是,这些过程执行的情况如何,如何改进或优化每一个过程,这既是企业运营管理需要关注的问题,也是流程管理要解决的问题,总之,对流程全寿命周期进行管理的流程管理思想和方法是支撑企业运营业务过程的主要手段。以新产品开发业务过程为例,通过流程管理的流程架构的方法,可以描述新产品开发业务在企业整体业务中的位置及对应的上下游业务,通过将新产品开发过程分解为概念、计划、开发、测试、发布和寿命周期管理等阶段,可以对新产品开发过程进行更加精细化的描述与展开,在架构基础上形成的流程清单及对流程的全寿命周期的管理,可帮助企业全面掌控新产品开发过程,获得及时有效的过程输出。

3. 流程管理是支撑企业运营职能过程的重要手段

企业运营职能过程包括人力资源管理、财务管理、环境安全体系管理等管理过程;在我国企业,特别是大型国有企业,还有党政工团妇等特色管理的过程。这些过程是属于企业核心业务过程之外的辅助与支撑过程,也是企业日常运营的重要方面,确保这些过程的高效有序运营对提升企业核心业务过程的绩效具有十分重要的促进作用。流程管理的方法和逻辑同样适用于这些运营职能过程,以人力资源管理为例,不论是企业员工招聘、员工培训,还是薪酬管理或劳动合同管理,都可以建立相应的流程规范,通过流程全寿命周期的方式进行管理,在流程运作的效率和效果上推动企业职能过程的持续改进。

4. 流程管理是支撑企业信息化规划和建设的重要手段

流程架构和IT架构是企业架构的重要组成部分,当然也是企业运营管理的主要支撑手段。流程架构是企业进行IT规划的重要输入,也是IT建设的重要输入,而流程架构的建设和维护是流程管理的重要内容;在IT应用的设计开发阶段,流程架构以及相应的流程都可以构成IT业务蓝图的部分或全部内容,这方面的内容可以参见第8章的相关内容,在此不再赘述。

■ 博文注解　流程是企业运营管理的灵魂 ■

前不久参加了湖北省质监局组织的一个讲座,由亚太质量组织(APQO)主席查尔斯博士主讲,题目是《卓越绩效模式的应用》。查尔斯通过美国安德森公司的精益六西格玛之旅,展示了该公司卓越绩效管理模式,以及在卓越绩效模式下组织需要体现的核心价值观。

从安德森公司的实践可以看出,流程及其管理是卓越绩效管理模式的核心。

组织运营的所有结果都是经过过程（流程）产生的，只有过程适当才能保证结果正确；反之没有适当的过程（流程），即使获得了想要的结果，这种结果也是偶然和不具有可持续性的。所以正确的流程设计和稳定有效的流程执行是确保组织成功的关键。

美国波多里奇卓越绩效评价准则框架包括7个要素：领导；战略策划；以顾客和市场为中心；测量、分析和知识管理；以人为本；过程管理；经营结果。从卓越绩效自我评价工具包中不难发现，这7个要素的实现都需要正确的流程来保障，以"领导"为例，包括如何确定和展开组织的使命、愿景和价值观，如何形成、推进和要求法律和道德行为，如何建立和保持组织的目标和绩效，如何激励员工提高客户满意度，如何开发和参与员工学习和成长等过程。这些过程从本质上将都在强调"How"的问题，就是"我们是如何做到×××的"，没有正确的方法和过程，一切都是空谈。

从这个意义上说，流程是企业运营管理的灵魂。同时我们也不难理解BPR大师哈默的那句话："对于21世纪的企业来说，流程将非常关键。优秀的流程将使成功的企业与其他竞争者区分开来。"

引自《胡云峰个人专栏》(http://blog.vsharing.com/frank_hu/)

10.2 流程管理与项目管理的关系

企业工作分为两种类型，流程型工作和项目型工作。项目型的工作具有独特和一次性，通过项目管理方式完成，包括项目启动、规划、执行、监控和收尾五个过程。流程型的工作具有持续和重复性，这种工作需要按照事先设计好的流程来执行，以求获得企业需要的过程输出或终端输出，所以，这就需要保证这些事先设计好的流程是科学可行、动态维护，并且要及时宣贯。流程管理就是要做这样的工作，包括设计发布、流程宣贯、流程执行跟踪、流程审视和优化等。流程管理和项目管理都是企业管理的重要管理手段，同时这二者之间存在相互支撑和依赖的关系，下面对项目管理做简单介绍。

10.2.1 项目管理概述

现代项目管理通常被认为始于20世纪80年代。随着全球性竞争的日益加剧，项目活动的日益扩大和更为复杂，项目数量的急剧增加，项目团队规模的不断扩大，项目相关利益者的冲突不断增加，降低项目成本的压力不断上升等情况的出现，迫使作为项目业主的一些政府部门和企业，以及那些作为项目实施者的政府机构和企业先后投入大量的人力和物力去研究和认识项目管理的基本原理、开发和使用项目管理的具体方法。在这种背景下，现代项目管理逐渐形成了自己的理论和方法体系。1969年，美国成立了项目管理学会(PMI，Project Management Institute)。1976年，PMI在蒙特利尔召开研讨会，会议决定将迄今为止项目管理的通用作法汇集成一个标准，这个标准就是后来的PMI项目管理知识体系标准。下面从项目、项目特性和项目管理三个方面进行介绍。

10.2.1.1 项目

项目是指一系列独特的、复杂的并相互关联的活动，这些活动有着一个明确的目标或目的，必须在特定的时间、预算、资源限定内依据规范完成。项目参数包括项目范围、质量、成本、时间、资源。

10.2.1.2 项目特性

项目工作具有以下特性。

1. 一次性

一次性是项目与其他重复性运行或操作最大的区别。项目有明确的起点和终点,没有可以完全照搬的先例,也不会有完全相同的复制。项目的其他属性也是从这一主要的特征衍生出来的。

2. 独特性

每个项目都是独特的,或者其提供的产品或服务有自身的特点;或者其提供的产品或服务与其他项目类似,然而其时间和地点,内部和外部的环境,自然和社会条件有别于其他项目。因此项目的过程总是独一无二的。

3. 目标的确定性

项目必须有确定的目标:时间性目标,如在规定的时段内或在规定的时点之前完成;成果性目标,如提供某种规定的产品或服务;约束性目标,如不超过规定的资源限制;其他需满足的要求,包括必须满足的要求和尽量满足的要求。

4. 活动的整体性

项目中的一切活动都是相关联的,构成一个整体。多余的活动是不必要的,缺少某些活动必将损害项目目标的实现。

5. 组织的临时性和开放性

项目班子在项目的全过程中,其人数、成员、职责是在不断变化的。某些项目班子的成员是借调来的,项目终结时班子要解散,人员要转移。参与项目的组织往往有多个,多数为矩阵组织,甚至几十个或更多。他们通过协议或合同及其他的社会关系组织到一起,在项目的不同时段、不同程度才介入项目活动。可以说,项目组织没有严格的边界,是临时性的、开放性的。这一点与一般企事业单位和政府机构组织很不一样。

6. 成果的不可挽回性

项目的一次性属性决定了项目不同于一些其他活动可以试做,做砸了可以重来;项目在一定条件下启动,一旦失败,就失去了重新进行原项目的机会。项目相对于运作有较大的不确定性和风险。

10.2.1.3 项目管理

项目管理是指把各种系统、方法和人员结合在一起,在规定的时间、预算和质量目标范围内完成项目的各项工作,即从项目的投资决策开始到项目结束的全过程进行计划、组织、指挥、协调、控制和评价,以实现项目的目标。PMI 推出的项目管理标准包括九大知识领域,如图 10-3 所示。

下面对各个知识领域简单介绍如下。

1. 项目整体管理

项目整体管理(project integration management)是指为了正确地协调项目所有各组成部分而进行的各个过程的集成。它是一个综合性过程,其核心就是在多个互相冲突的目标和方案之间作出权衡,以便满足项目利害关系者的要求,它包括项目集成计划的制订、项目集成计划的实施、项目变动的总体控制等。

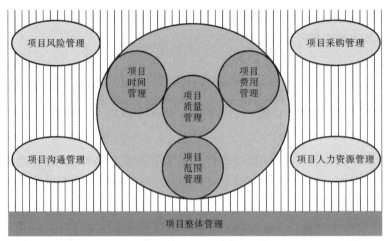

图 10-3 PMI 推出的项目管理标准中的九大知识领域

2. 项目范围管理

项目范围管理（project scope management）是指确保项目不但完成全部规定要做的，而且也仅仅是完成规定要做的工作，最终成功达到项目目的而对项目的工作内容进行控制的管理过程。它包括范围的界定、范围的规划、范围的调整与控制等。

3. 项目时间管理

项目时间管理（project time management）是指为了确保项目最终按时完成的一系列管理过程。它包括具体活动界定，活动排序，时间估计，进度安排及时间控制等项工作。

4. 项目费用管理

项目费用管理（project cost management）是指为了保证在批准的项目预算内完成项目目标，使项目的实际成本、费用不超过预算成本、费用的管理过程。它包括资源的配置，成本、费用的预算及费用的控制等项工作。

5. 项目质量管理

项目质量管理（project quality management）是指保证项目达到客户所规定的质量要求所实施的一系列管理过程。它包括质量规划、质量控制和质量保证等。

6. 项目人力资源管理

项目人力资源管理（project human resource management）是指保证最有效地发挥项目成员的个人能力和积极性以最终实现项目目标的一系列管理过程。它包括组织的规划、团队的建设、人员的选聘和项目班子建设等工作。

7. 项目沟通管理

项目沟通管理（project communications management）是指在人、思想和信息之间建立联系活动的控制过程。这些联系对于取得项目成功是必不可少的。参与项目的每一个人都必须准备用项目"语言"进行沟通，并且要明白他们个人所参与的沟通将会如何影响到项目的整体，沟通体现在保证项目信息及时准确地提取、收集、传播、存储及最终进行处置的一系列活动中，包括沟通规划，信息传输和进度报告等过程。

8. 项目风险管理

项目风险管理（project risk management）是指把项目有利事件的积极影响尽量扩大，

而把项目不利事件的影响降低到最低程度而采用的各种管理过程。它包括风险管理计划的制订、风险识别与分析、风险评估、制订应对措施和风险控制等过程。

9. 项目采购管理

项目采购管理(project procurement management)是指为了从项目实施组织之外获得所需资源或服务所采取的一系列管理过程。它包括制定采购计划、选择外部资源、执行采购以及管理合同等工作。

10.2.2　流程和流程管理对项目管理的支持作用

1. 业务流程为项目计划编制提供了充分依据

业务流程是业务知识和经验的载体,流程也是指导团队如何合作的操作规范。项目中的很多工作都是要流程来支撑的,不管是研发项目、工程服务项目还是 IT 开发项目等,都需要在项目过程中执行各种各样的业务流程,如研发项目的总体设计流程、详细设计流程,还有过程服务项目的系统调测流程、工程验收流程。另外,项目计划的编制是以完成项目目标为前提的,在项目计划中除了明确要做什么事情(What)之外,还需要明确这些事情由什么人(Who)、在什么时间(When)和什么地方(Where)以怎样的方式(How),以及安排多少时间(How much time)去完成。由于各种各样的业务流程的存在,项目计划的编制便有了充足的依据,尤其是资源估算、成本估算和时间估算上,业务流程提供了大量的支撑信息,有这样的信息做保证,项目计划的编制才不至于脱离现实。

从某种意义上说,项目管理者在项目环境中组织制定项目计划的本身就是一种流程,因为一个好的项目计划就是一个带有逻辑关系的甘特图(和泳道图的流程表达方式相似),如图 10-4 所示,这个计划明确了所有项目组成员在整个项目实施过程中如何合作的方法,

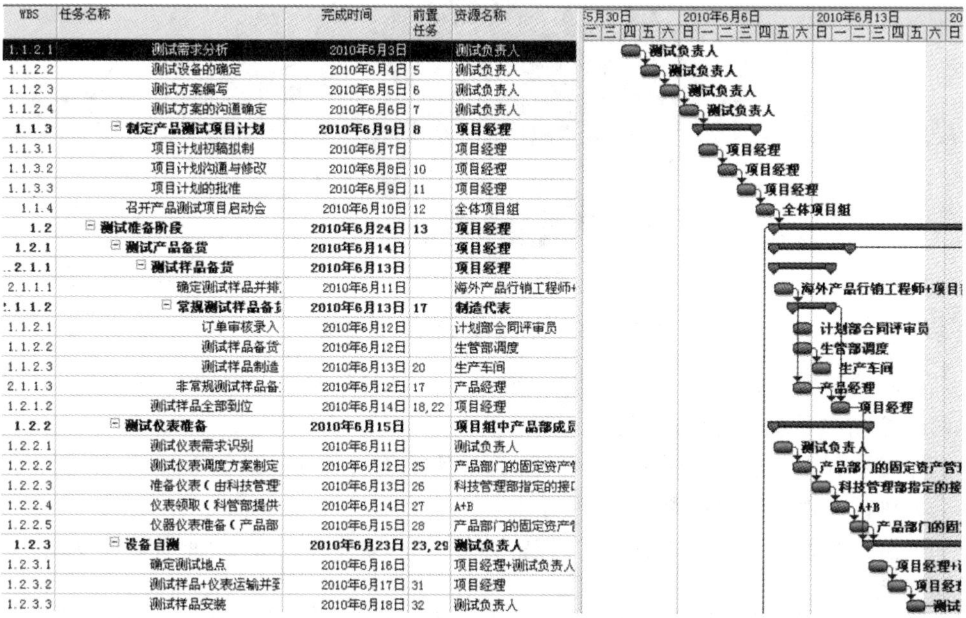

WBS	任务名称	完成时间	前置任务	资源名称
1.1.2.1	测试需求分析	2010年6月3日		测试负责人
1.1.2.2	测试设备的确定	2010年6月4日	5	测试负责人
1.1.2.3	测试方案编写	2010年6月5日	6	测试负责人
1.1.2.4	测试方案的沟通确定	2010年6月6日	7	测试负责人
1.1.3	**⊟ 制定产品测试项目计划**	**2010年6月9日**	**8**	**项目经理**
1.1.3.1	项目计划初稿拟制	2010年6月7日		项目经理
1.1.3.2	项目计划沟通与修改	2010年6月8日	10	项目经理
1.1.3.3	项目计划的批准	2010年6月9日	11	项目经理
1.1.4	召开产品测试项目启动会	2010年6月10日	12	全体项目组
1.2	**⊟ 测试准备阶段**	**2010年6月24日**	**13**	**项目经理**
1.2.1	**⊟ 测试产品备货**	**2010年6月14日**		**项目经理**
..2.1.1	**⊟ 测试样品备货**	**2010年6月13日**		**项目经理**
2.1.1.1	确定测试样品并排	2010年6月11日		海外产品行销工程师+
:.1.1.2	**⊟ 常规测试样品备**	**2010年6月13日**	**17**	**制造代表**
1.1.2.1	订单审核录入	2010年6月12日		计划部合同评审员
1.1.2.2	测试样品备货	2010年6月12日		生管部调度
1.1.2.3	测试样品制造	2010年6月13日	20	生产车间
2.1.1.3	非常规测试样品备	2010年6月12日	17	产品经理
1.2.1.2	测试样品全部到位	2010年6月14日	18, 22	项目经理
1.2.2	**⊟ 测试仪表准备**	**2010年6月15日**		**项目组中产品部成员**
1.2.2.1	测试仪表需求识别	2010年6月11日		测试负责人
1.2.2.2	测试仪表调度方案制定	2010年6月12日	25	产品部门的固定资产管
1.2.2.3	准备仪表(由科技管理	2010年6月13日	26	科技管理部指定的接口
1.2.2.4	仪表领取(科管部提供	2010年6月14日	27	A+B
1.2.2.5	仪器仪表准备(产品部	2010年6月15日	28	产品部门的固定资产管
1.2.3	**⊟ 设备自测**	**2010年6月23日**	**23, 29**	**测试负责人**
1.2.3.1	确定测试地点	2010年6月16日		项目经理+测试负责人
1.2.3.2	测试样品+仪表运输并到	2010年6月17日	31	项目经理
1.2.3.3	测试样品安装	2010年6月18日	32	测试负责人

图 10-4　项目计划本身就是一种业务流程

同样包括谁在什么时间做什么等(5W1H)的协同工作安排,只是这个计划(特别的流程)只适用于某个具体的项目,换了一个项目后,就需要重新制订计划,而那份计划将是一个完全不同的流程。

■ 博文注解　项目经理本质上将就是一个流程OWNER ■

每一个项目都会涉及跨部门的合作,从销售开始一直到项目验收,一般涉及设计部门、采购部门、财务部门、生产部门和产品服务部门等。项目经理是对项目成果交付负责,接受项目交付成果的对象就是这个项目的客户。

项目进行的过程就是一个合同履行的过程,也就是流程被执行的过程。在这个过程中,项目经理对整个合同履行流程的计划、执行、控制和收尾直接负责,是流程的OWNER。

项目团队是一个扁平化的跨职能团队,这种以客户为导向的工作方式克服了以传统工作方式中存在的许多弊端,比如缓慢、死板、昂贵等,这也是现代项目管理为什么受到越来越多企业青睐的原因。

引自《胡云峰个人专栏》(http://blog.vsharing.com/frank_hu/)

2. 项目管理本身需要流程

项目虽然具有一次性和独特性的特点,但是项目管理中的很多管理性工作还是重复和持续性发生的,尤其是在多项目管理的组织或环境下,不断有新项目的启动和旧项目的关闭。对这种重复发生的工作建立流程规范并开展流程管理,将极大提升项目管理的效率和效果。PMI出版的PMBOK®把项目管理过程分为五类,如图10-5所示。

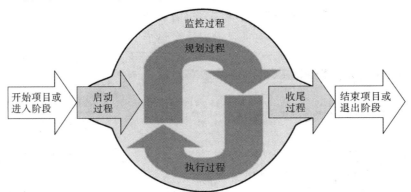

图10-5　项目管理过程就是流程

(1) 启动过程　成立项目组开始项目或进入项目的新阶段。启动是一种认可,用来正式认可一个新项目或新阶段的存在。

(2) 规划过程　定义和评估项目目标,选择实现项目目标的最佳策略,制订项目计划。

(3) 执行过程　调动资源,执行项目计划。

(4) 监控过程　监控和评估项目偏差,必要时采取纠正行动,保证项目计划的执行能实现项目目标。

(5) 收尾过程　结束或退出项目的阶段,正式验收项目,使其按程序结束。

每个管理过程包括输入、输出、所需工具和技术,通过各自输入和输出的相互联系,构成整个项目管理活动。针对项目管理的五个过程中,可以建立的管理流程包括项目立项流程、项目计划编制流程、项目变更管理流程、项目进度监控流程、项目收尾流程等。把这些流程建立起来,对项目组织中的很多角色如何进行分工协作将起到很好的规范和指引作用,同时也有利于企业内部职业项目经理人才队伍的建设。在许多世界级企业,建立并维护项目管理流程是项目管理办公室(PMO)的职责,许多企业的 PMO 还负责这些流程的执行与监控。另外,流程执行与监控是流程管理的典型活动,项目活动通过流程执行来保证,可以显著提升项目环境下的组织执行力,为项目成功提供保障。

3. 流程审视优化帮助提升项目管理成熟度水平

在业务流程和项目管理流程反复实施的基础上,项目团队一定会积累更多的业务和管理经验,同时也会出现很多新情况和新问题,需要对这些流程进行定期或不定期地审视和优化,确保这些流程的保值和增值。通过这样的良性循环,能持续改进企业的项目管理与项目群运作管理能力,持续提升企业项目管理成熟度水平(project management maturity)。

10.2.3 项目管理对流程管理的支撑作用

通过项目和项目管理的方式开展流程建设与管理工作,可以极大提升流程建设和管理工作的效率,这种支撑作用在第 6 章已详细介绍,这里不再赘述。

■ 博文注解　项目型组织的流程之舞 ■

流程管理就像一场舞蹈,舞技高的企业在管理的舞台上舞出优美的曲线。它们在这场舞蹈中,强化了组织的战略分解和执行,规范和精细了业务操作,提高了客户和市场的关注程度,缩短了内外部响应时间,降低了成本,减少会议和协调工作量以解放管理者、传递绩效压力达到各谋其政,充分应用信息技术和实现组织的持续改进等。应用流程管理带来的好处可谓多多,只是最初这场舞蹈没有得到广泛认可,还仅仅局限在生产与制造企业。如今已经有更多的行业或组织,如项目型组织、政府机构、服务行业等,参与到这场舞蹈中。流程管理不再像福特汽车的生产线一样,仅仅改善工厂作业绩效,而成为一套系统性的组织运营管理方式。

但项目型组织是不是能够跳好这场舞呢?就像没有包治百病的灵丹妙药一样,流程管理并非适合任何类型的组织。不同类型的企业或组织在实施流程管理时需要量体裁衣,注意采用正确的方式和方法。一些企业的流程管理实践表明,如果使用或实施不当,不但达不到应有的效果,有时甚至还会起相反作用。项目型组织是一种常见的组织,是指那些一切工作都围绕项目进行,通过项目创造价值并达成自身战略目标的组织,其中包括企业、企业部门或事业单位、政府机构及其他研究或咨询机构。作为一种典型的组织类型,项目型组织应该如何正确应用流程管理的思想和方法呢?

项目型组织不能走寻常路

人们将组织的经济活动分为运营性(operation)活动和项目(project)性活动两大类。企业常规意义上的流程管理是在日常生产运营环境下进行的,这样的运营环境具有相对稳定不变的特点,比如管理组织、生产环境、产品种类及其他生产要素等。而项目的工作环境则很不同,不管是工程建设类项目还是 IT 或研发类项目,由于项目的一次性及项目中存在的太多不确定性因素,项目的环境是非常不稳定的,发生变更是经常性的事情,所以项目中的大部分工作通常是通过项目计划而不是完全按照流程的方式来完成的。项目的某些工作很难按照一套固定不变的、僵化的流程来执行。

即使可以制定一套适合于某一项目的工作流程,该流程也只不过是适合这个项目而已,该流程一般不会适合于其他项目。即使两个项目的交付成果完全一致,如两栋设计方案完全一样的商品房,但由于项目的时间、地点、客户、供应商甚至项目组织都变了,流程就不可能是通用的,需要重新修改,以适合变化了的情况。而常规意义上管理的流程在通常情况下是相对稳定的,除非需要进行优化处理,否则是不会轻易改变,如麦当劳的采购流程。

另外,项目过程中经常涉及与组织外部的各种单位发生关系,这些单位有各自的工作方式、方法和管理文化,比如供应商、设计单位、施工单位、研究机构等,除非与它们建立了伙伴关系并达成高度一致,否则它们通常不会遵守其他组织所制定的工作流程。

项目型组织的流程舞姿

项目的主要工作内容是完成项目各个阶段的交付成果,比如产品设计图纸或产品设计说明书、最终的项目产品等,具体工作包括调研、设计、开发(采购、生产)、测试、服务等,我们将这类工作统称为实施性工作。除此之外,项目团队还必须完成其他相关的行政和管理性工作,比如项目立项、计划、跟踪监控、阶段性验收、合同与文档管理等,这类工作就是管理性工作。这两类工作都需要消耗组织的资源,并且大都涉及跨岗位、部门甚至跨组织的边界处理问题。

将这两类工作区别开来,是因为这两种工作适合于采用不同的方式进行管理。管理性工作是项目型组织内具有共性的工作,是组织中经常和重复性的工作。以三峡工程这个项目为例,在整个三峡工程建设期内,仅大型土建和机电设备子项目的招标过程就达到上百次之多。对这样的管理性工作,必须加大规范和精细化管理的力度、减少管理的任意性和粗放性,而这些正是流程管理所能解决的问题。项目中的实施性工作是个性化极强的工作,因项目及项目的不同阶段而表现出千差万别的特点,如某单元工程混凝土的浇筑、某个软件子模块的设计,这些工作虽然可以采用标准化的工作框架或模板,但由于不确定性因素太多,需要在现场管理时具有足够的灵活性,对这种工作采用项目计划和控制的方式进行管理是比较合适的。

基于以上的分析,我们还可以将项目型组织分为管理型组织和实施型组织。管理型组织是以管理为主的组织,比如一些基本建设项目的业主(甲方)单位、监理单位,以及一些将具体业务完全外包的总包性企业或管理性部门(如一些银行的IT部门)、研究机构或政府组织,这些组织实际上并不从事太多具体的项目实施工作,而是以项目采购管理的方式获得项目产品以及项目产品的运行和维护管理。这样的组织适合采用流程的方式进行管理。实施性组织是以执行项目的具体工作为主(通常是指项目的乙方)的组织,如设计院、软件开发商、咨询公司、建筑施工或安装施工及其他服务性组织,这些组织当然也存在大量的管理性工作,这部分工作同样可以采用流程管理的思路,但其主要工作内容是项目具体交付成果的实现,这部分工作不适合使用流程的方式来执行,只能采用计划管理的方式。

协调之美

当组织规模发展到一定的程度后,就需要建立不同的部门和岗位进行分工协作,以共同完成一项工作。随着沟通渠道的增加,本位主义或部门壁垒的形成,跨组织/跨部门/跨专业/跨岗位之间的工作协调问题便成为大中型组织所遇到的最棘手问题(大企业病问题)。如何解决这个问题呢?流程管理提供了一个理想的解决方案,在企业常规的流程结构体系中,通过分级流程描述和流程责任矩阵很好地解决了组织运营中跨部门和岗位的工作协同问题。

项目型组织在实施项目过程中,同样面临着大量跨组织/专业/部门/岗位的协调问题,如同一项目中土建、电气和机电设备等跨专业之间的工作界面,业主、设计、监理和承包商之间跨组织的工作界面;研发项目中的市场营销、工程、采购、生产、财务和质检等跨部门之间的工作界面。这些界面关系的处理是项目是否顺利进展甚至能否取得成功的关键。

项目管理中的项目责任矩阵(见表10-1)的概念和流程管理中的责任矩阵的概念实际上是异曲同工的,都是在表达跨部门/组织/专业的工作协同问题,所不同的是前者针对的是项目工作分解结构中的可交付成果(工作包),后者针对的是企业运营中的各种管理职能。

表 10-1 某工业工程项目的项目责任矩阵

工作包 \ 职位	项目经理	发起人	设计经理	采购经理	营销经理	工程经理	…
项目启动	A	R		P	P		
开发与设计	S		A	P		P	
样件制造	S		R	A	I		P
样件测试	R	S	A			P	P
安装与调试		S	I	I		A	
项目收尾		S	S	P	I	A	P

据了解,现实项目中的项目经理很少有人通过这种责任矩阵和工作包授权的方式来解决工作协同问题,而项目管理人员往往要消耗大量的时间和精力协调项目中各种项目干系人/组织之间频繁发生的冲突和矛盾。这实际上是一种缺乏科学的管理方法和管理思路的表现。

可控之美

工作流就是一系列相互衔接、有序进行的业务活动,项目管理过程中存在一些比较稳定的工作流程,比如项目立项、物料采购、阶段验收、预算编制及项目收尾等。在现代信息技术的推动下,对于内部经常或重复性发生的管理性工作,项目型组织采用工作流管理是未来管理的发展趋势。另外,已经成熟的工作流程完全可以借助IT技术进行e化管理,这样不仅可以促成企业管理文化的改变,而且可以显著提升管理绩效。工作流管理是人与计算机共同工作的自动化协调、控制和通信方式,在经过系统化梳理和e化的工作流的基础上,所有管理性工作都处于受控状态,关键的管理活动和步骤得到高度可视化显示和跟踪监控,如图10-6所示。

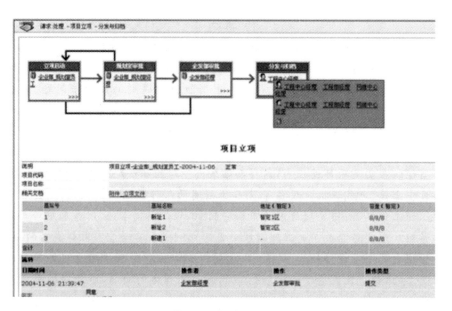

图 10-6　某公司 e 化的项目立项工作流

在工作流管理系统中,管理者是系统中的基本角色,是直接的任务分派对象。管理者可以直接看到针对自己列出的"工作清单",跟踪每一项工作的状态,这样,任务分派和任务的完成状态就可以最大限度地可视化和受控。另外,"自动化"是工作流的一个特征,这主要是指它自动进行的特征,而不是说没有人的参与;协调是工作流管理的一个目标或特征,并通过工作流来加强对管理工作的监察与控制。

工作流的概念被明确提出并得到重视的同时,人们就认识到了"标准化"在其中的重要性。从逻辑上,对工作流的关注和研究可以看作是对业务流程重组(BPR)的一种深化。BPR 对流程是怎样的、怎样分析和构造并没有给出具体的解决方案,而工作流是一个具体的、可操作性的答案,它可以让我们从神秘的、难以预测和控制的 BPR 变成解析的、技术的、可控制和预测的工程化过程。所以,无论从理论方法上,还是对象和内容上,都可以将"工作流"看做是项目型组织管理过程的一部分。

计 划 之 美

项目进度计划的制订需要使用网络计划技术,通过识别项目作业、建立作业间的逻辑关系、资源分配和时间估算等管理过程,才可以得到项目各项活动的具体时间安排。一个项目网络计划包括了作业、作业之间的关系、作业的时间、关键路径、作业的责任人等要素。这些要素同样也是流程中需要体现的内容,所不同的只是名字的差异,一个叫流程图,对应的是流程管理;一个叫网络图,对应的是项目管理。另外,网络图也需要优化,当计划的时间不能满足客户的要求的时候,同样需要采用 ESIA 等方法改进项目的进度计划,特别是并行工程和关键路线的思想是网络计划技术中的核心思想,同样也是流程优化的思想。

尽管项目型组织不能完全采用流程管理的管理方法,但作为一种成熟的管理技术,流程管理的思想其实可以在项目型组织得到广泛的应用。通过将组织中的管理性工作和实施性工作区分开来,用工作流的方式对重复发生的管理性工作进行管理并使之 e 化和可视化,通过项目责任矩阵和工作包的方式解决跨组织/部门/专业的工作协同,采用流程管理的工具和技术进行项目计划的优化,这一系列方法定能让项目型组织在流程管理这场舞蹈中舞出精彩。

引自《胡云峰个人专栏》(http://blog.vsharing.com/frank_hu/)

10.3 流程管理与风险管理的关系

10.3.1 风险管理的主要内容

1. 全面风险管理及风险管理定义

全面风险管理是指企业围绕总体经营目标,通过在企业管理的各个环节和经营过程中执行风险管理的基本流程,培育良好的风险管理文化,建立健全全面风险管理体系,包括风险管理策略、风险理财措施、风险管理的组织职能体系、风险管理信息系统和内部控制系统,从而为实现风险管理的总体目标提供合理保证的过程和方法。

企业全面风险管理是一个涉及方方面面的系统工程,这个过程贯穿于企业的各种管理和经营活动之中;它的对象是企业内、外部各种来源的风险整体;它的执行主体涉及企业各个层级的员工和部门;它的目标是把风险控制在风险容量以内,同时为企业寻找最佳的风险、收益平衡点,最终的目的是提升股东短期或长期的价值。因此,构建企业全面风险管理框架应该是一个多维的、立体的、连续的管理方案和过程。全面风险管理体系应该包括三个层次的内容:第一层是企业全面风险管理的四大目标战略目标、经营目标、报告目标、合规目标;第二层是全面风险管理的八大要素,即内部环境、目标设定、事件识别、风险评估、风险对策、控制活动、信息与沟通、监控;第三层是企业的各个层级,包括整个企业、各职能部门及下属各子公司。全面风险管理的要素都是为企业的目标服务的;企业各个层级在企业目标的指引下从以上八个管理要素出发进行风险管理,如图 10-7 所示。

全面风险管理框架的各个方面围绕企业总体经营目标,互相联系。这种多维立体的表现形式有助于全面、深入理解控制和管理对象,分析解决控制中存在的复杂问题。全面风险管理主要内容包括风险辨识、风险评价、风险诊断、风险战略设计、风险文化建设、风险防范管理规划、风险流程设计、组织职能设计、风险理财设计、信息系统建设等。

风险管理是指对影响企业目标实现的各种不确定性事件进行识别和评估,并采取应对措施将其影响控制在可接受范围内的过程。说到风险管理,有必要介绍一下企业内部控制。

2. 企业内部控制定义

企业内部控制是指以专业管理制度为基础,以防范风险、有效监管为目的,通过全方位建立过程控制体系、描述关键控制点和以流程形式直观表达生产经营业务过程而形成的管理规范。企业内部控制在定义和内涵上属于全面风险管理系统的子系统,涵盖在全面风险管理的范畴内,隶属于其中的一个重要部分。企业内部控制的五大要素是控制环境、风险评估、控制活动、信息与沟通、监控,图 10-8 所示为企业内部控制体系架构。

3. 风险管理与内部控制的关系

目前在企业中,很多人认为风险管理就是内部控制,这种看法显然是片面的,风险管理和内部控制之间存在一些异同点。

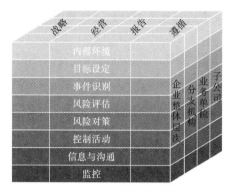 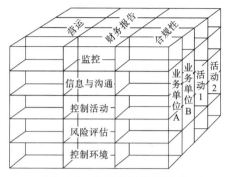

图 10-7　全面风险管理框架　　　　图 10-8　内部控制体系框架

相同点如下。

（1）全面风险管理涵盖了内部控制。内部控制体系框架中明确地指出全面风险管理体系框架包括内控，将之作为一个子系统。

（2）内部控制是全面风险管理的必要环节。内部控制的动力来自企业对风险的认识和管理。对于企业所面临的大部分运营风险，或者说对于在企业的所有业务流程之中的风险，内控系统是必要的、高效的和有效的风险管理方法。同时，维持充分的内控系统也是国内外许多法律法规的合规要求。因此，满足内部控制系统的要求也是企业风险管理体系建立应该达到的基本状态。

差异点如下。

（1）两者的范畴不一致　内部控制仅是管理的一项职能，主要是通过事后和过程的控制来实现其自身的目标，而全面风险管理则贯穿于管理过程的各个方面，更重要的是在事前制定目标时就充分考虑了风险的存在。而且，在两者所要达到的目标上，全面风险管理多于内部控制。

（2）两者的活动不一致　全面风险管理的一系列具体活动并不都是内部控制要做的。目前所提倡的全面风险管理包含了风险管理目标和战略的设定、风险评估方法的选择、管理人员的聘用、有关的预算和行政管理及报告程序等活动。而内部控制所负责的是风险管理过程中间及其以后的重要活动，如对风险的评估和由此实施的控制活动、信息与交流活动和监督评审与缺陷的纠正等工作。两者最明显的差异在于内部控制不负责企业经营目标的具体设立，而只是对目标的制定过程进行评价，特别是对目标和战略计划制定当中的风险进行评估。

（3）两者对风险的对策不一致　全面风险管理框架引入了风险偏好、风险容忍度、风险对策、压力测试、情景分析等概念和方法，因此，该框架在风险度量的基础上，有利于企业的发展战略与风险偏好相一致、增长、风险与回报相联系，进行经济资本分配及利用风险信息支持业务前台决策流程等，从而帮助董事会和高级管理层实现全面风险管理的四项目标。这些内容都是现行的内部控制框架所不能做到的。

从发展趋势来看，随着内部控制或风险管理的不断完善和变得更加全面，它们之间必然相互交叉、融合，直至统一。

4. 企业内部控制与流程的关系

从企业内部控制定义来看，内部控制体系包括企业的制度、管理规定、业务流程等各种管理规范性文件,如图 10-9 所示。以下是烽火通信将风险措施固化到流程与制度中去的过程中所形成的需要建立(优化)的流程与制度清单。

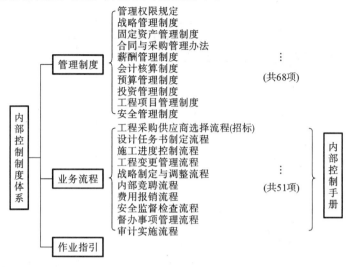

图 10-9　烽火通信内部控制制度体系

10.3.2　流程管理与风险管理的关系

流程与内部控制有着密不可分的关系,企业流程管理与风险管理同样也存在着密切的关系,主要有以下几个方面。

1. 通过流程管理可以明确企业各部门风险管理的职责,使企业风险管理工作更好地开展

企业风险管理是一项需要企业各部门均需要参与的工作,是一个典型的跨部门协作业务。因此通过流程管理的方法建立企业风险管理业务工作流程对开展该项工作将显得十分重要,否则容易出现部门之间职责不清、相互推诿等现象,风险管理工作效果与效率都将会受到影响。下面结合烽火通信风险管理工作的流程案例来介绍。

烽火通信风险管理工作分为企业层面内部控制评估流程和业务层面内部控制评估流程。我们重点介绍一下业务层面内部控制评估工作的情况。企业业务层面内部控制评估主要涉及的领域如下。

● 销售与收款业务。

● 采购与付款业务。

● 生产与成本管理业务。

● 资金管理流业务。

● 财务关账与信息披露业务。

● 研究与开发业务。

● 固定资产业务。

● 人力资源业务。

● 客户服务业务。

● 信息系统控制业务。

下面对企业业务层面内部控制评估流程简单介绍如下,流程图如图 10-10 所示。

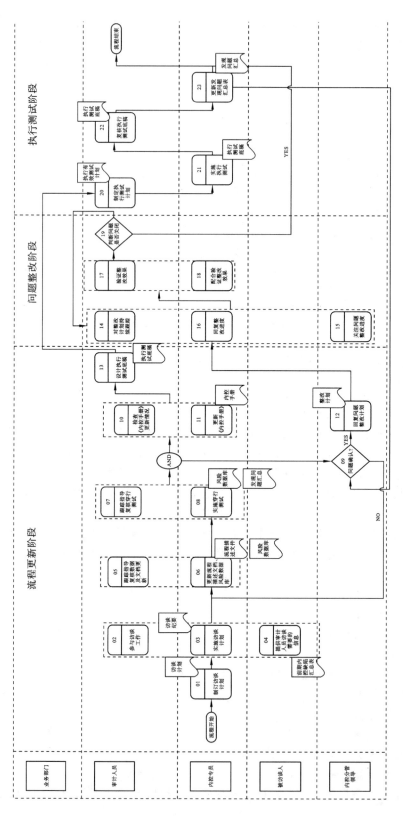

图10-10 业务层面内部控制评估流程图

(1) 访谈计划(业务骨干、部门负责人)。
(2) 开展访谈(了解相关制度、业务流程等)。
(3) 编制/更新流程描述文档(识别风险点与控制点),表10-2所示为烽火通信流程文档描述模板。

表 10-2　烽火通信流程文档描述模板

分子公司名称：×××××公司			
流程名称：销售及收款			
流程负责人	部门与职位： 市场部-市场策划部经理	联系电话：	
		联系邮箱：	
流程负责人	部门与职位： 营销中心	联系电话：	
		联系邮箱：	
流程负责人	部门与职位： 财务管理部-信用管理部经理	联系电话：	
		联系邮箱：	
	文档完成时间：201×年×月×日		
流程涉及部门	市场部、营销中心、财务管理部		
流程负责人签字确认 文档内容：	姓名：	确认时间：	
流程描述： 一、流程背景介绍 二、本流程可能的风险 SR_01_R1:(如:选用了不合格的代理商) SR_02_R1:(如:公司本部不了解办事处的工作进展和客户的需求信息) ⋮			
三、访谈时间和对象			
被访谈人员	所属部门及职位	访谈时间	
××	市场部-市场策划部经理	2012年×月×日	
××	市场部-销售管理部经理	2012年×月×日	
××	营销中心	2012年×月×日	
××	财务管理部-信用管理部经理	2012年×月×日	

续表

四、参考资料：
五、与本流程相关的IT系统 （如B2B系统，SAP系统）
六、流程详细描述及控制 （如：与客户的直接接触由各地的办事处负责，办事处负责密切地与客户省分公司和地市公司进行接触，获取客户的需求信息，通过交流向客户推荐公司的产品；每周各办事处需要向国内市场部上报《办事处周报》，周报中包含该办事处正在实施的和在获取过程中的项目进展情况，销售目标完成的情况，排产合同转正的情况，各项目回款的情况和其他相关信息，国内市场部通过周报来了解各办事处的项目进展情况和销售机会情况；国内市场部每月会将所有办事处的月报信息进行摘选和汇总，形成《各网络部及办事处周报摘要》，并发送给相关的领导，从而让领导能够了解各项目部的实施进展情况和项目获取的情况； 当办事处了解到客户有比较具体的需求后，会积极与客户及其聘请的设计院进行充分的沟通。与此同时，公司也会安排高层去拜访客户，进一步了解客户的需求，并积极推荐公司的产品，希望能在项目招投标前，给予客户更好的印象，并希望项目的招投标能在设计阶段就更有利于公司。）

（4）编写/更新风险控制数据库，表10-3所示为烽火通信风险数据库模板(1)。

表10-3 烽火通信风险数据库模板(1)

一级流程名称	二级流程名称	风险编号及风险点描述	控制目标	控制编号	控制描述	控制责任部门/责任人	预防型/发现型控制	相关信息系统	是否为关键控制	控制频率	控制类型
销售与收款	新项目立项、项目获取的跟踪及反馈	公司本部不了解办事处的工作进展和客户的需求信息	公司本部掌握办事处的工作进展和客户的需求信息		办事处每周上交周报，周报包括项目进展、销售目标、回款等信息	市场部	预防型控制	N/A	否	不定期	人工控制

（5）实施穿行测试（选一个典型样本），穿行测试底稿。

（6）发现的内控缺陷（设计或执行缺陷），与企业层面内控缺陷汇总编入《发现问题汇总表》，后续跟踪整改。表10-4所示为烽火通信风险数据库模板(2)。

第 10 章 流程管理与其他管理主题的关系

表 10-4 烽火通信风险数据库模板(2)

流程名称	子流程名称	风险点编号及描述	控制目标	控制编号	控制活动简述	该控制涉及的部门及负责人	预防型/发现型控制	控制类型:人工控制/人工依赖IT控制/IT系统控制	适用的IT系统	是否为关键控制
控制频率	穿行测试底稿	控制设计是否发现异常	关键控制测试底稿	控制执行是否发现异常	测试结论	发现问题描述	发现问题的风险和影响	发现问题的整改建议	管理层回应	整改情况跟踪

(7) 编写/更新《内控手册》业务层面风险数据库"流程描述"。

(8) 实施执行有效性测试(选取多个样本)。

(9) 识别内控设计及执行缺陷,汇总到《内控缺陷问题汇总表》,如表 10-5 所示。

表 10-5 烽火通信内控缺陷汇总表模板

序号	所属流程	内控缺陷描述	内控缺陷类型	风险及影响	整改建议	所属部门	完成时间	管理层回复

通过流程管理的方式对风险管理业务进行梳理,明确了各部门及相关人员的职责,规范了工作流程,固化了各种表单模板,使风险管理业务能够更好地开展,从而提升公司的整体运营管理水平。

2. 流程管理工作是风险管理工作的基础,风险管理可以运用流程分析来识别风险

风险管理是以流程化的思考方式(任何业务问题都会反映在核心流程上)进行系统化的风险识别、评估,然后分析诱因,根据诱因再设计应对性的控制措施,故逻辑性强。所以风险管理和流程建设是密不可分的,流程建设是开展风险管理的基础。风险管理需要了解业务现状,因此风险管理工作可以直接利用流程建设的成果。

企业的业务主要是通过流程运行的,而风险会存在业务的每一个"角落"风险管理中一个重要的环节是进行风险评估与识别,只有熟悉业务流程,才能更准确地识别风险。因此通过流程分析将会有利于我们更快更准地找到风险点,并采取措施予以控制,达到为企业"查缺补漏"的作用。

下面以烽火通信公司的风险评估为例进行说明。

在评估公司应收账款形成坏账收不回款的风险时,通过对发货前的相关流程进行分析发现,发货前销售部门没有向财务部门查询客户的欠款、信用额度等信用信息就发了货,造成了后期产生坏账的可能性大大增加,存在较大风险;通过对流程进行分析发现风险后,相关部门对流程进行设计优化,在发货前增加了向财务部查询客户信用的控制活动,明确只能向信用良好的客户发货,这样一来就降低坏账发生的可能性,减少了公司财物损失的风险。

3. 风险管理工作成果可以运用到流程管理中,风险管理可以作为流程管理的输入条件

通过对业务流程的梳理和分析,识别风险,设计控制措施,最终还需要通过流程中的关键控制点的设置(新建流程或优化原有的流程)来对需要控制的风险进行防范,因此风险评估的结果可以作为流程建设及流程审视优化的重要输入。

以烽火通信为例,通过风险评估分析,公司海外营销风险评估值排在公司当年十大风险的第一位。为了控制海外营销方面的风险,公司在国际营销相关流程中增加项目评审、商务评审、合同评审等关键控制点,加强对该风险的控制。

由此可见,企业可以运用风险评估的结果,指导流程的设计与优化,使内控关键控制点镶嵌在业务流程中,切实起到控制风险的作用。

4. 流程管理是内控体系建设的关键环节,缺陷整改要通过"流程再造"才能标本兼治

业务流程是指通过规范一系列连续有规律的行动的发生和执行来实现预期目标的过程。业务流程管理是指在不断的变革中对企业所有的内外业务通过制度化的控制手段和图形化的流程模型来进行管理,达到优化业务流程、提高获利能力的目的。企业要加强内部控制,保障持续健康发展,进行流程管理是关键环节。

(1)流程管理是内控体系的载体 内控体系要通过流程管理发挥作用,如对库存现金的控制首先要明确库存现金的存、取管理流程,再从流程中分析审批、支出、收入、日限额控制等关键控制点,制定严格的控制制度确保库存现金的安全,梳理明确业务流程将使内部控制发挥最大的效用,并能促使各项制度有效地贯彻和实施。

(2)流程管理使审计工作有章可循,提高了审计效率 经验证明,从业务流程入手开展审计,在管理控制的链条中查找问题,使审计工作很快切入问题根源,提高效率,并且从根本上强化企业的内部控制。如被审单位存在盘点差错率高的问题,审计时首先要看单位的盘点制度和管理流程,不是仅关注现场盘点的差错率,而是重新审视单位过去会计期间盘点的频率、差错率的真实性、询问盘点人、监盘人进行盘点的过程、对盘点差错率的处理等,认真了解公司的库存管理流程,分析差错率高是由流程管理的漏洞造成的还是由个人的主观原因造成的,最后根据诊断结果确定相应的整改措施或完善制度规范流程或惩戒相关责任人。

流程再造的定义:对企业的业务流程进行基础性再思考和实质性再设计,从而获得在成本、质量、服务和速度等方面业绩的显著改善。企业的发展是一个动态的过程,有效地内部控制同样随着公司的发展而改善。审计工作也需要从"查错防弊"的传统角色中实现增值服务。通过审计来发现流程管理中的不足和薄弱环节,通过流程再造来完善管理,加强内部控制。二者结合将使审计工作和流程管理相得益彰。将流程再造作为审计整改的方式将达到如下效果。

一是弥补制度缺陷,优化业务流程。审计发现的问题有两种:主观意识错误和制度缺陷。对于后者只有通过流程再造细化管理措施、优化业务流程才能彻底铲除问题的根源。对此,审计提出如下流程再造的整改意见:建立健全的债权债务预警机制,加强对债权的催收;指定专人,定期编制债权债务表,以时间长短为标准,对超过三个月的债权债务进行逐笔分析,按风险大小进行排列;对超过六个月的债权应进行书面催收,及时判定坏账比例,确保资产安全;对超过一年的债权应马上清理完毕,特殊情况要申请,并建立追查机制;对每笔借款要求必须详细说明借款用途、借款期限、还款时间等;量化借款指标,财务上应对借款人的信用进行核实,主要审核该人的历史借款情况,如借款的时间、用途,借款的频率,还款情况等。通过上述流程再造,将原来的借款流程"填写借款单→审批→财务记账→出纳付款→还款→财务销账"优化为"建立债权催收机制→填写借款单(说明借款时间、用途、还款期限)→审批(严格按照量化借款指标审批)→核实(财务核实借款人信用状况)→财务记账→出纳付款→催收(按照借款说明的时间、用途和还款期限对借款人进行还款提醒和催收)→还款→财务销账"。

二是规避主观风险,提高审计效率。企业许多问题是由于业务人员不熟悉流程、专业水平低或人员更迭频繁造成的。通过流程再造不断优化业务链条,形成成熟的管理和控制措施,引导业务人员走上规范的道路,从而规避主观错误风险。同时,实行业务流程管理,进行流程再造,也能促使审计人员通过对公司业务流程的判断,及时发现潜在风险和问题,增大审计价值,提高审计效率。

三是避免错误再次发生,形成良性发展。只有通过流程再造严格把控重要环节,促进各项业务能够按照流程开展,增强业务管理和控制的自动性,才能有效避免"同样问题重复出现"的情况。通过审计进行不断深入进行流程再造,不断优化各项业务流程,使管理措施和控制手段不断适应变化的市场环境和企业的发展状态,促进企业实现持续健康地良性发展。

10.3.3 风险管理与流程管理的融合实践

从以上风险管理与流程管理的关系来看,两者的目的都是为了促进公司业务更加持续、健康、有效的运转,且两者之间存在着密切的联系和共同点,如果两项工作分开开展,一方面会耗费业务部门更多的时间,另一方面,会影响风险管控的效率与效果。因此将两项工作进行融合将显得十分重要。

风险管理与流程管理融合可以从以下几个方面入手。

(1) 各部门的内控缺陷(设计或执行缺陷)可作为流程建设(优化)的输入,将风险内控中的风险点在流程中进行标示。图10-11所示为烽火通信流程与风险管理融合后的流程图样例,用圆形标示关键控制点,并对控制点进行编号。

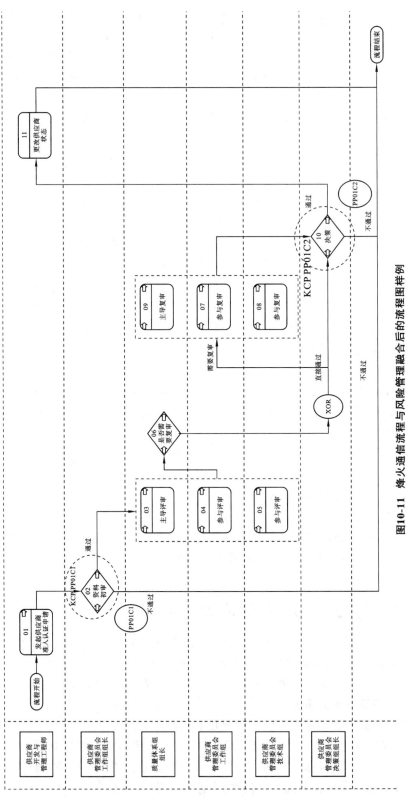

图10-11 烽火通信流程与风险管理融合后的流程图样例

(2) 在风险数据库中增加关键控制点与流程的对应关系,见表 10-6。

表 10-6　烽火通信流程与风险融合后的风险数据库模板

二级流程名称	风险编号及风险点描述	控制编号	控制活动简描述	控制点对应的流程（增加）	流程关键控制点及流程活动编号（增加）	流程所属部门（增加）	控制责任部门/责任人
供应商管理	供应商的选择缺乏必要评估和适当管理层的审批		工作组负责进行调研和资料收集,填写供应商新增申请表,经过工作组组长审批后,确定是否需要引进	新供应商认证流程		采购中心	采购中心副主任

(3) 将风险管理中的内控手册流程描述部分用流程目录替代,表 10-7 所示为内控手册模板。

表 10-7　烽火通信内控手册模板

采购与付款
一级流程描述概述 　　本手册所指采购与付款,是指购买物资(或接受劳务)及支付款项等相关活动。 按照《企业内部控制基本规范》及相关应用指引的规定,企业应当结合实际情况,全面梳理采购业务流程,完善采购业务相关管理制度,统筹安排采购计划,明确请购、审批、购买、验收、付款、采购后评估等环节的职责和审批权限,按照规定的审批权限和程序办理采购业务,建立价格监督机制,定期检查和评价采购过程中的薄弱环节,采取有效控制措施,确保物资采购满足企业生产经营需求。 　　本公司关注采购与付款流程中的如下主要风险因素。 1. 供应商的选择缺乏必要的评估和适当管理层的审批。 2. 未经授权创建或更改供应商记录。 3. 供应商文档的建立和变更记录录入不正确。 4. 供应商选定后缺乏必要的监控。 5. 随意删除供应商信息。 6. 采购计划不符合生产需求。 7. 未选择到最优的供应商和价格。 8. 采购订单没有经过适当的审批。 9. 采购合同未得到及时执行与跟踪。 10. 采购合同未妥善保存。 11. 实际收到的货物发生损毁、缺失或者其他不符合合同(订单)约定的情形。 12. 货物入库记录不准确、不及时。 13. 采购发票、采购订单不符或虚假的采购发票。 14. 采购未及时记录在正确期间。 15. 采购付款经过适当的审批。 16. 没有及时与供应商对账影响财务报表的准确性。 内控流程目录(采购与付款) PP. 采购与付款 PP01. 供应商管理

续表

1.1 新供应商认证流程……………………………………采购中心
1.2 供应商 SAP 信息更改流程………………………………采购中心
1.3 SAP 权限申请开通流程………………………………………信息中心
1.4 合格供方评定流程……………………………………采购中心
1.5 供应商绩效评估流程…………………………………采购中心
1.6 供应商奖惩流程………………………………………采购中心

PP02. 采购计划与订单
    2.1 销售机会预测流程………………………………产出线市场部
    2.2 主生产计划制定流程……………………………………计划部
    2.3 采购申请下达流程………………………………………计划部
    2.4 招标流程……………………………………………采购中心
    2.5 询报价流程…………………………………………采购中心
    2.6 BOM 优先级申请流程……………………………………采购中心
    2.7 采购订单审批流程………………………………………采购中心
    2.8 采购订单发布归档流程…………………………………采购中心
    2.9 常规订单下达流程………………………………………采购中心
    2.10 非常规订单下单流程……………………………………采购中心
    2.11 物料到货管控流程………………………………………采购中心

PP03. 采购合同的管理
    3.1 采购中心资料管理规定…………………………………采购中心

PP04. 收验货及入库
    4.1 本地物流入仓流程………………………………………物流部
    4.2 进货检验不合格品让步接收评审流程……………………品质部

PP05. 采购付款管理
    5.1 内贸发票校验申请流程…………………………………采购中心
    5.2 内贸发票校验流程……………………………………财务管理部
    5.3 内贸月度付款计划调整审批流程………………………采购中心
    5.4 财务结账流程…………………………………………财务管理部
    5.5 非常规付款申请流程…………………………………财务管理部
    5.6 资金支付流程…………………………………………财务管理部

本流程风险控制数据库(采购中心)

二级流程名称	风险编号及风险点描述	控制编号	控制点对应的流程	流程关键控制点	流程所属部门	控制责任部门/责任人	控制频率	控制类型	相关信息系统
PP_01_供应商管理	PP_01_R1：供应商的选择缺乏必要评估和适当管理层的审批	PP_01_C1.A	新供应商认证流程	02 活动 FSC-PR-PI-SI-001—02	采购中心	采购中心副主任	不定期	人工控制	无

（4）内控执行测试工作与流程执行审计工作一起开展。管理的目的是为了业务的提升，但同时也要考虑对业务部门的影响与管理成本，通过对风险管理与流程管理工作异同点的认识，我们可以将两者重叠的部分进行融合，从而达到降低对业务部门业务的影响及管理成本，又不影响管理效果的目的。

▪ 博文注解　为什么要职责分离 ▪

SOD 是英文 separation of duty 的缩写，这是一个审计学专业术语。

在任何有一定规模的组织中，SOD 都是必要的，在流程设计中都需要体现 SOD 的原则，否则就会给整个组织带来财务或业务方面的风险。如在财务业务中，会计和出纳这两个角色通常是不能由一个人承担的；同样，在采购业务中，供应商认证工程师和采购合同工程师也是不能由一个人来承担的。

其实这个原则不仅在有规模的组织中适用，在日常生活中也经常发生 SOD 的问题。如著名网球运动员李娜最近就遇到了同样的问题，以至于不得不重新选择她的合作教练。在谈到她的这个决定时，她说："他（张山）现在身兼老公和教练两职，角色转换起来肯定会比较辛苦，而且正常夫妻日常生活中都会有些摩擦，对于我们来说，网球就是生活的一部分，球场上的情绪很容易带到生活中，这样就更不可能完全没有摩擦了。我需要一个专门的教练给我一些积极的东西。"

李娜有 SOD 的问题，生活中我们每一个人、每一个家庭、每一个公司或组织其实都会面临 SOD 的问题，因为这些社会个体或单位在现实中都可能扮演不同的角色，但进行角色转换很多时候是一件很困难的事情，许多不适合或不应该由当事方（第二方）出面解决的事情，通过第三方进行沟通和协调也许就是一种最佳的解决方案，不仅可以解决情感或者面子上的问题，还可以规避其他风险。目前市场上存在的绝大多数中介公司（和传统的媒婆所承担的功能一样）都是在承担某种第三方的角色。通过不同的人或组织来承担不同的角色职责既是一种可行的方法，也是解决各种工作和生活困扰的有效手段。

SOD 是个好东西。

引自《胡云峰个人专栏》（http://blog.vsharing.com/frank_hu/）

▪ 博文注解　谨慎设置流程中的业务评审点 ▪

检查、评审本来的目的是为了及时发现偏差并加以纠正，以减少损失。然而实际的执行效果并非如此，流程的评审点让许多人感到深恶痛绝，如销售人员抱怨销售流程中的合同评审环节太多，而丧失商机；物料使用部门的人员抱怨物料采购流程中的层层审批，而导致采购周期太长；研发人员抱怨产品开发流程中审批点效率太低，单单完成一个审批就要花一个月的时间；等等。

在很多企业，评审往往成了行政干预，因为他是领导，所以要签字，至于签字起到什么实际的作用，那只有两个答案：一是权力的象征，二是流程周期缓慢的根源。在我们的文化中，控制占了主导地位，很少会有人想到服务。实际上，流程的真正价值是体现在服务上，如果评审真的能起到控制偏差的话，那或许他还是有服务的价值的。当然我们还要判断由于控制生产的额外成本，与如果不控制可能产生的损失，哪个更大。

克莱斯勒所有物品都经由采购部门购买,不到 10 美元的办公用品的采购花在审核、签字、批准上的内部费用高达 300 美元,国内不少大企业也有类似的问题。1999 年,国内一家著名的高科技公司就对行政物品的采购流程进行了优化,对于低价值的物品实行预算管理,简化了审批点,并且具体的采购执行也不再通过采购部门。

流程中的控制点过多,有时反而会降低控制的实际功效。例如,国内一家高科技公司有物料报废流程,中间有四个签字环节,平常大家并没有发现什么严重的问题,只是感觉流程运行得比较缓慢,通常要一至两个月。直到有一天,一个中试工程师在废品库中发现了已经判为报废的一批价值十几万的贵重器件,他拿到实验室进行了检测,竟然发现有一部分是可用的。然而这批器件在四个审批环节都顺利通过了报废签字,并且四个签字人都没有看到实物。这个事件引起了我们的反思,其实这四个签字的人中有几个是领导,他们并没有掌握评审结论所需要的信息,因为这些信息都太技术性了,只有技术类的工作人员才有能力判断。

引自 http://knet.vsharing.com/ShowArticle.aspx?id=1847998&PriID=30

10.4 流程管理与知识管理的关系

10.4.1 知识管理的主要内容

1. 知识管理的定义

知识管理(KM,knowledge management)是网络新经济时代的新兴管理思潮与方法,管理学者彼得·杜拉克早在 1965 年即预言:知识将取代土地、劳动、资本与机器设备,成为最重要的生产因素。受到 20 世纪 90 年代的信息化(资讯化)蓬勃发展,知识管理的观念结合网际网络建构入口网站、数据库以及应用软件等工具,成为组织累积知识财富,创造更多竞争力的新世纪利器。

知识管理就是在组织中建构一个量化与质化的知识系统,如图 10-12 所示,让组织中的个人通过获得、创造、分享、整合、记录、存取、更新、创新等过程,不断地知识回馈到知识系统内,形成永不间断的累积。个人与组织的知识成为组织智慧的循环,在企业组织中成为管理与应用的智慧资本,有助于企业做出正确的决策,以适应市场的变迁。

管理大师德鲁克认为:"21 世纪的组织,最有价值的资产是组织内的知识工作者和他们的生产力。"

知识的分类如下。

隐性知识 隐性知识(tacit knowledge)是高度个性化而且难于格式化的知识,主观的理解、直觉和预感都属于这一类。比如企业员工的经验。

显性知识 显性知识(explicit knowledge)是能用文字和数字表达出来,容易以硬数据的形式交流和共享,比如编辑整理的程序或者普遍原则。

根据 Delphi Group 的调查显示,企业中的最大部分知识(42%)是存在于员工头脑中的隐性知识;但是几种不同种类(电子的和纸制的)的显性知识总和却又大于隐性知识。可

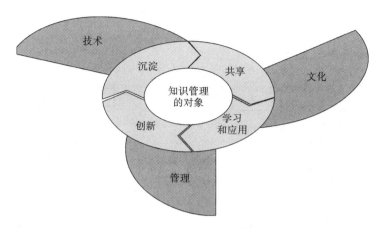

图 10-12　知识管理体系

见,隐性知识和显性知识在企业中的分布是相对平衡的,所以两种知识都必须得到相同的重视。

知识的四种创造历程为:社会化(socialization)、外化(externalization)、组合化(combination)、内化(internalization)。

企业中主要存在以下几类知识。

(1) 业务知识　由 ERP 等业务系统所生成和管理。

(2) 员工知识　员工个人技能、知识潜力、工作经验、工作记录。

(3) 流程知识　将知识嵌入业务流程之中,在关键环节有专家知识支持。

(4) 组织记忆　记录现有经验以备将来之用,包括知识库、案例库、最佳实践库和历史档案等。

(5) 客户知识　通过客户关系发展深层知识,提高产品和服务质量,以此赢得更多客户。

(6) 产品和服务知识　产品中要有知识含量,围绕产品提供知识密集服务。

(7) 关系知识　提高跨领域的知识流动,如利用与供应商、客户及雇员的关系等。

(8) 知识资产　智慧型资本/专利和无形知识产权,控制其发展和利用。

(9) 外部情报　从 Internet、外部专家等渠道从企业外部收集到的知识和情报。

企业实施知识管理的原因:竞争、工作流动性、客户导向、环境的不确定性、全球化的影响。

企业实施知识管理的作用:提高组织智商;提升组织记忆;减少重复劳动。

知识管理的构成元素如图 10-13 所示。

知识管理的架构如图 10-14 所示。

知识管理的战略如图 10-15 所示。

企业实施知识管理的步骤:认知→规划→试点→推广与支持→制度(流程)化,如图10-16所示。

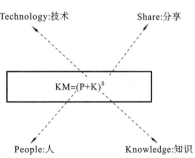

图 10-13　知识管理的构成元素

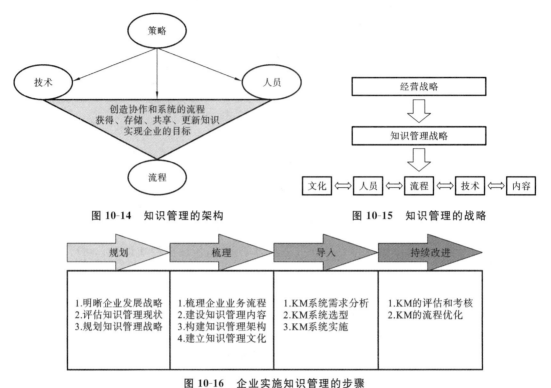

图 10-14　知识管理的架构　　　　　图 10-15　知识管理的战略

图 10-16　企业实施知识管理的步骤

企业实施知识管理的流程为：获取→创造→分类→存储→分享→更新→价值。

10.4.2　流程管理与知识管理的关系

流程管理有助于提高企业对市场的反应速度和生产效率，降低了管理成本，提升了顾客满意度和企业的竞争力。流程的宗旨是以顾客需求为导向开发并管理企业的业务流程，从而提高企业产品的质量，加快产品的流通和销售。但是从提升顾客满意度出发，仅仅生产适应顾客需求的产品和服务是远远不够的。企业为了在竞争激烈的环境中获得持久的市场竞争力，必须深入理解顾客的消费行为，挖掘顾客的消费潜力，为顾客提供适应快速变化的、高附加值的产品和服务。所以，流程管理应从适应现有顾客需求不断向创造新的顾客、创造新的市场需求转变。这就要求企业不能只关注现有生产技术、现有产品和现有市场需求，而必须把眼光放远，去发现、去创造新技术、新产品、新需求。因此要求企业在生产经营过程中不断创新、勇于超越。只有这样，企业才能不断生产出知识含量更高、性能更优越、用途更广泛的价廉物美的产品，才能在满足顾客原有需求的同时引导顾客新的需求。而创新的源泉是知识，知识管理的目的正是通过对企业知识资源的有效管理，提高企业整体的应变能力和创新能力。因此，流程管理必须与知识管理有机结合才能取得显著的效果，同时流程管理的实施也为实施知识管理创造了有利条件。

越来越多的实践发现，企业流程管理与知识管理有着非常紧密的关系，两者紧密的结合能够为企业带来非常大的价值，下面对二者之间的关系作进一步描述。

第 10 章　流程管理与其他管理主题的关系

1. 流程管理本身就是一种知识管理

我们知道,流程描述的是企业里物流、信息流、资金流的流转,可以把它视为跨部门的横向流转。但是横向的流程在流转的同时,其实也有一个纵向的知识流,要将横向的业务流程流转和纵向的知识结合起来。如果企业里拥有大量的知识文档,但没有很好地与工作流程结合起来,知识终究是放在"柜子"里的某种物品,是孤立的,它的功效就不能得到最大的发挥。我们知道,知识管理贯穿于企业运作的全部,也就是说我们要管理好企业所有的知识,并将它们依附在流程上。由于有了这些知识在流程上的积淀,员工在按流程操作的同时,组织的智商就能得到提高和改善,所以知识管理与流程管理之间是"改造"、"优化"的关系,而不是"替代"的关系。经过知识改造后的业务流程能够更好的运作,大大提升效率,避免错误的再次发生,并且能触发业务创新。

我们可以对此作进一步说明。每位员工在进行工作的时候,他可能会查阅以往的文档,在这些以往沉淀下来的知识的帮助下,他能够更快更好地完成任务,同样也形成新的文档放入了知识库中。新生成的文档和原来的文档已经有了本质的变化,它是经历了知识循环一周后沉淀下来的内容,包含了该员工的思考及他的一些经验性的内容,其实是依照了"显性知识→隐性知识→显性知识"这条路径产生的更新的知识,这样可以不断完善企业的知识库,同时也在一定程度上使员工的隐性知识显性化。可以用图 10-17 来表达这样的意思。

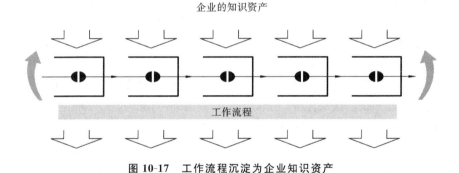

图 10-17　工作流程沉淀为企业知识资产

图 10-17 中横向的流转代表业务流程,而纵向的箭头则代表知识流。输入的知识流经过员工的加工,变成了输出的知识流,这些知识已经与原来的知识不一样了。如此循环下来,企业的知识资产与流程结合后得到极大丰富。

通过与流程的紧密结合,员工能够知道在本阶段工作有哪些文档可以参考,有哪些专家可以请教,当然这里也包含他之前根本不了解的文档和专家。另外,管理者可以知道各个流程环节上知识的强弱状况及知识的存在形式,从而采取相应的措施。

2. 流程管理可以为知识管理提供方法与规范

流程管理加快了企业知识的流通速度。企业实施知识管理,其目的是使企业的知识资源更加合理地在业务流程过程中形成畅通无阻的知识流,让每一个员工在获取与业务有关的知识的同时,都能将自己的知识、经验用于企业的生产当中。流程管理打破了按职能部门建立的组织结构的界限,在流程管理思想和方法的影响下,企业的组织结构从从传统的金字塔形转变为扁平形,减少了部门层次,使上下级之间、部门与部门之间的联系变得快速容易,加快了知识在企业中的流动速度,加快了知识的传播、交流和共享,加快了知识创新,有利于知识管理效果的充分发挥。

流程管理需要对业务流程上的知识进行梳理并使之清晰明了。流程管理要求企业围绕每一道工序的知识需求顺序而不是传统的任务或产出次序来安排,减少或改变了流程中的非增值活动,使企业的业务流程更加清晰、更加优化合理,便于知识工作者准确掌握每个业务环节的知识现状和知识需求情况。在此基础上实施知识管理,能很容易地按流程中的知识需求收集、整理、创造知识,制定相适应的知识管理战略,并将知识提供给合适的人、运用到合适的业务工作当中。

3. 知识管理可以为流程管理提供经验与依据

1) 知识管理是企业业务流程质量的保证

在流程设计过程中需要准确定位客户的需求,如何才能了解顾客的真正需求呢?只有通过知识管理,建立知识和信息网络,广泛收集和处理顾客的需求信息,对顾客的需求变化做出快速反应,指导企业做出正确的战略决策。分析企业目前业务流程中哪个环节成本最高?哪个环节存在的潜在收益最大?哪个环节对顾客最重要?关键性业务流程的设计水平和运行质量决定了流程管理的成败,所以需要将力量集中于这些关键业务作为流程管理的突破口。业务流程的设计水平取决于企业内员工和组织的知识水平,企业实施知识管理,构建合理的知识平台,其目的正是为了能高效、快速地从企业内部和外部获取知识,共享知识,利用现有知识不断创造新知识,并将新知识迅速运用于业务过程中,为企业增效。

知识管理强调员工的学习和培训,处于不断学习中的员工和组织拥有源源不断的、创新的知识源泉,能够不断地识别和解决流程运行中出现的问题,利用知识和能力优化疏通企业的业务流程,使流程质量不断提高。

员工的技术水平和执行能力是保障业务流程运行质量的基础。员工的技术水平和执行能力除由自身的知识层次决定外,还取决于其在实践中不断学习、不断总结经验的能力。知识管理强调知识共享,尤其是隐性知识的共享,隐性知识难以用语言和书面形式来表达,要靠面对面的学习、揣摩、感悟来领会掌握,工作中积累的经验和诀窍就属于隐性知识,只有通过不断的交流、体会才能为全体成员所掌握,从而使整个组织的技术水平得到提高,使流程运行质量得到提高。

2) 知识管理是不断优化、提升企业业务流程的保证

知识管理强调通过对企业业务流程的优化提升来加强对顾客知识的管理。通过与顾客建立知识共享的关系,了解顾客的需求,并根据顾客的意见,清楚表达顾客未被满足的需求,预测并引导顾客的潜在需求,识别出新的市场机会,以此作为业务流程设计、优化和重组的依据。

知识管理强调通过对企业业务流程的优化提升加强对员工知识的管理。员工知识存在于员工的头脑之中,员工头脑中的知识往往比存储于数据库的显性知识更有价值。为此,企业需要建立良好的环境、制度,以促进这部分知识的交流和利用;企业需要建立学习型组织促进员工不断学习、丰富他们的知识,并将个人知识在组织内进行交流、传播形成组织的知识。员工知识和组织知识水平的提高也必然带动业务流程水平的提高。

知识管理强调业务流程中的经验、技能的管理。知识要通过经验积累的过程,经验的积累将导致知识的变化,经验将导致企业利用资源生产产品和提供服务时的效益和效率的提高。经验、技能属于隐性知识,难以清楚地用语言和书面形式来表达,为了在企业各部门广泛传播成功的经验和技能,必须采取面对面的交流方式,边干边学,在实践中模仿学习,达到提高整个组织技能的目的。

知识管理强调对组织记忆的管理。知识管理的一个重要目标是通过努力获取和共享组织中最好的经验及可重复使用的知识资产,将组织过去和现在所拥有的知识,以及各部门在生产经营中积累的经验和教训进行收集、存储,在全企业范围内交流共享,并为员工提供发现、挖掘和优化已创造出来的共同知识的工具,使员工可以方便地将这些知识应用于新的流程,解决新的生产问题,从而缩短作业时间,最大限度地减少重复劳动。

3) 知识管理是业务流程重组成功的保证

企业实施流程管理与变革能否成功,取决于企业的知识管理水平,取决于企业的学习能力及应用知识和创新知识的能力。知识创新能力越高,流程创新的能力就越高;学习能力越强,员工的技术水平越高,流程的运行质量就越高。所以,企业在实施业务流程管理与变革过程中,应从知识管理的全局观点出发,运用知识管理的手段和方法,分析企业的业务流程,找出经营过程中存在的重复性工作,分析所改造项目的可行性与局限性,发挥可以让知识管理发挥作用的业务领域,充分利用企业的知识管理平台,并且不断改进和完善知识管理技术系统。

综上所述,知识管理和流程管理是相互促进的两种企业管理工具。业务流程管理通过分析和设计流程使业务流程变得优化合理,有利于知识管理项目的实施;知识管理对业务流程中的无序知识进行系统化管理,实现知识的共享和有效运用,从而提高了流程的质量和运行效率。因此,企业应不断研究如何促进企业知识的流通、共享,研究如何激发企业员工的创造力,以便将知识管理与业务流程管理进行整合并有效实施,最大限度地改进企业绩效。

■ **博文注解　知识管理可以更多体现在操作层面上** ■

流程是知识和经验的载体,企业的流程架构体现的是一些宏观和中观层面的知识,这些知识是企业中高层人员必须学习和掌握的,而这部分人是企业的极少数,这些人的素质通常较高,学习能力较强。真正为企业创造价值的还是大量来自一线的员工,存在的问题也是大量的。

管道安装质量如何检查?软件代码怎么优化?测试表格如何填写?产品成本如何计算?哪些供应商不值得信赖?

这些问题是操作层面的员工(尤其是新员工)经常遇到的细节问题,也是体现客户价值的非常重要的问题,如果解决不当,很可能对下游或终端客户带来深远影响。但是,同样的问题,对于拥有丰富知识和经验的老员工来说是很容易处理的。对于快速成长的企业来说,如何让知识和经验在企业内部基层员工间快速积累和传递,这是知识管理的问题。

很多企业通过操作指导书的方式来明确任务(或活动)层面的工作标准,操作指导书是对流程活动的具体描述。业界的很多标准也都可以通过某种方式在操作指导书层面呈现出来,比如IEEE、GB等,还有CTQ(关键质量要素)和KCP(关键控制点)、质量或风险检查表(check list)等也都可以在操作指导书中体现。所有这些内容其实都是企业知识和经验的总结和提炼，将这些东西写进操作指导书让基层员工学习和掌握，对于企业和客户的价值将是巨大的。

所以，从企业和客户价值层面来说，知识管理可以更多体现在操作层面上。对于企业高层管理者来说，体现更多的应该是经营风险管理和领导力的问题，知识管理可以放在次要位置。

引自《胡云峰个人专栏》(http://blog.vsharing.com/frank_hu/)

10.5 流程管理与卓越绩效管理模式的关系

10.5.1 卓越绩效管理模式及其由来

卓越绩效模式(performance excellence model)源自美国国家质量奖评审标准。因纪念已故的美国商务部部长波多里奇在任时积极推动美国政府设立质量奖，鼓励美国企业提升竞争力，追求卓越的经营绩效，将该奖命名为波多里奇国家质量奖。由于卓越绩效模式融合了当今世界上最先进的管理理念和实践经验，不仅在美国企业界和管理学界得到了广泛认同，世界各国许多企业和组织也纷纷引入实施，并取得了令人瞩目的经营业绩。根据美国北卡罗来纳大学的阿尔波特·林克教授和达特茅斯学院的约翰·斯哥特教授的一项最新研究成果，美国波多里奇国家质量奖每年可带来相关的收益大约为240.65亿美元，收益与成本比率保守的估计为207∶1，而施乐、IBM、通用汽车、微软、摩托罗拉等世界级企业运用卓越绩效模式不仅取得卓越的经营成果，并获得了美国波多里奇国家质量奖，成为全球企业学习的典范。获奖企业只能是数百家申报企业中的翘楚，这些美国企业在被美国政府授予"国家质量奖"时，由总统亲自批准颁发。波多里奇国家质量奖标准在提高组织的业绩，改进组织整体效率，促进美国所有组织相互交流并分享最佳经营管理实践等方面发挥了重要的作用，截至目前，已有几十万家企业按照波多里奇奖标准进行经营管理与自我评价。

迈入21世纪后，我国加入了WTO，改革开放所取得的技术创新和管理创新都要迎接来自世界同行竞争者和顾客的双重考验，我国企业面临着剧烈的国际市场竞争的大环境。如何进一步提高我国企业的质量管理水平，在激烈的市场竞争中取得竞争优势，是摆在领导者与管理者面前的重要课题。特别是已获得ISO 9000等管理体系认证的组织，如何追求卓越绩效，使企业管理工作跃上新的台阶，完全融合到世界经济一体化的经营环境中，已成为企业不得不面对的重大难题。2001年起，我国在研究借鉴卓越绩效模式的基础上，启动了全国质量管理奖评审。2005年，全国质量管理奖评审工作直接采用国家质检总局颁布的《卓越绩效评价准则》国家标准。《卓越绩效评价准则》主要分为领导、战略、顾客与市场、资源、过程管理、测量/分析与改进、经营结果等七大部分，指导我国企业实现卓越的经营管理。

《卓越绩效评价准则》与ISO 9000质量管理体系比较，ISO 9000质量管理体系属于"符合性评价"标准,它只是对一般过程进行"合格"评定,从"符合性"的角度入手并兼顾"有效性",重在发现与规定要求的"偏差",进而达到持续改进的目的。《卓越绩效评价准则》则建立在"大质量"理念之上,重视企业的"战略策划"与"创造价值的过程",追求卓越的"经营结果",宣扬"以人为本"的企业文化和企业公民的"社会责任"。

《卓越绩效评价准则》是企业管理体系是否卓越的"成熟度评价"标准,对企业的管理体系进行诊断式的评价,重视管理的"效率"与"效果",识别发现企业或组织当前所处竞争环境面临的最迫切问题,指导企业采用正确的经营理念和方法不断追求卓越。《卓越绩效评价准则》不仅适用于通过质量管理体系认证企业的自我评价与管理,同样也适用于通过质量管理体系认证的企业的运营管理评价,《卓越绩效评价准则》提供的不仅是方法和工具,对于实现企业经营的粗细化管理提供了可量化的标尺和学习的标杆,同时也为第三方评价提供一个更量化的标准。

10.5.2 卓越绩效模式核心价值观

卓越绩效模式建立在11个相互关联的核心价值观和理念的基础上,分别是远见卓识的领导、以顾客为导向追求卓越、培育学习型组织和个人、尊重员工和合作伙伴、灵活性和快速反应、关注未来、创新的管理、基于事实的管理、社会责任与公民义务、重在结果及创造价值和系统的观点。这些核心价值观反映了国际上最先进的经营管理理念和方法,也是许多世界级成功企业的经验总结,它们贯穿于卓越绩效模式的各项要求之中,成为企业员工,尤其是企业高层经营管理人员的理念和行为准则。

1. 远见卓识的领导

(1) 建立方向,树立以顾客为中心的价值观,明确组织的使命和愿景,并平衡所有利益相关方的需求。

(2) 制定组织的发展战略、方针、目标、体系和方法,指导组织的各项活动,并引导组织的长远发展。

(3) 调动、激励全体员工的积极性,为实现组织目标做到全员参与、改进、学习和创新。

(4) 诚信自律,保护股东和其他利益相关方的权益。

(5) 以自己的道德行为和个人魅力作为典范,形成领导的权威和员工对组织的忠诚,带领全体员工克服困难,实现目标。

2. 以顾客为导向追求卓越

(1) 组织的产品、服务质量是由顾客和市场来评价的。

(2) 为顾客创造价值,建立稳定的顾客关系,增进顾客的满意度和忠诚度。

(3) 既要了解顾客今天的需求,也要预测顾客未来的需求。

(4) 尽可能做到零缺陷,对偶尔出现的失误要迅速、热情地处理好,将顾客的不满意度降到最低,并驱动改进和创新。

(5) 为顾客提供个性化和有特色的产品、服务。

(6) 对顾客需求变化和满意度保持敏感性,增强市场应变能力。

3. 培育学习型组织和个人

(1) 组织和个人要不断学习新思想、新方法,以持续改进,适应新的发展变化。

(2) 培训是组织对员工成长的一种投资,而且是高回报的投资。

(3) 学习不应再作为额外的工作,而应成为员工日常工作的一部分。

(4) 学习内容不仅限于技能和岗位培训,还应包括意识教育、研究开发、顾客需求研究、最佳工作方法和标杆学习。

(5) 开展互相学习和经验交流,在组织内部做到知识共享(KMS)。

(6) 强调学习的有效性。

4. 尊重员工和合作伙伴

(1) 在内部,要提高员工满意度:对员工的承诺、保障及与工会的合作;创造公平竞争环境;对优秀员工的认可;为员工提供发展机会;在企业内做到知识共享,帮助员工实现目标;营造一个鼓励员工迎接挑战的环境。

(2) 在外部,与顾客、供应商、银行、社会团体等建立战略联盟与合作伙伴关系。

(3) 建立战略合作伙伴关系的原则是:实现互利和优势互补,增强双方实力和获利能力。

(4) 成功的内部和外部合作伙伴关系应建立长远的战略目标,从制度和渠道上保证做到互相沟通,共同认识取得成功的关键要求。

5. 灵活性和快速反应

(1) 电子商务的出现缩短了贸易距离和时间。

(2) 为了实现快速反应,要缩短产品更新的周期和产品、服务的生产周期,精简机构和简化工作程序,实施同步工程和业务流程再造(BPR)。

(3) 为了满足全球市场、顾客多样化需求,不能满足于简单的"按规定办事""按标准生产",还要有更多的灵活性。

(4) 培养掌握多种能力的员工更为重要,以便胜任工作岗位和任务变化的需要。

(5) 时间将成为非常重要的指标,时间的改变会推动组织质量、成本和效率方面的改进。

6. 关注未来

(1) 持续增长和市场领先地位能给利益相关方以长期信心。

(2) 要制定组织的发展战略,分析和预测影响组织发展的各种因素。

(3) 根据组织确定的战略目标,制定中长期、短期计划,并配置所需的资源,保证战略目标的实现。

(4) 为了追求组织持续、稳定的发展,要重视与员工和供应商的同步发展(联盟与合作)。

7. 创新的管理

(1) 创新是对产品、服务和过程的富有意义的变革,为组织带来新的绩效,为利益相关方创造新的价值。

(2) 创新不仅仅局限于研究开发部门的技术和产品创新,管理创新也很重要。管理创新包括:思想观念、组织机构、运行机制和业务流程等多方面的创新。

(3) 应领导和管理创新,使之融入日常工作中,成为组织文化的一部分,促使全体员工积极地参与变革(危机意识),管理变革(风险管理),接受变革(能够容忍失败)。

8. 基于事实的管理

（1）组织依赖于绩效的测量和分析。

（2）绩效测量指标应与组织的方向、战略保持一致（本身也要评价和改进），应反映顾客满意度、运行过程和财务绩效情况并导致其改进。

（3）绩效测量所依据的数据和信息必须真实、可靠，应包括顾客、产品和服务的绩效；运作、市场和竞争绩效的对比，供应商、员工、成本和财务绩效。

（4）对数据、信息进行趋势、差距和因果分析，采取措施进行改进（PDCA）。

（5）分析支持多样性的用途：策划、绩效评审、运作改进、变革管理、与竞争对手或标杆的绩效对比。

9. 社会责任与公民义务

（1）组织的领导应对社会负有责任，尽好公民义务。

（2）公共责任要求组织遵守职业道德，保护公共健康、安全和环境，节约资源和预防污染。

（3）应从产品设计开始就考虑到环境、资源和安全等方面的要求。

（4）不能仅满足于法规要求，应注重持续改进、超越标准。

（5）公民义务是指在资源许可的条件下，积极从事公益事业，在社会活动中起到引导和支持作用（取之于民、用之于民）。

10. 重在结果及创造价值

（1）经营结果是评价组织绩效的重点。

（2）要为利益相关方（顾客、股东、员工、供应商和社会）创造平衡的价值，处理好短期、长期目标的关系。

（3）经营结果不限于销售额和利润，还包括：以顾客为中心的结果、产品和服务结果、财务和市场结果、人力资源结果、组织有效性结果、组织自律和社会责任结果。

（4）"结果"应是有"因"之果，是"方法－展开"的结果；"方法－展开"的成熟度如何要看"结果"；"方法－展开"的改进应以"结果"为导向。

11. 系统的观点

（1）卓越绩效模式是以系统的思维来管理整个组织，取得卓越绩效的模式。

（2）系统＝综合＋一致＋整合。"综合"意味着把组织看成一个整体，立足于关键的经营要求，包括战略目标和行动计划（整体）；"一致"意味着链接标准要求，确保计划、过程、测量和措施的一致性（纵向）；"整合"意味着绩效管理体系中的各独立部分以充分相连的方法运作（横向）。

（3）系统的观点在质量奖标准的框架图中得到描述，包括：高层领导重视战略方向和顾客，基于经营结果来监控和管理绩效；运用测量指标，将关键战略、关键过程相链接，并与资源配置一致，以改进整体绩效，使顾客满意。

10.5.3 卓越绩效评价准则的框架

卓越绩效模式的11个核心价值观体现在卓越绩效评价准则7个类目的要求之中，便形成了一个引导组织实现卓越绩效的系统模式。7个类目分别是：领导；战略策划；以顾客和市场为中心；测量、分析和知识管理；以人为本；过程管理；经营结果。这7个类目的评价要求之间的联系和逻辑框架如图10-18所示。

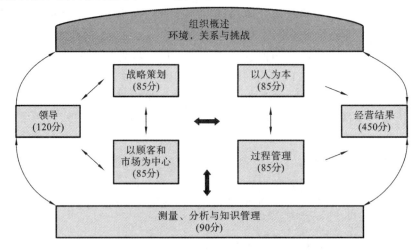

图 10-18　卓越绩效评价准则框架

这个框架包括三个基本要素：组织概述、系统运行部分和系统的基础部分。

组织概述给出了组织运行的背景情况。组织所处的环境（包括竞争者、供应商及社会环境等）、关键的工作关系和实施战略面临的挑战构成了组织绩效管理系统的一个背景状况。

系统运行部分由6个类目构成，它们确定了组织的运行以及所取得的经营结果。其中"领导""战略策划"和"以顾客和市场为中心"组成了领导三要素，这几个类目组合在一起旨在强调关注战略、市场和客户的重要性，高层管理者为组织设定方向，也为组织寻找未来的机会。而"以人为本""过程管理"和"经营结果"组成了结果三要素。组织的员工和关键过程完成组织的工作从而产生了经营的结果。所有的行动指向经营结果，由顾客、产品和服务、财务和内部运营绩效方面的结果所构成，内部运营绩效包括人力资源、治理和社会责任方面的结果。

框架中的水平箭头将领导三要素和结果三要素连接起来，这个联系对于组织的成功具有至关重要的作用，显示了领导和结果之间的核心关系，双向箭头意味着反馈在一个有效的绩效管理系统中的重要性。

系统的基础部分就是"测量、分析与知识管理"，这个类目对于一个基于事实的、知识驱动的改进绩效和竞争系统发挥了重要的作用，构成了整个组织绩效管理系统的基础。

10.5.4　流程管理是卓越绩效模式6大类目的主要支撑手段

根据卓越绩效自我评价工具的要求，卓越绩效评价准则框架的前6大类目都包括一定数量的子条目，比如"领导"这个类目有21个子条目，包括"我们如何确定和展开使命、愿景、价值观？""我们如何形成、推进和要求法律和道德行为？""我们如何创造和保持组织的目标和绩效？"等，而"战略策划"这个类目则有16个子条目，包括"我们如何进行战略规划过程？""战略策划过程的关键步骤是什么及谁参与战略策划？""我们如何考虑战略，SWOT

分析,市场变化,竞争对手及顾客?"等。每个子条目的计分方法包括两个部分,一个是过程部分,计分方法为

无	规划中	刚开始	进展中	成熟	完成
0	1（10%）	2（25%）	3（50%）	4（75%）	5（100%）

一个是结果部分,计分方法为

无	差	改进	好	优秀	卓越
0	1	2	3	4	5

这些子条目得分累计的结果就构成了某个大类目的过程得分和结果得分,其中过程得分列入每个类目名下,所有类目的结果得分最终汇总到"经营结果"名下。以"我们如何进行战略规划过程?"这个子条目为例,如果一个组织完全没有战略规划过程,则过程得分为 0,"刚开始"制定战略规划过程则得 2 分,组织有完整成熟的战略规划过程且执行到位则得 5 分;结果方面,由于好的过程不一定有好的结果,所以即使"我们如何进行战略规划过程?"子条目的过程管理可以得 5 分,但其结果得分可能只有 3 分。

以上分析可以看出,卓越绩效评价准则框架的前 6 大类目的自我评分的过程部分是靠组织的过程管理来实现的,而卓越绩效模式中说的"过程管理"其实就是本书一直在强调的流程管理,即从流程的规划和设计（P）、流程的执行（D）和监控（C）、到流程的改进（A）的流程全寿命周期管理,这 6 大类目的所有子条目都需要通过有效的过程设计、过程执行、过程监控和过程优化改进来达到过程的成熟和完整。所以可以说,流程管理是卓越绩效模式前 6 大类目的主要支撑手段,同时也是支撑组织经营结果实现的重要支撑手段。

▪ 博文注解　卓越绩效模式立足过程管理 ▪

过程管理是卓越绩效评价准则的 7 大类目之一。它是落实战略目标和战略规划,履行组织使命和实现组织愿景的途径和载体。

目前,我国大部分企业都在建立卓越绩效的经营管理模式上下足了功夫,他们为了获得稳定和最大化的增值,总是在不断地探讨和实践对过程管理进行策划,建立过程绩效测量指标和过程控制方法,并对其进行持续策划、改进和创新,以期获得卓越绩效的经营管理模式。

过程管理是卓越绩效评价准则的 7 大类目之一,是组织追求卓越绩效的立足点,覆盖了组织的所有活动,涉及组织的所有部门,并聚焦于主要/关键过程。它包括过程策划 P、过程实施 D、过程监测（检查）C 和过程改进（处置）A 四个部分,即 PDCA 循环四阶段,是企业落实战略目标和战略规划,实施持续改进和创新以提升组织的整体绩效,为利益相关方创造平衡的价值,进而履行组织使命和实现组织愿景的途径和载体,它对卓越的追求,对有效性和效率的追求,都要高于 ISO 9000 系列标准的要求。

过程的策划

过程的策划包括过程的识别、过程要求的确定和过程的设计三个步骤。

过程的识别是过程管理 PDCA 循环 P 阶段的第一步。卓越绩效评价准则将过程分为

价值创造过程和支持过程两类,这是因为它们所面向的"顾客"不同:价值创造过程面向的是组织的顾客和组织自身,通常可包括设计和开发过程、产品生产和市场营销过程、资本运营过程等;而支持过程属于组织的内部服务和支持活动,面向的是所服务和支持的价值创造过程以及组织的日常运作,如人力资源、财务和设备设施管理等过程。

过程要求的确定是过程管理 PDCA 循环 P 阶段的第二步。过程要求是过程设计的依据。过程管理的目的是确保和改进过程运作的质量,而过程质量就是过程满足要求的程度。"要求"不明确,过程质量就无从谈起。过程的要求来自于该过程输出的接受者,即顾客和其他相关方以及后续过程,包括:过程有效性(如质量特性过程能力、准时率等)、过程效率(即单位资源的过程输出,如生产率、成本、周期时间等)等。支持过程的要求通常不太依赖于产品和服务特性,而相当依赖于内部的价值创造过程的要求。

过程的设计是过程管理 PDCA 循环 P 阶段的第三步。应当根据过程要求进行过程设计,而不是让过程要求迁就于过程设计。例如,对于某自动化生产过程,应当根据对过程的节拍要求来设计生产线的运行速度。

由于产品和服务性质的不同,过程设计方法可能略有不同,但一般可参照下述步骤进行:列出所识别出的、来自各利益相关方的过程要求;有效地利用新技术和组织获得的有关信息;进行逐个的过程设计及过程试运行;由过程要求转化的过程输出绩效指标。

过程的实施

卓越绩效评价准则中的"过程的实施"包含了过程管理 PDCA 循环中的"D:实施"和"C:检查"两个阶段,并要求"有效和高效地实施"。

有效地实施过程是指过程应当按照过程的设计运行,达到过程的要求。高效地实施过程是指过程应当追求高效率,即追求单位资源的最大增值,一方面要使正面的(增值的)输出最大化,另一方面要使负面的(非增值的)输出(如环境影响和安全风险)最小化。

在过程的实施过程中,过程人员应熟悉已设计的过程,掌握过程实施、控制和管理方法。要建立过程绩效测量系统(包括绩效项目、定义、计算公式、测量时间间隔、数据源、数据采集及分析方法、责任区域或责任人等)以进行过程的监视、控制和改进。过程绩效可以在过程运行中进行数据采集、测量,也可以通过顾客及后续过程、员工、社区、管理层等利益相关方的反馈来测量。同时,还要运用适宜的统计技术(如 SPC、测量系统分析等)监控过程的运行,确保其稳定受控并具有足够的过程能力。

在进行过程质量审核中,过程人员要收集、分析过程质量损失,预防缺陷和返工返修,降低外部失效成本,并通过价值工程等各种方法,致力于优化和控制过程整体成本。要依据过程实施中取得的内外部因素和信息,及时对过程进行动态的调整(如根据供方物料特性的变化,调整生产过程的控制参数),以保持过程的敏捷性。同时还要对过程变更进行管理和控制,以减少其风险。

过程的改进

过程的改进是过程管理 PDCA 循环的"A:处置"阶段,包括对过程的评价、改进、创新和分享。

组织应对过程的效果、效率进行诊断式的评价,识别出其优势和改进机会,进行过程改进和创新(包括渐进式的改进和突破性的改进),使过程与组织发展方向和战略规划相一致,达到更好的绩效和减少波动性(即具有更好的稳定性和过程能力)。

过程改进的结果(包括改进的实践和成效)是组织重要的知识资产,应当在组织相关部门和类似过程进行分享,在不违反组织的商业机密的前提下,还可以与顾客、供方和合作伙伴,以及在行业内外分享(如参加 QCC 和六西格玛成果发布会等),促进社会进步和发展。分享的目的在于进一步扩大改进的效应,在更广泛的意义上降低改进的成本和提高改进的效率,扩大受益区域,为利益相关方创造更多的价值。

每一个组织在生存和发展过程中都会遇到多种多样的问题,为了解决发生在不同层次、影响程度和难度各异的问题,应当有针对性地实施最合适的改进方式。过程改进可参照下述步骤进行:建立有关评价、改进、创新和分享的程序,包括改进的各种组织方式、各种统计工具以及各自的适用情境;寻求优势的进一步改进或创新的机会;依据影响程度、紧急程度、变化趋势、竞争以及标杆对比,对改进机会进行优先排序,配置资源实施改进;在相关部门和过程中进行分享和移植,适时对外分享等。

综上所述,过程管理是卓越绩效模式的重要类目,组织在追求卓越的道路上要面向过程,要基于过程管理 PDCA 循环,进行过程的识别、过程要求的确认、过程的设计、过程的实施和过程的改进,不断提高过程的有效性和效率,通过卓越的过程获取卓越的结果。

引自 http://blog.vsharing.com/cec53/A1003121.html

[1] 张国祥. 用流程解放管理者[M]. 北京：北京大学出版社，2009.
[2] 美国项目管理协会. 项目管理知识体系指南[M]. 4版. 王勇，张斌，译. 北京：电子工业出版社，2004.
[3] 美国生产力与质量中心（APQC）. *Process Classification Framework*[M]. 3版. AMT，译.［出版者不详］，2006.
[4] 尼科罗·马基雅维里. 君主论[M]. 潘汉典，译. 北京：商务印书馆，1985.

随书附赠经典流程管理案例，扫描二维码即可查看。